Sabine Tofahrn  **Strafrecht Besonderer Teil II**

**JURIQ Erfolgstraining**
Herausgegeben von JURIQ® Juristisches Repetitorium, Köln

# Strafrecht Besonderer Teil II

Straftaten gegen Vermögenswerte

von
Sabine Tofahrn

5., neu bearbeitete Auflage

Bibliografische Information der Deutschen Nationalbibliothek
Die Deutsche Nationalbibliothek verzeichnet diese Publikation in der
Deutschen Nationalbibliografie; detaillierte bibliografische Daten sind
im Internet über <http://dnb.d-nb.de> abrufbar.


ISBN 978-3-8114-4668-7


E-Mail: kundenservice@cfmueller.de
Telefon: +49 89/2183-7923
Telefax: +49 89/2183-7620

www.cfmueller.de
www.cfmueller-campus.de

© 2018 C.F. Müller GmbH, Waldhofer Straße 100, 69123 Heidelberg

Dieses Werk, einschließlich aller seiner Teile, ist urheberrechtlich geschützt. Jede Verwertung
außerhalb der engen Grenzen des Urheberrechtsgesetzes ist ohne Zustimmung des Verlages
unzulässig und strafbar. Das gilt insbesondere für Vervielfältigungen, Übersetzungen, Mikroverfilmungen und die Einspeicherung und Verarbeitung in elektronischen Systemen.

Satz: TypoScript, München
Illustrationen: Mattfeldt & Sänger, München
Druck: Westermann Druck, Zwickau

## Liebe Leserinnen und Leser,

die Reihe „JURIQ Erfolgstraining" zur Klausur- und Prüfungsvorbereitung verbindet sowohl für Studienanfänger als auch für höhere Semester die Vorzüge des klassischen Lehrbuchs mit meiner Unterrichtserfahrung zu einem umfassenden Lernkonzept aus Skript und Online-Training.

In einem ersten Schritt geht es um das **Erlernen** der nach Prüfungsrelevanz ausgewählten und gewichteten Inhalte und Themenstellungen. Einleitende Prüfungsschemata sorgen für eine klare Struktur und weisen auf die typischen Problemkreise hin, die Sie in einer Klausur kennen und beherrschen müssen. Neu ist die **visuelle Lernunterstützung** durch

- ein nach didaktischen Gesichtspunkten ausgewähltes Farblayout
- optische Verstärkung durch einprägsame Graphiken und
- wiederkehrende Symbole am Rand

    ⟳ = Definition zum Auswendiglernen und Wiederholen

    (P) = Problempunkt

    @ = Online-Wissens-Check

**Illustrationen als „Lernanker"** für schwierige Beispiele und Fallkonstellationen steigern die Merk- und Erinnerungsleistung Ihres Langzeitgedächtnisses.

Auf die Phase des Lernens folgt das **Wiederholen und Überprüfen** des Erlernten im **Online-Wissens-Check**: Wenn Sie im Internet unter www.juracademy.de/skripte/login das speziell auf das Skript abgestimmte Wissens-, Definitions- und Aufbautraining absolvieren, erhalten Sie ein direktes Feedback zum eigenen Wissensstand und kontrollieren Ihren individuellen Lernfortschritt. Durch dieses aktive Lernen vertiefen Sie zudem nachhaltig und damit erfolgreich Ihre strafrechtlichen Kenntnisse!

---

**Frage 1** (Punkte: 1)

Die Wegnahme ist nicht vollendet, wenn

**Antwort**

| Aussagen | Antwort | Aussagerichtigkeit und Kommentar |
|---|---|---|
| a) der Täter leere Pfandflaschen aus dem Einkaufskorb eines anderen nimmt und offen in seinen Korb legt, um sie an der Kasse abzugeben? | ☐ ✓ | Falsch. Die Verkehrsauffassung ordnet in diesem Fall demjenigen den Gewahrsam an den Pfandflaschen zu, in dessen Einkaufswagen sie stehen. Die erneute Herausnahme der Flaschen aus dem Einkaufskorb des Täters wäre eine erklärungsbedürftige Handlung. |
| b) wenn der Täter eine CD in seine Jackentasche steckt, aber dabei beobachtet und unmittelbar danach gestellt wird? | ☐ ✓ | Falsch. Die Beobachtung schadet dem Gewahrsamsbruch nicht, sie erleichtert nur die Überführung des Täters und Wiedererlangung des Gewahrsams. |
| c) wenn der Täter einen eigens präparierten Geldschein einsteckt und sich dabei blaue Finger holt, die sofort zu seiner Überführung führen? | ☑ ✓ | Richtig. Bei der sog. Diebesfalle geschieht die Wegnahme nicht gegen oder ohne den Willen des Gewahrsamsinhabers, da es diesem gerade darauf ankommt, dass der Gewahrsam gebrochen wird. |
| d) wenn die CD, die der Täter in seine Jackentasche steckt, mit einem Sicherungsetikett versehen ist? | ☐ ✓ | Falsch. Das Etikett dient der Überführung des Täters, verhindert aber nicht den Gewahrsamsbruch. |

→ **Richtig**
   Punkte für diese Antwort: 1/1.

Schließlich geht es um das **Anwenden und Einüben** des Lernstoffes anhand von Übungsfällen verschiedener Schwierigkeitsstufen, die im Gutachtenstil gelöst werden. DIE JURIQ **Klausurtipps** zu gängigen Fallkonstellationen und häufigen Fehlerquellen weisen Ihnen dabei den Weg durch den Problemdschungel in der Prüfungssituation.

Das **Lerncoaching** jenseits der rein juristischen Inhalte ist als zusätzlicher Service zum Informieren und Sammeln gedacht: Ein erfahrener Psychologe stellt u.a. Themen wie Motivation, Leistungsfähigkeit und Zeitmanagement anschaulich dar, zeigt Wege zur Analyse und Verbesserung des eigenen Lernstils auf und gibt Tipps für eine optimale Nutzung der Lernzeit und zur Überwindung evtl. Lernblockaden.

Dieses Skript behandelt die Straftaten gegen Vermögenswerte, der Band Strafrecht Besonderer Teil I die Straftaten gegen Persönlichkeitswerte und im Strafrecht Besonderer Teil III setzen wir fort mit denjenigen gegen Gemeinschaftswerte.

Auf geht's – ich wünsche Ihnen viel Freude und Erfolg beim Erarbeiten des Stoffs!

Und noch etwas: Das Examen kann jeder schaffen, der sein juristisches Handwerkszeug beherrscht und kontinuierlich anwendet. Jura ist kein „Hexenwerk". Setzen Sie nie ausschließlich auf auswendig gelerntes Wissen, sondern auf Ihr Systemverständnis und ein solides methodisches Handwerk. Wenn Sie Hilfe brauchen, Anregungen haben oder sonst etwas loswerden möchten, sind wir für Sie da. Wenden Sie sich gerne an C.F. Müller GmbH, Waldhofer Straße 100, 69123 Heidelberg, E-Mail: kundenservice@cfmueller.de. Dort werden auch Hinweise auf Druckfehler sehr dankbar entgegen genommen, die sich leider nie ganz ausschließen lassen. Oder Sie wenden sich direkt an die Verfasserin unter team@juriq.de.

Köln, im Juni 2018                                                                                          *Sabine Tofahrn*

# JURIQ Erfolgstraining – die Skriptenreihe von C.F. Müller mit Online-Wissens-Check

Mit dem Kauf dieses Skripts aus der Reihe „JURIQ Erfolgstraining" haben Sie gleichzeitig eine Zugangsberechtigung für den Online-Wissens-Check erworben – ohne weiteres Entgelt. Die Nutzung ist freiwillig und unverbindlich.

Was bieten wir Ihnen im Online-Wissens-Check an?

- Sie erhalten einen individuellen Zugriff auf **Testfragen zur Wiederholung und Überprüfung des vermittelten Stoffs**, passend zu jedem Kapitel Ihres Skripts.
- Eine individuelle **Lernfortschrittskontrolle** zeigt Ihren eigenen Wissensstand durch Auswertung Ihrer persönlichen Testergebnisse.

Wie nutzen Sie diese Möglichkeit?

### Online-Wissens-Check

Registrieren Sie sich einfach für Ihren kostenfreien Zugang auf **www.juracademy.de/skripte/login** und schalten sich dann mit Hilfe des Codes für Ihren persönlichen Online-Wissens-Check frei.

**Ihr persönlicher User-Code: 501958748**

Der Online-Wissens-Check und die Lernfortschrittskontrolle stehen Ihnen für die **Dauer von 24 Monaten** zur Verfügung. Die Frist beginnt erst, wenn Sie sich mit Hilfe des Zugangscodes in den Online-Wissens-Check zu diesem Skript eingeloggt haben. Den Starttermin haben Sie also selbst in der Hand.

Für den technischen Betrieb des Online-Wissens-Checks ist die JURIQ GmbH, Unter den Ulmen 31, 50968 Köln zuständig. Bei Fragen oder Problemen können Sie sich jederzeit an das JURIQ-Team wenden, und zwar per E-Mail an: info@juriq.de.

# Inhaltsverzeichnis

|  | Rn. | Seite |
|---|---|---|
| *Vorwort* | | V |
| *Literaturverzeichnis* | | XVII |

## 1. Teil
## Einführung ................................................. 1   1

## 2. Teil
## Straftaten gegen das Eigentum ............................ 5   3

**A. Überblick** ............................................... 5   3
**B. Diebstahl, § 242** ....................................... 8   4
   I. Überblick .............................................. 8   4
   II. Objektiver Tatbestand ................................. 10   5
      1. Tatobjekt: fremde bewegliche Sache .................. 11   5
         a) Sache ............................................ 11   5
         b) Beweglichkeit der Sache .......................... 17   8
         c) Fremdheit der Sache .............................. 18   8
      2. Tathandlung: Wegnahme ............................... 24   11
         a) Schritt 1: Stand die Sache im Gewahrsam eines anderen? ...... 27   11
         b) Schritt 2: Wurde dieser Gewahrsam aufgehoben und neuer Gewahrsam beim Täter oder einem Dritten begründet? ........ 46   17
         c) Schritt 3: Zum Schluss muss überprüft werden, ob der festgestellte Gewahrsamswechsel gegen oder ohne den Willen des Gewahrsamsinhabers erfolgte ............................. 55   20
      3. Vollendung – Beendigung ............................. 66   24
   III. Subjektiver Tatbestand ................................ 67   25
      1. Vorsatz ............................................. 68   25
      2. Zueignungsabsicht ................................... 71   26
         a) Aneignungsabsicht ................................ 77   28
         b) Enteignungsvorsatz ............................... 81   30
      3. Rechtswidrigkeit der erstrebten Zueignung ........... 87   33
   IV. Rechtswidrigkeit und Schuld ............................ 94   35
   V. Täterschaft und Teilnahme .............................. 95   35
   VI. Übungsfall Nr. 1 ...................................... 97   36
**C. Besonders schwere Fälle des Diebstahls** .................. 99   43
   I. Überblick .............................................. 99   43
   II. Diebstahl aus besonders geschützten Räumen, § 243 Abs. 1 S. 2 Nr. 1 .... 108   45
      1. Überblick ........................................... 108   45
      2. Geschützte Räumlichkeit ............................. 113   46
         a) Umschlossener Raum ............................... 113   46
         b) Gebäude .......................................... 116   47
         c) Geschaftsraum .................................... 118   47

|  | Rn. | Seite |
|---|---|---|
| 3. Tathandlung | 119 | 48 |
| a) Einbrechen | 120 | 48 |
| b) Einsteigen | 123 | 48 |
| c) Eindringen mit einem falschen Schlüssel oder Werkzeug | 125 | 49 |
| d) Sich-Verborgen-Halten | 128 | 50 |
| III. Diebstahl von besonders gesicherten Sachen, § 243 Abs. 1 S. 2 Nr. 2 | 129 | 50 |
| IV. Der gewerbsmäßige Diebstahl, § 243 Abs. 1 S. 2 Nr. 3 | 136 | 52 |
| V. Kirchendiebstahl, § 243 Abs. 1 S. 2 Nr. 4 | 138 | 53 |
| VI. Der gemeinschädliche Diebstahl, § 243 Abs. 1 S. 2 Nr. 5 | 139 | 53 |
| VII. „Schmarotzerdiebstahl", § 243 Abs. 1 S. 2 Nr. 6 | 140 | 53 |
| VIII. Diebstahl von Waffen, § 243 Abs. 1 S. 2 Nr. 7 | 141 | 53 |
| IX. Ausschluss eines besonders schweren Falles | 142 | 54 |
| X. Versuch und Regelbeispiel | 148 | 56 |
| 1. Der Täter hat den Diebstahl nur versucht, aber dabei eines der Regelbeispiele verwirklicht | 149 | 56 |
| 2. Der Täter hat den Diebstahl nur versucht und auch das Regelbeispiel nur „versucht" (Konstellation 1) und der Täter hat den Diebstahl vollendet, aber das Regelbeispiel nur „versucht" (Konstellation 2) | 151 | 57 |
| XI. Teilnahme am Diebstahl in einem besonders schweren Fall | 157 | 59 |
| **D. Diebstahl mit Waffen, Bandendiebstahl, Wohnungseinbruchsdiebstahl** | 159 | 60 |
| I. Überblick | 159 | 60 |
| II. Der Diebstahl mit Waffen und gefährlichen Werkzeugen, § 244 Abs. 1 Nr. 1a | 162 | 61 |
| 1. Überblick | 162 | 61 |
| 2. Tatmittel | 164 | 61 |
| a) Waffe | 165 | 62 |
| b) Gefährliches Werkzeug | 168 | 62 |
| 3. Tathandlung: Bewusstes Beisichführen | 173 | 65 |
| a) Räumliche Komponente | 177 | 66 |
| b) Zeitliche Komponente | 179 | 66 |
| III. Diebstahl mit sonstigen Werkzeugen oder Mitteln, § 244 Abs. 1 Nr. 1b | 180 | 67 |
| 1. Überblick | 180 | 67 |
| 2. Objektiver Tatbestand | 182 | 68 |
| 3. Subjektiver Tatbestand | 188 | 69 |
| IV. Bandendiebstahl, § 244 Abs. 1 Nr. 2 | 190 | 70 |
| 1. Bande | 192 | 70 |
| 2. Unter Mitwirkung eines anderen Bandenmitglieds | 195 | 72 |
| 3. Strafbarkeit des Teilnehmers | 200 | 73 |
| V. Wohnungseinbruchsdiebstahl, § 244 Abs. 1 Nr. 3 und § 244 Abs. 4 | 202 | 73 |
| VI. Übungsfall Nr. 2 | 206 | 76 |
| **E. Schwerer Bandendiebstahl, § 244a** | 208 | 83 |
| **F. Konkurrenzen** | 209 | 83 |
| **G. Unterschlagung, § 246** | 211 | 83 |
| I. Überblick | 211 | 83 |

|  | Rn. | Seite |
|---|---|---|
| II. Einfache Unterschlagung | 215 | 85 |
|    1. Objektiver Tatbestand | 215 | 85 |
|       a) Tatobjekt: Fremde bewegliche Sache | 216 | 85 |
|       b) Tathandlung: Sich oder einem Dritten zueignen | 217 | 85 |
|       c) Rechtswidrigkeit der Zueignung | 233 | 88 |
|    2. Subjektiver Tatbestand | 234 | 88 |
|    3. Rechtswidrigkeit und Schuld | 235 | 89 |
| III. Veruntreuende Unterschlagung, § 246 Abs. 2 | 236 | 89 |
| H. Privilegierungen, §§ 247, 248a | 241 | 90 |
|    I. Strafantrag, § 247 | 242 | 90 |
|    II. Strafantrag, § 248a | 244 | 90 |
| I. Raub, § 249 | 247 | 91 |
|    I. Überblick | 247 | 91 |
|    II. Objektiver Tatbestand | 255 | 92 |
|       1. Fremde bewegliche Sache | 256 | 93 |
|       2. Wegnahme | 257 | 93 |
|          a) Auffassung 1 | 260 | 93 |
|          b) Auffassung 2 | 264 | 95 |
|          c) Diskussion | 267 | 96 |
|       3. Nötigungsmittel | 269 | 97 |
|          a) Gewalt gegen eine Person | 270 | 97 |
|          b) Drohung mit gegenwärtiger Gefahr für Leib oder Leben | 275 | 98 |
|       4. Finalzusammenhang | 278 | 99 |
|    III. Subjektiver Tatbestand | 285 | 101 |
|    IV. Rechtswidrigkeit und Schuld | 287 | 102 |
|    V. Täterschaft und Teilnahme | 288 | 102 |
|       1. Aufstiftung | 290 | 102 |
|       2. Abstiftung | 292 | 102 |
|       3. Umstiftung | 294 | 103 |
|    VI. Konkurrenzen | 295 | 103 |
| J. Schwerer Raub, § 250 | 296 | 103 |
|    I. Überblick | 296 | 103 |
|    II. Objektiver Tatbestand, § 250 Abs. 1 Nr. 1c | 300 | 105 |
|       1. Andere Person | 302 | 106 |
|       2. Gefahr einer schweren Gesundheitsbeschädigung | 303 | 106 |
|       3. Durch die Tat | 306 | 106 |
|    III. Objektiver Tatbestand, § 250 Abs. 2 | 309 | 107 |
|       1. Raub unter Verwendung einer Waffe oder eines anderen gefährlichen Werkzeuges, § 250 Abs. 2 Nr. 1 | 309 | 107 |
|       2. Bandenraub mit Waffen, § 250 Abs. 2 Nr. 2 | 316 | 110 |
|       3. Schwere körperliche Misshandlung, § 250 Abs. 2 Nr. 3a | 317 | 110 |
|       4. Gefahr des Todes, § 250 Abs. 2 Nr. 3b | 321 | 110 |
|    IV. Subjektiver Tatbestand | 322 | 110 |
|    V. Rechtswidrigkeit und Schuld | 325 | 111 |
|    VI. Konkurrenzen | 326 | 111 |

|  | Rn. | Seite |
|---|---|---|
| K. Raub mit Todesfolge, § 251 | 327 | 112 |
|     I. Tatbestand | 330 | 113 |
|         1. Eintritt der Folge | 330 | 113 |
|         2. Kausalität | 332 | 113 |
|         3. Unmittelbarkeitszusammenhang | 333 | 113 |
|         4. Leichtfertigkeit | 340 | 114 |
|     II. Rechtswidrigkeit und Schuld | 342 | 115 |
|     III. Versuch und Rücktritt bei § 251 | 343 | 115 |
|     IV. Täterschaft und Teilnahme | 348 | 116 |
|     V. Konkurrenzen | 351 | 117 |
| L. Räuberischer Diebstahl, § 252 | 353 | 117 |
|     I. Überblick | 353 | 117 |
|     II. Objektiver Tatbestand | 356 | 118 |
|         1. Diebstahl oder Raub als Vortat | 357 | 119 |
|         2. Auf frischer Tat betroffen | 358 | 119 |
|             a) Frische Tat | 358 | 119 |
|             b) Betroffen | 364 | 120 |
|         3. Gewalt oder Drohung mit gegenwärtiger Gefahr für Leib oder Leben | 368 | 121 |
|     III. Subjektiver Tatbestand | 370 | 122 |
|     IV. Rechtswidrigkeit und Schuld | 374 | 123 |
|     V. Täterschaft und Teilnahme | 375 | 123 |
|     VI. Qualifikation, § 250 und § 251 zwischen Vollendung und Beendigung – Abgrenzungsschwierigkeit zwischen § 249 und § 252 | 382 | 125 |
|     VII. Konkurrenzen | 388 | 127 |
| M. Räuberischer Angriff auf Kraftfahrer, § 316a | 391 | 128 |
|     I. Überblick | 391 | 128 |
|     II. Objektiver Tatbestand | 396 | 129 |
|         1. Kraftfahrzeugführer und Mitfahrer | 397 | 129 |
|         2. Tathandlung: Verüben eines Angriffs auf Leib, Leben oder die Entschlussfreiheit | 401 | 130 |
|         3. Ausnutzen der besonderen Verhältnisse des Straßenverkehrs | 405 | 131 |
|     III. Subjektiver Tatbestand | 411 | 133 |
|     IV. Rechtswidrigkeit und Schuld | 414 | 134 |
|     V. Erfolgsqualifikation, § 316a Abs. 3 | 415 | 134 |
|     VI. Konkurrenzen | 416 | 134 |
|     VII. Übungsfall Nr. 3 | 417 | 135 |
| N. Sachbeschädigung | 419 | 144 |
|     I. Überblick | 419 | 144 |
|     II. Objektiver Tatbestand | 426 | 145 |
|         1. Tatobjekt: fremde Sache | 427 | 145 |
|         2. Tathandlung/Taterfolg | 428 | 145 |
|             a) Beschädigen und Zerstören, § 303 Abs. 1 | 428 | 145 |
|             b) „Rechtswidrig", § 303 Abs. 1 | 436 | 147 |
|         3. Verändern des Erscheinungsbildes, § 303 Abs. 2 | 436 | 148 |

|  | Rn. | Seite |
|---|---|---|
| III. Subjektiver Tatbestand | 438 | 148 |
| IV. Rechtswidrigkeit und Schuld | 439 | 148 |

## 3. Teil
### Straftaten gegen einzelne Vermögenswerte ... 440 149

| | Rn. | Seite |
|---|---|---|
| A. Unbefugter Gebrauch eines Fahrzeuges, § 248b | 440 | 149 |
|     I. Überblick | 440 | 149 |
|     II. Objektiver Tatbestand | 441 | 149 |
|     III. Subjektiver Tatbestand | 451 | 151 |
|     IV. Rechtswidrigkeit und Schuld | 452 | 151 |
|     V. Täterschaft und Teilnahme | 453 | 151 |
|     VI. Konkurrenzen | 454 | 151 |
| B. Pfandkehr, § 289 | 455 | 152 |
|     I. Überblick | 455 | 152 |
|     II. Objektiver Tatbestand | 459 | 152 |
|         1. Täter | 460 | 152 |
|         2. Tatobjekt | 461 | 153 |
|             a) Nutznießungsrechte | 463 | 153 |
|             b) Pfandrechte | 464 | 153 |
|             c) Gebrauchsrechte | 468 | 154 |
|             d) Zurückbehaltungsrechte | 469 | 154 |
|         3. Tathandlung: Wegnehmen | 470 | 154 |
|     III. Subjektiver Tatbestand | 474 | 155 |
|     IV. Rechtswidrigkeit und Schuld | 475 | 155 |
|     V. Strafantrag, § 289 Abs. 3 | 476 | 155 |
|     VI. Konkurrenzen | 477 | 156 |
| C. Betrug, § 263 | 478 | 156 |
|     I. Einführung | 478 | 156 |
|     II. Objektiver Tatbestand | 486 | 158 |
|         1. Täuschungshandlung | 487 | 159 |
|             a) Ausdrückliche Täuschung | 496 | 162 |
|             b) Konkludente Täuschung | 497 | 162 |
|             c) Täuschung durch Unterlassen | 507 | 165 |
|         2. Irrtumserregung | 519 | 167 |
|         3. Vermögensverfügung | 526 | 170 |
|             a) Handeln, Dulden, Unterlassen | 528 | 170 |
|             b) Vermögensbegriff | 530 | 171 |
|             c) Abgrenzung Trickdiebstahl – Sachbetrug | 545 | 175 |
|         4. Vermögensschaden | 552 | 179 |
|             a) Schaden trotz objektiver Kompensation | 557 | 180 |
|             b) Schadensgleiche Vermögensgefährdung | 558 | 181 |
|             c) Schaden bei bewusster Selbstschädigung | 565 | 186 |
|             d) Abgrenzung Dreiecksbetrug vom Diebstahl in mittelbarer Täterschaft | 569 | 187 |

|  | Rn. | Seite |
|---|---|---|
| III. Subjektiver Tatbestand | 573 | 188 |
| IV. Rechtswidrigkeit und Schuld | 580 | 191 |
| V. Besonders schwere Fälle des Betruges | 581 | 191 |
|     1. § 263 Abs. 3 S. 2 Nr. 1 | 582 | 191 |
|     2. § 263 Abs. 3 S. 2 Nr. 2 | 583 | 191 |
|     3. § 263 Abs. 3 S. 2 Nr. 3 | 585 | 191 |
|     4. § 263 Abs. 3 S. 2 Nr. 4 | 586 | 192 |
|     5. § 263 Abs. 3 S. 2 Nr. 5 | 587 | 192 |
|     6. § 263 Abs. 5 | 592 | 193 |
| VI. Konkurrenzen | 598 | 195 |
| VII. Übungsfall Nr. 4 | 597 | 195 |
| **D. Computerbetrug, § 263a** | 599 | 202 |
| I. Objektiver Tatbestand | 604 | 203 |
|     1. Die vier Tathandlungen | 606 | 203 |
|         a) Unrichtige Gestaltung des Programms, § 263a Abs. 1 Alt. 1 | 606 | 203 |
|         b) Verwendung unrichtiger oder unvollständiger Daten | 609 | 204 |
|         c) Unbefugte Verwendung von Daten, § 263a Abs. 1 Alt. 3 | 611 | 204 |
|         d) Sonstige unbefugte Einwirkung auf den Ablauf | 625 | 208 |
|     2. Zwischenerfolg: Beeinflussung des Ergebnisses eines Datenverarbeitungsvorgangs | 626 | 209 |
|     3. Taterfolg: Vermögensschaden | 627 | 209 |
| II. Subjektiver Tatbestand | 629 | 209 |
| III. Rechtswidrigkeit und Schuld | 630 | 210 |
| IV. Konkurrenzen | 631 | 210 |
| **E. Versicherungsmissbrauch, § 265** | 632 | 210 |
| I. Überblick | 632 | 210 |
| II. Objektiver Tatbestand | 635 | 211 |
|     1. Versicherte Sache | 636 | 211 |
|     2. Tathandlungen | 638 | 211 |
| III. Subjektiver Tatbestand | 641 | 212 |
| IV. Rechtswidrigkeit und Schuld | 644 | 213 |
| V. Konkurrenzen | 645 | 213 |
| **F. Erschleichen von Leistungen, § 265a** | 646 | 213 |
| I. Überblick | 646 | 213 |
| II. Objektiver Tatbestand | 650 | 214 |
|     1. Erschleichen der Leistung eines Automaten | 651 | 214 |
|     2. Erschleichen der Leistung eines Telekommunikationsnetzes | 653 | 215 |
|     3. Erschleichen des Zutritts zu einer Veranstaltung | 654 | 215 |
|     4. Erschleichen der Beförderung durch ein Verkehrsmittel | 656 | 216 |
| III. Subjektiver Tatbestand | 660 | 216 |
| IV. Rechtswidrigkeit und Schuld | 661 | 217 |
| **G. Erpressung und räuberische Erpressung, §§ 253 und 255** | 662 | 217 |
| I. Überblick | 662 | 217 |

|  | Rn. | Seite |
|---|---|---|
| II. Objektiver Tatbestand | 668 | 218 |
|    1. Bekannte Voraussetzungen | 668 | 218 |
|    2. Vermögensverfügung | 671 | 219 |
|       a) Der Täter nimmt eine eigene Sache unter Anwendung von Nötigungsmitteln weg | 678 | 220 |
|       b) Der Täter nimmt eine fremde Sache ohne Zueignungsabsicht weg | 682 | 221 |
|       c) Der Täter nimmt mit Zueignungsabsicht eine fremde bewegliche Sache weg | 684 | 221 |
| III. Subjektiver Tatbestand | 685 | 222 |
| IV. Rechtswidrigkeit und Schuld | 686 | 222 |
| V. Konkurrenzen | 687 | 222 |
| **H. Untreue, § 266** | 688 | 222 |
| I. Überblick | 688 | 222 |
| II. Objektiver Tatbestand | 693 | 223 |
|    1. Missbrauchsalternative, § 266 Abs. 1 Alt. 1 | 694 | 223 |
|       a) Befugnis, über fremdes Vermögen zu verfügen oder einen anderen zu verpflichten | 695 | 224 |
|       b) Missbrauch der dem Täter eingeräumten Befugnis | 700 | 225 |
|       c) Vermögensbetreuungspflicht | 707 | 227 |
|    2. Treuebruchstatbestand | 711 | 228 |
|       a) Vermögensbetreuungspflicht | 712 | 228 |
|       b) Verletzung der Vermögensbetreuungspflicht | 716 | 229 |
| III. Taterfolg: Vermögensschaden | 720 | 230 |
| IV. Subjektiver Tatbestand | 721 | 231 |
| V. Rechtswidrigkeit und Schuld | 722 | 231 |
| VI. Täterschaft und Teilnahme | 723 | 231 |
| VII. Konkurrenzen | 724 | 231 |
| **I. Missbrauch von Scheck- und Kreditkarten, § 266b** | 727 | 232 |
| I. Überblick | 727 | 232 |
| II. Objektiver Tatbestand | 731 | 233 |
|    1. Täter: Inhaber einer Scheck- oder Kreditkarte | 732 | 233 |
|    2. Tathandlung: Missbrauchen der durch Überlassung einer Scheck- oder Kreditkarte eingeräumten Möglichkeit, den Aussteller zu einer Zahlung zu veranlassen | 745 | 235 |
|    3. Taterfolg: Schädigung | 746 | 235 |
| III. Subjektiver Tatbestand | 747 | 236 |
| IV. Rechtswidrigkeit und Schuld | 748 | 236 |
| V. Strafantrag | 749 | 236 |
| VI. Täterschaft und Teilnahme | 750 | 236 |
| VII. Konkurrenzen | 753 | 237 |
| VIII. Übungsfall Nr. 5 | 752 | 237 |

|  | Rn. | Seite |
|---|---|---|

**4. Teil**
**Anschlussdelikte** ............................................................. 754   244

A. Einführung ................................................................ 754   244
B. Begünstigung, § 257 ....................................................... 756   244
    I. Überblick .............................................................. 756   244
    II. Objektiver Tatbestand ................................................. 760   245
        1. Vortat ............................................................ 761   245
        2. Tathandlung: Hilfe leisten ......................................... 762   245
    III. Subjektiver Tatbestand ............................................... 774   247
        1. Vorsatz ........................................................... 775   248
        2. Vorteilssicherungsabsicht .......................................... 776   248
    IV. Rechtswidrigkeit und Schuld ......................................... 778   248
    V. Täterschaft und Teilnahme ........................................... 779   249
C. Hehlerei, § 259 ............................................................ 781   249
    I. Überblick .............................................................. 781   249
    II. Objektiver Tatbestand ................................................. 786   250
        1. Tatobjekt ......................................................... 787   250
            a) Sache ......................................................... 787   250
            b) die ein anderer ................................................ 788   251
            c) durch eine gegen fremdes Vermögen gerichtete rechtswidrige Tat erlangt .................................................... 790   251
        2. Tathandlung ...................................................... 797   253
            a) Ankaufen oder sonst einem Dritten oder sich verschaffen ...... 798   254
            b) Absetzen ..................................................... 804   255
            c) Absatzhilfe ................................................... 808   256
    III. Subjektiver Tatbestand ............................................... 811   256
        1. Vorsatz ........................................................... 812   256
        2. Bereicherungsabsicht ............................................. 813   257
    IV. Rechtswidrigkeit und Schuld ......................................... 815   257
    V. Täterschaft und Teilnahme sowie Konkurrenzen ...................... 816   257
D. Geldwäsche und Verschleierung unrechtmäßig erlangter Vermögenswerte, § 261 ........................................................ 818   258
    I. Überblick .............................................................. 818   258
    II. Objektiver Tatbestand ................................................. 821   259
        1. Tatobjekt ......................................................... 822   259
        2. Tathandlungen .................................................... 827   260
    III. Subjektiver Tatbestand ............................................... 831   261
    IV. Rechtswidrigkeit und Schuld ......................................... 832   262
    V. Besonders schwerer Fall, § 261 Abs. 4 ................................ 833   262
    VI. Konkurrenzen ......................................................... 834   262
    VII. Übungsfall Nr. 6 ...................................................... 835   263

*Sachverzeichnis* ................................................................ 271

# Literaturverzeichnis

| | |
|---|---|
| *Fischer* | Strafgesetzbuch 64. Aufl. 2017 |
| *Jäger* | Examens-Repetitorium Strafrecht Besonderer Teil 8. Aufl. 2017 |
| *Joecks/Jäger* | Studienkommentar Strafgesetzbuch 12. Aufl. 2018 |
| *Krey/Hellmann* | Strafrecht Besonderer Teil II 17. Aufl. 2015 |
| *Küper* | Strafrecht Besonderer Teil 9. Aufl. 2015 |
| *Lackner/Kühl* | Strafgesetzbuch 28. Aufl. 2014 |
| Leipziger Kommentar | Strafgesetzbuch 12. Aufl. 2007 ff. |
| *Maurach/Schroeder/Maiwald* | Strafrecht Besonderer Teil Teilbd. 1 10. Aufl. 2009 |
| *Mitsch* | Strafrecht Besonderer Teil II 3. Aufl. 2015 |
| Münchener Kommentar | Strafgesetzbuch 2003 ff. |
| *Otto* | Grundkurs Strafrecht Die einzelnen Delikte 8. Aufl. 2015 |
| *Rengier* | Strafrecht Besonderer Teil I 19. Aufl. 2018 |
| *Sonnen* | Strafrecht Besonderer Teil 2005 |
| Systematischer Kommentar | Strafgesetzbuch Band II 5.–7. Aufl. 2002 |
| *Schönke/Schröder* | Strafgesetzbuch 29. Aufl. 2014 |
| *Wessels/Hettinger* | Strafrecht Besonderer Teil I 41. Aufl. 2017 |
| *Wessels/Hillenkamp* | Strafrecht Besonderer Teil II 40. Aufl. 2017 |

## Lernthema 4
## Grundlagen: Lernen, Behalten und Erinnern

Die Lern- und Gedächtnispsychologie hat einige praktische Ideen, die Ihr Lernen erleichtern werden. Sie können damit effektiver lernen, mehr behalten und später den Lernstoff wieder gut abrufen. Sie können diese Methoden und Techniken sofort in die Praxis umsetzen und deren Erfolg unmittelbar feststellen. Lerntipps gibt es zu den Themen Arbeitsplanung, Techniken zum Warmlaufen, Einteilung des Lernpensums, Pausenmanagement und positive Abschlussgestaltung. Übrigens: Sie brauchen nicht alle Tipps auf einmal anzuwenden. Testen Sie ruhig einen nach dem anderen!

### Lerntipps

#### Fangen Sie nicht einfach an!

Viele wollen das große Arbeitspaket möglichst schnell hinter sich bringen und fangen einfach an. Verschaffen Sie sich besser zu Beginn eine Übersicht über folgende Punkte:

- Inhalte, die erarbeitet werden müssen
- Tätigkeiten, die erbracht werden müssen (Lesen, Schreiben, Sammeln, Gliedern, Auswendiglernen)
- Benötigte Arbeitszeiten
- Dringlichkeit und Priorisierung einzelner Inhalte und Tätigkeiten

Schreiben Sie auf Arbeitskarten (Karteikartengröße), welche Arbeiten im folgenden Zeitabschnitt von ca. 2 bis 4 Stunden zu erledigen sind. Sie können das Ganze in eine optimale Reihenfolge bringen und an eine Pin-Wand heften. Damit bekommen Sie eine sinnvolle Ordnung, die Ihr Lernleben erleichtert. Und immer, wenn eine Tätigkeit beendet ist, vernichten Sie die Zettel als positiven Abschluss. Die Planungstechnik eignet sich auch für langwierige schriftliche Ausarbeitungen sehr gut.

## Tipps vom Lerncoach

#### Warum Lerntipps in einem Jura-Skript?

Es gibt in Deutschland ca. 1,6 Millionen Studierende, deren tägliche Beschäftigung das Lernen ist. Lernende, die stets ohne Anstrengung erfolgreich sind, die nie kleinere oder größere Lernprobleme hatten, sind eher selten. Besonders juristische Lerninhalte sind komplex und anspruchsvoll. Unsere Skripte sind deshalb fachlich und didaktisch sinnvoll aufgebaut, um das Lernen zu erleichtern.

Über fundierte Lerntipps wollen wir darüber hinaus all diejenigen ansprechen, die ihr Lern- und Arbeitsverhalten verbessern und unangenehme Lernphasen schneller überwinden wollen.

Diese Tipps stammen von *Frank Wenderoth*, der als Diplom-Psychologe seit vielen Jahren in der Personal- und Organisationsentwicklung als Berater und Personal Coach tätig ist und außerdem Jurastudierende in der Prüfungsvorbereitung und bei beruflichen Weichenstellungen berät.

#### Wie lernen Menschen?

Die Wunschvorstellung ist häufig, ohne Anstrengung oder ohne eigene Aktivität „à la Nürnberger Trichter" lernen zu können. Die modernen Neurowissenschaften und auch die Psychologie zeigen jedoch, dass Lernen ein aktiver Aufnahme- und Verarbeitungsprozess ist, der auch nur durch aktive Methoden verbessert werden kann. Sie müssen sich also für sich selbst einsetzen, um Ihre Lernprozesse zu fördern. Sie verbuchen die Erfolge dann auch stets für sich.

#### Gibt es wichtigere und weniger wichtige Lerntipps?

Auch das bestimmen Sie selbst. Die Lerntipps sind als Anregungen zu verstehen, die Sie aktiv einsetzen, erproben und ganz individuell auf Ihre Lernsituation anpassen können. Die Tipps sind pro Rechtsgebiet thematisch aufeinander abgestimmt und ergänzen sich von Skript zu Skript, können aber auch unabhängig voneinander genutzt werden.

Verstehen Sie die Lerntipps „à la carte"! Sie wählen das aus, was Ihnen nützlich erscheint, um Ihre Lernprozesse noch effektiver und ökonomischer gestalten zu können!

# Lernen, Behalten, Erinnern

**Fazit für die Praxis:**

- Bereiten Sie Ihr Lernmaterial so auf, dass die Zahl von 5 bis 7 Fachbegriffen, Definitionen, Merksätzen, Kategorien nicht überschritten wird.
- Teilen Sie umfangreicheres Material in Einheiten mit Untereinheiten (ebenfalls max. 7), die sinnvoll miteinander in Beziehung stehen.
- Denn: Sinnvoll gruppiertes Material wird besser behalten als beziehungslos nebeneinanderstehendes.
- Stabilisieren Sie das Wissen durch regelmäßiges Wiederholen in kleineren Portionen.

## Testen Sie den Positionseffekt beim Lernen!

Es gibt nicht nur bevorzugte Plätze im Stadion oder Konzertsaal, sondern auch in einer Reihe von Lernelementen. Der Anfang und das Ende werden besser behalten und erinnert (Erfahrung des Autors als Coach: auch die ersten und letzten Stellenbewerber werden besser erinnert als die in der Mitte eines Bewerbungsprozesses). Stellen Sie sich vor, Sie müssen 20 Aufbauschemata oder Definitionen lernen. Die erste und die letzte Definition machen 10% des Lernmaterials aus, das Sie sich ohne besonderes Zutun besser einprägen können. Bei 2 Lernpaketen wären das 20%, bei 4 Paketen à 5 Definitionen schon 40% erleichterte Aufnahme.

**Fazit für die Praxis:**

- Nutzen Sie den Vorteil, dass Anfang und Ende einer Reihe leichter behalten werden!
- Teilen Sie Ihre Gesamtmenge in Portionen von 5 bis 7 Elementen auf, dann haben Sie entsprechend mehr Randelemente!
- Lernen Sie die Einheiten stets mehrfach in einer jeweils anderen Reihenfolge, dadurch wird der Positionseffekt mehrfach genutzt und sie werden damit flexibler bereitgestellt!

## Beseitigen Sie die „Ähnlichkeitshemmung"!

Sind Lernelemente einander sehr ähnlich, so hemmen sie sich gegenseitig beim Lernen (= Ähnlichkeitshemmung). Man kann z.B. 5 unterschiedliche Begriffe besser abspeichern als 5 ähnliche. Lernen Sie ähnliche Inhalte stets zeitlich voneinander getrennt. Sie können diese dann „verwechslungssicherer" abrufen. Machen Sie sich also keine Sorgen, wenn Sie inhaltlich unterschiedliche Dinge lernen. Das ist sogar eher förderlich.

## Machen Sie Ihren Denkapparat warm!

Ein Sportler macht sich vor Beginn des Wettkampfes warm, um körperlich, aber auch mental auf „Betriebstemperatur" zu kommen. Ein Musiker spielt sich vor seinem Konzert ein. Auch der Denkapparat braucht eine Warmlaufphase, da zu Beginn einer Lerneinheit die Aufnahmefähigkeit noch relativ gering ist. Starten Sie also mit möglichst einfachen Tätigkeiten, Dingen, die Ihnen persönlich eher leicht von der Hand gehen.

Startarbeiten können sein:

- Definitionen erst einmal nur durchlesen
- Begriffe aus einem Buch zu einem Thema heraussuchen, kennzeichnen, mit Seitenzahlen versehen
- Einfache Texte lesen
- Karteikarten schreiben und ordnen
- Material abheften

## Bei umfassenderen Arbeiten das wiederholte Warmlaufen nicht vergessen!

Wenn Sie an einer Hausarbeit oder an einem umfangreicheren Lernstoff sitzen, starten Sie nach Pausen immer wieder neu. Sie können sich das Denken für einen Neustart erleichtern, wenn Sie sich am Ende einer Arbeitsphase kurze Merksätze notieren, was Sie nach der Pause konkret lesen, erarbeiten, vergleichen oder welche Fragen Sie beantworten wollen. Mit diesen Notizen können Sie sehr schnell wieder Gedankengänge aktivieren und in Ihr Gesamtkonzept einsteigen. Sie können aber auch die Feingliederung für den geplanten Teil noch einmal durchgehen oder zwei Seiten zurückzublättern, um sich wieder einzulesen.

## Den Lernstoff in 5 bis 7 Lernportionen einteilen!

Es gibt auch beim Lernen eine optimale Menge der „akuten Lernbelastbarkeit". Ein Lernumfang von 5 bis 7 Elementen („Chunks") kann leicht auf einmal gespeichert werden. Wird diese Menge überschritten, ist Ihr Arbeitsspeicher (Speicherdauer 15 bis 30 Sekunden) überfordert, und es wird weniger ins Langzeitgedächtnis („Festplatte") befördert, also behalten. „Chunks" sind sinnvolle Gruppierungen von Informationen, – z.B. 7 Aufbauschemata, 7 Definitionen etc. Der mögliche Umfang Ihrer „Chunks" hängt von Ihrem Vorwissen zu einem Lerngebiet ab.

# Lernen, Behalten, Erinnern

Beispiele für unterschiedliche Pausenarten, die in den Tages- und Lernablauf integriert werden sollten:

- Abspeicherpausen (Augen zu): 10 bis 20 Sekunden nach Definitionen, Begriffen und komplexen Lerninhalten zum sicheren Abspeichern und zur Konzentration.
- Umschaltpausen: 3 bis 5 Minuten nach ca. 20 bis 40 Minuten Arbeit, um Abstand zum vorher Gelernten zu bekommen und dadurch besser Neues aufzunehmen.
- Zwischenpausen: 15 bis 20 Minuten nach 90 Minuten intensiver Arbeit, also nach zwei Arbeitsphasen, dient dem Erholen und Abschalten.

Und nicht vergessen:

- Die lange Erholungspause von 1 bis 3 Stunden, z. B. mittags oder zum Feierabend nach 3 Stunden Arbeit sollten Sie ebenfalls zum richtigen Abschalten, Regenerieren, Sich-Belohnen nutzen!

## Die Lernarbeit positiv abschließen!

Unsere Erinnerung behält vor allem die letzten Erlebnisse. Endet ein an und für sich schöner Abend mit einem Streit, so wird der Abend rückwirkend als unangenehm empfunden. Ein Kellner bietet uns nach dem Essen auf Rechnung des Hauses einen Espresso oder Schnaps an. Wenn wir uns erinnern, werden wir geneigt sein, das gute Essen noch besser zu erinnern. D. h. wenn eine Tätigkeit positiv beendet wird, wird sie insgesamt als positiver erlebt.

Nach einer längeren Arbeitsphase von 1 bis 3 Stunden können Sie Folgendes tun:

- Bewusst feststellen, was Sie alles geschafft haben, beachten Sie dabei weniger die unbearbeitete Menge.
- Vergleichen Sie, was Sie zu Beginn einer Lernphase konnten oder wussten – und was Sie nun beherrschen.
- Legen Sie eventuell ein Karteikartensystem an, mit dem Sie sehr leicht feststellen können, was Sie können (z. B. eine Kartei mit Aufbauschemata, Definitionskartei; siehe dazu auch die Arbeitskarten aus dem ersten Lerntipp)

## Mit verteiltem Lernen behalten Sie auf die Dauer mehr!

Unsere Aufnahmefähigkeit ist begrenzt. Das haben Sie und ich schon mehrfach festgestellt. Selbst nach einem Warmstart dürfen wir nicht mit einer gleichmäßig ansteigenden Zunahme unseres Wissens rechnen. Es mag Sie zwar enttäuschen, aber wir behalten nach längerer Lernzeit immer weniger. Wir erreichen dann ein Lernplateau, wenn wir zu lange oder zu häufig denselben Stoff wiederholen. Es wird dann oft ohne Gewinn unnötiger Energieaufwand betrieben. Es kann sogar zu einer Abnahme schon erworbenen Wissens führen. Mehrarbeit kann also auch schaden. Das Gehirn braucht zum effektiven Lernen Zeit, um neue neuronale Verknüpfungen zu bilden, damit das Lernen auch „Spuren" hinterlässt.

Die Konsequenz heißt „verteiltes statt massiertes Lernen", den Lernstoff also mit Zwischenpausen bearbeiten.

- Zuerst langsam und aufmerksam lesen und nicht direkt einprägen wollen.
- Pause: Etwas ganz anderes tun.
- Wesentliche einzelne Begriffe und Zusammenhänge aufschreiben.
- Pause: Wieder ganz andere Dinge tun, auch Geistiges, jedoch möglichst unähnlich zu dem bisherigen Lernstoff.
- Wieder Begriffe und Zusammenhänge einprägen.
- usw.

Für Definitionen und Aufbauschemata zu einem Thema sind Abstände von 20 bis 40 Minuten zu empfehlen, bei größeren Textabschnitten wie Buchkapiteln können das auch mehrere Stunden sein.

## Den Lernmotor und Ihre Motivation vor Überbelastung schützen!

Die maximale Leistungsfähigkeit kann nur in einem begrenzten Zeitraum erreicht werden. Bei Überschreitung passieren Fehler, die Leistung wird gemindert und die Motivation möglicherweise dauerhaft geschädigt. Vor Eintritt in eine solche Negativphase sollten Sie ein für Sie passendes Pausenmanagement einrichten.

Generell gilt:

- Häufige Pausen von weniger als 20 Minuten sind besonders effektiv und besser als wenige lange Pausen.
- Pausen sollten nicht mit lernnahen Tätigkeiten oder speicherbelastenden Aktivitäten (PC-Spiele) ausgefüllt werden.

## Jeden Tag das gleiche Ritual!

Der Abschluss eines Lerntages sollte auch symbolisch eine Zäsur setzen, analog dem Wechsel von Arbeit zu Freizeit mit der Schulklingel oder dem Kleidungswechsel nach der Arbeit.

Abschlussrituale am Ende eines Tages können sein:

- Denken Sie bereits 10 Minuten vor dem Arbeitsende eines Tages an das Ende der Arbeit.
- Denken Sie kurz aber bewusst darüber nach, an welcher Stelle Sie die Arbeit für heute beenden.
- Sagen Sie sich bewusst: Für heute ist die Arbeit für mich beendet.
- Verschaffen Sie sich einen Überblick über das Geleistete.
- Machen Sie sich kurze Notizen, welche Aspekte in der nächsten Arbeitsphase zu berücksichtigen sind. Das erleichtert den Einstieg am Folgetag.
- Klappen Sie den Ordner bewusst zu, fahren Sie den PC bewusst herunter und sagen Sie sich „Ich habe jetzt Freizeit!"
- Verlassen Sie den Arbeitsplatz und den Arbeitsbereich. Wenn möglich, ziehen Sie sich um.
- Gestalten Sie dieses Abschlussritual jeden Tag!

**Lernen, Behalten, Erinnern**

# 1. Teil
# Einführung

In diesem Skript werden die Vermögensdelikte dargestellt. Die Vermögensdelikte, insbesondere Diebstahl, Betrug, Raub und räuberische Erpressung, gehören im Examen zu den „Klassikern", weswegen Sie ihnen beim Lernen besondere Aufmerksamkeit schenken sollten! **1**

Die Straftatbestände der Vermögensdelikte schützen die **geldwerten Güter eines Rechtsgutsträgers** und gehören damit zu den Straftaten, die sich gegen Individualrechtsgüter richten.

Man unterscheidet zwischen Vermögensdelikten im engeren und im weiteren Sinne. Wir werden uns in diesem Skript mit den nachfolgend dargestellten Vermögensdelikten beschäftigen, wobei die weniger examensrelevanten Delikte in der gebotenen Kürze behandelt werden.

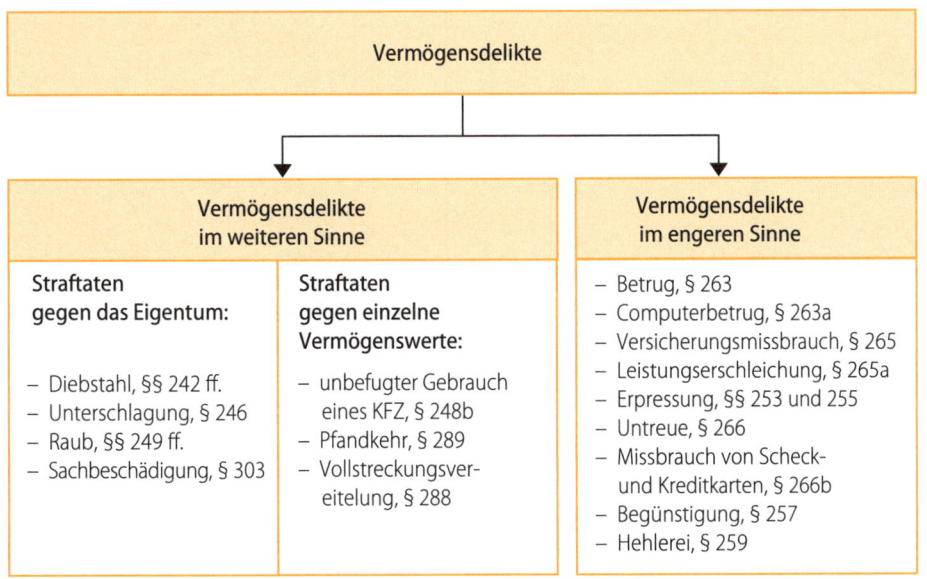

Zu den **Vermögensdelikten im weiteren Sinne** gehören die Straftatbestände, die spezielle Vermögensbestandteile schützen, so z.B. das Eigentum in § 242, das Gebrauchsrecht in § 248b, Pfandrechte in § 289 oder Gläubigerrechte in § 288. **2**

Die Straftatbestände der **Vermögensdelikte im engeren Sinne** hingegen schützen das Vermögen in seiner Gesamtheit als Inbegriff seiner wirtschaftlichen Güter. In dieser Gruppe finden sich zum einen Delikte, die den Eintritt eines Vermögensschadens voraussetzen, wie der Betrug gem. § 263, die Untreue gem. § 266 und die Erpressung gem. § 253, zum anderen aber auch sog. Anschlussdelikte wie die Begünstigung gem. § 257 und die Hehlerei gem. § 259. **3**

Selbstverständlich ist diese Einteilung nicht abschließend und auch nicht frei von Überschneidungen. So schützt der in diesem Skript ebenfalls dargestellte Tatbestand des räuberi- **4** schen Angriffs auf Kraftfahrer gem. § 316a zum einen das Vermögen des Opfers, zum anderen aber auch die Sicherheit des Straßenverkehrs (Rechtsgut der Allgemeinheit), weswegen er bei den gemeingefährlichen Straftaten geregelt wurde.

> **JURIQ-Klausurtipp**
>
> Für die Klausur ist es wichtig, das jeweils **geschützte Rechtsgut** eines Straftatbestandes zu kennen, so z.B. für die teleologische (am Zweck der Norm orientierte) Auslegung eines Tatbestandsmerkmals. Auch die Möglichkeit einer rechtfertigenden Einwilligung richtet sich nach dem geschützten Rechtsgut. Vermögensdelikte, deren Tatbestände ausschließlich das **Vermögen als Individualrechtsgut** schützen, sind mithin einwilligungsfähig.

# 2. Teil
# Straftaten gegen das Eigentum

## A. Überblick

Bei den Straftaten gegen das Eigentum unterscheiden wir die **Zueignungsdelikte** wie Diebstahl gem. den §§ 242 ff., Raub gem. den §§ 249 ff. und Unterschlagung gem. § 246 von den **Sachbeschädigungsdelikten** gem. §§ 303 ff. Während die Zueignungsdelikte eine Vielzahl examenstypischer Probleme aufweisen, sind die Sachbeschädigungsdelikte weitaus weniger kompliziert.

Die **Zueignungsdelikte** setzen als Tatobjekt eine fremde, bewegliche Sache voraus. Während jedoch der Täter beim Diebstahl diese Sache einem anderen (objektiv) wegnimmt und dabei (subjektiv) nur die Absicht hat, sich diese Sache zuzueignen, besteht bei der Unterschlagung die Tathandlung schon in der (objektiven) Zueignung. Der Raub wiederum unterscheidet sich vom Diebstahl dadurch, dass der Täter zur Ermöglichung der Wegnahme ein Nötigungsmittel einsetzt.

» Lesen Sie die soeben zitierten Normen und finden Sie selbst die Unterschiede heraus, bevor wir sie Ihnen nachfolgend erklären! Dieses „aktive Lernen" ist die effizienteste Form der Klausurvorbereitung! «

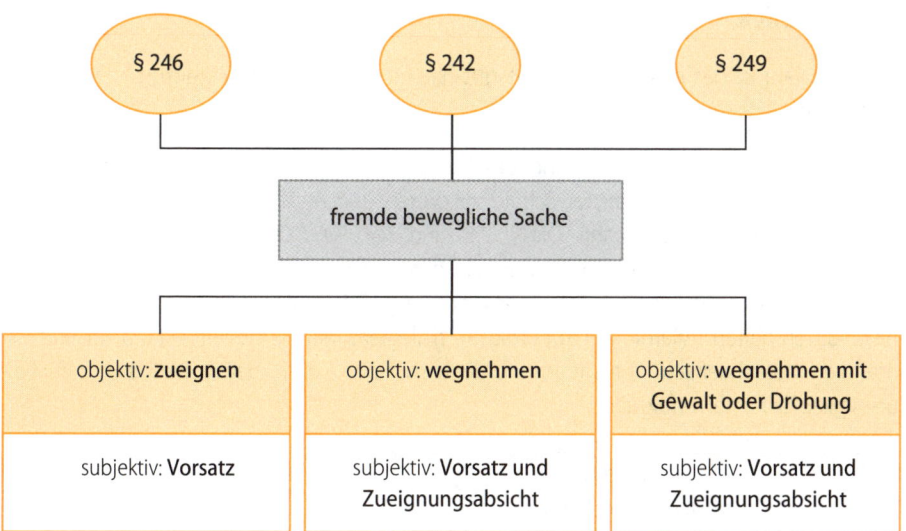

Bei der **Sachbeschädigung** gem. § 303 muss die fremde Sache als Tatobjekt nicht beweglich sein. Die Tathandlung besteht hier in einer Tauglichkeitsminderung (Abs. 1) oder in der Veränderung des Erscheinungsbildes (Abs. 2). Daneben werden in den §§ 303a ff. verschiedene Tatobjekte, wie Daten bei § 303a oder Bauwerke bei § 305, geschützt.

> **JURIQ-Klausurtipp**
>
> In der Klausur muss der Diebstahl häufig von anderen Eigentumsdelikten und vom Betrug abgegrenzt werden. Grundsätzlich gilt Folgendes:
> - War die weggenommene **Sache nicht fremd**, so kommt Pfandkehr gem. § 289 in Betracht.
> - Gelangt eine fremde, bewegliche Sache **ohne Wegnahme** in die Hände des Täters, dann kann eine Unterschlagung gem. § 246 vorliegen.
> - Setzt der Täter **bei der Wegnahme Gewalt oder Drohung** ein, so kann ein Raub gem. § 249 vorliegen.
> - **Übergibt das Opfer täuschungsbedingt** die Sache an den Täter, so ist Betrug gem. § 263 möglich.
> - Nimmt der Täter die Sache **ohne Zueignungsabsicht** weg, so kann Gebrauchsanmaßung (strafbar nur bei § 248b) oder Sachbeschädigung gem. § 303 in Betracht kommen.

## B. Diebstahl, § 242

### I. Überblick

**8** Beim Diebstahl ist das **geschützte Rechtsgut** nach h.M. sowohl das **Eigentum**[1] als auch der **Gewahrsam**.[2]

§ 242 normiert den **Grundtatbestand** des Diebstahls. § 243 ist als **Strafzumessungsnorm** zum einfachen Diebstahl nach der Schuld zu prüfen und enthält Regelbeispiele für besonders schwere Fälle des Diebstahls. Die §§ 244 und 244a sind **Qualifikationen** zu § 242 und stellen besonders gefährliche Begehungsweisen oder Diebstähle in besonders geschützten Begehungsorten unter eine erhöhte Strafandrohung. **Privilegierungen** sind in den §§ 247 und 248a enthalten. Allerdings haben diese Privilegierungen keine Tatbestandsqualität. Sie normieren ausschließlich Strafantragserfordernisse und haben damit Bedeutung für die Zulässigkeit der Strafverfolgung.

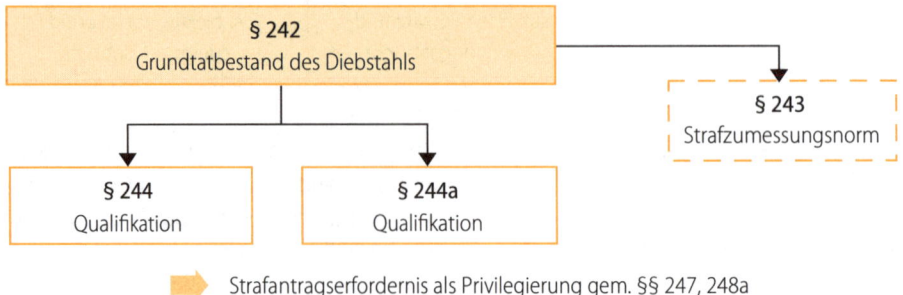

---

1 Teilweise wird nur das Eigentum als geschütztes Rechtsgut angesehen, so *Wessels/Hillenkamp* Strafrecht BT/2 Rn. 70 m.w.N.
2 *BGH* NJW 2001, 1508; *Jäger* Strafrecht BT Rn. 174.

Der Diebstahl wird wie folgt geprüft: 9

### Diebstahl, § 242

**I. Objektiver Tatbestand**
1. Tatobjekt: fremde bewegliche Sache
   - Leichen oder Teile des Körpers als Sachen   Rn. 16
   - fremd: Bestimmung nach dem Zivilrecht   Rn. 18
2. Tathandlung: Wegnahme
   - Alleingewahrsam   Rn. 31
   - Mitgewahrsam   Rn. 39
   - Gewahrsamswechsel   Rn. 48
   - gegen oder ohne den Willen des Gewahrsamsinhabers: tatbestandsausschließendes Einverständnis   Rn. 55

**II. Subjektiver Tatbestand**
1. Vorsatz, dolus eventualis reicht
2. Zueignungsabsicht
   - Gegenstand der Zueignung   Rn. 73
   - Enteignungsvorsatz   Rn. 81
3. Objektive Rechtswidrigkeit der Zueignung
   - Gattungsschulden   Rn. 91
4. Vorsatz bezogen auf die Rechtswidrigkeit

**III. Rechtswidrigkeit**

**IV. Schuld**

**V. Besonders schwerer Fall gem. § 243**
   - Vorsatzwechsel   Rn. 111, 145
   - Versuch   Rn. 148

**VI. Strafantrag erforderlich gem. §§ 247 oder 248a**

*PRÜFUNGSSCHEMA*

## II. Objektiver Tatbestand

Der objektive Tatbestand besteht in der Wegnahme einer fremden beweglichen Sache. Die Prüfung des objektiven Tatbestands erfolgt mithin in 2 Schritten: 10

| Schritt 1a | Schritt 1b | Schritt 1c | Schritt 2 |
|---|---|---|---|
| Sache | beweglich | fremd | wegnehmen |

### 1. Tatobjekt: fremde bewegliche Sache

#### a) Sache

Der Begriff der „Sache" kann gelegentlich in der Prüfung problematisch werden, so vor allem, wenn es um die Bestimmung der Sachqualität des menschlichen Körpers und seiner (abtrennbaren) Teile geht. Die Definition orientiert sich zunächst einmal am Zivilrecht. 11

> **Sachen** sind gem. § 90 BGB alle körperlichen Gegenstände.[3]

---
3 *Wessels/Hillenkamp* Strafrecht BT/2 Rn. 74.

**12** Auf den **wirtschaftlichen Wert** einer Sache kommt es dabei ebenso wenig an wie auf den Aggregatzustand, so dass auch Flüssigkeiten als Tatobjekt in Betracht kommen. Zur **Körperlichkeit** gehört jedoch, dass der Gegenstand eine Begrenzung aufweisen und infolgedessen aus seiner Umgebung hervortreten muss.[4]

**Beispiel** Freie atmosphärische Luft, Meereswasser, Schnee stellen keine Sachen dar, solange sie nicht z.B. in Flaschen abgefüllt sind. Andererseits kann das Ausstreuen von Unkrautsamen auf ein roggenbestelltes Feld eine Sachbeschädigung am Feld im Sinne des § 303 darstellen, da das Feld eine räumliche Abgrenzung aufweist und erkennbar aus seiner Umwelt hervortritt.[5]

**13 Tiere** werden im Strafrecht als Sachen angesehen und unterfallen damit dem strafrechtlichen Eigentumsschutz. § 90a BGB („Tiere sind keine Sachen") bezieht sich insoweit nur auf die Rechtsstellung von Tieren im Zivilrecht.[6]

**14 Forderungen, Rechte und Daten** sind keine körperlichen Gegenstände und damit kein taugliches Diebstahlsobjekt.

**Beispiel** Werden also Bankdaten auf eine CD gebrannt, dann begeht der Täter keinen Diebstahl an den Daten. Es kommt aber eine Strafbarkeit gem. § 202a in Betracht. Verkauft er diese Daten dann später an das Land NRW, dann begeht der zuständige Amtsträger keine Hehlerei gem. § 259, da die Daten keine „Sachen" sind, die ein anderer erlangt hat. Er kann sich aber wegen Datenhehlerei gem. § 202d strafbar gemacht haben, wobei allerdings Abs. 3 Nr. 1 die Strafbarkeit für solche Handlungen ausschließt, mit denen *„Daten ausschließlich der Verwertung in einem Besteuerungsverfahren, einem Strafverfahren oder einem Ordnungswidrigkeitenverfahren zugeführt werden sollen"*.

Auch **elektrische Energie** ist keine Sache, wird aber über § 248c geschützt. Allerdings kann ein Diebstahl an der Urkunde, die eine Forderung oder ein Recht verkörpert, einer Batterie, die Energie beinhaltet, sowie an einem USB-Stick, auf dem Daten gespeichert sind, begangen werden.

**15** Der **Körper des lebenden Menschen** besitzt keine Sachqualität. Auch fest eingefügten, künstlichen Teilen wie dem Herzschrittmacher (**Substitutiv-Implantate**) kommt keine Sachqualität zu, solange sie mit ihm verbunden sind.[7] Bei **abgetrennten** natürlichen oder künstlichen **Körperteilen** wird die Sachqualität hingegen bejaht, da das einzelne Organ oder Körperteil kein Träger der Menschenwürde mehr sei.[8]

**Umstritten** ist jedoch, ob dies auch dann gilt, wenn der **Körperbestandteil** nach dem Willen des Rechtsgutsträgers **wieder dem Körper zugeführt** werden soll.

**Beispiel** A lässt sich eine Woche vor einer großen Operation 1 Liter Blut entnehmen für den Fall, dass er während der OP größere Mengen Blut verliert und eine Blutspende benötigt. Krankenschwester K verkauft das Blut.

---

4 *Wessels/Hillenkamp* Strafrecht BT/2 Rn. 75.
5 *KGJ* 46, 368.
6 *Wessels/Hillenkamp* Strafrecht BT/2 Rn. 18.
7 *Wessels/Hillenkamp* Strafrecht BT/2 Rn. 76.
8 *Wessels/Hillenkamp* Strafrecht BT/2 Rn. 65 m.w.N.

## Objektiver Tatbestand

Teilweise wird hier in Übereinstimmung mit der zivilrechtlichen Rechtsprechung[9] dieser Bestandteil als funktionale Einheit mit dem Körper und damit nicht als Sache angesehen. Ein strafrechtlicher Schutz solle über § 223 gewährleistet werden.[10] Dieser Ansicht wird jedoch entgegengehalten, dass damit § 223 unzulässig ausgeweitet werde. Die Gegenauffassung bejaht daher die Sachqualität, so dass ein strafrechtlicher Schutz über §§ 242, 303 möglich ist.[11]

Umstritten ist ferner, ob **Leichen** und ihre künstlichen Bestandteile (**Substitutiv-Implantate**) als Sache angesehen werden können.

> **Beispiel** A arbeitet in einem städtischen Krematorium und durchsucht die nach einer Kremierung einer Leiche verbleibende Asche gezielt nach Edelmetallen, insbesondere Zahngold, welches er alsdann einsteckt und verkauft.[12] Hier kann A sich nur dann gem. § 242 strafbar machen, wenn das Zahngold zum einen eine Sache ist, die zum anderen auch noch im Eigentum eines anderen steht. ◼

Die **h.M.** sieht **menschliche Leichen** und die mit ihnen fest verbundenen Teile zunächst als **Sachen** an.[13] Nach der Gegenauffassung sind Leichen, sofern sie zur Bestattung bestimmt sind, als Rückstand der Persönlichkeit anzusehen, deren Schutz über § 168 gewährleistet werde.[14]

Fraglich ist nun aber, ob diese **Sachen eigentumsfähig** sind und wenn ja, in wessen Eigentum sie dann stehen.

**Leichen**, die zur Bestattung vorgesehen sind, stehen in niemandes Eigentum und sind damit **herrenlos**.[15] Etwas anderes gilt nur für Mumien,- Moor- Anatomie- oder plastinierte Leichen.[16] **Substitutiv-Implantate** teilen zunächst das rechtliche Schicksal der Leiche, sind also zunächst ebenfalls herrenlos. Sie werden allerdings dann **eigentumsfähig**, wenn ihre feste Verbindung mit dem Leichnam gelöst wird, wie das z.B. bei einer Einäscherung der Fall ist.[17] Fraglich ist nun aber, wer das Eigentum erwirbt.

Teilweise wird vertreten, dass Supportiv-Implantate, die den Körper in seiner Funktion unterstützen, genauso behandelt werden wie nur lose mit dem Körper verbundene Gegenstände (z.B. Hörgeräte). Das bedeutet, dass der Träger Eigentum an den Implantaten erwirbt, welches im Falle des Todes auf die Erben übergehen kann.[18]

Nach anderer Auffassung kann an herrenlosen künstlichen Körperteilen im Wege der **Aneignung nach § 958 I BGB durch Ineigenbesitznahme** Eigentum erworben werden.[19]

Streitig ist nun jedoch, wem ein **Aneignungsrecht** an den Implantaten zusteht.

---

9 *BGHZ* 124, 52.
10 *Fischer* § 223 Rn. 2.
11 *Wessels/Hillenkamp* Strafrecht BT/2 Rn. 76 m.w.N.
12 *OLG Hamburg* NJW 2012, 1601.
13 *OLG Nürnberg* NJW 2010, 2071; *OLG Bamberg* NJW 2008, 1543; *Schönke/Schröder-Eser/Bosch* § 242, 10, 21.
14 *Maurach/Schröder/Maiwald* Strafrecht BT I § 32 Rn. 19.
15 *OLG Hamburg* NJW 2012, 1601 m.w.N.
16 *Wessels/Hillenkamp* Strafrecht BT/2 Rn. 77.
17 *Fischer* § 242 Rdnr. 8; *OLG Hamburg* NJW 2012, 1601.
18 *Görgens* JR 1980, 140.
19 *Staudinger/Gursky* § 958 Rdnr. 4; *Schmitz* in: MunchKomm-StGB, § 242 Rdnr. 32.

Eine Auffassung spricht wegen der Bedeutung der künstlichen Körperteile als Vermögensposition das Aneignungsrecht den **Erben** als Vermögensnachfolger der Verstorbenen kraft Gewohnheitsrechts zu, allerdings nur, wenn die Angehörigen dies billigen.[20] Nach anderer Auffassung steht unter Berücksichtigung des Pietätsgefühls, welches sich auch auf werthaltige Leichenteile erstrecken soll, das Aneignungsrecht den **nächsten Angehörigen des Verstorbenen** als Totensorgeberechtigten zu.[21] Sofern die Aneignungsberechtigtem das Recht durch Inbesitznahme nicht ausüben, bleibt die Sache herrenlos, so dass ein Diebstahl nicht möglich ist.

> **JURIQ-Klausurtipp**
>
> Aufgrund des Sachzusammenhangs wurde vorstehend bei Leichen und Körperteilen sowohl die **Sacheigenschaft** als auch schon die **Eigentumsfähigkeit** dargestellt. Achten Sie in der Klausur darauf, dass Sie beide Fragen sorgfältig **voneinander trennen**. Wird bereits die Sacheigenschaft verneint, ist eine Auseinandersetzung mit der Fremdheit überflüssig. Da beide Fragen kontrovers diskutiert werden, ist im Ergebnis vieles vertretbar. Wichtig ist wie immer, dass Sie das Problem benennen und die Lösungsmöglichkeiten aufzeigen.

#### b) Beweglichkeit der Sache

**17** **Beweglich** sind Sachen, wenn sie von einem Ort zum nächsten fortbewegt werden können.

Die Beweglichkeit der Sache dürfte Ihnen in der Klausur selten Schwierigkeiten bereiten. Achten Sie allerdings darauf, dass es auch ausreicht, wenn der Täter die Sache erst beweglich machen muss.

**Beispiel** Bestandteile von Gebäuden, die zwar fest eingebaut sind, aber losgelöst werden können, wie z.B. Heizungskörper und Fensterrahmen, werden als bewegliche Sachen angesehen. Gleiches gilt für das Gras, welches durch Mähen beweglich gemacht werden kann.

#### c) Fremdheit der Sache

**18** **Fremd** sind Sachen, wenn sie weder im Alleineigentum des Täters stehen noch herrenlos oder eigentumsunfähig sind.[22]

» Nehmen Sie sich Ihr Zivilrechtsskript zur Hand und wiederholen Sie die Voraussetzungen des Eigentumserwerbs bzw. -verlustes! «

Die Fremdheit wird ausschließlich nach den **Vorschriften des bürgerlichen Rechts** über den Erwerb und Verlust von Eigentum bestimmt. Schon aus diesem Grund ist der Diebstahl in der Klausur und der mündlichen Prüfung ein beliebtes Thema, weil Sie an dieser Stelle unter Beweis stellen müssen, dass Sie „fachübergreifende" Kenntnisse haben! Die nachfolgend dargestellten zivilrechtlichen Begrifflichkeiten sollten Ihnen von daher bekannt sein.

---

20 *Palandt/Weidlich* § 1922 Rdnr. 37; *Görgens* JR 1980, 140.
21 *OLG München* NJW 1976, 1805; *Hoyer*/SK-StGB § 242 Rdnr. 14; *Oechsler*/MünchKomm-BGB § 958 Rn. 12.
22 *Wessels/Hillenkamp* Strafrecht BT/2 Rn. 79.

## Objektiver Tatbestand

Eine Sache steht im Alleineigentum des Täters, wenn weder **Mit- oder Gesamthandseigentum** noch **Vorbehalts- oder Sicherungseigentum** eines anderen besteht. Ein mögliches **Anwartschaftsrecht** des Täters entlastet ihn nicht, da dieses Recht dem Vollrecht nicht gleichzusetzen ist. Hingegen geht durch **Verpfändung** oder **Beschlagnahme** das Eigentum nicht verloren.

**Beispiel** Im Zuge einer bevorstehenden Trennung nimmt Ehemann E den kurz zuvor von ihm erworbenen Fernseher mit. Sofern E in Gütergemeinschaft mit seiner Frau F lebt, steht der Fernseher im Gesamthandseigentum und ist damit für E fremd. Lebt E hingegen in Zugewinngemeinschaft mit F, so gelten die allgemeinen sachenrechtlichen Regelungen. Hat E den Fernseher nicht zugleich auch stellvertretend für seine Frau mit erworben, so steht der Fernseher in seinem Alleineigentum und ist für ihn nicht fremd. Hat E allerdings mit dem Verkäufer eine Ratenzahlung unter Eigentumsvorbehalt vereinbart, dann steht der Fernseher solange im Alleineigentum des Verkäufers, bis E die letzte Rate gezahlt hat.

Die Sache steht ferner im Eigentum des Täters, wenn sie ihm kurz vor oder während der Tathandlung **übereignet** wurde oder er sie – wenn auch unwissentlich – **geerbt** hat.

**Beispiel** Als fremd wird nach überwiegender Auffassung das Benzin betrachtet, das der Kunde an der SB-Tankstelle in seinen Tank füllt, da der Tankstelleninhaber sich das Eigentum in der Regel bis zur Bezahlung vorbehält bzw. das Übereignungsangebot bei lebensnaher Auslegung unter der aufschiebenden Bedingung der späteren Bezahlung steht.[23] Auch ein gesetzlicher Eigentumsübergang mit der Folge des Erwerbs des Alleineigentums gem. §§ 947, 948 BGB findet nicht statt, da der Tank zumeist leer sein wird, so dass der Täter nur Miteigentum erwirbt.

**Beispiel** Nicht mehr fremd ist die Perlenkette der Erbtante E, die A gerade aus dem Safe geholt hat, wenn E kurz zuvor verstorben ist und ihr ganzes Vermögen dem A vererbt hat. Irrelevant ist, ob A von dieser Erbschaft weiß. Weiß er es nicht, so hat er sich wegen versuchten Diebstahls strafbar gemacht.

Bei Geschäften, **die gesetzlich verboten gem. § 134 BGB oder nichtig gem. § 138 BGB** sind, muss das Abstraktionsprinzip beachtet werden, wonach die Nichtigkeit des Kausalgeschäfts grundsätzlich die Wirksamkeit des Erfüllungsgeschäftes nicht berührt. Die sachenrechtliche Einigung ist allerdings nichtig, wenn durch das Verbot oder die Sittenwidrigkeit gerade auch die Vermögensverschiebung verhindert werden soll.[24]

**Beispiel** A verkauft dem B Heroin für 500 € und wird danach von B überfallen, der ihm unter Vorhalten eines Messers das Geld wieder abnimmt.

Hier findet weder an den Drogen noch an dem Geld ein Eigentümerwechsel statt.[25] Das Geld ist also für B keine fremde bewegliche Sache.

Im umgekehrten Fall – A nimmt dem B unter Vorhalten eines Messers das Heroin wieder ab – ist es fraglich, ob das Heroin überhaupt verkehrsfähig und damit fremd sein kann. In der Literatur wird die Verkehrsfähigkeit von Betäubungsmitteln teilweise unter Hinweis

---

23 *Wessels/Hillenkamp* Strafrecht BT/2 Rn. 80; *Jäger* Strafrecht BT Rn. 192.
24 MüKo-*Mayer-Maly/Armbrüster* § 134 Rn. 10.
25 *BGH* NStZ 2006, 170.

auf das BtmG und § 134 BGB abgelehnt.[26] Nach Auffassung der h.M. und auch des *BGH* können Betäubungsmittel allerdings eigentumsfähig sein.[27] Eigentum kann danach jedenfalls der Produzent oder aber der Verarbeiter erwerben, ggf. je nach dem Recht des Landes, in welchem die Betäubungsmittel hergestellt und zunächst weiter veräußert werden, auch die ersten Käufer/Verkäufer.

**22** Zu beachten ist, dass **zivilrechtliche Rückwirkungsfiktionen** nicht auf das Strafrecht übertragen werden dürfen. Maßgeblich bei der Beurteilung der Strafbarkeit ist ausschließlich der tatsächliche und rechtliche Zustand zum Zeitpunkt der Vornahme der Tathandlung.

**Beispiel** A hat B ein Auto verkauft und das Eigentum hieran gem. § 929 BGB an B übertragen. Allerdings beruhen die Willenserklärungen des B auf einer arglistigen Täuschung durch A. Wenige Tage später bricht A bei B ein und nimmt das besagte Fahrzeug weg. Ficht B nunmehr die Übereignung des Autos wegen der arglistigen Täuschung an, so fingiert § 142 Abs. 1 BGB die anfängliche Nichtigkeit der Eigentumsübertragung. Danach hätte A zu keinem Zeitpunkt das Eigentum an dem Auto verloren. Diese zivilrechtliche Fiktion hilft dem A im Strafrecht jedoch nicht. Vielmehr hat er zum Tatzeitpunkt eine fremde Sache weggenommen.

**23** An der Fremdheit fehlt es, wenn die Sachen **herrenlos** sind. Herrenlos können Sachen von Natur aus sein, so etwa wilde Tiere oder – wie bereits dargestellt – der menschliche Leichnam. Sachen können aber auch im Nachhinein durch Eigentumsaufgabe herrenlos werden **(Dereliktion, § 959 BGB)**. Ob der Eigentumsinhaber tatsächlich das Eigentum an den betroffenen Sachen aufgegeben hat, muss stets genau geprüft werden. § 959 BGB setzt zunächst voraus, dass der Eigentümer den Besitz an den Sachen aufgibt, die nicht mehr in seinem Eigentum stehen sollen. Bei Sachen, die der Eigentümer **verloren, vergessen oder verlegt** hat, kommt eine Dereliktion nur dann in Betracht, wenn der Eigentümer – wenn auch nachfolgend – den Willen zur Eigentumsaufgabe fasst.

**Beispiel** A will sich an einem Automaten eine Tüte Weingummi kaufen, die 80 Cent kostet. Leider gibt der Automat weder das Weingummi noch das eingeworfene Geld, 1 €, wieder heraus, woraufhin A resigniert abzieht. Wenig später erscheint der Automatenaufsteller B, der den Defekt verursacht hat und demzufolge auch weiß, wie man an das Geld herankommt und nimmt das Geld an sich.

Hier könnte ein Diebstahl vorliegen, sofern die 1-Euro-Münze noch eine fremde bewegliche Sache ist. Zunächst könnte man annehmen, dass A die Münze an B übereignet hat. Die erforderliche Übergabe liegt vor, allerdings stand das Übereignungsangebot unter der Bedingung der Aushändigung und Übereignung der Tüte Weingummi (§§ 929, 158 BGB). Da diese Bedingung nicht eingetreten ist, wurde die Münze nicht an B übereignet. Die Münze könnte aber, da A unverrichteter Dinge abzog, herrenlos geworden sein. Voraussetzung dafür ist aber neben der Besitzaufgabe auch der Wille, das Eigentum aufzugeben. Für einen solchen Willen fehlen vorliegend die konkreten Anhaltspunkte. So ist es denkbar, dass sich A an B wenden möchte, um die Angelegenheit zu klären und seinen Euro herauszubekommen. Die Münze ist damit noch fremd. Es scheitert aber an der Wegnahme, da sie sich zum Zeitpunkt des Entfernens aus dem Automaten bereits im Gewahrsam des B befand. Insoweit kommt nur eine Unterschlagung gem. § 246 Abs. 1 in Betracht.

---

[26] *Engel* NStZ 1991, 520; *Wessels/Hillenkamp* Strafrecht BT/2 Rn. 73.
[27] *BGH* NJW 2006, 72 („Filmdosen-Fall"); Schönke/Schröder-*Eser* StGB 26. Aufl. § 242 Rn. 19.

Objektiver Tatbestand                                                                 2 B II

> **JURIQ-Klausurtipp**
>
> In der Klausur wird häufig das Merkmal „fremd" von den Studenten nicht ernst genommen und voreilig und ohne Prüfung bejaht. Nur wenn der Sachverhalt in dieser Hinsicht eindeutig ist, können Sie sich an dieser Stelle kurz fassen. Ansonsten sollten Sie sich insbesondere in Fällen der o.g. Art **sorgfältig mit den zivilrechtlichen Normen auseinandersetzen**.

### 2. Tathandlung: Wegnahme

Die tatbestandliche Handlung im Rahmen des § 242 ist die **Wegnahme**. Die Prüfung der Wegnahme stellt neben der Prüfung der Zueignungsabsicht in der Klausur meistens die größte Herausforderung dar.

> **Wegnahme** bedeutet Bruch fremden und Begründung neuen, nicht notwendigerweise eigenen Gewahrsams gegen oder ohne den Willen des bisherigen Gewahrsamsinhabers.[28]

Entsprechend dieser Definition erfolgt die Prüfung der Wegnahme in der Klausur also in drei Schritten:

| Schritt 1 | Schritt 2 | Schritt 3 |
|---|---|---|
| Stand die Sache im Gewahrsam eines anderen? | Wurde dieser Gewahrsam aufgehoben und neuer Gewahrsam beim Täter oder einem Dritten begründet? | Geschah dies gegen oder ohne den Willen des bisherigen Gewahrsamsinhabers? |

#### a) Schritt 1: Stand die Sache im Gewahrsam eines anderen?

Der zentrale Begriff der Wegnahme ist der **Gewahrsam**. Da der Gewahrsam nach „der Verkehrsauffassung" und „den Anschauungen des täglichen Lebens" bestimmt wird, wird von Ihnen in der Klausur verlangt werden, dass Sie mit gesundem Menschenverstand eine nachvollziehbare Argumentation zu den Gewahrsamsverhältnissen darbringen. Voraussetzung der Argumentation ist natürlich wie immer bei der Gutachtentechnik, dass Sie zunächst die Definition des Gewahrsams kennen.

> **Gewahrsam** ist die von einem natürlichen Herrschaftswillen getragene tatsächliche Sachherrschaft über eine Sache, deren Grenzen nach den Anschauungen des täglichen Lebens zu bestimmen sind.[29] Eine tatsächliche **Sachherrschaft** besteht, wenn der Gewahrsamsinhaber eine physisch-reale Einwirkungsmöglichkeit auf die Sache hat, so dass der unmittelbaren Verwirklichung des Einwirkungswillens auf die Sache keine (wesentlichen) Hindernisse entgegenstehen.[30]

---

28 *Jäger* Strafrecht BT Rn. 198.
29 *BGHSt* 16, 273.
30 *RGSt* 60, 272.

**29** Der Gewahrsam ist weder deckungsgleich mit dem Eigentum noch mit dem Besitz. Das **Eigentum** ist ein dingliches Recht und gewährt dem Eigentümer umfangreiche Einwirkungs- und Abwehrbefugnisse. Der Bestand des Eigentums ist im Gegensatz zum Gewahrsam von der tatsächlichen Einwirkungsmöglichkeit unabhängig. Beim Gewahrsam wiederum stellt sich nicht wie beim Eigentum die Frage des rechtlichen Dürfens, d.h. auch der Dieb kann bestohlen werden. Der Eigentümer und der Gewahrsamsinhaber können beim Diebstahl also auseinander fallen.

> **Beispiel** Dieb D stiehlt Eigentümer E ein wertvolles Bild und wird tags darauf von Trittbrettfahrer T in einem unbeobachteten Moment ebenfalls bestohlen.
>
> Eigentümer E hat durch die Diebstähle sein Eigentum an dem Bild nicht verloren, hat allerdings keine tatsächliche Zugriffsmöglichkeit mehr, da er nicht weiß, wo sich das Bild befindet. D hat einen Diebstahl begangen, wobei in diesem Moment Eigentum und Gewahrsam bei derselben Person, nämlich E, vorlagen. Aber auch T hat einen Diebstahl begangen. Das Bild stand im Eigentum des E und im Gewahrsam des D, als T das Bild wegnahm. ∎

**30** Auch **Besitz** und Gewahrsam sind nicht identisch. So behält beispielsweise ein Autovermieter den mittelbaren Besitz an dem vermieteten Auto, hat aber, wenn er nicht weiß, wo der Kunde hingefahren ist, keine Zugriffsmöglichkeit auf das Auto, mithin auch keinen Gewahrsam mehr.

> **JURIQ-Klausurtipp**
>
> Achten Sie also in der Klausur auf die von Ihnen verwendete **Terminologie!** Gewahrsam ist nicht gleich Besitz oder Eigentum, kann aber aufgrund der Verkehrsanschauung aus beiden abgeleitet werden!
>
> Bei der Wegnahme kommt es nur auf den Gewahrsamsinhaber und dessen Verdrängung aus der Gewahrsamsposition an Bei der Zueignungsabsicht hingegen kommt es nur auf den Eigentümer und dessen Verdrängung aus der Eigentümerposition an.

### aa) Alleingewahrsam

**31** Der **Gewahrsam** verlangt objektiv ein **Sachherrschaftsverhältnis** und subjektiv einen **Sachherrschaftswillen** des Gewahrsamsinhabers. Für die Beurteilung sind wie bereits ausgeführt die konkreten Umstände des Einzelfalls und die Anschauungen des täglichen Lebens maßgeblich.[31] Die Möglichkeiten, Gewahrsam zu erlangen und zu behalten, sind dabei so vielfältig wie eben jenes tägliche Leben, weswegen es unmöglich ist, sämtliche Erscheinungsformen darzustellen. Nachfolgend sollen einige „klassische" Konstellationen besprochen werden, die mit schöner Regelmäßigkeit in Klausuren auftauchen.

**32** Es gibt **typische Gewahrsamssphären**, in denen üblicherweise Gewahrsam an den sich dort befindenden Gegenständen besteht:
- Das Haus, die Wohnung, das Büro, das Geschäft, das Auto oder sonstige räumlich umgrenzte Herrschaftsbereiche.
- Der Körper, die Kleidung sowie mitgeführte Taschen, Rucksäcke u.Ä. als sog. **Gewahrsamsenklave**.

---

[31] *Jäger* Strafrecht BT Rn. 198 ff.

## Objektiver Tatbestand

**Beispiel** Dieb D verschafft sich unter einem Vorwand Zutritt zu der Wohnung von Oma O. Während diese Kaffee kocht, nutzt D den unbeobachteten Moment, indem er aus dem Schreibtisch das Sparbuch der O nimmt und es in seine Jackentasche steckt.

Hier stand das Sparbuch zunächst im Gewahrsam der O, da es sich in ihrer Wohnung befand. Nach dem Einstecken des Sparbuchs in die Jackentasche befand sich das Sparbuch im Gewahrsam des D. O hingegen hat zu diesem Zeitpunkt den Gewahrsam verloren, auch wenn D – und somit auch das Sparbuch – sich noch in ihrer Gewahrsamssphäre aufhielten, da O keinen ungehinderten Zugriff mehr auf das Sparbuch hatte.

Mit der Bestimmung der jeweiligen Gewahrsamsverhältnisse wird automatisch, wie soeben gesehen, der Gewahrsamswechsel festgestellt. ∎

Für die **Begründung** neuen Gewahrsams an einem Gegenstand bedarf es zwangsläufig der erstmaligen Herstellung einer räumlichen Nähebeziehung. Für die **Aufrechterhaltung** ist dies jedoch nicht erforderlich. Einmal begründeter Gewahrsam wird durch die vorübergehende Verhinderung der Ausübung der tatsächlichen Gewalt nicht aufgehoben. Man spricht in diesen Fällen von **gelockertem Gewahrsam**.[32]

**33**

**Beispiel** E und B machen Urlaub auf Ischia, als Dieb D in ihre Wohnung in Köln einbricht und das Tafelsilber entwendet.

Hier haben E und B, obgleich sie sich mehrere hundert Kilometer entfernt auf einer Insel befinden, noch immer (gelockerten) Gewahrsam an sämtlichen Gegenständen, die sich in ihrer Wohnung befinden. Wenn sie wollten, so könnten sie sich jederzeit ins Flugzeug setzen und auf die Sachen zugreifen. Aus diesem Grund weist auch die Verkehrsauffassung E und B den Gewahrsam zu.

Gleiches gilt für abgestellte Autos, zur Aufbewahrung gegebene Gepäckstücke, frei herumlaufende Haustiere etc. ∎

Voraussetzung für den Gewahrsam ist allerdings nicht nur das Sachherrschaftsverhältnis, sondern auch der **Sachherrschaftswille** (auch Gewahrsamswille genannt). Dieser Wille stellt sich als natürlicher Beherrschungswille dar und ist unabhängig von der Geschäftsfähigkeit, so dass auch Kinder und Geisteskranke ihn haben können.

**34**

Hohe Anforderungen sind an den Gewahrsamswillen nicht zu stellen. Es reicht auch ein sog. **genereller Gewahrsamswille**. So wird dem Inhaber einer **Gewahrsamssphäre** nach der Verkehrsauffassung grundsätzlich der Wille zugeschrieben, die tatsächliche Gewalt an allen Gegenständen auszuüben, die sich in seinem Herrschaftsbereich befinden. Ein spezialisiertes Wissen ist ebenso wenig erforderlich wie ein ständig aktualisiertes Sachherrschaftsbewusstsein.[33] Allerdings erstreckt sich der Wille nicht unbedingt auch auf mutwillig eingebrachte oder untergeschobene bzw. versteckte Gegenstände.

**35**

**Beispiel** Der Gewahrsamswille des Kioskbesitzers K erstreckt sich auf die gesamte, in seinem Kiosk angebotene Ware, auch wenn er den aktuellen Bestand nicht überblicken kann. Der Gewahrsamswille erstreckt sich auch auf die morgens vor seiner Türe abgelegten Zeitungen. Er erstreckt sich jedoch nicht zwingend auf den Abfall, der in seinem

---

[32] *BGHSt* 16, 271; *BGH GA* 1962, 79; *Wessels/Hillenkamp* Strafrecht BT/2 Rn. 92, der Gewahrsam nicht als tatsächliche Sachherrschaft, sondern als sozial-normative Zuordnung der Sache definiert.
[33] *BGH NJW* 1987, 2812.

Laden weggeworfen wird (Kaugummi auf dem Boden) und auch nicht auf Gegenstände, die in seinem Laden versteckt wurden, so z.B. eine geladene Schusswaffe, die ein Bankräuber auf der Flucht vor der Polizei hinter einigen Konservendosen im Regal versteckt hat.

**36** Schlafende oder Bewusstlose haben einen „**potenziellen Gewahrsamswillen**", der erst mit dem Tod des Gewahrsamsinhabers endet.

**Beispiel** Nimmt A dem toten B eine Uhr ab, die dieser noch an seinem Arm trägt, so scheidet ein Diebstahl mangels Gewahrsamsinhaberschaft des B aus. In derartiger Fallgestaltung muss stets § 857 BGB erwähnt werden, wonach ein Erbenbesitz fingiert wird. Diese Fiktion ist allerdings nicht auf das Strafrecht übertragbar, zumal Besitz nicht deckungsgleich mit Gewahrsam ist! In Betracht kommt eine Unterschlagung gem. § 246. Mit dem Tod ist die Uhr in das Eigentum der Erben übergegangen und damit für den Täter fremd.

Hätte A dem B die Uhr im Zustand der Bewusstlosigkeit gestohlen, so läge ein Diebstahl vor, auch wenn das tatsächliche Sachherrschaftsverhältnis problematisch erscheint! Insoweit wird der Gewahrsam eher als sozial-normative Zuordnung denn als faktische Zugriffsmöglichkeit verstanden. Die Bewusstlosigkeit hebt selbst dann den Gewahrsam des Opfers nicht auf, wenn sie bis zum Tode weiter besteht.[34]

Hätte A den B erschossen, um ihm dann die Uhr abzunehmen, wäre die Uhr nach Eintritt des Todes wieder gewahrsamslos. Zur Bejahung des Raubes, der den Diebstahl enthält, wird von daher auf den Zeitpunkt der Abgabe des Schusses abgestellt. Zu diesem Zeitpunkt hatte der noch lebende B Gewahrsam an der Uhr. Dieser wurde dann durch Eintritt des Todes aufgehoben und neu begründet, indem A die Uhr an sich nimmt.

**37** Auch an **verloren gegangenen** oder **vergessenen Gegenständen** kann Gewahrsam bestehen.

Hat der Gewahrsamsinhaber die Sache in **seinem eigenen Herrschaftsbereich** verloren oder vergessen, verliert er den Gewahrsam an diesen Sachen nicht, da sich die Sachen in seiner Gewahrsamssphäre befinden und er einen generellen Gewahrsamswillen an diesen Sachen hat. Werden Sachen in **fremden Herrschaftsbereichen** vergessen, so bleibt auch hier ein Diebstahl denkbar. Aufgrund des generellen Gewahrsamswillens erwirbt nämlich der Inhaber des fremden Herrschaftsbereichs den Gewahrsam an den verloren gegangenen Sachen.

**Beispiel** Wenn also in der Straßenbahn ein Portemonnaie verloren geht, so erwirbt der Betreiber der Straßenbahn Gewahrsam an diesen Sachen, so dass derjenige, der das Portemonnaie einsteckt, einen Diebstahl begeht.

**38** Gewahrsam kann auch dann bejaht werden, wenn die Sache zwar an einem Ort vergessen wird, der **keiner Herrschaftssphäre** zugeordnet werden kann, der bisherige Gewahrsamsinhaber aber genau weiß, wo er die Sache vergessen hat und jederzeit dorthin zurückkehren und dort auf die Sache zugreifen kann.

---

[34] *BGH* NJW 1985, 1911.

**Beispiel** A vergisst sein Portemonnaie im Wald auf einer Bank. Das Portemonnaie verbleibt solange im Gewahrsam des A, wie es auf der Bank liegen bleibt und A weiß, wo es ist. Hat A jedoch keine Ahnung, wo das Portemonnaie liegt, wird es gewahrsamslos. Kommt jetzt ein Dritter hinzu und steckt es ein, kommt eine Strafbarkeit gem. § 242 nicht in Betracht. Denken Sie dann aber immer an § 246. ■

#### bb) Mitgewahrsam

Denkbar ist, dass mehrere Personen eine tatsächliche Verfügungsgewalt über Sachen und damit Gewahrsam haben und dass sich dementsprechend **Rangverhältnisse** entwickeln, die **für den Gewahrsamsbruch bedeutsam** sind. Man unterscheidet zwischen **gleichrangigem sowie über- bzw. untergeordnetem Mitgewahrsam**. Ein Gewahrsamsbruch kann nur vorliegen, wenn der Täter gleichrangigen oder übergeordneten Mitgewahrsam bricht.[35] Gegenüber einem untergeordneten Gewahrsamsinhaber ist ein Gewahrsamsbruch nicht möglich.

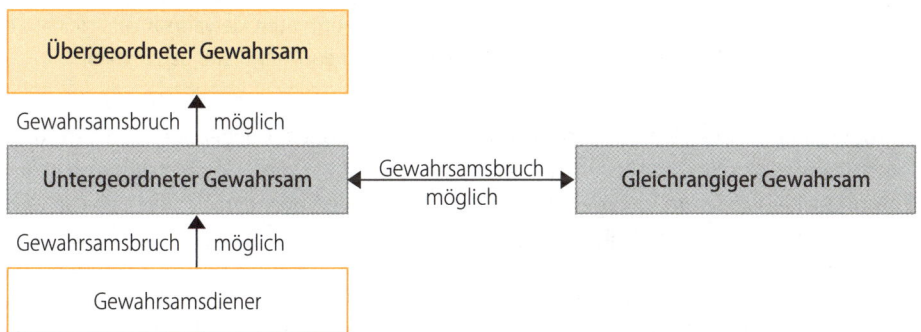

> **JURIQ-Klausurtipp**
>
> Es ist also denkbar, dass auch der **Täter Gewahrsam an der fremden Sache** hat. Verneinen Sie in diesen Fällen den Diebstahl nicht voreilig. Ein Diebstahl scheidet nur dann aus, wenn der Täter alleinigen Gewahrsam oder gegenüber dem anderen Gewahrsamsinhaber übergeordneten Gewahrsam hat.
>
> In den Fällen des **Mitgewahrsams** müssen Sie bei dem ersten Prüfungsschritt (s.o.) also die verschiedenen Gewahrsamsinhaber sowie deren Verhältnis zueinander benennen, um danach beim zweiten Schritt feststellen zu können, ob ein Bruch des gleich- oder höherrangigen Gewahrsams vorliegt.

Beim **gleichrangigen Mitgewahrsam** wird der Gewahrsam zu gleichen Teilen ausgeübt. Die Gewahrsamsinhaber sind gleichberechtigt.

**Beispiel** Eheleute haben gleichrangigen Mitgewahrsam an den in der gemeinsamen Wohnung befindlichen Sachen. Ähnlich zu urteilen ist bei Gesellschaftern in Bezug auf die zum Gesellschaftsunternehmen gehörenden Sachen.

Ehefrau E kann also an auch im Eigentum ihres Mannes stehenden Gegenständen einen Diebstahl begehen, wenn sie diese an den gutgläubigen D verkauft. ■

---
[35] *BGHSt* 8, 273; *BGH* NStZ-RR 1996, 131; *Wessels/Hillenkamp* Strafrecht BT/2 Rn. 84.

**41** Von **übergeordnetem bzw. untergeordnetem Gewahrsam** spricht man, wenn der Gewahrsam nicht gleichrangig, sondern auf verschiedenen Stufen ausgeübt wird.

So gibt es z.B. bei **Arbeitsverhältnissen** unterschiedliche Gewahrsamsebenen. In einem **kleineren Ladengeschäft**, welches unter persönlicher Mitwirkung des Geschäftsinhabers geführt wird, wird dem Inhaber nach einer Auffassung der Alleingewahrsam, nach einer anderen der übergeordnete Gewahrsam gegenüber seinen ebenfalls dort tätigen Angestellten zugeschrieben. Die Angestellten haben entsprechend entweder gar keinen Gewahrsam (sie werden lediglich als **Gewahrsamsdiener** angesehen) oder aber untergeordneten Gewahrsam. So oder so können jedenfalls die Angestellten gegenüber dem Inhaber des Ladens einen Diebstahl begehen, nicht aber umgekehrt der Inhaber gegenüber den Angestellten.

> **JURIQ-Klausurtipp**
>
> In der Klausur müssten Sie sich nicht entscheiden, ob untergeordneter oder gar kein Gewahrsam vorliegt, da für die Wegnahme auch der **Bruch übergeordneten Gewahrsams** ausreicht. Es wäre also verfehlt, die unterschiedlichen Auffassungen in epischer Breite darzustellen.

**42** In **größeren Kauf- oder Warenhäusern** wird dem Abteilungsleiter gegenüber den Verkäuferinnen übergeordneter Gewahrsam zugesprochen. Gegenüber dem Geschäftsführer hat der Abteilungsleiter wiederum untergeordneten Gewahrsam. Man orientiert sich hier also an den Anweisungshierarchien innerhalb der Arbeitsverhältnisse.

**43** **Kassierer** haben bis zur Ablieferung des Kasseninhalts Alleingewahrsam am Kasseninhalt, sofern sie die alleinige Verantwortung für die Kasse tragen. Wirken sie also an der Gewahrsamsübertragung mit, dann scheidet Diebstahl aus, selbst wenn anwesende Kollegen nicht einverstanden sind.

> **Beispiel** A arbeitet in einer Pizzeria und verwaltet dort allein die Kasse. Als sie nun abends nach Geschäftsschluss zusammen mit dem weiteren Angestellten B die Tageseinnahmen zählt, betreten X und Y die Pizzeria, zwingen B unter Einsatz eines Messers auf den Boden und nehmen das Geld mit. A war in diesen Vorgang eingeweiht und hindert X und Y nicht an der Wegnahme.
>
> Das *OLG Celle*[36] hat die Strafbarkeit gem. § 242 und damit auch gem. § 249 verneint, da die Wegnahme nicht gegen den Willen der Gewahrsamsinhaberin erfolgte. Aufgrund des Alleingewahrsams kam es auf den Willen des B, der am Boden lag nicht an. A wiederum war eingeweiht und stimmte dem Gewahrsamswechsel zu.

**44** **LKW-Fahrer** haben gegenüber dem Geschäftsherrn dann alleinigen Gewahrsam am Frachtgut, wenn der Geschäftsherr keine Kontroll- oder Einwirkungsmöglichkeiten während der Fahrt hat. Wird der Transport innerhalb eines räumlich begrenzten Bereiches auf einer festen Route durchgeführt, so hat der Geschäftsherr zumindest gleichgeordneten Mitgewahrsam.[37]

**45** Bei Gegenständen, die sich in **verschlossenen Behältnissen** befinden, wird nach h.M. hinsichtlich der Gewahrsamsverhältnisse differenziert: Ist das Behältnis fest mit einem Gebäude verbunden oder aufgrund seiner Beschaffenheit nur schwer fortzubewegen, so hat allein der

---

[36] *OLG Celle* JuS 2011, 1131 mit Anmerkung *Jahn*.
[37] Vgl. die zahlreichen Fallbeispiele bei *Jäger* Strafrecht BT Rn. 201; *Wessels/Hettinger* Strafrecht BT 2 Rn. 100 ff.

Schlüsselinhaber Gewahrsam am Inhalt, auch wenn sich das Behältnis nicht in frei zugänglichen Räumen befindet (z.B. im Tresor einer Bank). Ist das Behältnis dagegen frei beweglich, so hat der Behältnisverwahrer den Alleingewahrsam auch am Inhalt. Dies gilt insbesondere dann, wenn der Schlüsselinhaber nicht weiß, wo sich das Behältnis befindet.[38]

**Beispiel** Rentner R begibt sich auf eine lange Zugreise und hat den verschlossenen Koffer zwei Tage vorher bei der Bahn aufgegeben. Hier haben die jeweiligen Mitarbeiter bei der Bahn Gewahrsam nicht nur am Koffer, sondern auch am Inhalt. R selbst hat keinen Gewahrsam mehr, da er nicht weiß, wo sich der Koffer befindet, mithin also auch nicht mehr darauf zugreifen kann.

### JURIQ-Klausurtipp

In der Klausur wird es in Anbetracht der offen gehaltenen Definition – „Verkehrsauffassung" – auch beim Mitgewahrsam entscheidend auf Ihre **lebensnahe Argumentation** ankommen, wenn es um die Feststellung der fraglichen Gewahrsamsverhältnisse geht. Prinzipiell gilt, dass (übergeordneten) Gewahrsam derjenige ausübt, der **mit gewisser Eigenverantwortlichkeit Kontroll- und Einwirkungsmöglichkeiten** hat. Thematisiert werden müssen die unterschiedlichen Gewahrsamsverhältnisse nur, wenn der Täter aus dem Gewahrsamsbereich stammt. Handelt es sich um einen außenstehenden Täter ohne Gewahrsam, so erübrigt sich eine Diskussion.

#### b) Schritt 2: Wurde dieser Gewahrsam aufgehoben und neuer Gewahrsam beim Täter oder einem Dritten begründet?

Nachdem Sie festgestellt haben, wer zunächst welchen Gewahrsam hat, müssen Sie nun überprüfen, ob

| Schritt 2a | Schritt 2b |
| --- | --- |
| der bisherige Gewahrsamsinhaber diesen **Gewahrsam** durch die Handlung des Täters **verloren** hat und | der Täter zugleich mit dieser Handlung **neuen Gewahrsam** bei sich oder einem Dritten **begründet** hat. |

Die Gewahrsamsaufhebung geht mithin mit der Gewahrsamsneubegründung beim Täter oder einem Dritten einher. Anhand der oben aufgezeigten Grundsätze müssen Sie also prüfen, ob nach der Handlung des Täters nun dieser oder ein Dritter Gewahrsam hat. Erst dann ist der **Diebstahl vollendet**! Wird Gewahrsam gebrochen, ohne dass neuer Gewahrsam begründet wird, liegt keine Wegnahme vor.

Wie der Täter den **Gewahrsamswechsel** herbeiführt, richtet sich wiederum nach den Umständen des Einzelfalls. Grundsätzlich muss der Täter die tatsächliche Sachherrschaft derart erlangt haben, dass ihrer Ausübung **keine wesentlichen Hindernisse** entgegenstehen und der bisherige Gewahrsamsinhaber auf die Sache nicht mehr einwirken kann, ohne zuvor die Verfügungsgewalt des Täters oder eines Dritten zu beseitigen.[39]

---

[38] *Wessels/Hettinger* Strafrecht BT 2 Rn. 106; *BGH*St 22, 180; *Schönke/Schröder-Eser/Bosch* § 242 Rn. 34.
[39] *BGH* NStZ 1988, 271; *Wessels/Hillenkamp* Strafrecht BT/2 Rn. 109.

> **Hinweis**
>
> Als Kontrollfrage können Sie sich merken: Muss der bisherige Gewahrsamsinhaber nach der Wegnahmehandlung des Täters eine **sozial auffällige** und damit **rechtfertigungsbedürftige Handlung** vornehmen, um auf die Sache wieder zugreifen zu können? Ist dies der Fall, so liegt ein Gewahrsamsverlust vor.

**Beispiel** A nimmt in einem Süßwarenladen ein Bonbon aus dem Regal, packt es aus und steckt es in den Mund. Hier müsste der Eigentümer des Ladens als bisheriger Gewahrsamsinhaber dem A in den Mund greifen, um wieder an das Bonbon zu gelangen. Dies wäre eine extrem befremdliche und damit rechtfertigungsbedürftige Handlung. ■

49 Ein Gewahrsamswechsel kann **bei kleineren Gegenständen** schon **innerhalb der Gewahrsamssphäre** des Opfers erfolgen, wenn der Täter die Gegenstände in seine **Gewahrsamsenklave** überführt hat. Dies kann etwa durch Einstecken in die Kleidung oder einen Rucksack geschehen. Bei extrem kleinen Gegenständen kann eine solche Gewahrsamsenklave bereits **durch Ergreifen und Festhalten** begründet werden.[40] Wie sehr hier jedoch die Meinungen unter Berücksichtigung der Verkehrsauffassung auseinandergehen, zeigen folgende beiden Entscheidungen des *BGH*:

**Beispiel** In beiden Fällen hatte der Täter sich unter dem Vorwand, telefonieren zu müssen bzw. sich das Handy ansehen zu wollen, dieses Handy von der später Geschädigten übergeben lassen. Später rannte er dann mit dem Handy weg. Es stellte sich nun die Frage, ob mit dem Ergreifen des Handys bereits der bisherige Gewahrsam aufgehoben und neuer Gewahrsam begründet wurde.

Der 3. Senat des *BGH*[41] hat dies bejaht, indem er ausführt, dass *„bei handlichen und leicht zu bewegenden Gegenständen …ein bloßes Ergreifen und Festhalten jedenfalls dann (genügt), wenn der Berechtigte seine ungehinderte Verfügungsgewalt nur noch gegen den Willen des Täters und unter Anwendung von körperlicher Gewalt wiederherstellen könnte."*

Der 1. Senat[42] wiederum hat gegenteilig entschieden. Er hat dem Täter lediglich Mitgewahrsam zugesprochen, nicht aber alleinigen Gewahrsam, so dass die Wegnahme erst mit dem Weglaufen vollendet war. Begründet wurde dies damit, dass *„…der Geschädigte nach der Übergabe, aber vor dem Weglaufen des Angekl. bei ‚freiwilliger' oder erzwungener Mitwirkung des Empfängers oder mit körperlicher Gewalt wieder auf die Sache zugreifen (konnte)."*

Wie immer ist also mit entsprechender Argumentation vieles vertretbar. ■

---

40 *BGH* NStZ 1987, 71.
41 *BGH* NStZ 2011, 36.
42 *BGH* JuS 2017, 698.

## Objektiver Tatbestand

Bei größeren Gegenständen ist in der Regel eine Entfernung aus dem Herrschaftsbereich oder ein Verstecken innerhalb des Herrschaftsbereichs erforderlich.[43]

**Beispiel** Allerdings begründet die Entfernung aus dem Herrschaftsbereich nicht immer zwingend den Gewahrsamsbruch. So hatten Täter bei einem nächtlichen Einbruch in ein Geschäft einige Textil- und Tabakwaren bereits auf die Straße geschafft. Als sie gerade dabei waren, einen 500 kg schweren Tresor nach draußen zu schaffen, wurden sie von der Polizei 5 Meter vor der Türe gestellt. Der *BGH*[44] hat insgesamt nur einen versuchten Diebstahl angenommen: An dem Tresor, weil er sich noch in dem Herrschaftsbereich des Ladeninhabers befand, aber auch an den draußen auf der Straße stehenden Gegenständen, da sie aufgrund der Nähe zum Tatort und den übrigen Umständen ohne weiteres als Diebesgut zu identifizieren gewesen seien. ■

In **Selbstbedienungsläden** wird ein Gewahrsamswechsel noch nicht mit dem Hineinlegen der zu bezahlenden Waren in einen Einkaufskorb oder -wagen herbeigeführt. Hierauf kann der Ladeninhaber jederzeit Zugriff nehmen, so dass die Verkehrsauffassung diese Gegenstände noch dem Inhaber des Ladens zuordnet. Dies gilt auch dann, wenn der Täter die Tatobjekte innerhalb des Einkaufswagens versteckt. Der Gewahrsamswechsel ist allerdings vollzogen, wenn der Täter den Kassenbereich passiert hat, da danach die Gegenstände als dem Täter „gehörend" angesehen werden, das Hineingreifen des Ladeninhabers mithin sozial auffällig wäre.[45]

**Beispiel** Allerdings werden nicht sämtliche, in einem Einkaufswagen abgelegte Gegenstände dem Gewahrsam des Geschäftsinhabers zugeordnet. Nimmt jemand in einem Selbstbedienungsladen in einem unbeobachteten Moment leere Pfandflaschen aus einer am Rand abgestellten Kiste, um an der Kasse dafür das Pfand zu kassieren, so kann schon dadurch ein Gewahrsamsbruch erfolgen, auch wenn der Kassenbereich noch nicht passiert ist, da die Verkehrsauffassung leere Pfandflaschen dem Gewahrsam des Kunden und nicht dem des Supermarktes zuordnet. ■

Zu beachten ist, dass die Wegnahme keineswegs **heimlich** erfolgen muss. Durch die **Beobachtung** kann die Wegnahme zwar verhindert bzw. die Überführung und Ergreifung des Täters ermöglicht werden. Sie ändert jedoch nichts an der **Zuordnung der Sache**. Hierfür kommt es lediglich darauf an, dass das Opfer nach der Handlung nicht mehr in der Lage ist, die tatsächliche Sachherrschaft über das Tatobjekt auszuüben, weil die Verkehrsauffassung die Sache dem Täter zuordnet.[46]

**Beispiel** Dieb D nimmt in einem Musikgeschäft eine CD aus dem Regal und steckt sie in die Innentasche seines Mantels. Er wird dabei von Detektiv V beobachtet, der ihn noch im Laden stellt und der Polizei übergibt.

Der Gewahrsamswechsel vollzog sich hier in dem Moment des Einsteckens der CD. Bis dahin hatte der Ladeninhaber Gewahrsam an der CD, da sie sich in seiner Gewahrsamssphäre befand. Mit dem Einstecken hat D die CD in seine Gewahrsamsenklave verbracht, so dass V in die Innentasche des Mantels greifen müsste, um die CD wieder in den Gewahrsam des Ladeninhabers zu überführen. Dies wäre nach außen eine rechtfertigungsbedürftige Handlung.

---

[43] *BGHSt* 18, 66.
[44] *BGH* NStZ 1981, 435.
[45] *OLG Köln* NJW 1984, 810.
[46] *Wessels/Hillenkamp* Strafrecht BT/2 Rn. 126.

Diese tatsächliche, von der Verkehrsauffassung vorgenommene Zuordnung wird durch das Beobachten nicht verändert. ■

> **Hinweis**
>
> Unterscheiden Sie die Beobachtung von der **Diebesfalle**, bei der absichtlich ein Gegenstand platziert wird, damit der Täter ihn mitnimmt. Da der Gewahrsamsinhaber zwecks Überführung des Täters mit dem Gewahrsamswechsel einverstanden ist, liegt keine Wegnahme „gegen den Willen" vor. In Betracht kommt lediglich versuchter Diebstahl.

**53** Der Begründung neuen Gewahrsams steht in der Regel auch nicht entgegen, dass die wegzunehmenden Waren durch **elektronische Vorrichtungen** gegen Diebstahl gesichert sind. Denn auch derartige Vorkehrungen dienen nicht der Verhinderung der Wegnahme, sondern der Aufdeckung bereits vollendeter oder nur versuchter Diebstähle.[47]

**54** Der Täter kann den Gewahrsamswechsel schließlich alleine oder durch einen Dritten als **Diebstahl in mittelbarer Täterschaft** herbeiführen.

Im Einzelfall können sich hier **Abgrenzungsschwierigkeiten zwischen dem Diebstahl und dem Dreiecks – Betrug** ergeben. Diesen „Klausurklassiker" werden wir beim Betrug – Prüfungspunkt: Vermögensschaden (Rn. 568) – näher erörtern.

### c) Schritt 3: Zum Schluss muss überprüft werden, ob der festgestellte Gewahrsamswechsel gegen oder ohne den Willen des Gewahrsamsinhabers erfolgte

**55** Der Gewahrsamswechsel wird erst dann zum Gewahrsamsbruch, wenn er **ohne oder gegen den Willen des Gewahrsamsinhabers** erfolgt. Ist der Gewahrsamsinhaber mit der Aufhebung seines Gewahrsams und der Neubegründung einverstanden, so liegt ein **tatbestandsausschließendes Einverständnis** vor, welches zur Verneinung der Tathandlung führt.

> **JURIQ-Klausurtipp**
>
> Das Einverständnis des Gewahrsamsinhabers ist mithin im Rahmen der Tathandlung im objektiven Tatbestand zu diskutieren. Sofern Eigentümer und Gewahrsamsinhaber auseinanderfallen, ist es möglich, dass zwar der Eigentümer, nicht aber der Gewahrsamsinhaber mit dem Gewahrsamswechsel einverstanden ist. Dieses **„Einverstandensein" des Eigentümers** muss dann in der Klausur auf der Prüfungsebene der Rechtswidrigkeit als rechtfertigende Einwilligung geprüft werden. Achten Sie also auf eine sorgfältige Differenzierung!

**56** Folgende Anforderungen werden an das tatbestandsausschließende Einverständnis gestellt:

| 1. Voraussetzung | 2. Voraussetzung | 3. Voraussetzung |
|---|---|---|
| Es muss **tatsächlich vorhanden** sein und auf einem **natürlichen Willen** beruhen. | Es muss auf die **vollständige Gewahrsamsübertragung** gerichtet sein. | Es muss **freiwillig** erlangt sein. |

---
[47] *BayObLG* NJW 1995, 3000.

### aa) Das Einverständnis muss tatsächlich vorhanden sein und auf einem natürlichen Willen beruhen

Ein mutmaßliches Einverständnis gibt es nicht, d.h. das Einverständnis muss beim Gewahrsamsinhaber **tatsächlich vorhanden** sein, auch wenn es nicht ausgesprochen zu werden braucht.

**Beispiel** Dieb D nimmt in einem vermeintlich unbeobachteten Moment das Feuerzeug vom Tisch des X und steckt es in seine Manteltasche. X hat tatsächlich das Geschehen schweigend beobachtet, ist aber mit der Wegnahme einverstanden, da das Feuerzeug kaputt ist und er sich so die Entsorgung gespart hat.

Objektiv liegt kein Diebstahl vor, da der Gewahrsamsbruch tatsächlich nicht gegen den Willen des X erfolgte. Zu prüfen ist in der Klausur aber versuchter Diebstahl, der auch bejaht werden muss, da der Tatentschluss des „unwissenden" D auf die Wegnahme einer fremden beweglichen Sache gerichtet war.

Das Einverständnis muss sich **auf die konkret weggenommene Sache** beziehen, wobei es bei verpackten Sachen problematisch sein kann, was vom Einverständnis erfasst ist.

**Beispiel** A nimmt sich in einem SB-Warenhaus einen Staubsauger aus dem Regal. In der Verpackung versteckt er noch einige CDs. An der Kasse geht die Verkäuferin davon aus, dass sich in dem Karton lediglich ein Staubsauger befindet. Deshalb berechnet sie dem A lediglich den Preis für den Staubsauger.

Hier könnte sich das Einverständnis nur auf den auf der Verpackung abgebildeten Staubsauger beziehen, nicht auf die CDs, von deren Vorhandensein die Kassiererin keine Ahnung hatte. Bezüglich der CDs läge mithin eine Wegnahme vor. Man kann aber auch vertreten, dass sich das Einverständnis auf den gesamten Inhalt bezog, dann käme ein Betrug in Betracht.[48] Wir werden uns diese Problematik näher beim Betrug, dort beim Verfügungsbewusstsein ansehen (Rn. 547).

Das Einverständnis kann an **faktische** (nicht rechtsgeschäftliche!) **Bedingungen** geknüpft sein.

**Beispiel** A wirft in den Colaautomaten statt eines Euros eine nachgemachte wertlose Münze ein. Der Automat wirft die Cola in den Ausgabeschacht. In der Ausgabe könnte ein tatbestandsausschließendes Einverständnis gesehen werden. Nach herrschender Meinung ist ein derartiges Einverständnis des Automateninhabers mit dem Gewahrsamsübergang jedoch nur anzunehmen, wenn der Automat ordnungsgemäß bedient worden ist, was vorliegend nicht der Fall ist. A hat somit die Coladose weggenommen.[49]

Auch bei SB-Kassen, bei denen die Kunden die Ware selber über den sich auf den Waren befindlichen Strichcode einscannen und dann entsprechend bezahlen, ist ein Diebstahl möglich, wenn statt des auf der Ware stehenden Strichcodes ein anderer Strichcode gescannt und dann der naturgemäß günstigere Preis entrichtet wird. Der Wille des Betreibers der SB Kasse ist darauf gerichtet, den Gewahrsam nur bei ordnungsgemäßer Bedienung der Kasse zu übertragen, welche nicht vorliegt. Auch bleibt der Gegenstand fremd, da das Übereignungsangebot unter der Bedingung der Kaufpreiszahlung in voller Höhe steht.[50]

---

48 *Wessels/Hillenkamp* Strafrecht BT 2 Rn. 639.
49 Vgl. *RGSt* 34, 45; *Wessels/Hillenkamp* Strafrecht BT 2 Rn. 120.
50 *OLG Hamm* NStZ 2014, 244 mit ausführlicher Stellungnahme *Fahl*.

**60** Eine **Täuschung** ist für die Wirksamkeit des Einverständnisses **unerheblich**. Es reicht, dass derjenige, der einverstanden ist, aufgrund seiner intellektuellen Fähigkeiten einen entsprechenden Willen bilden kann und gebildet hat. Man spricht insofern von einem **„natürlichen" Willen**. Dieser natürliche Wille kann auch bei Minderjährigen vorliegen, die noch nicht rechtsgeschäftsfähig sind.

**Beispiel** Nachbar N erklärt dem draußen spielenden, sechsjährigen A, dass ihn seine Mutter gebeten habe, das Fahrrad mitzunehmen, um es sauber zu machen. A glaubt N und stimmt kein Kriegsgeschrei an, als N das Fahrrad in sein Auto lädt. ■

### bb) Das Einverständnis muss auf eine vollständige Gewahrsamsübertragung und nicht nur auf eine Gewahrsamslockerung gerichtet sein

**61** Es ist denkbar, dass der Täter zur Erleichterung der Wegnahme Täuschungsmittel einsetzt. Man spricht in diesen Fällen vom sog. **„Trickdiebstahl"**, der ebenfalls gerne in Klausuren geprüft wird. Diese Form des Diebstahls **muss sorgfältig abgegrenzt werden vom Sachbetrug**.

**62** Diebstahl und Betrug stehen nach überwiegender Auffassung in einem sog. Alternativverhältnis zueinander. Diebstahl wird als **Fremdschädigungsdelikt** verstanden, bei welchem das Opfer gegen seinen Willen den Gewahrsam verliert. Betrug hingegen ist ein **Selbstschädigungsdelikt**, bei welchem das Opfer, wenn auch täuschungsbedingt, mit seinem Willen, der in der Vermögensverfügung zum Ausdruck kommt, den Gewahrsam verliert.

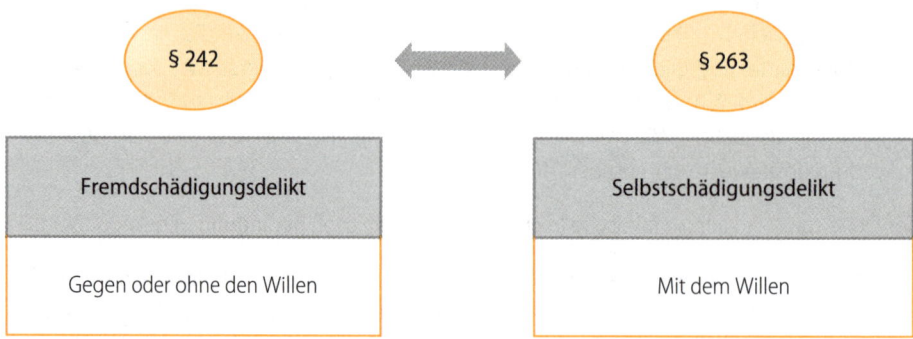

> **JURIQ-Klausurtipp**
>
> Für die Klausur bedeutet das, dass **bezüglich ein und derselben Handlung** entweder Diebstahl oder Betrug in Frage kommt. Haben Sie bereits eines der beiden Delikte bejaht, verbietet sich eine Prüfung des anderen Delikts.

**63** Die Abgrenzung zwischen beiden Delikten erfolgt anhand des Willens des Gewahrsamsinhabers:

Richtet sich dieser Wille zum Zeitpunkt der Tathandlung des Täters auf die **vollständige Gewahrsamsübertragung**, so liegt ein **Betrug** vor, sofern der Wille durch Täuschung erschlichen wurde. Richtet sich der Wille hingegen nur auf eine **Gewahrsamslockerung**, so erfolgt der letztendliche Gewahrsamsbruch gegen oder ohne den Willen des Gewahrsamsinhabers, so dass ein **Diebstahl** angenommen werden kann.

## Objektiver Tatbestand 2 B II

**Beispiel** A verkleidet sich als Gepäckträger und erklärt Reisenden am Kölner Hauptbahnhof wahrheitswidrig, dass sie ihren Koffer nicht mit in den Warteraum nehmen könnten. Er bietet ihnen aber an, den Koffer für sie in ein Schließfach zu bringen. Tourist T fällt auf A herein und übergibt ihm seinen Koffer, den A in das Schließfach 242 verbringt. Im Anschluss gibt A dem T einen Schlüssel zum leeren Schließfach 263 und behält den Schlüssel zum Schließfach 242. In einem unbeobachteten Moment nimmt er dann den Koffer aus Schließfach 242 und verschwindet.

In diesem Fall war der Wille des T nicht auf einen Gewahrsamsverlust gerichtet, da T davon ausging, den Schlüssel zum Schließfach zu bekommen, in welchem sein Koffer deponiert ist. Er wollte sich also die Möglichkeit, jederzeit auf den Koffer zugreifen zu können, erhalten. Als er den Koffer übergab, war der Wille mithin lediglich auf eine Gewahrsamslockerung gerichtet. Der Gewahrsamsbruch durch Wegschließen des Koffers geschah damit gegen den Willen. ■

Haben mehrere **Mitgewahrsam** an einer Sache, so wird auf den Willen desjenigen Gewahrsamsinhabers abgestellt, der der Sache am nächsten steht, eine unmittelbare räumliche Einwirkungsmöglichkeit hat und unabhängig vom Willen des anderen Gewahrsamsinhabers über die Sache verfügen kann. **64**

**Beispiel** X stellt ihr Auto tagsüber in einer Sammelgarage ab, wobei der Pförtner P über einen Zweitschlüssel zu diesem Fahrzeug verfügt, den er auf Wunsch den Berechtigten aushändigt. Diesen Wagen hat A bereits mehrmals in Abstimmung mit X aus der Garage geholt, wobei er sich jedes Mal den Schlüssel von P hat aushändigen lassen. Am Tattag holte A erneut den Wagen ab, wobei er dieses Mal ohne Wissen und Genehmigung der X handelt. P spiegelt er allerdings eine solche Genehmigung vor.

In diesem Fall hat der *BGH*[51] die Wegnahme und damit auch den Diebstahl verneint. Er hat ausgeführt, dass P als Gewahrsamsinhaber den Gewahrsam an dem Fahrzeug vollständig auf A übertragen wollte. Er wusste, dass er nach dem Verlassen der Sammelgarage keinen Zugriff mehr auf das Fahrzeug würde nehmen können. Da P eine unmittelbare räumliche Einwirkungsmöglichkeit hatte und der Sache damit am nächsten stand, zudem auch unabhängig vom Willen der Eigentümerin verfügen durfte, war der entgegenstehende Wille der zweiten Gewahrsamsinhaberin X unbeachtlich. Der *BGH* hat den Täter wegen Betruges verurteilt. ■

### JURIQ-Klausurtipp

In der Klausur empfiehlt es sich bei einem Fall ähnlich dem gerade geschilderten **mit Betrug zu beginnen**. Die Abgrenzung zwischen Betrug und Diebstahl wird – wie wir später sehen werden – bei der Vermögensverfügung und beim Vermögensschaden vorgenommen. Dort kann dann geklärt werden, ob der verfügende Gewahrsamsinhaber im Lager des geschädigten Eigentümers steht mit der Folge, dass dessen Verfügung dem Geschädigten zugerechnet wird. Sofern dies zu bejahen ist, kann es auf den Willen des Geschädigten, der ggfs. ebenfalls Gewahrsam hat, nicht mehr ankommen. Für den Diebstahl bedeutet das, dass bei mehreren Gewahrsamsinhabern zu prüfen ist, ob der Wille des einen bindend für den anderen ist.

Machen Sie sich hier noch einmal deutlich, dass sofern eine Vermögensverfügung vorliegt (die dem Geschädigten zuzurechnen ist), ein Diebstahl ausscheidet, weil dann eine Selbstschädigung vorliegt.

---
51 *BGHSt* 18, 221.

### cc) Das Einverständnis muss freiwillig erteilt worden sein

**65** Das Einverständnis kann zwar auf einer Täuschung beruhen. Es ist aber nur dann wirksam, wenn der Gewahrsamsinhaber es **freiwillig** erteilt hat. Glaubt der Gewahrsamsinhaber aufgrund der Täuschung keine **Verhaltensalternative** zu haben, meint er also, dass er den Gewahrsam auf jeden Fall verlieren werde, so liegt kein freiwilliges Einverständnis vor. An einem freiwilligen Einverständnis fehlt es z.B. in den Fällen der **vorgetäuschten Beschlagnahme**.

> **Beispiel** A hat in einem Antiquitätengeschäft eine goldene Taschenuhr gekauft. Einen Tag später erscheint B bei ihm, gibt sich mit einem gefälschten Ausweis als Kriminalbeamter aus und erklärt ihm unter Vorlage einer ebenfalls gefälschten Durchsuchungs- und Beschlagnahmeanordnung der StA, dass die Uhr aus einem Raubüberfall stamme und er sie sofort sicherstellen müsse. A, der glaubt, dass er diese Sicherstellung dulden müsse, übergibt B die Uhr.
>
> Hier hat A die Uhr dem B zwar übergeben. Gleichwohl liegt eine Wegnahme der Uhr gegen den Willen des A vor, weil dieser glaubte, den Gewahrsamsverlust nicht verhindern zu können.[52]

> **JURIQ-Klausurtipp**
>
> Da das Opfer dem Täter die Sache übergeben hat, können Sie in der Klausur bei den Beschlagnahmefällen ebenfalls mit der **Prüfung des § 263** anfangen, verneinen die Vermögensverfügung und machen dann mit § 242 weiter. Im Rahmen des tatbestandsausschließenden Einverständnisses können Sie sich unter Hinweis auf die Prüfung der Vermögensverfügung, deren Voraussetzungen ja identisch sind, dann kurzfassen.

### 3. Vollendung – Beendigung

**66** Liegen sämtliche Voraussetzungen der Wegnahme vor, so ist der Diebstahl vollendet. Davon zu unterscheiden ist die **Beendigung** des Diebstahls, welche erst eintritt, wenn der neue Gewahrsam eine gewisse Festigung und Sicherung erreicht hat.[53] Für die Strafbarkeit des Täters ist allein die **Vollendung** relevant.

> **JURIQ-Klausurtipp**
>
> Zeigt ein Täter z.B. **nach der Vollendung Reue** und gibt die bereits in seiner Jackentasche versteckte Sache zurück, so liegt gleichwohl ein vollendeter Diebstahl vor. Es wäre verfehlt, in der Klausur Versuch und Rücktritt zu prüfen!

Der Zeitraum zwischen Vollendung und Beendigung ist allerdings für eine eventuell in Frage kommende **sukzessive Mittäterschaft** sowie für die **Verwirklichung der Qualifikation** interessant. Beides ist umstritten und von daher klausurrelevant. Die Besprechung erfolgt weiter unten unter Rn. 96, 382.

---

52 Vgl. *BGHSt* 18, 221.
53 *BGH* NJW 1987, 2687.

## III. Subjektiver Tatbestand

Der subjektive Tatbestand setzt voraus, dass der Täter vorsätzlich und in der Absicht handelt, sich oder einem Dritten die Sache rechtswidrig zuzueignen. Die Rechtswidrigkeit ist dabei objektives Tatbestandsmerkmal, auf welches sich wiederum der Vorsatz beziehen muss. Die Prüfung erfolgt mithin in 4 Schritten.

| Schritt 1 | Schritt 2 | Schritt 3 | Schritt 4 |
|---|---|---|---|
| **Vorsatz** bezüglich des objektiven Tatbestands | **Absicht**, sich oder einem Dritten die Sache zuzueignen | **Rechtswidrigkeit** der Zueignung | **Vorsatz** bezüglich der Rechtswidrigkeit |

### 1. Vorsatz

Die Prüfung des subjektiven Tatbestandes beginnt zunächst mit dem Vorsatz. Der Vorsatz muss sämtliche Merkmale des objektiven Tatbestandes umfassen, wobei **dolus eventualis genügt**. Der Täter muss es also zumindest für möglich halten, dass er eine fremde bewegliche Sache wegnimmt und diese Möglichkeit billigend in Kauf nehmen.

Fehlt ihm hinsichtlich eines dieser Merkmale schon die Sachverhaltskenntnis, so befindet er sich in einem **Irrtum gem. § 16 Abs. 1**. Fehlt ihm hinsichtlich der normativen Tatbestandsmerkmale „fremd" und „Wegnahme" trotz Sachverhaltskenntnis die Bedeutungskenntnis, so handelt er ebenfalls nicht vorsätzlich.

**Beispiel 1** A nimmt in der Kneipe einen fremden Schirm mit, den er aufgrund einer Verwechselung für seinen eigenen hält. ■

**Beispiel 2** A nimmt in der Kneipe den Schirm seines Freundes F mit, irrig davon ausgehend, F sei damit einverstanden.

In beiden Fällen fehlt dem Täter die Sachverhaltskenntnis. Im ersten Fall weiß er nicht, dass es tatsächlich der Schirm eines anderen ist, im zweiten Fall nimmt er irrig ein tatbestandsausschließendes Einverständnis an, welches es tatsächlich nicht gibt. ■

**Beispiel 3** A schließt mit B einen Kaufvertrag über einen Gartenzwerg. Es wird vereinbart, dass A den Zwerg aber erst in der nächsten Woche übergeben bekommen soll. Da A ungeduldig ist, nimmt er den Zwerg aber schon am nächsten Tag mit, wobei er glaubt, dass aufgrund des Kaufvertrages „der Zwerg ihm sei und er damit machen könne, was er wolle".

In diesem Fall hat A volle Sachverhaltskenntnis. Er glaubt aber irrig, aufgrund des Kaufvertrages bereits Eigentümer geworden zu sein. Damit weiß er nicht, dass die Sache noch fremd ist. Ihm fehlt mithin die Bedeutungskenntnis. ■

Ob der **Vorsatz** sich hinsichtlich des Tatobjektes während der Tatbegehung **verengt, erweitert oder ändert**, ist unbeachtlich, sofern er durchgehend fortbesteht.[55] Gibt der Täter hingegen seinen ursprünglichen Vorsatz auf und fasst danach einen neuen Vorsatz, so liegt eine **Zäsur** vor mit der Folge, dass man von 2 Taten ausgehen muss. Bedeutsam wird dies in der Klausur vor allem in Zusammenhang mit § 243, dazu unter Rn. 111, 145 mehr.

》 Wiederholen Sie an dieser Stelle die schwierige Abgrenzungsproblematik zwischen Tatbestandsirrtum gem. § 16 Abs. 1 und Subsumtionsirrtum[54] gem. § 17, die sich immer bei normativen Tatbestandsmerkmalen ergeben kann! Diese Thematik wird dargestellt im Skript „Strafrecht AT I". 《

---

54 Zur Terminologie vgl. Schönke/Schröder-*Cramer/Sternberg-Lieben* § 15 Rn. 43.
55 *BGH* NStZ-RR 2009, 278.

**Beispiel 1** A steigt nachts in den Juwelierladen des J ein, um eine bestimmte Perlenkette mitzunehmen. Nachdem er sich die Kette allerdings genauer angesehen hat, stellt er fest, dass sie ihm nicht gefällt und nimmt stattdessen einen Brillantring mit. ■

**Beispiel 2** A steigt wiederum in den Juwelierladen ein, um die Perlenkette mitzunehmen. Leider befindet sich in dem Laden an diesem Abend aber nur noch billiger Modeschmuck, weswegen A beschließt, unverrichteter Dinge wieder nach Hause zu gehen. Beim Rausgehen fällt ihm eine Flasche Rotwein auf, die er aus Frust mitnimmt.

In *Beispiel 1* liegt ein Diebstahl gem. § 242 am Ring vor. Der Vorsatzwechsel ist unbeachtlich. In *Beispiel 2* liegt ein versuchter fehlgeschlagener Diebstahl an der Kette und ein vollendeter Diebstahl am Rotwein vor, da A zwischenzeitlich seinen Vorsatz aufgegeben hatte. Fraglich ist, ob er zur Begehung dieses Diebstahls gem. „§ 243 Abs. 1 Nr. 1" eingestiegen ist. ■

### 2. Zueignungsabsicht

**71** Nachdem Sie den Vorsatz geprüft haben, müssen Sie sich nun mit der vom Gesetz verlangten **Zueignungsabsicht** auseinander setzen.

> **Zueignungsabsicht** liegt vor, wenn der Täter die Sache wegnimmt, um sie unter Anmaßung einer eigentümerähnlichen Stellung zumindest vorübergehend der eigenen oder einer dritten Vermögenssphäre einzuverleiben **(Aneignungsabsicht)** und sie der Verfügungsgewalt des Berechtigten dauerhaft zu entziehen **(Enteignungsvorsatz)**.

Die Zueignungsabsicht besteht also aus 2 Komponenten:

| Enteignungsvorsatz | Aneignungsabsicht |
|---|---|
| Dauerhafte Verdrängung des Eigentümers | Zumindest vorübergehende Einverleibung des Sache |
| Dolus eventualis reicht | Dolus directus 1. Grades erforderlich |

**72** Erforderlich ist, dass der Täter **bei Vornahme seiner Tathandlung**, also der Wegnahme, die Absicht hatte, die Sache sich oder einem Dritten zuzueignen. Liegt die Absicht nur vorher oder erst nachher vor, so ist Diebstahl zu verneinen.

**Beispiel** A hat sich überlegt, B eins auszuwischen und ihm das Fahrrad wegzunehmen, um es anschließend zu verkaufen. Als er jedoch damit beginnt, das Schloss aufzubrechen, überlegt er es sich anders und will sich nunmehr das Fahrrad nur für eine Stunde ausleihen. Unterwegs trifft er dann allerdings seinen Cousin C, dem das Fahrrad ausnehmend gut gefällt. Erneut entscheidet A sich um und verkauft dem C das Fahrrad für 100 €.

In dem Augenblick, in dem der Diebstahl in das Versuchsstadium eintrat – Aufbrechen des Schlosses – besaß A keine Zueignungsabsicht mehr, da er das Fahrrad zurückbringen wollte. Dass diese Absicht sowohl vorher als auch nachher gegeben war, ist irrelevant! ■

## Subjektiver Tatbestand

> **Hinweis**
>
> Maßgeblicher **Beurteilungszeitpunkt** für sowohl den Vorsatz als auch die entsprechenden, vom Gesetz verlangten Absichten ist stets der **Zeitpunkt der Tat gem. § 8**, also jener Zeitpunkt, an welchem „der Täter oder Teilnehmer gehandelt hat oder im Falle des Unterlassens hätte handeln müssen", wobei es ausreicht, wenn Vorsatz und Absicht im Zeitpunkt des Eintritts der Tat in das Versuchsstadium vorliegen. Behalten Sie diesen Zeitpunkt bei Ihrer Prüfung immer im Auge. Aus diesem Grund ist es auch unabdingbar, dass Sie im Obersatz stets das Verhalten benennen, an welches Sie bei der Prüfung anknüpfen, also z.B.: „A könnte sich wegen Diebstahls gemäß § 242 strafbar gemacht haben, **indem er das Schloss aufbrach und das Fahrrad mitnahm.**"

Lange Zeit war umstritten, worauf sich die Zueignungsabsicht beziehen muss. Nach der heute herrschenden **Vereinigungsformel**[56] liegt Zueignungsabsicht vor, wenn der Täter in der Absicht handelt, die **Sache (ihrer Substanz nach) oder den in ihr verkörperten Sachwert** unter Ausschluss des Eigentümers dem eigenen Vermögen einzuverleiben. 73

> **JURIQ-Klausurtipp**
>
> Eine **Auseinandersetzung** mit der älteren von der Rechtsprechung damals vertretenen **Substanztheorie**[57] und der teilweise heute noch vertretenen **Sachwerttheorie**[58] ist in der Klausur **nicht erforderlich**.

Das Einbeziehen des Sachwerts in die Definition wird bei den problematischen und damit auch klausurrelevanten Fällen bedeutsam, bei denen der Täter eine Sache wegnimmt in der Absicht, sie nach (oder mit) dem Gebrauch **wieder an den Eigentümer** zurückzugeben. 74

**Beispiel** A nimmt sich das Sparbuch seiner Oma aus der Kommode und hebt damit 10 000 € vom dazugehörigen Sparkonto ab. Unmittelbar danach legt er das Sparbuch, wie von vorne herein geplant, an denselben Ort zurück.

Stellte man in Fällen dieser Art nur auf die Sachsubstanz ab, müsste man die Zueignungsabsicht verneinen, da der Täter bezüglich der Sachsubstanz den bisherigen Eigentümer nicht aus seiner Eigentümerposition verdrängen möchte. Es würde also am Enteignungsvorsatz fehlen. Die Einbeziehung des Sachwertes hingegen ermöglicht die Bejahung der Zueignungsabsicht. 75

---

[56] *BGH* NJW 1985, 812; *OLG Köln* NJW 1997, 2611; Schönke/Schröder-*Eser* § 242 Rn. 49; vgl. zur Entwicklung des Begriffs *Wessels/Hillenkamp* Strafrecht BT/2 Rn. 146 ff., wo Sie auch einen guten Überblick über die verschiedenen Theorien finden.
[57] *RGSt* 4, 415.
[58] Schönke/Schröder-*Eser* § 242 Rn. 49.

**76** Wir werden uns mit den verschiedenen Fallkonstellationen und der **Problematik der Bestimmung des Sachwertes** dort näher auseinandersetzen, wo sie hingehört, nämlich beim Enteignungsvorsatz unter Rn. 81. Gleichwohl schon vorab die Lösung des Sparbuchfalles:

**Beispiel** Im obigen Fall hat sich der Täter nicht die Substanz der Sache zueignen wollen. Vielmehr hat er sich lediglich der Legitimationswirkung gem. § 808 BGB des Sparbuchs bedient, die den Inhaber als Forderungsberechtigten gegenüber der Bank ausweist und die Bank zur schuldbefreienden Zahlung veranlasst. Würde man nur auf die Substanz der Sache abstellen, so läge kein Diebstahl vor. Erst unter Einbeziehung des Sachwertes kann die Zueignungsabsicht bejaht werden, da das Sparbuch aufgrund der Legitimationswirkung den Wert des Sparguthabens verkörpert und der Täter diesen in dem Sparbuch verkörperten Wert der Sache durch Gebrauch entzogen hat.[59]

Ein Diebstahl an dem ausgezahlten Geld kommt nicht in Betracht, da die Scheine bei Auszahlung übereignet werden. Fraglich ist aber, ob durch Vorlage des Sparbuchs ein Betrug gegenüber dem Mitarbeiter der Bank und zu Lasten Oma O in Betracht kommt. Das hängt maßgeblich davon ab, welche konkludente, täuschende Erklärung in der Vorlage des Sparbuchs zu sehen ist und welchem Irrtum der Bankmitarbeiter unterliegt. Aufgrund der Legitimationswirkung des Sparbuchs, wonach die Bank befreiend leisten kann, wird überwiegend angenommen, dass ein Bankangestellter sich keine Gedanken mache über die Berechtigung des Vorlegenden.[60] Sollte dies anders beurteilt werden, würde der Betrug aber als mitbestrafte Nachtat zurücktreten.

### a) Aneignungsabsicht

**77** 
> **Hinweis**
> 
> Die **Aneignung** grenzt den Diebstahl von der strafbaren Sachbeschädigung gem. § 303 und der teilweise strafbaren Sachentziehung gem. §§ 274 und 133 ab. Lesen Sie sich diese Normen durch und führen Sie sich vor Augen, dass sie teilweise einen deutlich geringeren Strafrahmen haben und es zudem nicht die Qualifikationsmöglichkeiten des Diebstahls gibt. Vor diesem Hintergrund sind die Abgrenzungsprobleme besser zu verstehen.

Bei der Aneignung will sich der Täter eine **eigentümerähnliche Stellung anmaßen**, indem er die Sache oder den Sachwert wirtschaftlich dem eigenen Vermögen einverleiben will. Erforderlich ist, dass der Täter diesbezüglich mit **dolus directus 1. Grades** handelt, dass es ihm also gerade auf diese Anmaßung ankommt.[61] Verfolgt der Täter in erster Linie andere Ziele oder weiß er noch nicht genau, was er mit der weggenommenen Sache anfangen soll, dann fehlt es an der Aneignungsabsicht.

**Beispiel** Zwischen A und X kommt es zu einem Streit, der immer weiter eskaliert und an dessen Ende A die X auffordert, ihre Taschen zu leeren und das „ganze Zeug" auf den Tisch zu legen. Als X sich weigert, greift die bislang unbeteiligte B ein, entleert die Handtasche und nimmt Portemonnaie und Handy an sich. Sie hofft, auf diese Weise A zu beruhigen. Was sie mit den Gegenständen anfangen soll, weiß sie zu diesem Zeitpunkt noch nicht. Sie nimmt aber billigend in Kauf, dass X sie nicht zurück erhält.[62]

---

[59] *RGSt* 39, 239; MüKo-*Schmitz* § 242 Rn. 122.
[60] *Wessels/Hettinger* Strafrecht BT II Rn. 175.
[61] *BGH* VRS 22, 206.
[62] *BGH* Beschluss vom 22.3.2012, AZ 4 StR 541/11 – abrufbar unter www.bundesgerichtshof.de.

## Subjektiver Tatbestand  2 B III

Hier fehlt es nicht an dem Enteignungsvorsatz, da diesbezüglich dolus eventualis ausreicht. Problematisch ist die Aneignungsabsicht, da es B nicht darauf ankam, die Gegenstände in ihr Vermögen zu überführen. In erster Linie diente die Wegnahme der Streitschlichtung. Ein Diebstahl scheidet damit aus. Fasst B später den Entschluss, die Gegenstände zu behalten, kommt § 246 Abs. 1 in Betracht. ■

Es ist im Gegensatz zur gewollten Enteignung aber nicht erforderlich, dass der Täter sich die Sache dauerhaft aneignen will. Ausreichend ist auch eine nur **vorübergehende Aneignung**.

**Beispiel** A entwendet das Schlauchboot des B, um es mit in den Urlaub zu nehmen und danach zu vernichten. Hier hat A das Schlauchboot für die Dauer seines Urlaubs dem eigenen Vermögen einverleibt und über das Schlauchboot wie ein Eigentümer verfügt. Dass er das Schlauchboot nach Gebrauch vernichten möchte ist irrelevant, da es nur auf eine vorübergehende Aneignung ankommt.

Anders wäre die Situation zu beurteilen, wenn A das Schlauchboot weggenommen und unmittelbar danach – ohne es zu benutzen – angezündet hätte. Das Vernichten ist zwar auch eine Handlung, die nur dem Eigentümer gestattet ist. Allerdings hat A das Boot hier nicht in sein Vermögen überführen wollen. Eine Aneignungsabsicht muss verneint werden, A hat sich aber gem. § 303 wegen Sachbeschädigung strafbar gemacht.

Straflos wäre A, wenn er das Boot sofort und ohne es zu benutzen versteckt hätte. Hier läge eine reine Sachentziehung vor, da A das Boot erneut nicht in sein Vermögen überführen wollte. ■

### JURIQ Klausurtipp

Merken Sie sich also folgendes: Die **Aneignungsabsicht fehlt** in den Fällen, in denen der Täter die fremde Sache nur wegnimmt, um sie zu zerstören, zu vernichten, preiszugeben, wegzuwerfen, beiseite zu schaffen oder zu beschädigen.[63] Das gilt jedoch nur dann, sofern der Täter die Sache nicht vorher gebraucht hat oder aber die Zerstörung im Konsum der Sache liegt (Wegnahme von Haschisch, um es anschließend zu konsumieren[64]).

Neben der eigennützig gewollten Selbstaneignung ist auch die fremdnützig gewollte Fremdaneignung möglich. Diese **Drittzueignungsabsicht** ist gegeben, wenn es dem Täter mit dolus directus 1. Grades darauf ankommt, die Sache in die **Vermögenssphäre einen Dritten** zu überführen, damit dieser zumindest vorübergehend wie ein Eigentümer über die Sache verfügen kann. **78**

**Beispiel** Drittzueignungsabsicht liegt vor, wenn A das Schlauchboot wegnimmt, um es seiner Schwester, die vor dem Tor Schmiere steht, zu übergeben. ■

Die Drittzueignungsabsicht unterscheidet sich von der Zueignungsabsicht nur hinsichtlich der Aneignungsrichtung (ein Dritter statt der Täter selbst). Das bedeutet, **79**
- dass es dem Täter auch bei der Drittzueignungsabsicht **darauf ankommen muss, dass die Sache in die Vermögenssphäre des Dritten überführt wird**. Übergibt der Täter mithin die Sache einem Dritten, damit dieser sie zerstört oder ist es ihm gleichgültig, was der Dritte mit der Sache macht (ob er sie z.B. behält oder sofort wegwirft), liegt keine Absicht i.S.v. dolus directus 1. Grades vor;

---
63 *BGH* NStZ 2011, 699.
64 *BGH* JA 2015, 471.

- dass der Täter auch bei der Drittzueignungsabsicht darüber hinaus den **Vorsatz** haben muss, den **bisherigen Eigentümer dauerhaft aus seiner Position zu verdrängen**. Glaubt er, dass der Dritte die Sache und den Sachwert an den Eigentümer zurückgeben wird, ist der Enteignungsvorsatz zu verneinen.

80 Nach wohl überwiegender Auffassung[65] liegt keine Drittzueignungsabsicht, sondern (**„Selbst")-Zueignungsabsicht** vor, wenn der Täter eine Sache wegnimmt und dabei beabsichtigt, die **Sache weiterzuverkaufen oder zu verschenken**, wobei er sich als Eigentümer des Geschenks bzw. der Kaufsache ausgeben will. In beiden Fällen kommt es ihm darauf an, sich selbst wie der Eigentümer zu gerieren.

### b) Enteignungsvorsatz

81

> **Hinweis**
>
> Die **Enteignung** grenzt den Diebstahl von der grds. straflosen Gebrauchsanmaßung (furtum usus) ab. Eine Ausnahme stellt § 248b dar, dessen Strafandrohung aber nur bei 3 Jahren liegt.
>
> Bei der Enteignung will der Täter die Sache oder den Sachwert der Verfügungsgewalt des Berechtigten entziehen. Ausreichend ist hierbei **dolus eventualis**, Absicht im eigentlichen Sinne wird nicht verlangt. Allerdings muss die Enteignung im Gegensatz zur Aneignung **dauerhaft** gewollt sein.[66] Insbesondere bei **Kraftfahrzeugen** kann das im Hinblick auf § 248b dann problematisch werden, wenn der Täter das Fahrzeug nach dem Gebrauch irgendwo abstellt. Diebstahl statt Gebrauchsanmaßung wird dann angenommen, wenn der Täter das Fahrzeug wahllos preisgibt und es letztlich dem Zufall überlässt, ob und wenn ja wann und wie der Eigentümer es zurückerhält.[67]

**Beispiel** A, B und C haben sich zusammengeschlossen, um dauerhaft Frachtcontainer um ihren Inhalt zu erleichtern. Am Tattag entwenden sie einen leeren Auflieger, den sie an ihre Zugmaschine hängen, um die erbeuteten Paletten mit Duschgel transportieren zu können. Später stellen sie den Auflieger, den sie mit einem zuvor ebenfalls gestohlenen Kennzeichen versehen haben, in Hamburg ab, wo er erst elf Monate später wiedergefunden werden wird.

Hier hat der *BGH*[68] bezüglich des Aufliegers die Zueignungsabsicht bejaht. Dass der Auflieger elf Monate später wieder aufgefunden wurde, steht nach Auffassung des *BGH* der Annahme von Zueignungsabsicht nicht entgegen, da dem Umstand, dass der Auflieger in einer anderen Stadt mit einem falschen Kennzeichen abstellt wurde, wo er dem Zugriff Dritter preisgegeben war, darauf deuten lässt, dass es A, B und C letztlich egal war, ob der bisherige Eigentümer sein Eigentum zurück erlangen wird. ■

82 Problematisch ist häufig die **Abgrenzung zwischen strafloser Gebrauchsanmaßung und strafbarem Diebstahl**, und zwar – wie bereits erwähnt – zumeist dann, wenn der Täter die Sachsubstanz an den Eigentümer zurückgeben will. Einen auf dauerhafte Enteignung gerichteten Vorsatz kann man in diesen Fällen nur bejahen, wenn der Täter dem Eigentümer den Sachwert entziehen wollte.

---

65 *Wessels/Hillenkamp* Strafrecht BT/2 Rn. 168.
66 *Fischer* § 242 Rn. 41.
67 *Wessels/Hillenkamp* Strafrecht BT/2 Rn. 158.
68 *BGH* NStZ 2015, 396.

## Subjektiver Tatbestand  2 B III

In den bereits dargestellten **Sparbuchfällen** liegt aufgrund der Legitimationswirkung gem. § 808 BGB der Sachwert in dem **Wert des Sparguthabens**. Lässt der Täter sich also dieses Guthaben auszahlen, so hat er den bisherigen Eigentümer bezüglich dieses Sachwertes dauerhaft enteignen wollen.

83

Kein Diebstahl liegt vor, wenn der Täter eine **EC-Karte** wegnimmt, um sie nach Gebrauch am Geldautomaten wieder zurückzulegen, da eine EC-Karte nicht die rechtlichen Wirkungen eines Sparbuchs hat und dementsprechend auch nicht das Guthaben des Kontos verkörpert. Die EC-Karte wird lediglich als **Automatenschlüssel** angesehen.[69] Bezüglich der EC-Karte kann die Zueignungsabsicht also nur auf die Sachsubstanz gerichtet sein. Nimmt der Täter also die Karte weg, um sie nach dem Gebrauch wegzuwerfen, kann eine Zueignungsabsicht bejaht werden.

84

Zudem sollten Sie über einen nachfolgenden **Diebstahl am Geld**, welches der Automat ausspuckt, nachdenken. Streitig ist hier schon, ob nicht bei ordnungsgemäßer Bedienung des Automaten eine Übereignung der Geldscheine gem. § 929 BGB stattfinde, die schon zur Verneinung der Fremdheit führen würde. Sofern man die Übereignung ablehnt, weil man annimmt, dass sie unter der Bedingung der Auszahlung an den Berechtigten steht, stellt sich die weitere Frage, ob ein Gewahrsamsbruch gegen den Willen des Automatenaufstellers angenommen werden kann, was der *BGH* verneint mit der Folge, dass insoweit eine Strafbarkeit gem. § 246 übrig bleibt.[70] Darüber hinaus kommt natürlich auch eine Strafbarkeit gem. § 263a in Betracht.

Anders verhält es sich wiederum bei **Telefon- oder Geld- oder Sparkarten**, auf denen ein Guthaben gespeichert ist, welches der Täter zu nutzen beabsichtigt. Diese verkörpern **als Sachwert das Guthaben**, so dass der Enteignungsvorsatz und damit der Diebstahl auch dann bejaht werden kann, wenn der Täter bei der Wegnahme die Rückgabe der Karte beabsichtigt.[71]

Umstritten ist, wie restriktiv der Sachwert zu bestimmen ist. Überwiegend wird lediglich auf den der Sache unmittelbar innewohnenden Wert **(lucrum ex re)**, teilweise auf den aus einem bestimmten Umgang mit der Sache entspringenden wirtschaftlichen Wert **(lucrum ex negotio cum re)** abgestellt.[72] Die letztgenannte Auffassung hat zwar den Vorteil, dass sie Strafbarkeitslücken zu schließen vermag. Ihr wird jedoch entgegengehalten, dass sie die Enteignung über den Wortlaut hinaus unzulässig ausdehnt und die Konturen zwischen Zueignungs- und Bereicherungsdelikten verwischt.

85

> **Hinweis**
>
> Bedenken Sie, dass nach dem Willen des Gesetzgebers die Gebrauchsanmaßung mit Ausnahme von § 248b straflos sein soll. Eine Ausdehnung des Zueignungsbegriffs läuft mithin immer Gefahr, eine unzulässige Analogie zu werden.

**Beispiel** In dem sog. **Dienstmützenfall**[73] hatte ein Soldat der Bundeswehr seine „eigene" Mütze, die ihm die Bundeswehr für die Dienstzeit zur Verfügung gestellt hatte, verloren. Er entwendete eine Mütze seines Kameraden und gab diese nach Ableisten des Wehrdienstes als „seine" Mütze zurück, um Schadenersatzansprüchen zu entgehen.

---

[69] *BGHSt* 35, 152.
[70] *BGHSt* 35, 152; zur Darstellung der Problematik lesen Sie auch *Wessels/Hettinger* Strafrecht BT 2 Rn. 182.
[71] *Wessels/Hillenkamp* Strafrecht BT/2 Rn. 177.
[72] Überblick bei *Wessels/Hillenkamp* Strafrecht BT/2 Rn. 147.
[73] *BGHSt* 19, 387.

Teilweise wurde die Zueignungsabsicht unter Hinweis auf die Sachwerttheorie bejaht, da die **Tilgungsmöglichkeit und die Abwehrmöglichkeit des Schadenersatzanspruches als Wert der Sache** angesehen wurden.[74] Der *BGH* hat einen engeren Sachwertbegriff zugrunde gelegt und die Zueignungsabsicht verneint.[75] Darüber hinaus ist auch fraglich, ob sich der Täter als Eigentümer gerierte, als er die dem Bund gehörende Mütze zurückgab.[76]

Das Verhalten des Täters stellt in diesem Fall vielmehr einen Betrug dar. Der Täter hat über den Umstand getäuscht, dass es sich um „seine" Mütze handelte. Er hat damit einen entsprechenden Irrtum erregt, der dazu führte, dass die Bundeswehr die ihr zustehenden Schadenersatzansprüche nicht geltend machte. Dieses Unterlassen stellt eine Vermögensverfügung dar, die zu einem Vermögensschaden führte. Um die ersparten Ausgaben für die Befriedigung des Schadenersatzanspruches wollte sich der Täter auch bereichern, so dass unproblematisch Bereicherungsabsicht und nicht Zueignungsabsicht vorliegt. Diese Differenzierung ist mit der engen Sachwerttheorie möglich. ■

**Beispiel** A entwendet in einer Fachbuchhandlung ein Strafrechtslehrbuch, um es, nachdem er die für ihn wichtigen Seiten daraus kopiert hat, wieder in das Regal zurückzustellen.

Das *OLG Celle*[77] hat in einem vergleichbaren Fall die Zueignungsabsicht bejaht. Zur Begründung wurde ausgeführt, dass der Täter dem Eigentümer den **„Neuwert – Preis" als Sachwert** entziehen wollte. Hier kann entgegengehalten werden, dass auch im Laden zur Ansicht bereitgestellte Bücher zum normalen „Neuwert"-Preis verkauft werden. Außerdem erscheint es unbillig, diesen Täter zu bestrafen, wohingegen ein Täter, der sich das Buch im Antiquariat „ausleiht" eine straflose Gebrauchsanmaßung begeht. ■

**86** In diesem Zusammenhang ist des Weiteren umstritten, ob auch der Täter einen Diebstahl begeht, der die Sache dem Eigentümer als seine, dem Täter gehörende, zurückverkaufen möchte.

**Beispiel** A entwendet dem Edelsteinhändler E einen wertvollen Rubin, um ihn danach an diesen wieder als „ihm gehörend" zurück zu verkaufen. ■

Bei der **Rückveräußerung an den Eigentümer** bejahen zu einem großen Teil auch die Vertreter des engen Sachwertbegriffes den Enteignungsvorsatz.[78] Begründet wird dies damit, dass die entwendete Sache ja gerade unter Leugnung der Rechte des Eigentümers diesem zurückgegeben wird. Das Angebot, ihm die Sache gegen Entgelt zu „übereignen", setze notwendig die vorherige Zueignung der Sache und damit auch Verdrängung des Eigentümers aus seiner Position voraus. Der Eigentümer werde jedenfalls hinsichtlich dieses Veräußerungswertes enteignet.[79]

---

[74] *OLG Frankfurt* NJW 1962, 1879.
[75] BGHSt 19, 387.
[76] *Wessels/Hillenkamp* Strafrecht BT/2 Rn. 191.
[77] *OLG Celle* JZ 1967, 503.
[78] *Wessels/Hillenkamp* Strafrecht BT/2 Rn. 172.
[79] Anders hingegen eine Mindermeinung, die in dem Veräußerungswert keinen der Sache unmittelbar innewohnenden, sondern einen aus der Verwendung der Sache stammenden Wert sieht. Als Vertreter des engen Sachwertbegriffes lehnen sie mithin den Enteignungsvorsatz ab und gelangen zur Bejahung des Betruges; vgl. *Bockelmann* Strafrecht BT 2, 1977, S. 20.

Anders bewerten die Vertreter der engen Sachwerttheorie hingegen folgende Fälle:

**Beispiel** A entwendet ein zur Auslieferung bereitgestelltes **Warenpaket**, um es dem Adressaten als „Bote" zu überbringen und dabei den Kaufpreis zu kassieren. Nach der engen Sachwerttheorie liegt Betrug und nicht Diebstahl vor, da das Paket nun gerade nicht unter Leugnung der Eigentümerstellung weggenommen wird.[80]

Gleiches gilt für die Finderlohnfälle, in denen z.B. jemand einen entlaufenden Hund, den der Nachbar bereits gefunden und auf seinem Grundstück eingesperrt hat, um ihn abends dem Eigentümer zurück zu bringen, mitnimmt und sich dann gegenüber dem Eigentümer als „Finder" geriert, um den Finderlohn zu bekommen. Auch hier wird die Eigentümerstellung nicht geleugnet, so dass nach der engen Sachwerttheorie keine Zueignungsabsicht angenommen werden kann. ■

> **JURIQ-Klausurtipp**
>
> Für die Abgrenzung können Sie sich merken, dass eine straflose **Gebrauchsanmaßung** immer dann vorliegt, wenn der Täter zum Zeitpunkt der Wegnahme den Vorsatz hat, die **Sache nebst Sachwert an den Eigentümer** zurückzugeben und zwar **ohne Identitätswechsel, ohne wesentliche Wertminderung und ohne Eigentumsleugnung**, so dass der ursprünglich Berechtigte die Verfügungsgewalt wieder ausüben kann.[81]
>
> Bei den umstrittenen Fällen ist es in der Klausur vor allem wichtig, das Problem zu erkennen und zu benennen. Ob Sie dann der engen oder weiten Sachwerttheorie folgen, ist zweitrangig. Sollten Sie die Zueignungsabsicht verneinen, denken Sie daran, dass dann Betrug in Frage kommen kann.

### 3. Rechtswidrigkeit der erstrebten Zueignung

Die vom Täter erstrebte Zueignung muss objektiv rechtswidrig sein.

**87**

> Die Zueignung ist **rechtswidrig**, wenn der Täter keinen fälligen und einredefreien zivilrechtlichen Anspruch auf Übereignung der Sache hat.[82]

Die Rechtswidrigkeit hat also nichts mit Rechtfertigungsgründen zu tun, sondern wird rein **zivilrechtlich** beurteilt. So hat z.B. der Käufer nach Abschluss des Kaufvertrages und Zahlung des Kaufpreises einen fälligen und einredefreien Anspruch auf Übereignung des gekauften Gegenstands.

**88**

> **Hinweis**
>
> **Unterscheiden Sie** die Rechtswidrigkeit der erstrebten Zueignung von der Rechtswidrigkeit der Wegnahme, die nach allgemeinen Rechtfertigungsaspekten beurteilt wird.

---

80 Anders das *BayObLG*, welches unter Zugrundelegung der weiten Sachwerttheorie den Diebstahl bejahte, vgl. JR 1965, 26.
81 *Wessels/Hillenkamp* Strafrecht BT/2 Rn.157.
82 *BGHSt* 17, 87.

**89** Obgleich sie ein objektives Tatbestandsmerkmal ist, wird sie aufgrund des Sachzusammenhangs im subjektiven Tatbestand geprüft (**„objektive Insel im subjektiven Meer"**), da Sie zunächst die Zueignungsabsicht geprüft haben müssen.

**90** Auf die Rechtswidrigkeit muss sich erneut der **Vorsatz des Täters** beziehen, wobei dolus eventualis ausreicht. Der Täter braucht allerdings Sachverhalts- und Bedeutungskenntnis, da die Rechtswidrigkeit ein **normatives Tatbestandsmerkmal** ist.

**91** Bei **Gattungsschulden** ist die Konkretisierung gem. § 243 Abs. 2 BGB zu beachten: Vor der Konkretisierung richtet sich der Anspruch nur auf Sachen mittlerer Art und Güte, wobei das Auswahlrecht dem Schuldner und nicht dem eventuell eigenmächtig wegnehmenden Gläubiger zusteht. Erst nach der Konkretisierung richtet sich der Anspruch auf eine einzelne Sache. Ob **Geld als Gattungsschuld** anzusehen ist, ist umstritten.

> **Beispiel** A schuldet dem B 500 €, weigert sich aber, dem B das Geld zurückzuzahlen. Eines Tages nimmt B aus dem Portemonnaie des A, als dieser gerade beschäftigt ist, fünf 100-Euro-Scheine, wobei er glaubt, aufgrund seines Anspruches gegen B so handeln zu dürfen.

**92** Die **Rechtsprechung** sieht keinen Grund, bei Geld der zivilrechtlichen Wertung zu widersprechen und begreift auch Geld als Gattungsschuld. Allerdings hält sie dem Täter zugute, dass er selbst Geld zumeist nicht als eine Gattungsschuld ansehen und sich dementsprechend bei der Wegnahme irren wird. Diesen Irrtum begreift sie als vorsatzausschließenden **Irrtum** und löst ihn über **§ 16 Abs. 1**, so dass im Ergebnis eine Strafbarkeit ausscheidet.[83]

**93** Die **Literatur** hat den Begriff der **Wertsummenverbindlichkeit** geschaffen. Danach entfällt die Rechtswidrigkeit, wenn der Täter einen Anspruch auf die Wertsumme hat, da es im geschäftlichen Verkehr nur auf die Wertsumme des Geldscheins, nicht aber auf Geldscheine mittlerer Art und Güte ankomme.[84]

> **Beispiel** Nach Auffassung der Rechtsprechung wäre die beabsichtigte Zueignung also objektiv rechtswidrig gewesen. Da A allerdings glaubte, auf das weggenommene Geld einen Anspruch zu haben, befand er sich in einem Irrtum gem. § 16 Abs. 1 mit der Folge, dass eine Strafbarkeit des A ausscheidet. Auch die Literatur verneint eine Strafbarkeit des A. Allerdings ist ihrer Auffassung nach die Zueignung schon objektiv nicht rechtswidrig.
>
> Anders wäre die Lösung, wenn A wüsste, dass er auf die weggenommenen Scheine keinen Anspruch hat. Die Rechtsprechung würde wegen vollendeten Diebstahls bestrafen, nach der Literatur wäre die Zueignung immer noch nicht rechtswidrig. Da A dies aber glaubte, würde die Literatur hier wegen versuchten Diebstahls bestrafen.

> **JURIQ-Klausurtipp**
>
> Sofern der Täter glaubt, er habe einen Anspruch auf das Geld, wovon für gewöhnlich ausgegangen werden kann, können Sie die **Entscheidung des Streits dahingestellt sein lassen**, da beide Meinungen im Rahmen des subjektiven Tatbestandes den Diebstahl verneinen. Sie sollten aber das Problem sowie die Lösungsmöglichkeiten aufzeigen und dann darauf verweisen, dass nach beiden Ansichten eine Strafbarkeit nicht in Betracht kommt.

---

83 *BGH* StV 1994, 128; 2000, 78.
84 SK-*Hoyer* § 242 Rn. 103 m.w.N.; *Wessels/Hettinger* Strafrecht BT/2 Rn. 202.

## IV. Rechtswidrigkeit und Schuld

Bei der Rechtswidrigkeit ist zu beachten, dass das Einverstandensein des Gewahrsamsinhabers mit dem Gewahrsamswechsel schon auf Tatbestandsebene bei der „Wegnahme" zu prüfen ist.

Ansonsten ergeben sich auf dieser Prüfungsebene keine deliktsspezifischen Besonderheiten.

## V. Täterschaft und Teilnahme

Die Abgrenzung zwischen Täterschaft und Teilnahme bestimmt sich zunächst nach den allgemeinen Regeln der §§ 25 ff. Aus dem tatbestandsbezogenen Täterbegriff ergibt sich, dass **Mittäter oder mittelbarer Täter** nur sein kann, **wer selbst die Zueignungsabsicht aufweist**, da ihm Rahmen des § 25 nur die Handlung zugerechnet wird. Dass ein Beteiligter am Diebstahl diese Absicht hat, hat aber umgekehrt nicht zwingend zur Folge, dass er damit auch automatisch Täter ist. Die Täterschaft bestimmt sich vielmehr wie sonst auch nach der Tatherrschaft bzw. dem animus auctoris.

> **Beispiel** A steht vor der Eingangstüre des Juweliergeschäfts Schmiere, während B drinnen den Tresor leer räumt. Für seine Dienste soll A sich aus der Beute ein Stück aussuchen dürfen.
>
> Hier hat A unstreitig die Absicht, sich das auszusuchende und zuvor von B weggenommene Schmuckstück zuzueignen. Gleichwohl ist A nur Gehilfe gem. § 27, da er weder funktionale Tatherrschaft noch animus auctoris hat. ■

Ein Klausurklassiker beim Diebstahl ist die **sukzessive Mittäterschaft** sowie die sukzessive Beihilfe in Abgrenzung zur Begünstigung gem. § 257. Da beim Diebstahl die Vollendung und Beendigung auseinander fallen, stellt sich die Frage, wie ein Beteiligter zu bestrafen ist, der erst **nach Vollendung, aber noch vor Beendigung** hinzukommt. Nach Auffassung der **Rechtsprechung** reicht auch ein Tatbeitrag aus, der in dieser Phase erbracht wird, sofern animus auctoris bejaht werden kann. Die **Literatur** hingegen lehnt die sukzessive Beihilfe teilweise, die sukzessive Mittäterschaft hingegen überwiegend ab. Da es sich um eine Problematik aus dem „Allgemeinen Teil" handelt, erfolgt an dieser Stelle nur ein erinnernder Hinweis.

In Zusammenhang mit der mittelbaren Täterschaft kommt eine Tatbegehung durch ein **absichtslos, doloses Werkzeug** in Betracht, wenn der Vordermann weiß was er tut aber keine Zueignungsabsicht hat. Um diese Fälle erfassen zu können, wurde in der Literatur der „formal-juristische Tatherrschaftsbegriff" entwickelt

» Wiederholen Sie in diesem Zusammenhang Täterschaft und Teilnahme, insbesondere die sukzessive Mittäterschaft und das absichtslos dolose Werkzeug, dargestellt im Skript „Strafrecht AT II"! «

---

**Online-Wissens-Check**

**Wodurch unterscheidet sich das Eigentum vom Gewahrsam?**

Überprüfen Sie jetzt online Ihr Wissen zu den in diesem Abschnitt erarbeiteten Themen. Unter www.juracademy.de/skripte/login steht Ihnen ein Online-Wissens-Check speziell zu diesem Skript zur Verfügung, den Sie kostenlos nutzen können. Den Zugangscode hierzu finden Sie auf der Codeseite.

## VI. Übungsfall Nr. 1

**97** „Das Schlitzohr"

A benötigt für eine samstägliche Spritztour ein schönes Cabriolet. Er verkleidet sich deshalb als Angestellter bei „Mr. Wash" und begibt sich in das Parkhaus des Kaufhauses „Billig und gut". Dort spiegelt er der ahnungslosen B vor, dass sie in den Genuss einer Kundenaktion komme, wonach jeder 50. Kunde umsonst sein Auto gewaschen bekomme. B solle ihm ihren Schlüssel aushändigen, A werde das Auto dann zu dem sich im UG befindlichen „Mr. Wash" fahren und nach ihrem Einkaufsbummel werde sie den Wagen dann im 3. OG frisch gewaschen ausgehändigt bekommen. Tatsächlich fährt A sofort nach der Schlüsselübergabe und Verschwinden der hocherfreuten B mit dem Auto davon.

Er begibt sich alsdann zur nächsten Tankstelle, wo er den leeren Tank mit Benzin der X-GmbH im Wert von 100 € füllt. Wie von vornherein geplant, entfernt er sich – unbemerkt vom Tankstellenpersonal – ohne zu bezahlen. Auf dem Weg zu seiner Freundin entdeckt er vor dem „Wilfried Durstig Getränkemarkt" (D) mehrere dort zur Abholung durch einen Hersteller bereit gestellte Pfandflaschen der Marke „Trinkgut". Es handelt sich dabei um Standardpfandflaschen, die von einer Vielzahl von Getränkeherstellern benutzt werden. In einem unbeobachteten Moment nimmt er eine Kiste mit leeren Flaschen weg, geht damit zur Kasse und lässt sich Pfand in Höhe von 4 € herausgeben.

Nachdem er mit seiner Freundin einen Ausflug in die Eifel gemacht hat, fährt er – wie ebenfalls geplant – abends mit dem Auto wieder in das Parkhaus von „Billig und gut" und lässt es dort stehen, wo es am nächsten Morgen von einem Mitarbeiter gefunden wird.

Strafbarkeit des A? (eventuell erforderliche Anträge sind gestellt)

## Lösung

### Erster Handlungsabschnitt: Verlassen des Parkhauses mit dem Auto der B

#### I. Strafbarkeit gem. § 242 am Auto

A könnte sich wegen Diebstahls gem. § 242 strafbar gemacht haben, indem er mit dem PKW der B das Parkhaus verließ.

#### 1. Objektiver Tatbestand

Dann müsste A eine fremde bewegliche Sache weggenommen haben.

Das Auto stand im Eigentum der B und war damit für A fremd. Es stellte ferner eine Sache gem. § 90 BGB dar, die – da A mit ihr fortfahren konnte – auch beweglich war.

> **JURIQ-Klausurtipp**
>
> Bei eindeutigen Prüfungspunkten brauchen Sie nicht unbedingt den Gutachtenstil zu verwenden. Möglich ist – im Interesse der Effizienz – auch die Verwendung des verkürzten Gutachten- oder (eingeschränkt) auch des Urteilsstils.

Fraglich ist, ob A diese fremde bewegliche Sache weggenommen hat, indem er mit dem Auto das Parkhaus verließ.

Wegnahme bedeutet den Bruch fremden und die Begründung neuen, nicht notwendigerweise tätereigenen Gewahrsams gegen oder ohne den Willen des bisherigen Gewahrsamsinhabers. Unter Gewahrsam wird dabei ein tatsächliches Sachherrschaftsverhältnis getragen von einem natürlichen Herrschaftswillen verstanden.

Das Auto stand zunächst im Gewahrsam der B. Durch das Entfernen des Autos aus dem Parkhaus war es B allerdings nicht mehr möglich, jederzeit ohne wesentliche Hindernisse auf das Fahrzeug zuzugreifen, da sie nicht mehr wusste, wo sich das Fahrzeug befand. Sie verlor damit zu diesem Zeitpunkt die Sachherrschaft über das Fahrzeug und damit auch den Gewahrsam.

Mit dem Wegfahren hob A mithin den alten Gewahrsam der B auf und begründete zugleich neuen und eigenen Gewahrsam.

Fraglich ist nun aber, ob dieser Gewahrsamswechsel gegen oder ohne den Willen der B als Gewahrsamsinhaberin erfolgte, da B die Schlüssel an A übergab und ihm damit eine Zugriffsmöglichkeit auf das Fahrzeug einräumte. Es könnte somit ein tatbestandsausschließendes Einverständnis vorliegen. Voraussetzung dieses Einverständnisses ist jedoch, dass es sich auf den vollständigen Gewahrsamsverlust richtet. Hier war B zwar damit einverstanden, dass A mit dem Auto zu „Mr. Wash" fuhr, sie ging jedoch davon aus, jederzeit zu wissen, wo sich ihr Auto befindet und infolgedessen auch jederzeit auf das Auto zugreifen zu können. B wollte den Gewahrsam also lediglich lockern, nicht jedoch vollständig auf A übertragen. Damit liegt ein tatbestandsausschließendes Einverständnis nicht vor. Der Gewahrsamsverlust erfolgte mithin durch ein eigenmächtiges Handeln des A und damit gegen den Willen der B.

Der objektive Tatbestand ist damit verwirklicht.

#### 2. Subjektiver Tatbestand

A handelte mit Wissen und Wollen und damit vorsätzlich.

Darüber hinaus müsste A die erforderliche Zueignungsabsicht besessen haben. Zueignungsabsicht liegt vor, wenn der Täter mit zumindest dolus eventualis den bisherigen Eigentümer dauerhaft aus seiner Eigentümerposition verdrängen möchte und mit dolus directus 1. Grades zumindest vorübergehend wie ein Eigentümer über die Sache oder den in ihr verkörperten Sachwert verfügen möchte.

Problematisch ist, ob A die B dauerhaft enteignen wollte, da er schon zum Zeitpunkt des Wegfahrens beabsichtigte, das Auto später in das Parkhaus zurückzubringen. Ein Enteignungsvorsatz läge nur dann vor, wenn A zumindest mit der Möglichkeit gerechnet hätte, dass B den Wagen nicht zurückerhält und diese Möglichkeit billigend in Kauf genommen hätte.

> **JURIQ-Klausurtipp**
>
> Achten Sie in der Klausur darauf, wann der Täter den Entschluss, die Sache zurückzuführen, fasst. Wird er erst nach der Wegnahme gefasst, so ist die Zueignungsabsicht unproblematisch.

Hätte A das Auto irgendwo abgestellt und es dem Zufall überlassen, ob das Auto gefunden wird oder nicht, so könnte man eine dauerhaft gewollte Enteignung eventuell bejahen. Hier hat A das Auto aber exakt dort abgestellt, wo er es entwendet hat. Es kann davon ausgegangen werden, dass er glaubte, das Auto werde dort entweder von der bereits eingeschalteten Polizei, sicherlich aber von einem Mitarbeiter des Parkhauses gefunden. Damit kann dem A kein auf dauerhafte Enteignung gerichteter Vorsatz unterstellt werden.

Der subjektive Tatbestand ist damit nicht verwirklicht.

### II. Strafbarkeit gem. § 246

A könnte sich gem. § 246 Abs. 1 wegen Unterschlagung strafbar gemacht haben, indem er mit dem Fahrzeug das Parkhaus verließ.

Dann müsste A sich das Auto, welches wie bereits festgestellt eine fremde bewegliche Sache ist, objektiv zugeeignet haben. Umstritten ist, was unter Zueignung zu verstehen ist.

Teilweise wird in der Literatur vertreten, dass die Handlung des Täters zu einer tatsächlichen, dauerhaften Enteignung des Eigentümers geführt haben muss[85] oder dass zumindest die konkrete Gefahr dieser Enteignung besteht.[86] Diesen Auffassungen ist allerdings entgegenzuhalten, dass sie die Unterschlagung zu sehr verengen auf die Fälle des zivilrechtlichen Eigentumsverlustes durch z.B. gutgläubigen Erwerb oder Vermischung. Rechtsprechung und überwiegende Lehre gehen von der Manifestationslehre aus, wonach sich ein auf Ent- und Aneignung gerichteter Wille (wie bei § 242, allerdings mit dem Unterschied, dass Absicht nicht verlangt wird) in einem äußerlich erkennbaren Akt manifestiert haben muss.

Zu unterscheiden ist zwischen der weiten und der engen Manifestationstheorie.[87] Nach der weiten Manifestationstheorie genügt jedes beliebige Verhalten, welches ein objektiver Beobachter *bei Kenntnis des Tätervorsatzes* als Betätigung des Zueignungswillens ansehen würde.[88]

Nach der überwiegend vertretenen, engen Manifestationstheorie ist ein Verhalten des Täters erforderlich, aufgrund dessen ein die Umstände kennender, objektiver Beobachter *auch ohne Kenntnis des Vorsatzes des Täters* auf einen generellen Zueignungsvorsatz schließen kann.[89]

Nach der weiten Manifestationstheorie liegt mithin objektiv keine Zueignung vor, da der Vorsatz des A nicht auf dauerhafte Enteignung gerichtet war, das Verhalten mithin bei Kenntnis des Vorsatzes nicht als Zueignungshandlung angesehen werden kann. Nach der engen Manifestationstheorie stellt sich das Entfernen des Autos aus dem Parkhaus für einen objektiven Beobachter als Zueignung dar, der objektive Tatbestand wäre somit verwirklicht. Allerdings fehlt es wie festgestellt am entsprechenden Vorsatz des A, so dass auch dann, wenn man dieser Auffassung folgen wollte, eine Bestrafung gem. § 246 nicht in Betracht kommt.

> **JURIQ-Klausurtipp**
>
> Bei Meinungsstreitigkeiten müssen Sie, nachdem Sie die verschiedenen Ansätze dargestellt haben, zunächst subsumieren. Sollten die Ansichten zum selben Ergebnis gelangen – und sei es auch durch Verneinung verschiedener Prüfungspunkte, so wie oben – ist eine Streitentscheidung nicht erforderlich.

---

85 *Joecks* § 246 Rn. 19.
86 *MüKo-Homann* § 246 Rn. 36.
87 *Wessels/Hillenkamp* Strafrecht BT/2, Rn. 309; *Sonnen* Strafrecht BT S. 119.
88 *BGHSt* 14, 38.
89 *BGHSt* 34, 309; *Wessels/Hillenkamp* Strafrecht BT/2 Rn. 309; *OLG Düsseldorf* StV 1990, 164.

### III. Strafbarkeit gem. § 248b

A könnte sich gem. § 248b strafbar gemacht haben, indem er mit dem Fahrzeug der B eine Spritztour unternahm.

#### 1. Objektiver Tatbestand

Dann müsste A gegen den Willen der B ein Kraftfahrzeug in Gebrauch genommen haben.

Bei dem Auto der B handelt es sich um das Kraftfahrzeug, welches A auch mit der Spritztour gebrauchte. Fraglich ist jedoch, ob dies gegen den Willen der B geschah, da B den Schlüssel an A übergeben hatte und damit einverstanden war, dass A damit zur Waschanlage fuhr.

Teilweise wird in strenger Anlehnung an den Wortlaut eine solche, weisungswidrige Nutzung nicht als unbefugtes „Ingebrauchnehmen" verstanden.[90] Dem kann jedoch mit der überwiegenden Auffassung[91] entgegengehalten werden, dass vom Sinn und Zweck der Norm jede Schwarzfahrt erfasst sein soll, mithin auch eine weisungswidrige. Die Spritztour erfüllt damit die Voraussetzungen des objektiven Tatbestands des § 248b.

#### 2. Subjektiver Tatbestand

A handelte mit Wissen und Wollen und damit vorsätzlich.

#### 3. Rechtswidrigkeit und Schuld

Rechtfertigungs- und Entschuldigungsgründe sind nicht ersichtlich.

#### 4. Strafantrag

Der gem. Abs. 3 erforderliche Strafantrag ist gestellt.

A hat sich somit gem. § 248b strafbar gemacht.

### IV. Strafbarkeit gem. § 242 am Benzin

A könnte sich des Weiteren wegen Diebstahls am Benzin strafbar gemacht haben, indem er mit dem Auto der B fuhr.

Zwar ist das Benzin wie das Auto auch eine für A fremde und bewegliche Sache, welches er objektiv weggenommen hat. Auch hat er diesbezüglich Zueignungsabsicht besessen. Bejahte man aber den Diebstahl am Benzin, dann würde das für § 248b bedeuten, dass die Vorschrift wegen der darin enthaltenen Subsidiaritätsklausel in Gesetzeskonkurrenz hinter dem Diebstahl am Benzin zurückträte. Dies würde aber wiederum bei Kraftfahrzeugen zu einer Aushöhlung des § 248b führen. § 248b hätte dann nur noch Relevanz für Fahrräder. Aus diesem Grund verneint die Rechtsprechung im Wege der teleologischen Reduktion den Tatbestand des § 242 in den Fällen, in denen der Kraftfahrzeuggebrauch den Verbrauch des Treibstoffs und damit dessen Diebstahl zwangsnotwendig mitumfasst.[92] Die Literatur löst das Problem auf der Konkurrenzebene und lässt den Diebstahl am Benzin in Gesetzeskonkurrenz hinter § 248b zurücktreten.[93] Da die Problematik nicht die tatbestandlichen Voraussetzungen des § 242 betrifft, erscheint die Konkurrenzlösung der Literatur überzeugender.

A hat sich damit wegen Diebstahls am Benzin strafbar gemacht. Dieser tritt jedoch hinter § 248b zurück.

### Zweiter Handlungsabschnitt: Das Betanken des Fahrzeugs

#### I. Strafbarkeit gem. § 263 gegenüber dem Tankstellenpersonal und zu Lasten der X-GmbH

A könnte sich wegen Betruges gem. § 263 strafbar gemacht haben, indem er das Fahrzeug betankte.

Zwar hat A durch das Betanken des Fahrzeugs konkludent über die Tatsache getäuscht, er sei zur Zahlung willig. Da der Tankvorgang jedoch unbemerkt blieb, hat er beim Tankstellenpersonal keinen Irrtum erregt. Der objektive Tatbestand ist damit nicht verwirklicht.

---

90 *BayObLG* NJW 1953, 193.
91 *Fischer* § 248b Rn. 4.
92 *BGHSt* 14, 386.
93 Schönke/Schröder-*Eser* § 248b Rn. 15.

## II. Strafbarkeit gem. §§ 263, 22, 23 gegenüber dem Tankstellenpersonal und zu Lasten der X-GmbH

In Betracht kommt jedoch ein versuchter Betrug. Hier müsste der Tatentschluss des A auf die Täuschung und die dadurch bedingte Irrtumserregung beim Tankstellenpersonal gerichtet sein. Ob A sich vorstellte, beim Tanken beobachtet zu werden und für diesen Fall seine Vertragstreue vorspiegeln wollte, lässt sich dem Sachverhalt nicht entnehmen. Bei lebensnaher Betrachtung ist es zwar möglich, aber nicht zwingend, so dass nach dem Grundsatz in dubio pro reo der Tatentschluss verneint werden muss.

## III. Strafbarkeit gem. § 242

A könnte sich wegen Diebstahls gem. § 242 strafbar gemacht haben, indem er das Fahrzeug betankte.

Dann müsste das Benzin eine für A fremde und bewegliche Sache gewesen sein. Das Benzin stand zunächst im Eigentum der X-GmbH. Diese könnte jedoch durch Einräumung der Möglichkeit, den Zapfhahn in die Tanköffnung zu stecken, dem A das Angebot zum Abschluss sowohl des schuldrechtlichen Kaufvertrages als auch der dinglichen Übereignung gemacht haben, welches A dann durch das Betanken angenommen hat.

Diese Auffassung wird in Rechtsprechung und Literatur teilweise vertreten[94] mit der Folge, dass das Benzin für A keine fremde bewegliche Sache mehr gewesen wäre. Diese Auffassung führt jedoch zu Strafbarkeitslücken, da eine Unterschlagung gleichfalls nicht in Betracht kommt und Betrug nur möglich ist, wenn der Tankende vom Tankstelleninhaber oder seinen Mitarbeitern beobachtet wird. Aus diesem Grund ist der ebenfalls in Literatur und Rechtsprechung vertretenen Gegenauffassung zu folgen, wonach das Angebot auf Übereignung des Benzins unter der aufschiebenden Bedingung der Bezahlung steht und die Übereignung damit erst an der Kasse stattfindet.[95]

---

[94] *OLG Düsseldorf* JR 1982, 343; *Herzberg* NJW 1984, 896.
[95] *OLG Hamm* NStZ 1983, 266; *Jäger* Strafrecht BT Rn. 192.

Das Benzin war damit für A eine fremde bewegliche Sache. Dem stehen auch nicht die §§ 947, 948 BGB entgegen, da diese nur zur Begründung von Miteigentum führen.

Fraglich ist jedoch, ob A das Benzin weggenommen hat. Durch das Einfüllen hat er den bisherigen Gewahrsam des Geschäftsführers der X-GmbH aufgehoben und neuen, eigenen Gewahrsam begründet. Es könnte jedoch ein tatbestandsausschließendes Einverständnis vorliegen. Da dem A die Möglichkeit zum Betanken des Fahrzeugs eingeräumt wurde und A diese Möglichkeit ordnungsgemäß nutzte, muss davon ausgegangen werden, dass der Gewahrsamsinhaber mit dem Gewahrsamswechsel einverstanden war. Der Gewahrsam ist ein tatsächliches Herrschaftsverhältnis, so dass anders als beim Eigentumsübergang kein Raum für rechtliche Bedingungen (wie die später vorzunehmende Zahlung) ist. Möglich sind nur tatsächliche Bedingungen im Hinblick auf die ordnungsgemäße Nutzung der Zapfsäule. Diese hat A eingehalten.

Eine Wegnahme des Benzins liegt damit nicht vor. Der objektive Tatbestand ist nicht verwirklicht.

## IV. Strafbarkeit gem. § 246

A könnte sich jedoch gem. § 246 wegen Unterschlagung strafbar gemacht haben, indem er mit dem Benzin im Tank das Tankstellengelände verließ.

### 1. Objektiver Tatbestand

Wie bereits festgestellt, war das Benzin für A eine fremde bewegliche Sache.

Diese müsste er sich zugeeignet haben. Nach den oben dargestellten Manifestationstheorien hat er spätestens zum Zeitpunkt des Verlassens des Tankstellengeländes aus der Perspektive eines objektiven Beobachters den bisherigen Eigentümer aus seiner Position verdrängt und selbst über die Sache wie ein Eigentümer verfügt.

### JURIQ-Klausurtipp

Da Sie oben den Meinungsstreit schon dargestellt und teilweise entschieden haben, können Sie an dieser Stelle die

> Darstellung kurz halten und im verkürzten Gutachtenstil prüfen. Da beide Manifestationstheorien jedenfalls beim Verlassen des Tankstellengeländes zum selben Ergebnis gelangen, ist erneut eine Streitentscheidung nicht erforderlich.

Eine Zueignung liegt damit vor.

Diese Zueignung müsste rechtswidrig gewesen sein. Rechtswidrig ist sie, wenn der Täter keinen fälligen und einredefreien zivilrechtlichen Anspruch auf die Sache hat. A hatte keinen einredefreien Anspruch auf die Sache, da die Übereignung nur Zug um Zug gegen Zahlung zu erfolgen hatte. Die Zueignung war damit auch rechtswidrig.

Der objektive Tatbestand ist verwirklicht.

### 2. Subjektiver Tatbestand

A handelte mit Wissen und Wollen und damit vorsätzlich.

> **Hinweis**
>
> Wenn der Vorsatz unproblematisch ist, können Sie sich mit dieser Kurzformel begnügen.

### 3. Rechtswidrigkeit und Schuld

Rechtfertigungs- und Entschuldigungsgründe sind nicht ersichtlich.

A hat sich somit gem. § 246 strafbar gemacht.

## Dritter Handlungsabschnitt: Das Benutzen der Pfandflaschen

### I. Strafbarkeit gem. § 242

A könnte sich wegen Diebstahls gem. § 242 strafbar gemacht haben, indem er die Pfandflaschen und den Kasten ergriff und zur Kasse brachte.

### 1. Objektiver Tatbestand

Der Kasten und die Flaschen müssten zunächst fremde bewegliche Sachen sein. Da sie fort transportiert werden können und körperlich sind, sind sie jedenfalls bewegliche Sachen. Fraglich ist, in wessen Eigentum sie standen. Bei Standardpfandflaschen, die von einer Vielzahl von Getränkeherstellern benutzt werden, geht man davon aus, dass der Erwerber der Getränke auch das Eigentum an den Flaschen und Kisten erwirbt.[96] Bei Rückgabe des Leerguts findet dann eine Rückübereignung an die entgegennehmende Stelle statt. Das „Pfand" stellt in diesem Fall den Kaufpreis dar. Die Flaschen sowie der Kasten befanden sich mithin im Eigentum des D als Eigentümer des Getränkemarkts und waren damit für A fremde, bewegliche Sachen.

Diese müsste er weggenommen haben. Wegnahme bedeutet Bruch fremden und Begründung neuen, nicht notwendigerweise tätereigenen Gewahrsams gegen oder ohne den Willen des Gewahrsamsinhabers. Auch wenn sich die Flaschen und der Kasten draußen vor dem Getränkemarkt befanden, ordnet die Verkehrsauffassung gleichwohl dem Inhaber des Getränkemarktes den tatsächlichen Gewahrsam zu, da dieser jederzeit ohne Beseitigung großer Hindernisse darauf zugreifen kann. Flaschen und Kasten standen damit zunächst im Gewahrsam des D. Fraglich ist, ob A durch das Ergreifen des Kastens und Verbringen zur Kasse diesen Gewahrsam gebrochen hat. Grundsätzlich reicht das Ergreifen bei kleinen Gegenständen aus, wenn der Täter diese Gegenstände damit in seine Gewahrsamsenklave verbringt. Der Kasten und die Flaschen stellen allerdings keine kleinen Gegenstände dar. Nach der Verkehrsauffassung wird man jedoch demjenigen, der den Kasten in der Hand hält, auch den Gewahrsam an dem Kasten zuschreiben. Meist geht man davon aus, dass derjenige, der den Kasten nebst Inhalt zurückbringt, auch derjenige ist, der ihn zuvor erworben hat. Aufgrund dessen hat A mit dem Ergreifen und Transportieren des Kastens zur Kasse den Gewahrsam des D gebrochen. Dies geschah auch gegen oder ohne den Willen des D. Damit liegt auch eine Wegnahme vor. Der objektive Tatbestand ist verwirklicht.

---

[96] Anders bei Spezial-Leergut, z.B. Coca-Cola-Flaschen: dort verbleibt das Eigentum an den Flaschen beim Getränkehersteller. Das Pfand stellt also eine „Kaution" dar und dient der Sicherung der Rückgabe. Vgl. dazu *Joecks* vor § 242 Rn. 38 m.w.N.

### 2. Subjektiver Tatbestand

A handelte mit Wissen und Wollen der Tatbestandsverwirklichung und damit vorsätzlich.

Fraglich ist, ob A auch die entsprechende Zueignungsabsicht hatte. Dann müsste er zunächst den Vorsatz gehabt haben, D hinsichtlich der Sache oder den in ihr verkörperten Sachwert dauerhaft aus seiner Eigentümerposition zu verdrängen. Da er die Flaschen und den Kasten zum Zeitpunkt des Ergreifens an D zurückgeben wollte, ist es fraglich, ob er den Vorsatz hatte, ihm die Sache selbst dauerhaft vorzuenthalten. Er könnte D jedoch dadurch, dass er ihm die in seinem Eigentum stehenden Flaschen und den Kasten zurückverkaufen wollte, den in der Sache liegenden Wert dauerhaft entzogen haben wollen. Bei der Rückveräußerung an den Eigentümer geht die überwiegende Auffassung davon aus, dass der Eigentümer dauerhaft von dem Veräußerungswert und damit dem in der Sache liegenden Wert ausgeschlossen werden soll. Nur wenige Vertreter der engen Sachwerttheorie sehen in dem Veräußerungswert keinen in der Sache liegenden Wert und lehnen den Enteignungsvorsatz ab. Dem muss jedoch entgegengehalten werden, dass ein Täter, der eine Sache als „ihm gehörend" an den wahren Eigentümer zurückgibt, dessen Eigentumsrechte geradezu leugnet. Ein solcher Täter muss sich die Sache vorher zueignen wollen, um sie alsdann als „ihm gehörend" rückübereignen zu können. Damit hat sich dieser Täter aber wie ein Eigentümer gerieren und insoweit den bisherigen Eigentümer aus seiner Position verdrängen wollen. Darin kann sogar eine Verdrängung bzgl. der Sachsubstanz selber zu sehen sein, jedenfalls aber liegt eine Verdrängung bzgl. des Sachwertes vor. Der Enteignungsvorsatz kann damit bejaht werden.

Aus dem gleichen Grund liegt auch die Aneignungsabsicht vor. A kam es darauf an, den Kasten und die Flaschen vorübergehend in sein Eigentum zu überführen, um dann an der Kasse „seinen Kasten" nebst Inhalt zurückzugeben.

Da A keinen fälligen und einredefreien Anspruch auf den wirtschaftlichen Veräußerungswert hatte, war die beabsichtigte Zueignung auch rechtswidrig. Auch diesbezüglich handelte A mit Wissen und Wollen.

Der subjektive Tatbestand ist damit verwirklicht.

### 3. Rechtswidrigkeit und Schuld

Rechtfertigungs- und Entschuldigungsgründe sind nicht ersichtlich.

A hat sich somit gem. § 242 strafbar gemacht.

### II. Strafbarkeit, § 246 Abs. 1

Eine Strafbarkeit wegen Unterschlagen durch Übergabe des Kastens kommt nach h.M. nicht in Betracht, da tatbestandlich die Zueignung die erstmalige Herstellung der Eigentümerposition bedeutet.

Hier hat A jedoch zuvor diese Eigentümerposition durch einen Diebstahl begründet. Eine Strafe würde auch die Konkurrenzlösung, die tatbestandlich eine Unterschlagung bejaht, nicht verhängen, da sie die Unterschlagung als mitbestrafte Nachtat zurücktreten lässt.

### Gesamtergebnis

A hat sich gem. § 248b in Tatmehrheit gem. § 53 mit § 246 und wiederum in Tatmehrheit dazu gem. § 242 strafbar gemacht.

# C. Besonders schwere Fälle des Diebstahls

## I. Überblick

§ 243 ist keine Qualifikation, sondern eine **Strafzumessungsnorm zum einfachen Diebstahl**. Strafzumessungsregeln finden Sie an verschiedenen Stellen im StGB, so z.B. in § 212 Abs. 2, dem besonders schweren Fall des Totschlags, mit welchem die Strafe erhöht wird oder in § 249 Abs. 2, dem minder schweren Fall des Raubes, mit welchem die Strafe ermäßigt wird.

» Lesen Sie die nebenstehend zitierten Normen! «

Mit diesen **Strafzumessungsregeln** hat der Gesetzgeber der Rechtsprechung die Möglichkeit gegeben, bei Taten, die hinsichtlich des verwirklichten Unwertgehalts erheblich vom „Normalfall" abweichen, eine **höhere oder auch niedrigere Strafe zu verhängen**. Beim Diebstahl wird der Strafrahmen mit § 243 Abs. 1 S. 1 angehoben: Hat der einfache Diebstahl einen Strafrahmen von bis zu 5 Jahren Freiheitsstrafe oder Geldstrafe, so wird der Diebstahl in „besonders schweren Fällen" mit Freiheitsstrafe von 3 Monaten bis zu 10 Jahren bestraft. Die Verhängung einer Geldstrafe ist nicht mehr möglich.

Im Gegensatz zu § 212 Abs. 2 hat der Gesetzgeber bei § 243 Abs. 1 Fallgruppen aufgelistet, bei welchen ein besonders schwerer Fall in Betracht kommen kann. § 243 Abs. 1 S. 2 beginnt mit den Worten: *„Ein besonders schwerer Fall liegt in der Regel vor, wenn der Täter …"*. Entsprechend dieser Formulierung nennt man diese Fallgruppen **Regelbeispiele**.

> **Hinweis**
>
> Auch Regelbeispiele finden **Sie an verschiedenen Stellen im Gesetz**, so z.B. in den §§ 240 Abs. 4, 263 Abs. 3, 267 Abs. 3. Die nachfolgenden Ausführungen zur rechtlichen Natur und zur Problematik des „Versuchs des Regelbeispiels" sind auf diese Vorschriften übertragbar.

Die im Gesetz genannten Regelbeispiele sind weder zwingend noch abschließend. Sie haben lediglich **Indizwirkung**, was bedeutet, dass „in der Regel" bei Verwirklichung der Beispiele ein besonders schwerer Fall vorliegen wird, aber nicht vorliegen muss. Es ist dem Gericht also möglich, trotz Verwirklichung eines Regelbeispiels einen besonders schweren Fall abzulehnen, wenn die **Gesamtwürdigung von Tat und Täter** keinen besonders hohen **Unwertgehalt** ergibt.[97]

**Beispiel** Der arbeitslose A steigt am Sonntagmittag erstmalig durch ein weit offen stehendes Seitenfenster eines Spielwarengeschäfts ein, um seiner kranken Tochter zu Weihnachten eine Puppe zu stehlen, die er sich nicht leisten kann. ∎

Umgekehrt kann das Gericht einen **besonders schweren „unbenannten" Fall** annehmen, wenn zwar keine der Nummern 1 bis 7 verwirklicht sind, aber die Tat sich vom Unwertgehalt her vom einfachen Diebstahl abhebt, eventuell sogar vom Tatbild her mit den Nummern 1 bis 7 vergleichbar ist.

**Beispiel** In der Asservatenkammer der Polizei lagert eine äußerst wertvolle Briefmarkensammlung, die anlässlich einer Razzia als Diebesgut sichergestellt wurde. Der Polizeibeamte P, der für die Asservatenkammer zuständig ist, nimmt in einem unbeobachteten Moment diese Sammlung an sich und verkauft sie an den Hehler H.

---

[97] *Wessels/Hillenkamp* Strafrecht BT/2 Rn. 209 ff.

Hier ist kein benanntes Regelbeispiel verwirklicht. Aufgrund der Amtsträgereigenschaft des P, des Umstandes, dass er für die sichere Verwahrung verantwortlich war, sowie des Wertes der Briefmarkensammlung liegt aber ein Diebstahl vor, der vom Unrecht und der Schuld deutlich über dem Normalfall des Diebstahls liegt, so dass ein unbenannter schwerer Fall angenommen werden kann.[98] ■

**104** Darin unterscheiden sich Regelbeispiele wesentlich von Qualifikationen. Sind die gesetzlich genannten Voraussetzungen einer Qualifikation, z.B. Diebstahl mit Waffen gem. § 244 Abs. 1 Nr. 1a erfüllt, so muss das Gericht den Täter wegen §§ 242, 244 Abs. 1 Nr. 1a bestrafen. Ein Ermessen wie bei § 243 gibt es nicht.

**Beispiel** Polizist P klaut im Kiosk des A während seiner Dienstzeit ein Eis. Er braucht zur Stabilisierung seines Kreislaufs dringend etwas Zucker, hat aber sein Geld zu Hause vergessen. Hier muss der Richter – jedenfalls nach h.M. - gem. § 244 Abs. 1 Nr. 1a bestrafen, auch wenn nur ein geringer Schaden verursacht wurde und die Tat nicht in erhöhtem Maße strafwürdig erscheint. ■

> **JURIQ-Klausurtipp**
>
> In der Klausur sollten Sie grundsätzlich den **besonders schweren Fall bejahen, wenn die Voraussetzungen des § 243 verwirklicht sind**. Nur in Ausnahmefällen empfiehlt sich eine Gesamtwürdigung und eventuelle Ablehnung des § 243. Dann müssen allerdings entsprechende eindeutige Anhaltspunkte im Sachverhalt gegeben sein.
>
> Die **Annahme eines unbenannten besonders schweren Falls** kommt in der Klausur in Betracht, wenn Sie zunächst die **infrage kommenden Regelbeispiele angeprüft und letztlich abgelehnt** haben. Gibt es nun wiederum Anhaltspunkte dafür, dass der Unwertgehalt mit einem der geprüften Regelbeispiele vergleichbar und deswegen gesteigert ist, so können Sie einen unbenannten Fall bejahen. In beiden Varianten ist jedoch eine **gute Argumentation** unabdingbar.

**105** Damit ein besonders schwerer Fall angenommen werden kann, muss auch der **Vorsatz des Täters** analog § 15 auf die Verwirklichung eines besonders schweren Falls gerichtet sein. Unterliegt der Täter einem Irrtum, so ist § 16 analog anzuwenden.[99]

**106** Nicht überlesen sollten Sie **§ 243 Abs. 2**, der eine unwiderlegliche Annahme dahingehend trifft, dass ein besonders schwerer Fall ausgeschlossen ist, sofern sich die Tat auf eine **geringwertige Sache** bezieht. In diesem Fall ist der Unwertgehalt des Diebstahls nach Auffassung des Gesetzgebers so gering, dass der erhöhte Strafrahmen des § 243 unangemessen erscheint.

> **JURIQ-Klausurtipp**
>
> Für die Prüfung des § 243 in der Klausur ist Folgendes zu beachten:
>
> § 243 wird im **Anschluss an die Schuld als weiterer Prüfungspunkt** diskutiert. Sofern ein besonders schwerer Fall in Betracht kommt, sollte dies schon im Obersatz deutlich gemacht werden, so zum Beispiel: „A könnte sich wegen Diebstahls in einem besonders schweren Fall

---

[98] Vgl. *BGHSt* 29, 319.
[99] *Wessels/Hillenkamp* Strafrecht BT/2 Rn. 208.

gem. §§ 242, 243 Abs. 1 Nr. 1 strafbar gemacht haben, indem er durch das Kellerfenster in die Villa des B einstieg."

Kommen **mehrere Regelbeispiele** in Betracht, so sind **alle zu prüfen**, auch wenn im Ergebnis nur ein Diebstahl in einem besonders schweren Fall vorliegt.

Auch wenn die Voraussetzungen des Regelbeispiels vom **Vorsatz** des Täters umfasst sein müssen, so sollten Sie nicht von einem „objektiven" und „subjektiven" Tatbestand sprechen, da Regelbeispiele keine Tatbestände sind. Es empfiehlt sich vielmehr die Formulierung „in objektiver/subjektiver Hinsicht".

Wir werden uns nachfolgend ausführlich mit den Regelbeispielen der Nummern 1–3 sowie mit dem Klausurklassiker „Versuch des Regelbeispiels" beschäftigen. Die Nummern 4–7 sind nicht sonderlich klausurrelevant, weswegen eine vertiefte Auseinandersetzung nicht erforderlich ist.

## II. Diebstahl aus besonders geschützten Räumen, § 243 Abs. 1 S. 2 Nr. 1

### 1. Überblick

Nach § 243 Abs. 1 S. 2 Nr. 1 liegt in der Regel ein besonders schwerer Fall des Diebstahls vor, wenn der Täter zur Ausführung der Tat in eine **besonders geschützte Räumlichkeit**, nämlich ein Gebäude, einen Dienst- oder Geschäftsraum oder in einen anderen umschlossenen Raum hineingelangt.

Grund für die Strafschärfung in § 243 Abs. 1 S. 2 Nr. 1 ist die erhöhte kriminelle Energie, die der Täter aufwenden muss, um sich über eine besonders geschaffene Schutzsphäre hinwegzusetzen.

Als **Handlungsmodalitäten** nennt das Gesetz das Einbrechen, Einsteigen, Eindringen mit einem falschen Schlüssel oder einem anderen, nicht zur ordnungsgemäßen Öffnung bestimmten Werkzeug und das (wenig klausurrelevante) Verborgenhalten in einem Raum.

Beachten Sie bei der Prüfung, dass der Täter „**zur Ausführung der Tat**", also zur Begehung des Diebstahls, den Sie vorab bei § 242 geprüft haben, in die geschützte Räumlichkeit hineingelangt sein muss. Diese Voraussetzung verdient in der Klausur besondere Aufmerksamkeit, wenn während der Tat ein **Vorsatzwechsel** stattfindet.

**Beispiel 1** A bricht die Türe einer Berghütte auf, um sich vor dem herannahenden Gewitter in Sicherheit zu bringen. In der Hütte sitzend bemerkt er dann eine Espressomaschine, die er gut gebrauchen kann. Nachdem das Wetter aufgeklärt hat, nimmt er die Maschine mit nach Hause.

Hier ist A nicht zur Ausführung des Diebstahls in die Hütte eingebrochen. Der Diebstahlsvorsatz wurde erst später gefasst. ∎

**Beispiel 2** A steigt durch ein Seitenfenster in den Schmuckladen der C ein, um eine wertvolle Perlenkette mitzunehmen. Im Geschäft muss er feststellen, dass die Kette sich nicht mehr im Laden befindet. Frustriert beschließt er, den Laden unverrichteter Dinge wieder zu verlassen. Am Ausgang entdeckt er eine Flasche Wein, die er spontan einsteckt, um sich wenigstens auf diese Art noch einen schönen Abend zu machen.

Es liegt zweifellos ein Diebstahl an der Flasche Wein vor. Zur Begehung dieses Diebstahls ist A aber nicht bei C eingestiegen, da er den entsprechenden Vorsatz erst gefasst hat, als er sich schon im Laden befand. A hat sich demgemäß wegen versuchten Diebstahls in einem besonders schweren Fall an der Kette und vollendeten einfachen Diebstahls an der Flasche Wein strafbar gemacht. ■

**Beispiel 3** Achtung! Der vorgenannte Fall sieht anders aus, wenn A seinen Diebstahlsvorsatz nicht zunächst aufgibt und dann wieder neu fasst, sondern bei **durchgängig fortbestehendem Vorsatz** sein Interesse auf ein anderes Objekt richtet: Nachdem A festgestellt hat, dass die Kette nicht mehr da ist, schaut er sich im Laden um, um etwas anderes zu finden, das er mitnehmen kann. Dabei entdeckt er die Flasche Wein, die er alsdann einsteckt.

Nunmehr hat A sich bezüglich der Flasche Wein wegen Diebstahls in einem besonders schweren Fall strafbar gemacht. ■

> **JURIQ-Klausurtipp**
>
> Nicht nur bei § 243, sondern auch bei der sonst erforderlichen Beantwortung der Frage, ob eine oder mehrere Taten vorliegen, ist der Vorsatz also das wesentliche Kriterium. Ein **Vorsatzwechsel** kann eine **Zäsur** darstellen mit der Folge, dass zwei Taten angenommen werden müssen, wenn der Täter den Vorsatz zunächst aufgibt und erst danach wieder neu fasst. Mit der Problematik des Vorsatzwechsels beschäftigen Sie sich in der **Klausur** schon bei **Erstellung der Gliederung**. Im *Beispiel* 2 hätten Sie dann zutreffend festgestellt, dass zwei Taten vorliegen und diese zwei Taten dann auch hintereinander geprüft. § 243 hätten Sie dann bei der ersten Tat – Versuch – bejaht, bei der zweiten Tat angeprüft, aber unter Hinweis darauf, dass der Täter nicht zur Begehung dieser Tat eingestiegen ist, abgelehnt.

112 Die Problematik des Vorsatzwechsels wird auch noch einmal im Zusammenhang mit § 243 Abs. 2 relevant. Siehe dazu Rn. 145.

### 2. Geschützte Räumlichkeit

#### a) Umschlossener Raum

113 Durch die Verwendung der Formulierung „anderer umschlossener Raum" hat der Gesetzgeber deutlich gemacht, dass der umschlossene Raum den **Oberbegriff** zu den in Nr. 1 benannten Räumlichkeiten bildet. Das Gebäude sowie der Dienst- und Geschäftsraum sind damit spezielle Fälle des umschlossenen Raums.

> Unter einem **umschlossenen Raum** wird ein Raumgebilde verstanden, das dazu bestimmt ist, von Menschen betreten zu werden, und das mit zumindest teilweise künstlichen Vorrichtungen zur Abwehr des Eindringens Unbefugter umgeben ist.[100]

114 **Umschlossen** bedeutet nicht notwendigerweise, dass die Räume fest verschlossen sind. Erforderlich ist aber eine Umschließung, die ein tatsächliches Hindernis darstellt.

---

100 Großer Senat des *BGH*, *BGHSt* 1, 158.

# Diebstahl aus besonders geschützten Räumen, § 243 Abs. 1 S. 2 Nr. 1

**Beispiel** Zu umschlossenen Räumen gehören Eisenbahnwagen, Bürowagen eines Baugeschäfts, Schiffe, Teile eines Bergwerks, ein von Mauern umgebener Fabrikhof oder Lagerplatz, sonstige eingezäunte Grundstücke, sofern der Zaun das Betreten verhindern soll, oder einzelne abgeschlossene Räume innerhalb eines Gebäudes.[101]

In Klausuren wird häufig der **Diebstahl aus bzw. von Kraftfahrzeugen** zu prüfen sein. In diesen Fällen ist wie folgt zu differenzieren:
- Die **Fahrgastzelle** eines Kraftwagens sowie der **Laderaum**, soweit er dazu bestimmt ist, von Menschen betreten zu werden, werden als umschlossener Raum angesehen und unterfallen dem § 243 Abs. 1 S. 2 Nr. 1.[102]
- Der **Kofferraum** eines PKW hingegen sowie die Ladefläche eines Kombis, die nicht zum Betreten bestimmt sind, werden dagegen als Behältnis nach § 243 Abs. 1 S. 2 Nr. 2 angesehen.[103]
- Das **Entwenden des Kraftwagens selbst** unterfällt seit der Neufassung des § 243 ebenfalls dem Regelbeispiel Nr. 1. Voraussetzung ist lediglich, dass der Einbruch in das verschlossene Auto das Mittel zur Ausführung der Tat ist.[104]

### b) Gebäude

Ein **Gebäude** ist ein mit dem Grund und Boden verbundenes Bauwerk, das den Zutritt von Menschen ermöglicht und geeignet und bestimmt ist, dem Schutze von Menschen oder Sachen zu dienen, und Unbefugte vor dem Betreten abhalten soll.[105]

Eine dauernde Verbindung mit dem Grund und Boden ist nicht erforderlich. Von daher können auch Zirkuszelte oder Ausstellungszelte Gebäude in diesem Sinne sein. Erforderlich ist aber zumindest eine durch die Schwere des Bauwerks hergestellte **natürliche Verbindung mit dem Grund und Boden**.[106] Das Igluzelt auf dem Campingplatz fällt also nicht darunter.

**Hinweis**

Auch die **Wohnung** kann unter Gebäude subsumiert werden. Sie ist aber 1998 als Tatort aus § 243 herausgenommen worden. Der Wohnungseinbruchsdiebstahl wurde zur Qualifikation gem. § 244 Abs. 1 Nr. 3 mit der Folge einer weiteren Erhöhung des Strafrahmens. Die Tathandlungen beim Wohnungseinbruchsdiebstahl entsprechen aber den nachfolgend dargestellten Handlungen.

### c) Geschäftsraum

Ein **Geschäftsraum** ist eine Räumlichkeit, die hauptsächlich für eine gewisse Zeit oder dauernd zur Verrichtung von Geschäften beliebiger, nicht notwendigerweise wirtschaftlicher Art bestimmt ist.[107]

---

101 Vgl. Beispiele bei Schönke/Schröder-*Eser/Bosch* § 243 Rn. 9.
102 *BGHSt* 1, 164.
103 *BGHSt* 4, 16.
104 Schönke/Schröder-*Eser/Bosch* § 242 Rn. 27.
105 *RGSt* 70, 361; *BGHSt* 1, 163.
106 *RGSt* 53, 268; *BGHSt* 1, 163.
107 *Lackner/Kühl* § 243 Rn. 9 i.V.m. § 123 Rn. 3.

### 3. Tathandlung

**119** In der Klausur begegnen Ihnen überwiegend die Handlungsmodalitäten des Einbrechens, Einsteigens und des Verwenden eines falschen Schlüssels. Von geringer Klausurrelevanz ist die Alternative des Sich-Verborgen-Haltens.

#### a) Einbrechen

**120** Einbrechen ist das gewaltsame Öffnen von Umschließungen, die dem Eintritt in den geschützten Raum entgegenstehen.

**121** Eine Substanzverletzung ist dabei nicht unbedingt erforderlich.[108] Allerdings muss der Täter eine nicht ganz unerhebliche Anstrengung unternehmen, um die Zugangshindernisse zu überwinden.[109]

> **Beispiel** Es genügt etwa, wenn der Täter den die Türöffnung versperrenden Schrank beiseite schiebt.[110] Ebenso kann der Einbruch durch Aushebeln der Türe oder durch Auseinanderbiegen der Flügel eines Scheunentores erfolgen.[111] Nicht ausreichend ist das Entriegeln eines offen stehenden Fensters.[112]

**122** Da die Vorwerfbarkeit des Einbrechens in der **Überwindung der Zugangshindernisse** liegt, ist das Einbrechen bereits mit der gewaltsamen Beseitigung dieses Hindernisses verwirklicht. Ein Betreten des geschützten Raums ist nicht erforderlich. Es reicht aus, wenn von außen durch eine Öffnung in den Innenraum hineingegriffen wird.[113]

> **Beispiel** A schlägt die Seitenscheibe eines Autos ein und ergreift mit seinem rechten Arm das auf dem Beifahrersitz liegende Laptop.

#### b) Einsteigen

**123** Einsteigen ist jedes Hineingelangen durch eine zum ordnungsgemäßen Zutritt nicht bestimmte Öffnung unter Überwindung von Hindernissen und Schwierigkeiten, die sich aus der Eigenart des Gebäudes oder der Umfriedung des umschlossenen Raumes ergeben.[114]

> **Beispiel** Ein Dieb steigt in ein Gebäude ein, wenn er mittels einer Leiter durch das Fenster des Gebäudes hineingelangt. Das Einsteigen setzt allerdings nicht zwingend „steigende" Vorgänge voraus, vielmehr kann auch ein Hineinkriechen durch ein Kellerfenster Einsteigen in diesem Sinne sein.[115]
> 
> Das Einsteigen wird verneint, wenn der Täter eine auf Kipp stehende Terrassentür öffnet, da diese Tür dem ordnungsgemäßen Zutritt dient.[116]

---

[108] *RGSt* 4, 354; Schönke/Schröder-*Eser* § 243 Rn. 11.
[109] *BGH* NJW 1956, 389.
[110] *RGSt* 60, 378.
[111] *RGSt* 4, 354.
[112] Vgl. *Wessels/Hillenkamp* Strafrecht BT/2 Rn. 225.
[113] *BGH* MDR/B 54, 336; Schönke/Schröder-*Eser/Bosch* § 243 Rn. 11.
[114] *RGLZ* 19, 903.
[115] *RGSt* 13, 257.
[116] Vgl. *BGH* NJW 2016, 1897.

# Diebstahl aus besonders geschützten Räumen, § 243 Abs. 1 S. 2 Nr. 1

**124** Im Gegensatz zum Einbrechen liegt beim Einsteigen die Verwerflichkeit in dem **ordnungswidrigen Hineingelangen** des Täters. Dementsprechend ist für das Einsteigen das **Eindringen eines großen Teils des Körpers** in den geschützten Raum erforderlich. Ein Hineinlangen oder Betreten mit nur einem Fuß genügt nicht.[117] Der Täter muss vielmehr im Inneren des geschützten Raumes einen festen Standpunkt gewonnen haben, der ihm die Wegnahme ermöglicht.[118]

## c) Eindringen mit einem falschen Schlüssel oder Werkzeug

**125** Auch hier liegt die Verwerflichkeit wieder in der **Überwindung von Schutzvorrichtungen**. Während jedoch beim Einbrechen der Täter die Schutzvorrichtungen mit Gewalt beseitigt, öffnet er diese Schutzvorrichtungen beim **Eindringen als „Unberechtigter"** entweder mit einem falschen Schlüssel oder einem nicht zur ordnungsgemäßen Öffnung bestimmten Werkzeug. Dementsprechend ist aber erneut ein Betreten des geschützten Raumes nicht erforderlich. Ein Hineingreifen reicht aus.

> Ein Schlüssel ist **falsch**, wenn er ohne Wissen und Einverständnis des berechtigten Hausrechtsinhabers nachgemacht wurde oder der Berechtigte dem Schlüssel die Bestimmung zum ordnungsgemäßen Öffnen der geschützten Räume entzogen, ihn also entwidmet hat.[119]

**126** Das Eindringen mit einem falschen Schlüssel wird in der Klausur meist in den Fällen relevant, in welchen der Täter den Schlüssel entwendet, um dann die Wohnung damit betreten und anschließend leer räumen zu können. Beachten Sie, dass das **unbefugte Benutzen eines gefundenen oder gestohlenen Schlüssels** noch nicht automatisch das Eindringen mit einem falschen Schlüssel ist. Bei diesen Fällen kommt es maßgeblich darauf an, ob der Berechtigte zum Zeitpunkt der Tathandlung bereits die **Entwidmung** vorgenommen hatte.

Bei **verloren gegangenen Schlüsseln** wird diese Entwidmung angenommen, wenn der Berechtigte den Verlust bemerkt hat und einen Entwidmungsakt vornimmt, indem er einen anderen Schlüssel in Gebrauch nimmt oder anfertigen lässt, weil er davon ausgeht, den bisherigen Schlüssel nicht mehr auffinden und damit auch nicht mehr benutzen zu können.

Bei **gestohlenen Schlüsseln** liegt nach allgemeiner Lebenserfahrung eine Entwidmung schon dann vor, wenn der Berechtigte den Diebstahl bemerkt hat. Eines Entwidmungsaktes bedarf es nicht mehr.[120]

> Andere zur ordnungsgemäßen Öffnung nicht bestimmte **Werkzeuge** sind solche, durch die der Mechanismus des Verschlusses ordnungswidrig in Bewegung gesetzt wird.[121]

---

[117] *BGHSt* 10, 132.
[118] *OLG Hamm* NJW 1960, 1359.
[119] *BGHSt* 13, 15; *Wessels/Hillenkamp* Strafrecht BT/2 Rn. 227.
[120] *BGH* GA 1965, 344; *BGH* StV 1993, 422; *BGHSt* 21, 189.
[121] *RGSt* 53, 277.

**127** Hierzu zählt etwa ein Dietrich, ein Haken oder – denken Sie an James Bond – auch eine Plastikkarte. Dagegen sind Brechwerkzeuge, die den Öffnungsmechanismus zerstören, nicht von diesem Regelbeispiel erfasst. Bei Verwendung eines Brechwerkzeuges liegt jedoch ein Einbrechen vor, da der Täter gewaltsam die Schutzvorrichtung beseitigt hat.

#### d) Sich-Verborgen-Halten

**128** Ein **Sich-Verborgen-Halten** liegt vor, wenn der Täter sich in dem geschützten Raum versteckt, um danach ungestört einen Diebstahl zu begehen.

Der Strafschärfungsgrund liegt hier darin, dass das **heimliche Verbergen** dem Täter gestattet, sich den Zeitpunkt für die Durchführung der Tat auszusuchen, in dem der geringste Gewahrsamsschutz wirksam ist.[122]

### III. Diebstahl von besonders gesicherten Sachen, § 243 Abs. 1 S. 2 Nr. 2

**129** Ein besonders schwerer Fall des Diebstahls liegt in der Regel auch dann vor, wenn der Täter eine Sache stiehlt, die durch ein verschlossenes Behältnis oder eine andere Schutzvorrichtung gegen Wegnahme besonders gesichert ist.

Ein **Behältnis** ist ein verschlossenes Raumgebilde, das zur Verwahrung und zur Sicherung von Sachen dient, aber nicht dazu bestimmt ist, von Menschen betreten zu werden. **Verschlossen** ist das Behältnis, wenn sein Inhalt durch eine Schließvorrichtung gegen einen unbefugten Zugriff von außen besonders gesichert ist.[123]

**130** Sie werden festgestellt haben, dass der – betretbare – umschlossene Raum und das – nicht betretbare – verschlossene Behältnis einander ausschließen.

**Beispiel** Zu den verschlossenen Behältnissen zählen Aktentaschen, Koffer, Säcke, Safes und der Kofferraum des Kfz. ■

**131** Wie sich dem Gesetzeswortlaut entnehmen lässt („verschlossenes Behältnis *oder eine andere* Schutzvorrichtung"), stellt das verschlossene Behältnis einen Spezialfall der „anderen Schutzvorrichtung" dar.

Unter einer **anderen Schutzvorrichtung** sind sonstige Vorkehrungen und technische Mittel zu verstehen, die ihrer Art nach geeignet und dazu bestimmt ist, die Wegnahme einer Sache zumindest erheblich zu erschweren.[124]

**Beispiel** Hierzu zählen etwa Autoschlösser, Fahrradschlösser, Schutzvorrichtungen an Museumsstücken, Alarmanlagen, durch Ketten befestigte Gegenstände. ■

---

122 LK-*Ruß* § 243 Rn. 5; Schönke/Schröder-*Eser/Bosch* § 243 Rn. 18.
123 *BGHSt* 1, 163.
124 *Wessels/Hillenkamp* Strafrecht BT/2 Rn. 237.

## Diebstahl von besonders gesicherten Sachen, § 243 Abs. 1 S. 2 Nr. 2  2 C III

In der Klausur ist in diesem Zusammenhang regelmäßig die Frage zu beantworten, ob ein Täter, der im Kaufhaus einen Diebstahl an einer elektromagnetisch gesicherten Ware begeht, die Nr. 2 des § 243 verwirklicht hat. Liest man den **Gesetzestext** aufmerksam, so ist die Lösung unproblematisch. Da die Vorrichtung die Sache „**gegen Wegnahme**" besonders sichern muss, können **elektromagnetische Sicherungssysteme**, die erst beim Verlassen der Ladenfläche einen Alarm auslösen, nicht darunter fallen, da sie die Sache nicht, wie z.B. ein Schloss, gegen Wegnahme schützen, sondern nur in der Lage sind, einen schon begangenen Diebstahl aufzudecken.[125]

132

**Beispiel**  A nimmt im Kaufhaus eine mit einem elektromagnetischen Sicherungsetikett versehene Jeans vom Ständer und zieht sie in der Umkleidekabine an. Darüber zieht er seine weite Leinenhose, die er bereits beim Betreten des Kaufhauses getragen hat. So „verkleidet" verlässt er das Kaufhaus, wobei er am Ausgang den Alarm auslöst und nach kurzer Verfolgung von dem Sicherheitsbeamten S gestellt wird.

Die Wegnahme war bereits vollendet, als A die Jeans anzog und seine eigene Hose darüber zog, da A damit die Jeans in seine Gewahrsamsenklave verbrachte. Der Kaufhausinhaber verlor zu diesem Zeitpunkt den bis dahin an der Jeans bestehenden Gewahrsam. Das Sicherungsetikett hat diese Wegnahme nicht verhindern können. Es hat lediglich die Aufdeckung des Diebstahls ermöglicht. ■

Auch **Verpackungen** oder **Verschnürungen**, die lediglich den Inhalt zusammenhalten sollen, oder Behältnisse, die den Inhalt lediglich vor visueller Wahrnehmung schützen sollen, haben keine Sicherungsfunktion.[126]

133

**Beispiel**  Ein einfacher Briefumschlag dient lediglich der Verpackung und dem Schutz vor visueller Wahrnehmung durch Dritte und ist damit kein verschlossenes Behältnis. Anders hingegen ein versiegelter Briefumschlag: Dieser unterfällt der Nr. 2, da in dem Siegel eine besondere Schutzvorrichtung gesehen werden kann.[127]

Ein mit einem Zahlenschloss versehener Koffer ist hingegen ein verschlossenes Behältnis. Er dient zwar zum einen der Beförderung, aber zum anderen aufgrund des Schlosses auch der Sicherung des Inhalts vor unbefugter Wegnahme. ■

Der **Grund zur Strafschärfung** liegt bei § 243 Abs. 1 S. 2 Nr. 2 in der größeren deliktischen Energie, die der Täter aufwenden muss, um an die zu stehlenden Sachen heranzukommen, und die Bedenkenlosigkeit, mit der der Täter sich über die Gewahrsamssicherung des Eigentümers hinwegsetzt.

134

So ist bei **Schlüsseln**, mithilfe derer ein **verschlossenes Behältnis geöffnet** wird, zu unterscheiden, wie der Täter in den Besitz des Schlüssels gelangt ist. Hat er den Schlüssel entwendet, dann liegt zumeist das Regelbeispiel vor. Das gilt auch dann, wenn der Schlüssel selber nicht gegen Wegnahme gesondert gesichert ist, da der Wortlaut des § 243 Abs. 1 Nr. 2 nur auf das Behältnis abstellt. Bei der Wegnahme des Schlüssels gilt etwas anderes nur dann, wenn der Schlüssel im Schloss steckt oder direkt neben z.B. dem Tresor hängt, da es in diesen Fällen an einer schutzbedürftigen Wegnahmesicherung des Behältnisses fehlt. Wurde

---

125 *OLG Düsseldorf* StV 1998, 204; *Wessels/Hillenkamp* Strafrecht BT/2 Rn. 237.
126 *OLG Stuttgart* NJW 1964, 738.
127 *Wessels/Hillenkamp* Strafrecht BT/2 Rn. 227.

dem Täter hingegen der Schlüssel überlassen und hat er ihn nur unberechtigt gebraucht, dann scheidet § 243 Abs. 1 Nr. 2 aus.[128]

**135** Umstritten ist, ob die Nr. 2 auch dann verwirklicht ist, wenn der Täter das **Behältnis als Ganzes** fortschafft, um es danach an einem sicheren Ort aufzubrechen und den Inhalt mitzunehmen. Teilweise wird unter Hinweis auf den o.g. Strafgrund die Annahme der Nr. 2 abgelehnt.[129] Die überwiegende Auffassung sieht es jedoch als unerheblich an, wie und wo das Behältnis aufgebrochen bzw. die Schutzvorrichtung überwunden wird. Dieser Auffassung zufolge liege in der Verbringung der Sache sogar eine noch höhere kriminelle Energie.[130]

## IV. Der gewerbsmäßige Diebstahl, § 243 Abs. 1 S. 2 Nr. 3

**136** Auch der gewerbsmäßige Diebstahl stellt regelmäßig einen besonders schweren Fall dar.

> **Gewerbsmäßig** handelt der Täter, wenn er sich durch wiederholte Tatbegehung in Zukunft eine Haupt- oder Nebeneinnahmequelle verschaffen will.[131]

**137** Diese **Einnahmequelle** muss von gewisser Dauer und Erheblichkeit sein. Da es ausschließlich auf den Willen des Täters ankommt, können diese Voraussetzungen bereits bei der ersten Tat vorliegen.[132] Es ist also nicht erforderlich, dass der Täter zum Zeitpunkt seiner Ergreifung bereits mehrere Diebstähle begangen hat.

> **JURIQ-Klausurtipp**
>
> Beachten Sie, dass Nr. 3 **ausschließlich subjektiv geprüft** wird. Für diese Absicht müssen im Sachverhalt Anhaltspunkte vorhanden sein. Allein der Umstand, dass der Täter in der Vergangenheit gelegentlich Diebstähle begangen hat, reicht dabei noch nicht aus. Vielmehr müssen Umstände vorliegen, die darauf schließen lassen, dass er auch in Zukunft weitere Diebstähle begehen möchte.

Die Gewerbsmäßigkeit muss sich auf den **konkret weggenommenen Gegenstand** beziehen, es bedarf also eines **inneren Zusammenhangs**. Handelt ein Täter z.B. bezüglich einzelner Gegenstände gewebsmäßig, bedeutet das nicht zwingend, dass er auch bezüglich eines dafür evtl. erforderlichen Transportbehältnisses gewerbsmäßig handelt.

**Beispiel** In unserem obigen *Beispielsfall* (Rn. 81) hat der *BGH*[133] hinsichtlich der sich auf den Paletten befindlichen, zuvor entwendeten Waren die Gewerbsmäßigkeit des Handelns bejaht. Hinsichtlich des Aufliegers, den die Täter nur einmal zum Abtransport verwendeten, hat er jedoch die Gewerbsmäßigkeit wegen des fehlenden inneren Zusammenhanges verneint. Der Auflieger diente ausschließlich und einmalig der besseren Verwertung der bereits erlangten Tatbeute. ■

---

128 *KG Berlin* NJW 2012, 1093; *BGH* NJW 2010, 3175; *Wessels/Hillenkamp* Strafrecht BT/2 Rn. 234.
129 Schönke/Schröder-*Eser/Bosch* § 243 Rn. 25.
130 *Fischer* § 243 Rn. 17; Schönke/Schröder-*Eser/Bosch* § 243 Rn. 25.
131 *Wessels/Hillenkamp* Strafrecht BT/2 Rn. 239.
132 *BGH* NStZ 1995, 85.
133 *BGH* NStZ 2015, 396.

## V. Kirchendiebstahl, § 243 Abs. 1 S. 2 Nr. 4

Bei diesem Regelbeispiel stiehlt der Täter aus einer Kirche oder einem anderen der Religionsausübung dienenden Gebäude einen Gegenstand, der der religiösen Verehrung dient. Hierzu können etwa Madonnen oder Kruzifixe gehören.

138

## VI. Der gemeinschädliche Diebstahl, § 243 Abs. 1 S. 2 Nr. 5

Ein besonders schwerer Fall des Diebstahls liegt regelmäßig auch vor, wenn der Täter eine Sache von Bedeutung für Wissenschaft, Kunst oder Geschichte oder für die technische Entwicklung stiehlt, die sich in einer **allgemein zugänglichen Sammlung** befindet oder **öffentlich ausgestellt** ist.

139

Als Tatobjekt kommen hier insbesondere Gegenstände in Betracht, die in Museen oder Ausstellungen untergebracht sind und entweder, wie solche der Kunst, der Erbauung, oder, wie die der Wissenschaft oder Geschichte, der wissenschaftlichen Erkenntnis dienen.

Entsprechend dem Gesetzeswortlaut genießen Privatsammlungen nicht den Schutz des § 243. Jedoch wird das Regelbeispiel dann relevant, wenn die Gegenstände der Öffentlichkeit – etwa durch Leihgabe an ein Museum – zugänglich gemacht werden.

## VII. „Schmarotzerdiebstahl", § 243 Abs. 1 S. 2 Nr. 6

Dieses Regelbeispiel zeichnet sich durch die verwerfliche Begehungsweise aus, die darin zum Ausdruck kommt, dass der Täter die **Hilflosigkeit einer anderen Person**, einen **Unglücksfall** oder eine **gemeine Gefahr** ausnutzt.

140

Hilflos können Menschen z.B. wegen Krankheiten, Behinderungen, Blindheit oder wegen Suizidversuchs oder Rauschzustandes sein.[134] Unter einem Unglücksfall versteht man jede Art von Unfällen. Eine Gemeingefahr liegt vor, wenn eine größere Anzahl an Menschenleben oder erhebliche Sachwerte gefährdet sind.

Der Täter muss diese Umstände dazu nutzen, unter erleichterten Bedingungen den Diebstahl zu vollziehen.

## VIII. Diebstahl von Waffen, § 243 Abs. 1 S. 2 Nr. 7

Wer eine Handfeuerwaffe, zu deren Erwerb es nach dem Waffengesetz der Erlaubnis bedarf, ein Maschinengewehr, eine Maschinenpistole, ein voll- oder halbautomatisches Gewehr oder eine Sprengstoff enthaltende Kriegswaffe im Sinne des Kriegswaffenkontrollgesetzes oder Sprengstoff stiehlt, macht sich regelmäßig auch wegen eines besonders schweren Falles des Diebstahls strafbar.

141

---

134 Vgl. dazu *BGH* NJW 1990, 2569.

> **Hinweis**
>
> Denken Sie daran, dass ein **Diebstahl von Waffen** auch immer ein **Diebstahl mit Waffen** i.S.v. § 244 Abs. 1 Nr. 1a sein kann.[135] Das setzt allerdings voraus, dass die entwendeten Waffen einsatzbereit sind, da sie nur dann die für § 244 Abs. 1 Nr. 1a erforderliche objektive Gefährlichkeit haben.
>
> § 244 Abs. 1 Nr. 1a muss also in diesen Fällen stets geprüft werden. Liegt er vor, so verdrängt er als Qualifikation § 242 und damit auch den an § 242 „hängenden" besonders schweren Fall des § 243 (lesen Sie hierzu auch die Rn. 176).

## IX. Ausschluss eines besonders schweren Falles

**142** Nachdem Sie in der Klausur die infrage kommenden Regelbeispiele durchgeprüft haben, müssen Sie sich – sofern es Anhaltspunkte im Sachverhalt gibt – nun mit der Frage auseinander setzen, ob der festgestellte besonders schwere Fall ausnahmsweise gem. § 243 Abs. 2 ausgeschlossen sein könnte.

**143** Ein solcher Ausschluss ist anzunehmen, wenn sich der Diebstahl **auf eine geringwertige Sache „bezieht"**. Nach überwiegender Auffassung genügt für dieses „Beziehungsverhältnis" allerdings nicht, dass die Sache nur **objektiv geringwertig** ist. Erforderlich ist vielmehr, dass sich **analog § 15 auch der Vorsatz** des Täters auf die Wegnahme einer geringwertigen Sache bezieht. Fehlt es an einer der beiden Voraussetzungen, so greift die Ausschlussklausel nicht.[136]

> **Beispiel** A steigt wieder durch ein Seitenfenster in den Modeladen des C ein und entwendet dieses Mal eine Perlenkette, von welcher er annimmt, dass es sich um Modeschmuck handelt. Tatsächlich handelt es sich um die echte Perlenkette (Wert: 2000 €) der Großmutter, die diese dem C zu Dekorationszwecken geliehen hat.
>
> Hier liegt objektiv keine geringwertige Sache vor, so dass die Ausschlussklausel nicht greift. Dasselbe würde im umgekehrten Fall gelten, wenn A also eine objektiv wertlose Sache wegnähme in der Annahme, es handele sich um eine wertvolle. ■

> **JURIQ-Klausurtipp**
>
> Da allerdings die Regelbeispiele nur indizielle Wirkung haben, ist es gleichwohl möglich, in den vorgenannten *Beispielen* aufgrund einer Gesamtwürdigung von Tat und Täter, in welche die Geringwertigkeit einfließen kann, einen besonders schweren Fall abzulehnen.[137] In der Klausur sollten Sie das wiederum nur in Betracht ziehen, wenn eindeutige Anhaltspunkte vorliegen, die Ihnen eine plausible Begründung ermöglichen. Grundsätzlich gilt: Liegen die objektiven und subjektiven Voraussetzungen des § 243 Abs. 2 nicht vor, so greift der Ausschluss nicht.

---

135 *Joecks* § 244 Rn. 22.
136 *BGH* NStZ 1987, 71.
137 *Wessels/Hillenkamp* Strafrecht BT/2 Rn. 252.

## Ausschluss eines besonders schweren Falles

144 Die Wertigkeit der Sache bestimmt sich nach dem objektiven Verkehrswert, d.h. dem **Verkaufswert der Sache**. Im Hinblick auf die stetige Inflation kann die **Geringwertigkeitsgrenze** inzwischen bei **50 €** angesetzt werden.[138] Gegenstände, die keinen messbaren Verkaufswert haben, unterfallen nicht dem § 243 Abs. 2.

**Beispiel** Gerichtsakten, EC-Karten, Personalausweise, Ihre Examensklausuren.

145 Wie schon bei § 243 Abs. 1 S. 2 Nr. 1 ausgeführt, ergeben sich auch bei der Anwendung des § 243 Abs. 2 Schwierigkeiten, wenn sich der **Vorsatz** des Täters während der Tatausführung, also zwischen Versuch und Vollendung, **ändert**.

**Beispiel** A steigt wieder in den Modeladen des C ein, um dieses Mal die Perlenkette der Großmutter zu entwenden. Im Laden entscheidet er sich jedoch um und nimmt eine wertlose Plastikuhr mit.

Hier war bei Versuchsbeginn der Vorsatz des A auf die Wegnahme einer wertvollen Sache gerichtet. Dieser Vorsatz änderte sich jedoch bei fortbestehendem Stehlwillen und bezog sich schließlich auf eine wertlose Sache, die auch tatsächlich mitgenommen wurde, so dass man § 243 Abs. 2 für anwendbar halten könnte.

146 Nach **herrschender Ansicht** wird das **Geschehen als eine Einheit** angesehen, sofern der Täter zwischenzeitlich nicht seinen Vorsatz aufgibt und einen neuen Vorsatz fasst. War der Vorsatz des Täters zunächst **bei Eintritt der Tat in das Versuchsstadium** auf eine hochwertige Sache gerichtet, dann greift die Ausschlussklausel des Abs. 2 nicht, da der Handlungsunwert des Täters erhöht war. Wäre der Täter zu diesem Zeitpunkt unverrichteter Dinge abgezogen, wäre eine Bestrafung nach den §§ 242, 243, 22, 23 erfolgt. Eine Änderung der Beurteilung kann dann nicht dadurch hervorgerufen werden, dass der Täter tatsächlich später eine geringwertige Sache mitnimmt.[139]

**Beispiel** Hätte A nach dem Einsteigen erkannt, dass die Perlenkette gar nicht mehr da ist und unverrichteter Dinge den Laden des C verlassen, so wäre er, da er in den Laden eingestiegen ist, wegen versuchten Diebstahls in einem besonders schweren Fall verurteilt worden. Der Umstand, dass im obigen Fall A tatsächlich etwas mitnimmt, was geringwertig ist, würde ihn, wenn man Abs. 2 nun anwenden würde, im Gegensatz zur Versuchskonstellation ungerechtfertigt privilegieren.

147 Eine **gegenteilige Auffassung spaltet das Geschehen auf** und bestraft wegen Versuchs in Tateinheit mit Vollendung – je nachdem in einem besonders schweren Fall.[140] Dieser Ansicht wird entgegengehalten, dass die Aufspaltung dem einheitlichen Charakter des Geschehensablaufes widerspräche,[141] der unter anderem darin zum Ausdruck kommt, dass der Vorsatz des Täters während der Tatbegehung durchgängig auf die Begehung eines Diebstahls gerichtet war.

**Beispiel** Im obigen Fall wäre A nach dieser Ansicht wegen versuchten Diebstahls an der Perlenkette in einem besonders schweren Fall und einfachen Diebstahls an der Uhr (hier würde Abs. 2 des § 243 greifen) zu verurteilen.

---

138 *OLG Hamm* NJW 2003, 3145; *OLG Hamm* wistra 2004, 34; *Wessels/Hillenkamp* Strafrecht BT/2 Rn. 252; anders *OLG Oldenburg* NStZ-RR 2005, 111, welches die Grenze bei 30 € ansetzt.
139 *BGHSt* 26, 104; Schönke/Schröder-*Eser/Bosch* § 243 Rn. 55.
140 SK-*Hoyer* § 243 Rn. 53.
141 *Wessels/Hillenkamp* Strafrecht BT/2 Rn. 249.

> **JURIQ-Klausurtipp**
>
> Wie bereits oben unter Rn. 111 ausgeführt kann auch nach herrschender Auffassung eine **Aufspaltung des Geschehens** in Betracht kommen, allerdings nur, wenn es eine **Zäsur beim Vorsatz** gibt. Lesen Sie insofern Ihren Sachverhalt sorgfältig!

## X. Versuch und Regelbeispiel

 148 Das **Zusammenspiel von Versuch und Regelbeispiel** kann in der Klausur problematisch werden. Dabei sind 3 Konstellationen zu unterscheiden:
- Der Täter hat den Diebstahl nur versucht, aber dabei eines der Regelbeispiele verwirklicht.
- Der Täter hat den Diebstahl nur versucht und auch das Regelbeispiel nur „versucht".
- Der Täter hat den Diebstahl vollendet, aber das Regelbeispiel nur „versucht".

Die erste Konstellation ist unproblematisch und nicht umstritten. Anders die beiden anderen Fallkonstellationen, die aufgrund des Streits zwischen Rechtsprechung und Literatur zu den Klausurklassikern gehören.

### 1. Der Täter hat den Diebstahl nur versucht, aber dabei eines der Regelbeispiele verwirklicht

149 Ist der **Diebstahl im Versuch** stecken geblieben, das **Regelbeispiel aber voll verwirklicht** worden, so liegt ein versuchter Diebstahl in einem besonders schweren Fall vor.

**Beispiel** Im obigen *Beispielsfall* ist A durch das Seitenfenster in den Modeladen des C eingestiegen, hat nun aber nichts Stehlenswertes gefunden und ist unverrichteter Dinge wieder nach Hause gegangen.

Hier hat A das Einsteigen gem. § 243 Abs. 1 S. 2 Nr. 1 verwirklicht und damit die Indizwirkung ausgelöst, den Diebstahl aber nur versucht. ■

> **Hinweis**
>
> Bei einem solchen Sachverhalt prüfen Sie zunächst den versuchten Diebstahl und dann nach dem Rücktritt die Voraussetzungen des § 243.

### 2. Der Täter hat den Diebstahl nur versucht und auch das Regelbeispiel nur „versucht" (Konstellation 1) und der Täter hat den Diebstahl vollendet, aber das Regelbeispiel nur „versucht" (Konstellation 2)

150 **Umstritten** ist zunächst, ob es einen versuchten Diebstahl in einem besonders schweren Fall auch dann gibt, wenn **weder der Diebstahl noch das Regelbeispiel verwirklicht** wurden (Konstellation 1).

## Versuch und Regelbeispiel

**Beispiel** A will gerade durch das offene Fenster in den Modeladen des C einsteigen, als er eine Polizeisirene hört. Er beschließt, die Tat später fortzusetzen und geht zunächst nach Hause.

Dadurch dass A versucht hat, durch das offene Fenster einzusteigen, hat er unmittelbar zum Diebstahl angesetzt und diesen versucht. ■

Fraglich ist, ob die straferhöhende Wirkung des Regelbeispiels, die zu der Annahme eines besonders schweren Falles führen kann, auch in diesem Fall durchgreift. **151**

> **Hinweis**
>
> Der nachfolgend dargestellte Streit ist nur bei den benannten schweren Fällen relevant. Dem Versuch eines unbenannten besonders schweren Falls gibt es nach einhelliger Auffassung nicht.

Die **Rechtsprechung** bejaht die Möglichkeit, dass die **Indizwirkung des Regelbeispiels** auch dann greift, wenn dieses zwar nicht in objektiver Hinsicht verwirklicht ist, der Täter aber den **Willen zur Verwirklichung** hatte.[142] **152**

> **Hinweis**
>
> Beachten Sie, dass das Regelbeispiel streng genommen nicht „versucht" werden kann, da es kein Tatbestand ist. Es geht nur darum, ob die Indizwirkung allein durch den Handlungsunwert ausgelöst werden kann.

Zur Begründung wird angeführt, dass sich der Strafrahmen beim Versuch nach dem jeweiligen **Tatentschluss** und der daraus zu entnehmenden beabsichtigten Tat bestimme. Grundlage der Strafzumessung sei die im Tatentschluss zum Ausdruck kommende Schuld des Täters. Richte sich der Tatentschluss auf die Begehung eines besonders schweren Falls, so sei die Schuld entsprechend zu bestimmen.[143]

Außerdem sei **§ 243 früher als Qualifikation** ausgestaltet gewesen mit der Folge, dass auch nach der Neufassung die Regelbeispiele noch tatbestandlichen Charakter hätten. Sinn der Änderung sei nicht gewesen, die Reichweite der Vorschrift einzuschränken, sondern vielmehr, dem Tatrichter Ermessen zu gewähren, um einzelfallgerecht entscheiden zu können.[144] **153**

---

142 *BGHSt* 33, 370; *BayObLG* NStZ 1997, 442.
143 *BGHSt* 33, 370; *BayObLG* NStZ 1997, 442.
144 *BGHSt* 33, 370; *BayObLG* NStZ 1997, 442.

**154** Die Rechtsprechung stellt also für den **Eintritt der Regelwirkung** entscheidend auf die **Vorstellung des Täters** ab und bejaht die straferhöhende Wirkung des Regelbeispiels, sobald der Täter entsprechend seinem Tatentschluss unmittelbar ansetzt.

> **Hinweis**
>
> Damit behandelt die Rechtsprechung **Regelbeispiele wie Tatbestände.** Bei Tatbeständen ist es anerkannt, dass der Strafrahmen ausgelöst wird, wenn der Täter einen Tatentschluss hatte und entsprechend seiner Vorstellung unmittelbar zur Tatverwirklichung ansetzt. Dies ergibt sich aus § 22. (Lesen!) Dass die Rechtsprechung die Regelbeispiele wie Tatbestände behandelt, macht sie zudem deutlich, indem sie auf den tatbestandlichen Charakter und die ehemalige Natur als Qualifikation hinweist.

**155** Dies wird von der **herrschenden Literatur** abgelehnt. Die Literatur verweist darauf, dass der *BGH* im Wege einer **verbotenen Analogie** zu den §§ 22, 23 schon dem bloßen Ansetzen zum Regelbeispiel die gleiche Indizwirkung zumisst wie der vollständigen Verwirklichung des Regelbeispiels. **Regelbeispiele** seien aber nun einmal **Strafzumessungsnormen** und keine Tatbestände, so dass die Wirkungen der §§ 22, 23 nicht übertragbar seien.

Die Auffassung des *BGH* würde ferner dazu führen, dass vollständig verwirklichte und versuchte Regelbeispiele, soweit es um den Eintritt der Regelwirkung ginge, gleichzustellen seien. Dann müsste aber auch ein benannter besonders schwerer Fall angenommen werden, wenn der **Diebstahl verwirklicht**, das **Regelbeispiel aber nur versucht** (Konstellation 2) wurde. Diese Fälle seien vom Unwertgehalt her aber nicht mit der vollständigen Verwirklichung des Regelbeispiels zu vergleichen.[145]

> **Beispiel** A will durch ein Seitenfenster in das Geschäft des C einsteigen. Als er gerade dabei ist, das Fenster zu öffnen, stellt er fest, dass die Türe unverschlossen ist, und betritt den Laden ordnungsgemäß durch diese Türe, um anschließend die Perlenkette mitzunehmen. ■

**156** Der *BGH* hat sich einer Stellungnahme zu der letztgenannten Fallgruppe jedenfalls bei § 243 bislang enthalten.[146] Es spricht jedoch einiges dafür, dass er im Wege eines „Erst-Recht-Schlusses" die straferhöhende Wirkung des Regelbeispiels auch in diesem Fall bejahen würde.[147]

Nach der **h.M.** käme in solchen Fällen **kein benannter besonders schwerer Grund** in Frage. Allerdings könnte die Möglichkeit der Annahme eines **unbenannten besonders schweren Falls** gegeben sein, was von einer Gesamtwürdigung der Tat (und damit nicht mehr von der Indizwirkung eines Regelbeispiels) abhinge.[148]

---

[145] *Wessels/Hillenkamp* Strafrecht BT/2 Rn. 216 f; Schönke/Schröder-*Eser/Bosch* § 243 Rn. 44.
[146] *BGHSt* 33, 370.
[147] Vgl. *Joecks* § 243 Rn. 49; *Fischer* § 46 Rn. 102.
[148] Vgl. *Joecks* § 243 Rn. 49; *Fischer* § 46 Rn. 102.

> **Hinweis**
>
> Von der soeben dargestellten Problematik ist die Frage abzugrenzen, ob die **Verwirklichung eines Regelbeispiels** schon das unmittelbare Ansetzen zum Versuch des Grunddelikts darstellt. Hier gibt es keinen Automatismus, d.h. es kommt wie immer beim Versuch darauf an, ob der Täter die Schwelle zum „Jetzt geht's los" überschritten hat und aus seiner Sicht keine wesentlichen Zwischenschritte zur Tatbestandsverwirklichung mehr erforderlich sind, mithin das Rechtsgut also schon konkret gefährdet ist.[149]

## XI. Teilnahme am Diebstahl in einem besonders schweren Fall

Grundsätzlich richtet sich die **Strafe für den Teilnehmer nach der für den Täter geltenden Strafandrohung** (limitierte Akzessorietät). Sofern also der Vorsatz des Teilnehmers auf die Verwirklichung eines Regelbeispiels durch den Haupttäter gerichtet ist, macht sich der Teilnehmer wegen Anstiftung oder Beihilfe zum Diebstahl in einem besonders schweren Fall strafbar. 157

**Beispiel** A möchte aus dem Büro des X ein wertvolles Gemälde stehlen. Um in das Haus hineinzugelangen, muss er die Verandatüre ausheben. Das Werkzeug dazu hat ihm B besorgt, der über die Tatausführung informiert ist.

Hier hat A einen Diebstahl in einem besonders schweren Fall gem. §§ 242, 243 Abs. 1 Nr. 1 verwirklicht. Die vorsätzliche und rechtswidrige Haupttat ist also §§ 242, 243. Zu dieser Tat hat B Hilfe geleistet gem. § 27. Da er wusste, dass A eine Türe aufhebeln möchte, kannte er die Voraussetzungen des § 243 Abs. 1 S. 2 Nr. 1. ■

Etwas anderes gilt nach überwiegender Auffassung[150] nur für das Regelbeispiel Nr. 3, das „gewerbsmäßige" Handeln. Die Gewerbsmäßigkeit wird als **täterbezogenes Merkmal i.S.v. § 28 Abs. 2** aufgefasst, sodass sich der Teilnehmer nur wegen Diebstahls in einem besonders schweren Fall strafbar machen kann, wenn er selbst gewerbsmäßig handelt. Andernfalls wird § 28 Abs. 2 analog (analog, weil § 243 kein Tatbestand ist) angewendet, mit der Folge, dass der Teilnehmer nur strafbar ist wegen Anstiftung oder Beihilfe zum einfachen Diebstahl. Die Akzessorietät wird also über § 28 Abs. 2 durchbrochen. 158

> » Die Wirkungen des § 28 Abs. 2 dürften Ihnen in Zusammenhang mit den Tötungsdelikten bekannt sein. Wenn nicht, sollten Sie sie an dieser Stelle wiederholen! Sie sind dargestellt in den Skripten „Strafrecht AT II" und „BT I". «

> **JURIQ-Klausurtipp**
>
> In der Klausur diskutieren Sie die Frage nach der Durchbrechung der Akzessorietät für gewöhnlich entweder **nach dem subjektiven Tatbestand (vorzugswürdig) oder nach der Schuld**. Sofern nur der Haupttäter gewerbsmäßig handelt, ist der Teilnehmer aus §§ 242, 26 oder 27 zu bestrafen. Beachten Sie, dass die Konstellation auch umgekehrt auftreten kann. Hat der Haupttäter nur einen einfachen Diebstahl begangen, kann der Teilnehmer wegen § 28 Abs. 2 gleichwohl wegen Anstiftung oder Beihilfe zu einem Diebstahl in einem besonders schweren Fall verurteilt werden, wenn er selbst gewerbsmäßig handelt.

---

149 *Wessels/Hillenkamp* Strafrecht BT/2 Rn. 219; *BGH* NStZ 2017, 86.
150 *Wessels/Hillenkamp* Strafrecht BT/2 Rn. 220; *BGH* StV 1996, 87.

## D. Diebstahl mit Waffen, Bandendiebstahl, Wohnungseinbruchsdiebstahl

### I. Überblick

**159** § 244 ist anders als § 243 eine **Qualifikation** und baut somit auf dem Grundtatbestand des einfachen Diebstahls gem. § 242 auf.

> **JURIQ-Klausurtipp**
>
> Sie können die Qualifikation – wie immer – **entweder zusammen mit dem Grunddelikt oder getrennt davon prüfen**, wobei dann das Grunddelikt zuerst zu prüfen ist. In Anbetracht der Vielzahl der prüfungsrelevanten Probleme sowohl bei § 242 als auch bei § 244 empfiehlt sich allerdings in den meisten Fällen eine getrennte Prüfung. Sollten Sie bei Erstellung Ihrer Gliederung jedoch feststellen, dass der Täter gerechtfertigt oder ohne Schuld handelt, so sollten Sie das Grunddelikt und die Voraussetzungen des § 244 Abs. 1 zusammen prüfen, da Sie bei Verneinung des § 242 andernfalls nicht mehr zu § 244 kämen. Um nicht den Überblick zu verlieren, sollten Sie dann sowohl den objektiven als auch den subjektiven Tatbestand unterteilen in die Voraussetzungen des § 242 und des § 244.

**160** § 244 enthält in Absatz 1 drei verschiedene und in ihren Voraussetzungen eigenständige Tatmodalitäten. Alle drei Tatmodalitäten weisen erhebliche und damit klausurbedeutsame Probleme auf.

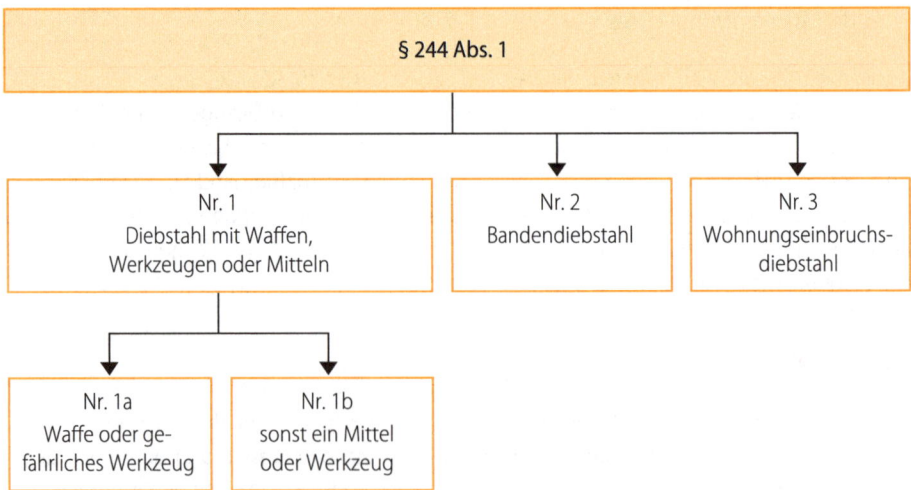

Mit Datum vom 22.7.2017 ist ein neuer **Abs. 4** in Kraft getreten, wonach ein Wohnungseinbruchsdiebstahl nochmals härter bestraft wird, wenn er in eine „**dauerhaft genutzte Privatwohnung**" erfolgt. Es gilt fortan also, die „normale" Wohnung von der dauerhaft genutzten Privatwohnung zu unterscheiden.

Der Diebstahl mit Waffen und gefährlichen Werkzeugen, § 244 Abs. 1 Nr. 1a

> **Hinweis** 161
>
> § 244 Abs. 1 Nr. 1a und b sowie Abs. 1 Nr. 2 stimmen mit **§ 250 Abs. 1 Nr. 1a und b und Nr. 2** überein, so dass die nachfolgend dargestellten Probleme entsprechend beim Raub diskutiert werden müssen. Der Begriff des „gefährlichen Werkzeugs" taucht zudem in § 250 Abs. 2 Nr. 1 und § 224 Abs. 1 Nr. 2 auf. In beiden Vorschriften wird der Begriff gleich definiert.

» Kennen Sie die Definition des gefährlichen Werkzeugs aus § 224 Abs. 1 Nr. 2 noch? Wenn ja, dann lesen Sie die nebenstehend zitierten Normen und versuchen Sie herauszufinden, warum dieses Definition bei § 250 Abs. 2 Nr. 1 aber nicht in § 250 Abs. 1 Nr. 1a passt. «

## II. Der Diebstahl mit Waffen und gefährlichen Werkzeugen, § 244 Abs. 1 Nr. 1a

### 1. Überblick

In der ersten Tatbestandsvariante begeht einen qualifizierten Diebstahl, wer bei der Tat „eine Waffe oder ein anderes gefährliches Werkzeug bei sich führt". Im Gegensatz zu Nr. 1b ist es nicht erforderlich, dass der Täter beabsichtigt, die Gegenstände bei der Tatbegehung zum Einsatz zu bringen. Das reine **Beisichführen** reicht bereits aus. **Strafgrund** dieser Tatbestandsvariante besteht nach herrschender Meinung in der **Eskalationsgefahr**, die darin liegt, dass ein Täter in einer bedrängten Situation sich des Gegenstandes erinnern und zur Verteidigung gegen das Opfer oder einen sonstigen Dritten einsetzen könnte.[151] 162

Die Prüfung des § 244 Abs. 1 Nr. 1 sieht wie folgt aus: 163

---

**Diebstahl mit Waffen, § 244 Abs. 1 Nr. 1**

**I. Objektiver Tatbestand**
1. Tatmittel:
   a) Waffe oder
   b) gefährliches Werkzeug
      - Definition    Rn. 168
2. Tathandlung: bewusstes Beisichführen
   - Berufswaffenträger    Rn. 174
   - Diebstahl von Waffen    Rn. 178
   - Zeitpunkt    Rn. 179, 382

**II. Subjektiver Tatbestand**

**III. Rechtswidrigkeit**

**IV. Schuld**

*PRÜFUNGSSCHEMA*

---

### 2. Tatmittel

Als qualifizierende „Tatmittel" kommen bei Nr. 1a die Waffe oder ein anderes gefährliches Werkzeug in Betracht. 164

---

151 *Wessels/Hillenkamp* Strafrecht BT/2 Rn. 269.

### a) Waffe

**165** Unter **Waffen** sind nur **Waffen im technischen Sinne** zu verstehen, also jeder Gegenstand, der nach Art seiner Anfertigung geeignet und dazu bestimmt ist, durch mechanische oder chemische Wirkung erhebliche Verletzungen herbeizuführen (sog. „geborene Waffen").[152]

**166** Die so verstandenen Waffen im technischen Sinne lassen sich anhand objektiver, im Waffengesetz[153] definierter Kriterien bestimmen.[154]

**Beispiel** Zu den Waffen gehören Schusswaffen und Gaspistolen sowie Hieb-, Schlag-, Stoß- und Stichwaffen wie Schlagstöcke, Schlagringe, Kampfmesser (Spring-, Fall- und Butterflymesser), Handgranaten, Molotow Cocktails, nach Auffassung des *BGH* auch geladene Schreckschusspistolen, die, aus kurzer Entfernung abgefeuert, beim Opfer erhebliche Verletzungen herbeiführen können und unter das Waffengesetz fallen.[155]

Keine Waffen sind „Schweizer Offiziersmesser", Fahrten- und Taschenmesser, Beile, Hämmer, Pfefferspay u.Ä.[156]

**167** Wie sich dem Gesetzeswortlaut entnehmen lässt („oder ein anderes gefährliches Werkzeug"), ist die Waffe ein **Spezialfall des gefährlichen Werkzeugs**. Sie muss also geeignet sein, beim Opfer erhebliche Verletzungen herbeizuführen. Dies ist immer nur dann der Fall, wenn sie als Waffe funktionstüchtig und einsetzbar ist.[157]

**Beispiel** Ein zerbrochener Schlagring oder eine Schusswaffe ohne Munition stellen damit keine Waffe i.S.d. § 244 Abs. 1 Nr. 1a dar. Hat der Täter die Munition allerdings in greifbarer Nähe und kann er somit die Waffe jederzeit einsetzbar machen, so liegen die tatbestandlichen Voraussetzungen vor. Außerdem ist zu beachten, dass beispielsweise eine defekte Schusswaffe als Schlaginstrument benutzt werden und damit ein gefährliches Werkzeug darstellen kann.

### b) Gefährliches Werkzeug

**168** Der Begriff des gefährlichen Werkzeugs ist mit dem 6. StrRG in § 244 Abs. 1 Nr. 1 eingeführt worden. Die **Definition** dieses Begriffes ist bis heute **unklar und umstritten** und eignet sich damit hervorragend für Prüfungsklausuren, insbesondere seitdem der *BGH* im Jahr 2008 entschieden hat, dass eine allgemeingültige Definition mit den gängigen Auslegungsmethoden nicht gefunden werden kann.[158]

**169** Nach dem **Willen des Gesetzgebers** soll auf **die Grundsätze der Definition des § 224 Abs. 1 Nr. 2** zurückgegriffen werden. Unter einem gefährlichen Werkzeug wird bei den Körperverletzungsdelikten jeder Gegenstand verstanden, der nach seiner Beschaffenheit und seiner Verwendung im konkreten Einzelfall geeignet ist, erhebliche Verletzungen herbeizufüh-

---

152 *BGHSt* 4, 125; *BGH* NStZ 2001, 532.
153 WaffG in der seit dem 1.4.2003 gültigen Fassung i.V.m. Anlage 1.
154 Siehe dazu *BGHSt* 48, 197.
155 *BGH* NJW 2006, 73; a.A. *Wessels/Hillenkamp* Strafrecht BT/2 Rn. 265, wonach die Schreckschusspistole ein gefährliches Werkzeug darstellt, da sie nicht geschaffen wurde, um andere zu verletzen.
156 *Wessels/Hillenkamp* Strafrecht BT/2 Rn. 265.
157 *BGH* NStZ 2000, 156.
158 *BGH* Entscheidung vom 3.6.2008, AZ 3 StR 246/07 – abrufbar unter www.bundesgerichtshof.de.

## Der Diebstahl mit Waffen und gefährlichen Werkzeugen, § 244 Abs. 1 Nr. 1a

ren. Diese Definition ist bei § 224 sinnvoll, da die Körperverletzung mittels des gefährlichen Werkzeugs begangen wurde, man also die „Verwendung im Einzelfall" kennt. Auf § 244 Abs. 1 Nr. 1a kann sie so jedoch nicht übertragen werden, da der Täter das gefährliche Werkzeug nur bei sich führen, aber nicht verwenden muss.

> **Hinweis**
>
> Wie bereits ausgeführt, stellt sich bei § 250 Abs. 1 Nr. 1a dasselbe Problem. Bei **§ 250 Abs. 2 Nr. 1** kann hingegen auf die **Definition im Rahmen des § 224 zurückgegriffen** werden, da der Täter in dieser Tatbestandsvariante das Werkzeug verwenden muss.

**Beispiel** Der Profieinbrecher P steigt nachts in die Büroräume des A ein, indem er mit dem für solche Zwecke immer mitgeführten, massiven Brecheisen das Fenster aufhebelt. Nachdem er seinen Rucksack mit Diebesgut gefüllt hat, verlässt er unbemerkt von dem im Erdgeschoss schlafenden Nachtwächter das Gebäude.

P hat sich jedenfalls gem. §§ 242, 243 Abs. 1 Nr. 1 strafbar gemacht. Fraglich ist aber, ob das Brecheisen ein gefährliches Werkzeug darstellt. ■

**170** Teilweise wird der Versuch unternommen, entsprechend der Systematik des § 244 Abs. 1 Nr. 1a und b die **Definition des Begriffes anhand rein objektiver Kriterien** vorzunehmen, wobei überwiegend – in verschiedenen Nuancierungen und mit verschiedenen Begriffen – ein gefährliches Werkzeug als ein solches definiert wird, welches **geeignet ist, erhebliche Verletzungen herbeizuführen und aufgrund seiner „waffenähnlichen" Beschaffenheit einen gefährlichen Einsatz nahe legt,** was bei besonders spitzen, harten oder scharfen Gegenständen oder aber bei Säure der Fall sein soll. Da der Strafgrund in der Eskalationsgefahr liege, müssten die Gegenstände eine solche Eskalationsgefahr begründen, was z.B. bei einem Baseballschläger, der einem Schlagstock ähnelt, der Fall sei.[159] Eine Einschränkung soll allerdings gelten bei **Gegenständen des täglichen Gebrauchs** (z.B. Gürtel, Auto) und **typischem Diebeswerkzeug** (z.B. Brecheisen), da ansonsten jeder Einbruchsdiebstahl direkt zum qualifizierten Diebstahl würde, es sei denn, diese Gegenstände würden in Bedrängnissituationen typischerweise zweckentfremdet.[160]

**171** Die Gegenansicht zieht **subjektive Kriterien zur Definition** des Begriffes heran und verlangt einen **inneren Verwendungsvorbehalt des Täters**[161] oder eine **konkrete Gebrauchsabsicht**.[162] Demnach liegt ein gefährliches Werkzeug dann vor, wenn der Gegenstand allgemein geeignet ist, erhebliche Verletzungen herbeizuführen und diese Wirkung bei Umsetzung des inneren Verwendungsvorbehalts auch eintreten würde.[163] Diese Auffassung ist eher geeignet, eine Einschränkung bei diebstahlstypischen Werkzeugen vorzunehmen und in etwa einen Gleichlauf zwischen § 250 Abs. 1 Nr. 1a und Abs. 2 Nr. 1, herzustellen, steht aber im Widerspruch zur Gesetzessystematik, da im Gegensatz zu der Nr. 1b es bei der Nr. 1a gerade keiner Verwendungsabsicht bedarf.[164]

---

[159] *Seier* JA 1999, 669; *BayObLG* NStZ 1999, 460; Überblick über die verschiedenen Meinungen bei: *Wessels/Hillenkamp* Strafrecht BT/2 Rn. 262.
[160] *Jäger* JuS 2000, 654; SK-*Hoyer* § 244 Rn. 11; *Joecks/Jäger* § 244 Rn. 17.
[161] *Wessels/Hillenkamp* Strafrecht BT/2 Rn. 275.
[162] SK-*Günther* § 250 Rn. 8.
[163] *Wessels/Hillenkamp* Strafrecht BT/2 Rn. 275.
[164] *Joecks/Jägers* § 244 Rn. 17.

**172** Der *BGH* hat die aufgeworfene Frage mittlerweile entschieden. Hatte er in der Vergangenheit noch andere „Auswege" gefunden, indem er z.B. die Schreckschusspistole bereits als Waffe definierte[165] oder aber das Tatbestandsmerkmal „bei sich führen" verengte[166] (dazu unten unter Rn. 173 ausführlicher), so hat er nunmehr ein ausklappbares Taschenmesser „mit einer relativ langen Klinge" als gefährliches Werkzeug angesehen.[167] Er hat jedoch deutlich gemacht, dass *„mit den Mitteln herkömmlicher Auslegungstechnik eine umfassende sachgerechte Lösung für alle denkbaren Einzelfälle nicht zu erreichen"* sei, weswegen er davon abgesehen hat, das Tatbestandsmerkmal allgemeingültig zu definieren. Eine Definition anhand subjektiver Kriterien hat er unter Hinweis auf den eindeutigen Wortlaut und die Systematik verworfen. Nach seiner Auffassung muss die Bestimmung anhand objektiver Merkmale getroffen werden, wobei er sich – nun im Rahmen der Einzelfallentscheidung – an einer abstrakten Gefahr und der Waffenähnlichkeit orientiert. Ein Messer mit einer relativ langen Klinge sei objektiv geeignet, erhebliche Verletzungen herbei zu führen und vergleichbar mit Spring-, Fall-, Faust- oder Faltmessern, die zu den Waffen gehören.[168]

> **Hinweis**
>
> Wie Sie aus den vorgenannten Ausführungen erkennen können, sind die Lösungsansätze vielfältig und – mit Ausnahme der „subjektiven" Theorien – wenig geeignet, das Problem der sauberen Definition und Eingrenzung des Begriffs zufriedenstellend zu lösen. Bedauerlich ist, dass der *BGH* das Verfahren seinerzeit nicht dem *BVerfG* zur Prüfung vorgelegt hat. Sofern das Tatbestandsmerkmal „gefährliches Werkzeug" tatsächlich nicht definierbar ist, ist die Norm unbestimmt (Art. 103 Abs. 2 GG) und damit verfassungswidrig.

**Beispiel** Zwar hat das Brecheisen im obigen Fall eventuell eine Ähnlichkeit mit einem Schlagstock, die dazu führen könnte, dass P, sollte er von dem Nachtwächter überrascht werden, sich seiner erinnert und damit zuschlägt. Auch ist es sicherlich geeignet, erhebliche Verletzungen herbei zu führen. Auf der anderen Seite handelt es sich um ein klassisches Einbruchswerkzeug, so dass unter Berücksichtigung von Sinn und Zweck der Norm nach objektiven Kriterien das gefährliche Werkzeug verneint werden kann, da anderenfalls jeder Einbruchsdiebstahl sofort zum qualifizierten Diebstahl würde (Sie können selbstverständlich auch die Waffenähnlichkeit und damit einhergehende Gefährlichkeit betonen und das gefährliche Werkzeug bejahen, sehen aber schon anhand dieses kleinen *Beispiels*, wie schwierig es ist, eine allgemeingültige Definition zu finden). Da P kein Verwendungsvorbehalt nachgewiesen werden kann, würden die subjektiven Theorien das gefährliche Werkzeug ablehnen. ∎

> **JURIQ-Klausurtipp**
>
> In der Klausur sollten Sie zunächst die **Problematik der fehlenden Übertragbarkeit** der bei § 224 entwickelten Definition aufzeigen und danach den objektiven und subjektiven Definitionsansatz sowie die Auffassung des *BGH* darstellen. Welcher Meinung Sie dann folgen, bleibt Ihnen überlassen. Es ist alles vertretbar, solange gut argumentiert wird.

---

165 *BGHSt* 48, 197.
166 *BGH* StV 2005, 606.
167 *BGH* Entscheidung vom 3.6.2008, AZ 3 StR 246/07 – abrufbar unter www.bundesgerichtshof.de.
168 *BGH* Entscheidung vom 3.6.2008, AZ 3 StR 246/07 – abrufbar unter www.bundesgerichtshof.de.

## 3. Tathandlung: Bewusstes Beisichführen

Für die Waffe – ebenso wie für das gefährliche Werkzeug – ist es erforderlich, dass der Täter sie **während der Tat jederzeit in dem Bewusstsein der Einsatzfähigkeit und Verwendungsmöglichkeit bei sich führt**, wobei der *BGH* an dieses Bewusstsein recht strenge Anforderungen stellt.[169]

**Beispiel** A, ein schwerer Alkoholiker, der seit Jahren tagtäglich ein Schweizer Offiziersmesser mit einer Klingenlänge von 4,5 cm an seinem Gürtel trägt, welches er als Bierflaschenöffner benutzt, steigt aufgrund eines spontanen Impulses eines schönen Tages in einen unverschlossenen Kleinlaster ein, bei welchem praktischerweise auch noch der Zündschlüssel steckt, und fährt damit davon.

Der *BGH*[170] hat die Entscheidung, ob das Schweizer Messer ein gefährliches Werkzeug ist, offen gelassen. Er hat jedoch festgestellt, dass A dieses eventuell gefährliche Werkzeug nicht bewusst gebrauchsbereit bei sich geführt habe, da er es ausschließlich als Flaschenöffner verwendet habe und ihm daher die Einsatzmöglichkeit als Angriffs- oder Verteidigungsmittel nicht bewusst gewesen sei.

### JURIQ-Klausurtipp

Auch wenn das Bewusstsein der Einsatzfähigkeit und Verwendungsmöglichkeit eine **subjektive Komponente** ist, sollten Sie sie in der Klausur **im objektiven Tatbestand prüfen**. Andernfalls würde die Prüfung unelegant zweigeteilt. Verzichten Sie in diesen Fällen auf eine Unterteilung des Tatbestandes in „objektiven und subjektiven" Tatbestand und prüfen Sie nur den „Tatbestand".

Bei **Berufswaffenträgern**, die ständig eine Waffe bei sich tragen, ist umstritten, ob diese sich nach § 244 Abs. 1 Nr. 1 strafbar machen, wenn sie während des Dienstes einen Diebstahl begehen.

**Einer Auffassung zufolge** muss bei dieser Gruppe eine **teleologische Restriktion** gemacht werden, da bei Tätern dieser Gruppe aufgrund des berufsbedingten, verantwortungsvollen Umgangs mit der Waffe die abstrakte Gefährlichkeit, die Strafgrund der Nr. 1 ist, nicht gegeben sei. Teilweise wird mit einer „widerleglichen Gefährlichkeitsvermutung", teilweise mit einer „inneren Beziehung zwischen Bewaffnung und Tat" gearbeitet, um den Tatbestand einzuschränken.[171] **Die Gegenansicht** widerspricht der geringeren Gefährlichkeit von Berufswaffenträgern, indem sie u.a. darauf hinweist, dass gerade für diese Gruppe – zumeist Beamte – die Entdeckung der Tat – auch wenn es sich nur um den Diebstahl einer Dose Hundefutter handelt – schwere berufliche Folgen haben kann, was um so eher zu einer Bereitschaft führen kann, die Waffe einzusetzen.[172] Danach können sich auch Berufswaffenträger gem. § 244 Abs. 1 Nr. 1 strafbar machen.

Das *OLG Hamm*[173] hat in einer überraschenden Entscheidung das Problem erneut über das Erfordernis des **bewussten** Beisichführens gelöst.

---

169 *BGH* StV 2002, 121; 2003, 26.
170 *BGH* StV 2005, 606 ff.
171 *Hruschka* NJW 1978, 1338; *Schünemann* JA 1980, 349.
172 BGHSt 30, 44; *Wessels/Hillenkamp* Strafrecht BT/2 Rn. 270.
173 *OLG Hamm* NStZ 2007, 473.

> **Beispiel** Der gemeinhin als schusselig bekannte A nimmt als Polizist an einer Durchsuchung gem. § 102 StPO teil. Da er sich kurz vorher mit seiner Freundin gestritten hat, ist er mit seiner Aufmerksamkeit nicht ganz bei der Sache. Gleichwohl erkennt er seine Gelegenheit und steckt unbemerkt von den Kollegen einige Armbanduhren ein.
>
> Das *OLG Hamm* hat hier das bewusste Beisichführen verneint, da es A aufgrund seiner generell vorhandenen Vergesslichkeit und der besonderen Situation am Tattag nicht bewusst gewesen sei, dass er eine Waffe trage. ∎

Neben dem erforderlichen Bewusstsein hat das Beisichführen eine räumliche und eine – umstrittene – zeitliche Komponente.

### a) Räumliche Komponente

**177** Der Täter führt die Waffe oder das Werkzeug bei sich, wenn sie ihm während der Tatausführung zur Verfügung stehen, er also **jederzeit darauf zugreifen kann**. Dabei ist es nicht erforderlich, dass der Täter die Gegenstände in der Hand hält. Es genügt, wenn sie sich **in Griffnähe** befinden und er sich jederzeit ohne große Hindernisse ihrer bedienen kann.[174]

> **Beispiel** Es reicht aus, wenn der Täter die Waffe im Hosenbund, im Rucksack oder in der Handtasche bei sich führt. ∎

**178** Umstritten ist, ob der Täter die Waffe oder das gefährliche Werkzeug mitgenommen haben muss oder ob es ausreicht, wenn er sie **erst am Tatort**, z.B. als Beute an sich bringt. Nach h.M. soll der **Diebstahl von Waffen** immer zugleich auch ein **Diebstahl mit Waffen** sein, so dass § 243 Abs. 1 Nr. 7 nur dann eine eigenständige Bedeutung hat, wenn die weggenommenen Waffen ungefährlich, weil z.B. nicht geladen sind.[175] Die Gegenauffassung lehnt diese Ausweitung unter Hinweis auf § 243 Abs. 1 Nr. 7 ab.[176]

> **Beispiel** A und B dringen in die Wohnung des B ein und nehmen unter Androhung von Gewalt sowohl, wie von Anfang an geplant, Bargeld als auch spontan einen Messerblock mit 5 langen Messern mit.[177]
>
> Hier haben beide einen qualifizierten Raub gem. § 250 Abs. 1 Nr. 1a begangen, da die Messer gefährliche Werkzeuge darstellen. Dass diese Gegenstand der Tat sind, ändert an der Einschätzung nichts, da auch in einem solchen Fall die strafbegründende Eskalationsgefahr besteht. ∎

### b) Zeitliche Komponente

**179** Umstritten ist ferner, während welchen Zeitraumes der Täter die Waffe bei sich führen muss. Einer Auffassung zufolge muss dieses Beisichführen **zwischen Versuch und Vollendung** stattfinden,[178] nach einer anderen Auffassung erstreckt sich der Zeitraum **bis zur Beendigung**,[179] woraus folgt, dass die Tat im Stadium zwischen Vollendung und Beendigung noch qualifiziert werden kann.

---

174 *BGHSt* 31, 105.
175 *Joecks/Jäger* § 244 Rn. 22; *BGHSt* 13, 259 und 29, 185.
176 *Maurach/Schröder/Maiwald* Strafrecht BT § 33 Rn. 121.
177 *BGH* Urteil vom 17.10.2013, AZ 3 StR 263/13 – abrufbar unter www.bundesgerichtshof.de.
178 *Joecks/Jäger* § 244 Rn. 22; *Wessels/Hillenkamp* Strafrecht BT/2 Rn. 269.
179 *BGHSt* 38, 295; *Schönke/Schröder-Eser/Bosch* § 244 Rn. 7.

# Diebstahl mit sonstigen Werkzeugen oder Mitteln, § 244 Abs. 1 Nr. 1b

**Beispiel** A ist in das Bürogebäude des C eingestiegen und hat das in den Kassen befindliche Geld in seinen Rucksack gesteckt. Auf dem Weg nach draußen ergreift er ohne Zueignungsabsicht eine zufällig gefundene Waffe, um sich auf dem Weg nach draußen gegen eventuelle Polizeibeamten zu wehren.

Hier war der Diebstahl an dem Geld vollendet, als A die Waffe ergriffen hat. Gleichwohl hat A sich nach Ansicht des *BGH* und Teilen der Literatur nach § 244 Abs. 1 Nr. 1 strafbar gemacht. ▪

> **Hinweis**
>
> Die Diskussion ist im Spannungsfeld zwischen den **§§ 249, 250 und 252** von noch größerer Relevanz und wird dort unter Rn. 382 vertieft erörtert.

## III. Diebstahl mit sonstigen Werkzeugen oder Mitteln, § 244 Abs. 1 Nr. 1b

### 1. Überblick

Sollte der Täter, dessen Strafbarkeit in der Klausur zu begutachten ist, ein **Werkzeug** bei sich geführt haben, welches **objektiv ungefährlich** ist, müssen Sie sich – nachdem Sie Nr. 1a in problematischen Fällen zunächst geprüft und verneint haben – mit Nr. 1b auseinander setzen. Hat der Täter ein objektiv gefährliches Werkzeug bei sich geführt und dabei zugleich die **Absicht** gehabt, **dieses Werkzeug auch zu verwenden**, dann ist sowohl Nr. 1a als auch Nr. 1b einschlägig. Da nach überwiegender Auffassung der **Nr. 1b eine Auffangfunktion** zukommt, braucht in Fällen dieser Art Nr. 1b allerdings nicht geprüft zu werden. Sie tritt hinter Nr. 1a zurück.

**180**

Der Aufbau des § 244 Abs. 1 Nr. 1b sieht wie folgt aus:

**181**

---

**Diebstahl mit sonstigen Werkzeugen, § 244 Abs. 1 Nr. 1b**

**I. Objektiver Tatbestand**
  1. Tatmittel: sonstiges Werkzeug oder Mittel
     ↳ ungefährlich aussehende Werkzeuge oder Mittel    Rn. 184
  2. Bewusstes Beisichführen

**II. Subjektiver Tatbestand**
  1. Vorsatz, dolus eventualis reicht
     ↳ Irrtum hinsichtlich der Gefährlichkeit    Rn. 188
  2. Verwendungsabsicht

**III. Rechtswidrigkeit**

**IV. Schuld**

*PRÜFUNGSSCHEMA*

## 2. Objektiver Tatbestand

**182** Nr. 1b unterscheidet sich von Nr. 1a im objektiven Tatbestand dadurch, dass das Werkzeug oder Mittel, welches der Täter bei sich führt, **nicht objektiv gefährlich sein muss (aber sein kann)**. Dies ergibt sich aus der Formulierung „*sonst* ein Werkzeug oder Mittel" und dem Zweck, die Nr. 1b zum Auffangtatbestand zu machen.[180]

**Beispiel** Unter Nr. 1b können Kabelstücke, Klebeband, Springerstiefel, K.O.-Tropfen, Müllsäcke u.v.m. fallen.

**183** Auch objektiv völlig ungefährliche, aber täuschend echt aussehende **Scheinwaffen** gehören damit zu den Werkzeugen oder Mitteln, wenn der Täter sie bei sich führt, um das Opfer entsprechend zu beeindrucken.[181]

**184** In der Klausur werden Sie in Zusammenhang mit der Nr. 1b allerdings häufig die Frage zu beantworten haben, ob auch solche Gegenstände dem Tatbestand unterfallen, die **nicht nur wie die Scheinwaffe objektiv ungefährlich sind, sondern im Gegensatz zur Scheinwaffe auch ungefährlich aussehen** und die das Opfer primär aufgrund einer anderweitig herbeigeführten Täuschung beeindrucken.

**Beispiel** Im sog. „Labellofall" musste sich der *BGH* mit einem Täter beschäftigen, der dem Opfer einen Labello-Stift in den Rücken drückte mit der Bemerkung, „dies ist eine Waffe".[182]

**185** Nach überwiegender Auffassung ist in Fällen der o.g. Art eine **Restriktion** geboten, wenn die als Scheinwaffe eingesetzten Gegenstände nicht **aufgrund ihrer äußeren Erscheinung** eine **Bedrohungswirkung** entfalten können, so dass der Täter bei ihrem Einsatz zusätzlich eine **täuschende Erklärung** abgeben muss, um eine solche Wirkung zu erzielen. In diesen Fällen geht die motivatorische Zwangswirkung nicht mehr primär von dem mitgeführten Gegenstand, sondern vielmehr von der durch die Erklärung bewirkten Täuschung aus.[183] Unter Strafe gestellt ist aber nicht das schauspielerische Talent des Täters, sondern das Drohpotential des mitgeführten Gegenstandes.[184]

> **JURIQ-Klausurtipp**
>
> Arbeiten Sie in der Klausur sauber heraus, dass nicht die objektive Ungefährlichkeit des Gegenstands das Problem ist, sondern dass der Gegenstand objektiv ungefährlich **aussieht** und von daher aus sich heraus kein Drohpotential hat.

---

180 *BGH* JR 1999, 31.
181 *Wessels/Hillenkamp* Strafrecht BT/2 Rn. 265.
182 *BGH* NJW 1996, 2663.
183 *BGH* NJW 1996, 2663.
184 *Wessels/Hillenkamp* Strafrecht BT/2 Rn. 288.

# Diebstahl mit sonstigen Werkzeugen oder Mitteln, § 244 Abs. 1 Nr. 1b

Tatsächlich muss sich die Bedrohungswirkung aus der **visuellen Wahrnehmung** ergeben. Eine **sensorische Wahrnehmung** reicht nach Meinung des *BGH* nicht aus.

**Beispiel** Im Verlaufe eines Überfalls drückt A der eingeschüchterten B einen nicht näher definierten Metallgegenstand an den Hals, um sie von Gegenwehr abzuhalten. B, die davon ausgeht, dass es sich dabei um eine Waffe handelt, dreht sich aus Angst weder um noch leistet sie Widerstand.

Der *BGH* hat ausgeführt, dass das Opfer auch in diesem Falle maßgeblich durch eine Täuschung und nicht durch den Gegenstand motiviert worden sei. Stehe jedoch bei einem ungefährlichen Gegenstand die Täuschung im Vordergrund, so scheide Nr. 1b aus.[185]

Zwischen „täuschend echt aussehender Spielzeugpistole" und „Labello" liegen Fälle, in denen die Gegenstände zunächst bei sinnlicher Wahrnehmung kein Bedrohungspotential entfalten, sich dieses Potential vielmehr erst aus einer täuschenden Erklärung ergibt, das Opfer dann jedoch nicht nachprüfen kann, inwieweit der Gegenstand gefährlich ist oder nicht.

**Beispiel** A geht mit einer prall gefüllten Sporttasche und einem Handy in der Hand in eine Tankstelle, stellt die Sporttasche auf die Theke und erklärt der verblüfften Kassiererin, dass sich in der Tasche ein Bombe befinde, die er mittels des Handys zünden werde, wenn die Kassiererin ihm nicht den Inhalt der Kasse übergebe.

Sporttasche und Handy für sich genommen haben hier auch bei visueller Wahrnehmung keine motivatorische Wirkung. Diese bekommen sie erst durch die Erklärung des Täters.

Der *BGH*[186] hat dazu aber folgendes ausgeführt: *„Für einen objektiven Beobachter war die Gefährlichkeit der vom Angeklagten verwendeten Gegenstände, die er täuschend als „Bombe" bezeichnete, überhaupt nicht einzuschätzen; der äußere Augenschein gab keinen Anhaltspunkt dafür, ob die Behauptung des Angeklagten über die Gefährlichkeit zutraf. Der Sachverhalt lag daher im Ergebnis nicht anders als bei Verwendung sonstiger als „Scheinwaffen" bezeichneter, objektiv ungefährlicher Gegenstände, ..."*

> **JURIQ-Klausurtipp**
>
> Wie Sie aus dem vorgenannten *Beispiel* ersehen können, stellt sich die Problematik zumeist in Zusammenhang mit den §§ 249, 250, da der Täter in diesen Fällen eine Drohung für Leib oder Leben ausspricht, um an die Sachen zu gelangen. Gleichwohl ist es aber denkbar, dass Sie dieses Problem in der Klausur in Zusammenhang mit § 244 diskutieren müssen, insbesondere dann, wenn der Täter die Gegenstände zwar mitgenommen, dann aber nicht zum Einsatz gebracht hat.

## 3. Subjektiver Tatbestand

Wie bei Nr. 1a muss der Vorsatz des Täters auch die Art des Werkzeugs umfassen. Denkbar sind in diesem Zusammenhang **zwei Formen des Irrtums**:
- Der Täter hält ein objektiv gefährliches Tatmittel irrtümlich für ungefährlich.
- Geht man mit der überwiegenden Auffassung davon aus, dass Nr. 1b eine **Auffangfunktion** zukommt, dann liegt eine Strafbarkeit gem. § 244 Abs. 1 Nr. 1b vor, da dem

---
185 *BGH* StV 2007, 186.
186 *BGH* Urteil vom 18.8.2012, AZ 2 StR 295/10 – abrufbar unter www.bundesgerichtshof.de.

Täter hinsichtlich Nr. 1a der Vorsatz fehlt und Nr. 1b auch objektiv gefährliche Werkzeuge erfassen kann.
- Der Täter hält ein objektiv ungefährliches Tatmittel irrig für gefährlich.
- Der Täter hat erneut § 244 Abs. 1 Nr. 1b verwirklicht. Der Irrtum über die Gefährlichkeit ist ein unbeachtlicher Irrtum über das Tatmittel.

189 Abweichend von Nr. 1a verlangt Nr. 1b im subjektiven Tatbestand darüber hinaus, dass der Täter den Gegenstand nicht nur bei sich führt, sondern auch eine **Verwendungsabsicht** hat, nämlich den „Widerstand einer anderen Person mit Gewalt oder Drohung mit Gewalt zu verhindern oder zu überwinden". Eine **tatsächliche Verwendung** ist wie bei der Nr. 1a allerdings nicht erforderlich.

### IV. Bandendiebstahl, § 244 Abs. 1 Nr. 2

190 Die zweite Tatbestandsvariante setzt voraus, dass der Täter als Mitglied einer Bande unter Mitwirkung eines anderen Bandenmitglieds stiehlt.

191 Der Aufbau des § 244 Abs. 1 Nr. 2 sieht zunächst wie folgt aus:

> **PRÜFUNGSSCHEMA**
>
> **Bandendiebstahl, § 244 Abs. 1 Nr. 2**
>
> **I. Objektiver Tatbestand**
> 1. Täter: Mitglied einer Bande
> 2. Diebstahl unter Mitwirkung eines anderen Bandenmitglieds
>    räumliches und zeitliches Zusammenwirken erforderlich?   Rn. 195
>
> **II. Subjektiver Tatbestand**
>
> **III. Rechtswidrigkeit**
>
> **IV. Schuld**

#### 1. Bande

192 Der Täter, dessen Strafbarkeit Sie in der Regel gem. §§ 242, 243 bereits geprüft haben, muss den Diebstahl zunächst **als Mitglied einer Bande** begangen haben.

> Eine **Bande** ist eine Gruppe von mindestens 3 Personen, die sich ausdrücklich oder stillschweigend zur Verübung fortgesetzter, im Einzelnen noch ungewisser Diebes- oder Raubtaten verbunden hat.[187]

In Abgrenzung zur bloßen Mittäterschaft muss die Verbindung über ein nur kurzfristiges, häufig auch spontanes Zusammenwirken an einer Einzeltat hinausgehen.[188]

---

[187] *Fischer* § 244 Rn. 17 ff.
[188] *Küper/Zopfs* Strafrecht BT Rn. 74.

# Bandendiebstahl, § 244 Abs. 1 Nr. 2

**193** Nachdem lange Zeit umstritten war, welche Mindestanzahl für die Gründung einer Bande erforderlich ist, ist man sich mittlerweile einig, dass eine Bande einen Zusammenschluss von **mindestens 3 Personen** voraussetzt., da nur dann die bandentypische Gruppendynamik gegeben sei.[189]

Nach Auffassung der herrschenden Meinung soll es für die Bandeneigenschaft auch ausreichen, dass sich die **Bande aus einem Täter und zwei Teilnehmern** zusammensetzt, sofern deren Tätigkeiten nicht von völlig untergeordneter Natur sind.[190]

**Beispiel** Der polnische Staatsangehörige A, der in Polen Mitglied einer Hehlerbande ist, bringt B auf die Idee, gemeinsam mit ihm den Automarkt in Polen dauerhaft zu beliefern. B soll Autos stehlen und sie dann bei dem ebenfalls angeheuerten C unterstellen, wo sie von einem nach Bedarf engagierten D „umfrisiert" werden. A sorgt für den Verkauf der Autos und gibt B zwischen 5000 und 6000 Dollar pro Auto. C erhält für seine Dienste 500 € pro Auto.

Hier sind A Anstifter, B Täter und C Gehilfe der jeweiligen Diebstähle. Der *BGH*[191] hat die Annahme einer Bande bejaht, da die Tatbeiträge von einigem Gewicht waren.

D hingegen ist „freier Mitarbeiter" und nicht Bandenmitglied. Für ihn kommt also nur eine Strafbarkeit gem. §§ 242, 27 in Betracht. ■

> **JURIQ-Klausurtipp**
>
> Um nach diesen Kriterien beurteilen zu können, ob eine Bande vorliegt, kann es sinnvoll sein, wenn Sie in der Klausur zunächst geklärt haben, welche Beiträge die infrage kommenden Täter beim Diebstahl geleistet haben und ob sie Täter oder Teilnehmer sind. Das bedeutet, dass Sie § 242 zunächst **für alle Beteiligten getrennt** durchprüfen und dann erneut nach den jeweiligen Beteiligten getrennt deren Strafbarkeit nach § 244 Abs. 1 Nr. 2 prüfen. Alternativ können Sie mit dem Tatnächsten beginnen, also demjenigen, der in seiner Person § 242 vollständig verwirklicht hat, und bei § 244 Abs. 1 Nr. 2 dann zunächst offen lassen, ob die andern Mitglieder Mittäter oder Teilnehmer sind, da der Teilnehmerbeitrag ausreicht, wenn er nicht gänzlich untergeordnet ist.

**194** Um einen Bandendiebstahl zu begehen, ist es nicht erforderlich, dass alle Bandenmitglieder an der Tat mitwirken. Die **Bande als strafbegründender Umstand** bleibt unabhängig davon bestehen. Weiß also bei einer Dreierbande ein Bandenmitglied nichts von dem durch die anderen begangenen Diebstahl, so ändert dies für die tätigen Bandenmitglieder nichts an der Anwendung des § 244 Abs. 1 Nr. 2. Sie sind auch dann Mitglieder einer Bande und haben die Tat unter Mitwirkung *eines* anderen Bandenmitglieds begangen. Voraussetzung ist allerdings, dass die begangene Tat **Ausfluss der Bandenabrede** ist.[192]

---

[189] *Otto* StV 2000, 313; *Erb* NStZ 1999, 187; *ders.* NStZ 2001, 561, 562; *Schmitz* NStZ 2000, 477, 478 jeweils m.w.N.; *BGHSt* 46, 321, 338.
[190] *BGH* NStZ 2002, 318; NStZ 2007, 33; *Rengier* Strafrecht BT I § 4 Rn. 92.
[191] *BGH* NStZ 2007, 33.
[192] *BGH* NStZ 2006, 342; *BGH* Urteil vom 28.9.2011, AZ 2 StR 93/11 – abrufbar unter www.bundesgerichtshof.de.

**Beispiel** Hätte im obigen Fall A den B plötzlich auf die Idee gebracht, „außer der Reihe" ein besonders wertvolles Gemälde aus der Privatsammlung des X zu stehlen, so hätte es sich nicht um einen Bandendiebstahl gehandelt, da diese Art der Diebstähle nicht von der Bandenabrede „Autoklau" umfasst war.

Hätte B hingegen ein weiteres Auto geklaut und bei C untergestellt, während der nicht eingeweihte A einen 4-wöchigen Urlaub auf Mallorca verbringt, so wäre es für B und C ein Bandendiebstahl gewesen. A hätte sich selbstverständlich nicht strafbar gemacht, da er keinen Tatbeitrag erbracht hat und auch keinen Vorsatz hatte hinsichtlich der von B und C begangenen Tat. ∎

### 2. Unter Mitwirkung eines anderen Bandenmitglieds

 195 Haben Sie die Bandenmitgliedschaft des Täters bejaht, so ist nunmehr zu prüfen, ob die Tat unter Mitwirkung eines anderen Bandenmitglieds begangen wurde. Was darunter zu verstehen ist, ist **umstritten**.

196 „Unter Mitwirkung" setzt zunächst kein mittäterschaftliches Zusammenwirken von 2 Bandenmitgliedern voraus. Es **genügt**, wenn die Tatbeiträge der anderen Mitglieder **Anstifter- oder Gehilfenbeiträge** sind.[193] Unter Mitwirkung stiehlt mithin unstreitig das Bandenmitglied, welches vor Ort die Wegnahmehandlung ausführt, während ein zweites Bandenmitglied Schmiere steht. Dementsprechend ist auch der Fall des **ortsabwesenden Bandenchefs** nicht mehr problematisch. Hatte der *BGH* früher verlangt, dass Täter eines Bandendiebstahls nur derjenige sein könne, der am Tatort zugegen sei, so hat er sich inzwischen der Literatur angeschlossen.[194] Danach kommt es **für die Täterschaft nicht auf die Anwesenheit am Tatort** an. Auch der ortsabwesende Bandenchef stiehlt unter Mitwirkung des Ausführenden.

197 Nach Auffassung des Großen Senats, dem sich die Literatur teilweise angeschlossen hat, kann die **Wegnahmehandlung sogar durch eine bandenfremde Person** erfolgen, sofern deren Handlung einem Bandenmitglied über § 25 Abs. 1 Alt. 2 oder § 25 Abs. 2 zugerechnet werden kann.[195]

198 Infolge dessen soll es auch **nicht erforderlich** sein, dass **mindestens zwei Bandenmitglieder vor Ort** zusammenwirken. Der *BGH* stellt als Strafgrund nämlich maßgeblich auf die **Organisationsgefahr** ab, die von arbeitsteilig arbeitenden Banden ausgeht, bei denen aufgrund sorgfältiger Planung unter Schonung der Ressourcen zur gleichen Zeit eine Vielzahl von Rechtsgutsverletzungen begangen werden können.[196]

199 In der **Literatur** wird hingegen teilweise verlangt, dass die Tat vor Ort von mindestens zwei Bandenmitgliedern ausgeführt wird. Begründet wird dies mit der **Aktionsgefahr** (oder Eskalationsgefahr), die von zusammenwirkenden Tätern ausgehe und die sich insbesondere gegenüber hinzukommenden Dritten realisiere.[197] Nicht erforderlich ist jedoch, dass es sich um ein mittäterschaftliches Zusammenwirken handelt, solange das Gefährlichkeitspotenzial durch zwei Mitglieder der Bande vor Ort repräsentiert wird.[198]

---

193 *BGHSt* 46, 321; *BGH* NStZ 2003, 32.
194 *BGHSt* 46, 321.
195 *BGHSt* 46, 321; *BGH* NStZ 2003, 32; *Hohmann* NStZ 2000, 255; *Altenhain* Jura 2001, 836.
196 *BGHSt* 46, 321; *BGH* JR 2001, 73.
197 *Engländer* GA 2000, 578; *Miehe* StV 1997, 247.
198 *Wessels/Hillenkamp* Strafrecht BT/2 Rn. 302.

**Beispiel** Nehmen Sie an, im obigen *Beispiel* ist B am Tattag „schlecht drauf", weswegen er seinen Schwager S, der nicht Bandenmitglied ist, bittet, den bestellten Porsche zu knacken und zu C zu bringen. B plant die Tat in allen Einzelheiten und gibt S auch den Code zum Ausschalten der Wegfahrsperre. Er selbst legt sich mit einer Wärmflasche ins Bett.

Hier haben sich B und S wegen mittäterschaftlichen einfachen Diebstahls an dem Porsche strafbar gemacht. Nach Auffassung des *BGH* hat sich darüber hinaus B wegen täterschaftlichen Bandendiebstahls strafbar gemacht. A ist dazu noch immer Anstifter und C Gehilfe. Nach Auffassung der Literatur läge kein Bandendiebstahl vor, da die Tathandlung noch nicht einmal von einem Bandenmitglied vorgenommen wurde und darüber hinaus nur der S am Tatort war. ∎

### 3. Strafbarkeit des Teilnehmers

Nach überwiegender Auffassung[199] ist die **Bandenmitgliedschaft** ein **besonders persönliches Merkmal nach § 28 Abs. 2**. Begründet wird dies mit der engen persönlichen Bindung der Bandenmitglieder untereinander, die einen ständigen Anreiz zur Fortsetzung der geplanten Taten bietet.

200

§ 28 Abs. 2 hat – wie bereits ausgeführt – eine **Durchbrechung der Akzessorietät** zur Folge. In Zusammenhang mit § 244 Abs. 1 Nr. 2 bedeutet dies, dass der Teilnehmer, der nicht Mitglied der Bande ist, sich nur wegen Anstiftung oder Beihilfe zum Grunddelikt gem. § 242 strafbar machen kann.

201

**Beispiel** Aus diesem Grund hat sich D im obigen *Beispiel* (Rn. 194) auch nur der Beihilfe zum einfachen Diebstahl strafbar gemacht. ∎

> **JURIQ-Klausurtipp**
>
> **Trennen Sie** die Frage nach der **Strafbarkeit des Teilnehmers** sorgfältig von der grundsätzlichen Frage der **Strafbarkeit gem. § 244 Abs. 1 Nr. 2**. Wird der Diebstahl lediglich von einem Bandenmitglied begangen, der sich vor Ort durch einen nicht der Bande angehörigen Teilnehmer unterstützen lässt, so liegt schon für das Bandenmitglied kein Bandendiebstahl vor, da er nicht *unter Mitwirkung eines anderen Bandenmitglieds* gestohlen hat. Der Dritte hat mithin schon aus diesem Grund nur Beihilfe zum einfachen Diebstahl geleistet. Ist die Tat jedoch von einem weiteren Bandenmitglied vorbereitet worden, so haben zwei Bandenmitglieder zusammengewirkt, der Dritte hat dann wegen § 28 Abs. 2 nur Beihilfe zum einfachen Diebstahl geleistet.

## V. Wohnungseinbruchsdiebstahl, § 244 Abs. 1 Nr. 3 und § 244 Abs. 4

Mit dem 6. StrRG wurde die Wohnung aus den geschützten Räumen des § 243 Abs. 1 S. 2 Nr. 1 herausgenommen. Damit wurde der Wohnungseinbruchsdiebstahl **von einem besonders schweren Fall zu einer Qualifikation** mit der Folge, dass der Tatrichter kein Ermessen mehr hat, ob er den Wohnungseinbruchsdiebstahl als besonders strafwürdig ansieht, son-

202

---

[199] *BGHSt* 46, 120; *Küper/Zopfs* Strafrecht BT 2 Rn. 77 m.w.N., a.A. Schönke/Schröder-*Bosch* § 244 Rn. 28, wonach die Bandenmitgliedschaft ein tatbezogenes Merkmal ist, auf welches § 28 Abs. 2 nicht anwendbar ist.

dern bei Vorliegen der Voraussetzungen gem. § 244 Abs. 1 Nr. 3 bestrafen muss. Auch die Geringwertigkeitsklausel des § 243 Abs. 2 greift nun nicht mehr. Die „Aufwertung" beruht auf dem Umstand, dass ein Eindringen in die Intimsphäre des Opfers häufig zu ernsten psychischen Störungen führt.

Weil der Gesetzgeber den Schutz über Abs. 1 Nr. 3 als unzureichend betrachtete, fügte er mit Wirkung zum 22.7.2017 einen neuen **Abs. 4** in die Norm ein. Findet der Diebstahl nun in einer **„dauerhaft genutzten Privatwohnung"** statt, dann erhöht sich der Mindeststrafrahmen gegenüber Abs. 3 auf 1 Jahr, Abs. 4 bekommt damit Verbrechenscharakter. Auch gibt es für diesen Wohnungseinbruchsdiebstahl, anders als bei jenem nach Abs. 1 Nr. 3, keine Möglichkeit, einen minder schweren Fall gem. Abs. 3 anzunehmen.

**Beispiel** Der Diebstahl einer Rolle Toilettenpapier aus einer dauerhaft genutzten Privatwohnung wird nun mit einer Freiheitsstrafe von mindestens einem Jahr bestraft! ■

> **Hinweis**
>
> Die Aufwertung des Diebstahls aus einer dauerhaft genutzten Privatwohnung zum Verbrechen hat strafprozessual zur Folge, dass am Amtsgericht nunmehr nicht mehr der Strafrichter (§ 25 GVG) sondern nur noch das Schöffengericht (§§ 24, 28 GVG) zuständig ist. Auch wurde § 244 Abs. 4 in den Katalog des § 100g Abs. 2 StPO aufgenommen, so dass nun ein Zugriff auf Daten aus der Vorratsspeicherung möglich ist.

In einer Klausur müssen Sie nun zwischen der Wohnung und der dauerhaft genutzten Privatwohnung unterscheiden. Können Sie letztere bejahen, erübrigt sich eine Prüfung des Abs. 1 Nr. 3, da Abs. 4 spezieller ist.

> Eine **Wohnung** iSd Abs. 1 Nr. 3 ist der Inbegriff der Räumlichkeiten, die Einzelpersonen oder einer Mehrzahl von Personen **zumindest vorübergehend** als Unterkunft dienen und insoweit eine Privat- und Intimsphäre begründen.[200]
>
> Eine **dauerhaft genutzte Privatwohnung** iSd Abs. 4 ist der Inbegriff der Räumlichkeiten, die eine **ständige** häusliche Privat- und Intimsphäre bilden.[201]

**203** Wohnungen müssen abgeschlossen und überdacht sein. Sie müssen den **Mittelpunkt des privaten Lebens** bilden bzw. im unmittelbaren Zusammenhang mit der Intimsphäre stehen. Bei **Abs. 1 Nr. 3** gehören zu den **Wohnungen** auch Hotelzimmer, Wohnwagen, Wohnzelte und Wohnschiffe, die von Menschen nur vorübergehend als Unterkunft benutzt werden.[202] Zu den Tatobjekten gem. **Abs. 4** gehören hingegen nur **ständig genutzte private Wohnungen** oder Einfamilienhäuser, aber auch Zweitwohnungen von Berufspendlern.[203] Bei Wohnwagen oder Hotelzimmern kommt es darauf an, ob diese ständig genutzt werden – so z.B. das Hotelzimmer im Atlantic in Hamburg, welches von Udo Lindenberg dauerhaft bewohnt wird.

---

200 *Fischer* § 244 Rn. 45; *BGH* Beschluss vom 11.10.2016, 1 StR 462/16 – abrufbar unter www.bundesgerichtshof.de.
201 *Joecks/Jäger* § 244 Rn. 44.
202 *Fischer* § 244 Rn. 46; *BGH* Beschluss vom 11.10.2016, 1 StR 462/16 – abrufbar unter www.bundesgerichtshof.de.
203 *Joecks/Jäger* § 244 Rn. 44.

# Wohnungseinbruchsdiebstahl, § 244 Abs. 1 Nr. 3 und § 244 Abs. 4

Bei **Zubehörflächen der Wohnung**, wie etwa ein separates Treppenhaus, Keller-, Wasch- und Bodenräumen sowie angeschlossenen Garagen wird überwiegend die Wohnungseigenschaft verneint. In Anbetracht des hohen Strafrahmens wird der Begriff der Wohnung eng definiert als der innere Kern der privaten Lebensgestaltung und hinsichtlich der übrigen Flächen auf § 243 Abs. 1 S. 2 Nr. 1 „umschlossener Raum" verwiesen.[204]

Nicht erforderlich ist allerdings, dass die Wegnahmehandlung in der Wohnung erfolgt. Es reicht aus, wenn der **Täter in die Wohnung eindringt** und dann z.B. aus dem Keller Gegenstände mitnimmt.[205] Umgekehrt liegt kein Wohnungseinbruchsdiebstahl vor, wenn der Täter in einen gewerblichen Teil eindringt, dann aber später aus einer angeschlossenen Wohnung etwas wegnimmt. Die **Handlungen des § 244 Abs. 1 Nr. 3 müssen also die Wohnung betreffen.**

**Beispiel** A steigt nachts durch das Fenster der Toilette eines Cafés in ein Gebäude ein, in dessen 1. OG sich die Wohnung einer Angestellten befindet. Über eine Treppe gelangt A zum Wohnbereich, aus dem er Bargeld in Höhe von 10 000 € entwendet.

Der *BGH*[206] hat den Wohnungseinbruchsdiebstahl verneint, da der Täter zur Ausführung der Tat in ein Gebäude gem. § 243 Abs. 1 Nr. 1, aber nicht in eine Wohnung eingestiegen sei.

Die **Tathandlungen** entsprechen jenen bei § 243 Abs. 1 S. 2 Nr. 1, so dass auf die obigen Ausführungen (Rn. 108) verwiesen wird.

>> Sollten Sie die Tathandlungen wieder vergessen haben, nutzen Sie an dieser Stelle die Gelegenheit zur Wiederholung. <<

---

### Online-Wissens-Check

**Was ist der Unterschied zwischen Versuch mit Regelbeispiel und Versuch des Regelbeispiels?**

Überprüfen Sie jetzt online Ihr Wissen zu den in diesem Abschnitt erarbeiteten Themen. Unter **www.juracademy.de/skripte/login** steht Ihnen ein Online-Wissens-Check speziell zu diesem Skript zur Verfügung, den Sie kostenlos nutzen können. Den Zugangscode hierzu finden Sie auf der Codeseite.

---

[204] *Fischer* § 244 Rn. 47f; *OLG Schleswig* NStZ 2000, 479.
[205] *BGH* NStZ 2001, 533.
[206] *BGH* Urteil vom 24.4.2008, AZ 4 StR 126/08 – abrufbar unter www.bundesgerichtshof.de.

## VI. Übungsfall Nr. 2

**206** „Dumm gelaufen"

Die drei Freunde A, B und C haben sich zusammengeschlossen, um als besonderes Hobby Diebstähle verschiedenster Art zu begehen. A, der Denker des Trios, ist nach ausgiebiger Zeitungslektüre auf folgende Idee gekommen:

Es sollen Geldwechselautomaten um ihren Inhalt erleichtert werden, ohne dass man den Geldautomaten von außen den Vorgang ansieht. Zu diesem Zweck präpariert A zunächst Fünfzig-Euro-Scheine, indem er diese an der rechten Seite durch Aufbringen mehrerer Tesastreifen verstärkt. Geplant ist, dass diese Fünfzig-Euro-Scheine in den Geldwechselautomaten eingeführt werden. Der Schein soll soweit in den Automat hineingelangen, dass dieser die Lichtschranke passiert und somit den Wechselmechanismus auslöst. An der verstärkten Seite soll der Schein alsdann aus dem Automaten wieder herausgezogen werden. Durch Passieren der Lichtschranke und Auslösen des Wechselmechanismus sollen fünfzig Ein-Euro-Münzen in den Ausgabeschacht fallen und sodann mitgenommen werden.

A spioniert in den nachfolgenden Tagen die in der Umgebung stehenden Geldwechselautomaten aus. Er wählt einige Automaten aus, die aufgrund ihres abgeschirmten und damit günstigen Standorts geeignet sind, auf die oben genannte Weise ihres Inhaltes beraubt zu werden. An dem ins Auge gefassten Sonntag bringt A seinen Freund B zu dem ersten Geldwechselautomaten. C ist leider kurzfristig erkrankt und hütet zu Hause das Bett. Dort hat er bereits im Vorhinein für B ein Fahrrad deponiert. Mit diesem Fahrrad soll er die weiteren Geldwechselautomaten aufsuchen. A selbst begibt sich zum sonntäglichen Familientreffen bei seiner Schwiegermutter.

Nachdem A abgefahren ist, führt B den Fünfzig-Euro-Schein in den Geldwechselautomaten ein und wartet, bis dieser die Lichtschranke passiert. Als er jedoch versuchen will, den Geldschein herauszuziehen, glitscht er mit seinen vor Aufregung feuchten Fingern an dem Tesafilm ab. Der Fünfzig-Euro-Schein verschwindet im Automaten. In den Ausgabeschacht fallen 50 Ein-Euro-Münzen, die B zerknirscht einsteckt.

Um den Plan fortsetzen zu können, fährt B nun nach Hause und holt von dort einen 20 cm langen Schraubenzieher, welchen er in der Vergangenheit bereits bei verschiedenen Diebstählen zum Aufhebeln von Fenstern erfolgreich einsetzen konnte. So ausgerüstet, begibt er sich zum nächsten Automaten. In dem Moment, in welchem er den Schraubenzieher ansetzt, wird er jedoch überraschend von der Polizei gestellt.

Strafbarkeit des B? (§ 265a ist nicht zu prüfen, eventuell erforderliche Anträge sind gestellt)

## Lösung

### I. Strafbarkeit gem. §§ 242, 22, 23

B könnte sich wegen versuchten Diebstahls strafbar gemacht haben, indem er einen Fünfzig-Euro-Schein in den Geldwechselautomaten einführte.

> **JURIQ-Klausurtipp**
>
> Sie können in der Klausur auch zunächst mit der Prüfung des **vollendeten** Diebstahls beginnen und dann bei der Fremdheit die Aspekte diskutieren, die nachfolgend bei der Vorprüfung und dem Tatentschluss dargestellt werden.

#### 1. Vorprüfung

Zu einer Vollendung der Tat ist es nicht gekommen, da aufgrund des Umstandes, dass der Geldschein im Geldwechselautomaten verschwand, die 50 Ein-Euro-Münzen, die der Geldwechselautomat auswarf, für B nicht mehr fremd waren, da bei ordnungsgemäßer Bedienung des Automaten, wie vorliegend geschehen, der Automatenaufsteller die Münzen übereignet hat. Die Strafbarkeit des Versuchs ergibt sich aus § 242 Abs. 2.

#### 2. Tatentschluss

Der Tatentschluss des D müsste auf die Wegnahme einer fremden beweglichen Sache gerichtet gewesen sein.

Dafür hätten die Geldmünzen fremd sein müssen. Nach dem Plan des D sollte der Fünfzig-Euro-Schein in den Automaten eingeführt und nach Passieren der Lichtschranke wieder herausgezogen werden. Das Passieren der Lichtschranke hätte das Auslösen des Wechselautomatismus bewirkt mit der Folge, dass die Geldmünzen unten in den Ausgabeschacht gefallen wären. In der Ausgabe der Münzen hätte vorliegend keine Übereignung gem. den §§ 929 ff. BGB gelegen, da bei lebensnaher Betrachtung der Aufsteller des Geldwechselautomaten das Übereignungsangebot an den Münzen nur unter der Bedingung der wechselseitigen Übereignung (inkl. Übergabe) auch an dem Geldschein unterbreitet haben wird.

Nach der Vorstellung des B sollte dies jedoch gerade nicht der Fall sein, so dass eine Übereignung der Münzen nicht stattgefunden hätte. Diese wären nach wie vor für B fremde und auch bewegliche Sachen gewesen.

Der Tatentschluss des D müsste darüber hinaus auf die Wegnahme gerichtet gewesen sein. Wegnahme bedeutet Bruch fremden und Begründung neuen, nicht notwendigerweise tätereigenen Gewahrsams gegen oder ohne den Willen des Gewahrsamsinhabers. Die Münzen hätten zunächst im Gewahrsam des Automatenaufstellers gestanden. Dass der Automatenaufsteller nicht vor Ort war, ändert an dieser Zuordnung nichts, da nur der Automatenaufsteller aufgrund der Schlüsselgewalt die Möglichkeit hatte, jederzeit ungehindert auf den Inhalt des Automaten zuzugreifen. Es hätte mithin – nach der Vorstellung des B – ein gelockerter Gewahrsam an den Münzen bestanden. Nach seiner Vorstellung sollten die Münzen dem Schacht entnommen und eingesteckt werden. Damit wäre der Gewahrsam des Automatenaufstellers aufgehoben und neuer Gewahrsam begründet gewesen. Fraglich ist allerdings, ob nicht vorliegend ein tatbestandsausschließendes Einverständnis vorgelegen hätte, mit der Folge, dass der Gewahrsamsbruch zu verneinen wäre. Dieses tatbestandsausschließende Einverständnis könnte in dem Auswerfen der Münzen gesehen werden. Allerdings muss der Wille des Automatenaufstellers so verstanden werden, dass die Gewahrsamsübertragung unter der faktischen Bedingung der ordnungsgemäßen Bedienung des Automaten steht. Eine ordnungsgemäße Bedienung wäre vorliegend jedoch nicht erfolgt, so dass von einem tatbestandsausschließenden Einverständnis nicht ausgegangen werden kann.

B hat darüber hinaus auch die erforderliche Zueignungsabsicht besessen, da er den bisherigen Eigentümer dauerhaft aus seiner Position verdrängen und sowohl sich selbst als auch – aufgrund der Beuteteilung – seine Freunde A und C in die Eigentümerposition bringen wollte. Da er keinen fälligen und einredefreien

Anspruch auf die Münzen gehabt hätte, wäre die erstrebte Zueignung auch rechtswidrig gewesen. Der Tatentschluss ist damit gegeben.

### 3. Unmittelbares Ansetzen

Durch Einführen des Geldscheins hat B auch zur Tatbestandsverwirklichung unmittelbar angesetzt. Nach seiner Vorstellung von der Tat sollte durch das Passieren des Scheins an der Lichtschranke der Geldwechselautomatismus ausgelöst werden. Es hätte alsdann nur des Wegnehmens der Münzen bedurft. Folglich waren mit dem Einführen des Scheins keine weiteren wesentlichen Zwischenschritte mehr erforderlich und das Rechtsgut aus Sicht des Täters bereits konkret gefährdet.

### 4. Rechtswidrigkeit und Schuld

Rechtswidrigkeit und Schuld liegen vor.

### 5. Rücktritt

Ein Rücktritt kommt nicht in Betracht, da der Versuch aufgrund des Umstands, dass der präparierte Schein im Automaten verschwunden ist, fehlgeschlagen ist.

### 6. Diebstahl in einem besonders schweren Fall gem. § 243 Abs. 1 S. 2 Nr. 2 und 3

Fraglich ist, ob B nicht einen versuchten Diebstahl in einem besonders schweren Fall gem. § 243 Abs. 1 S. 2 Nr. 2 begangen hat, indem er beabsichtigte, den Automaten auszutricksen und ihn zur Auszahlung der Münzen zu bewegen.

Der Automat stellt zunächst ein verschlossenes Behältnis dar, in welchem sich die Münzen befanden. B wollte dieses Behältnis jedoch nicht aufbrechen, sondern ihm den Inhalt nur aufgrund einer Täuschung entlocken. Zweifelhaft ist demnach, ob das Austricksen des Automaten den Regelfall der Nr. 2 darstellt. Normalerweise werden von Nr. 2 Tatbegehungen erfasst, bei denen der Täter auf den Sicherungsmechanismus des Behältnisses oder der anderen Schutzvorrichtung einwirkt. Die darin liegende kriminelle Energie ist der Grund für die Annahme eines besonders schweren Falls. Die Münzen hätte B jedoch ohne Gewalteinwirkung an sich nehmen können, so dass dieser Fall nicht vergleichbar ist mit dem Regelfall des § 243 Abs. 1 S. 2 Nr. 2. Selbst bei Verwirklichung des Tatplanes wäre Nr. 2 also nicht erfüllt worden. Denkbar ist jedoch, dass dann ein unbenannter schwerer Fall hätte angenommen werden können. Da ein solcher aber im Versuch niemals die Regelwirkung des § 243 Abs. 1 auslösen kann, muss über die Problematik des „Versuchs eines Regelbeispiels" an dieser Stelle nicht weiter nachgedacht werden.

> **JURIQ-Klausurtipp**
>
> Da Sie im weiteren Verlauf der Prüfung noch die Gelegenheit erhalten werden, den Streit zwischen Rechtsprechung und Literatur zu diesem Thema darzustellen, ist eine ausführliche Erörterung an dieser Stelle überflüssig. Sollten Sie hingegen zu dem Ergebnis gelangt sein, dass das Austricksen des Automaten § 243 Abs. 1 S. 2 Nr. 2 unterfällt, dann müssen Sie schon hier den Streit darstellen und entscheiden.

Fraglich ist, ob B gewerbsmäßig gehandelt hat. Dann müsste er beabsichtigt haben, sich eine Haupt- oder Nebeneinnahmequelle von einiger Dauer und Gewicht zu erschließen. Laut Sachverhalt stellte die Begehung des Diebstahls ein „Hobby" dar. Ob der Diebstahl daneben auch dem „Erwerb" dienen sollte, kann nicht sicher festgestellt werden, sodass zugunsten des B davon ausgegangen werden muss, dass er nicht gewerbsmäßig handelte.

B hat sich zunächst nur wegen versuchten einfachen Diebstahls gem. §§ 242, 22, 23 strafbar gemacht.

### 7. Strafantrag gem. § 248a

Ein Antrag dürfte aufgrund des Wertes von 50 € nicht erforderlich sein, ist aber darüber hinaus auch gestellt.

## II. Strafbarkeit gem. §§ 242, 244 Abs. 1 Nr. 2, 22, 23

B könnte sich des Weiteren wegen versuchten Bandendiebstahls strafbar gemacht haben, indem er als Mitglied der von A, B und C gegründeten Bande den Geldwechselautomaten austricksen wollte.

## 1. Vorprüfung

Der Versuch ist gem. § 244 Abs. 2 strafbar. Eine Vollendung ist, wie bereits festgestellt, nicht eingetreten.

## 2. Tatentschluss

Der Tatentschluss des B könnte darauf gerichtet gewesen sein, den Diebstahl als Mitglied einer Bande auszuführen.

Von einer Bande spricht man bei einem Zusammenschluss von mindestens drei Personen, die sich verabredet haben, in Zukunft selbstständige, im Einzelnen noch unbestimmte Taten zu begehen. Ein gefestigter Bandenwille oder ein übergeordnetes Bandeninteresse ist nicht erforderlich. Hier hatten sich A, B und C dauerhaft zusammengeschlossen, um Diebstähle zu begehen. Damit liegt eine Bande vor, deren Mitglied B war.

Fraglich ist allerdings, ob B den Diebstahl unter Mitwirkung eines anderen Mitglieds begehen wollte, da weder A noch C zum Zeitpunkt der Tatausführung am Tatort zugegen waren.

Während die frühere ständige Rechtsprechung bei dem Tatbestandsmerkmal „unter Mitwirkung" ein örtliches und zeitliches Zusammenwirken von mindestens zwei Bandenmitgliedern am Diebstahlsort verlangte, ist nach der Ansicht der heutigen Rechtsprechung dieses zeitliche und örtliche Zusammenwirken von mindestens zwei Bandenmitgliedern nicht mehr erforderlich. Die Literatur verlangt hingegen teilweise dieses Zusammenwirken noch immer unter Hinweis auf die Aktionsgefahr, die darin bestehe, dass das hinzukommende Opfer oder ein sonstiger Dritter sich zwei Tätern gegenüber sieht und damit in seiner Verteidigung eingeschränkt ist. Dieser Aktionsgefahr misst der BGH jedoch zu Recht geringere Bedeutung bei, da bei gut organisiertem Tätigwerden einzelner Bandenmitglieder das geschützte Rechtsgut effizient, will heißen mehrfach verletzt werden kann. Die erhöhte Organisationsgefahr ist dann geeignet, die verminderte Aktionsgefahr zu kompensieren. Wesentlich ist demnach nur, dass jedenfalls ein Bandenmitglied als Täter beteiligt ist und ein weiteres Bandenmitglied als Täter oder Teilnehmer an der konkreten Tat mitwirkt.

Diese Voraussetzungen sind vorliegend gegeben, da B als Täter des Bandendiebstahls tätig und der ortsabwesende A entweder als Mittäter oder als Anstifter und Beihelfender an der Ausführung beteiligt gewesen wäre, wobei sein Tatbeitrag von erheblichem Gewicht war. Ohne die ausführliche Planung des A hätte die Tat so nicht ausgeführt werden können.

### JURIQ-Klausurtipp

Die genaue Bestimmung der Strafbarkeit des A kann hier dahingestellt bleiben, da es auch ausreichen würde, wenn der Tatbeitrag des A nur ein Gehilfenbeitrag gewesen wäre.

Die Tat wäre auch Ausfluss der Bandenabrede gewesen, so dass der Tatentschluss des B auf die Begehung eines Bandendiebstahls gerichtet war.

## 3. Unmittelbares Ansetzen

Wie bereits ausgeführt, hat B auch entsprechend dem Tatplan unmittelbar zur Tatbegehung angesetzt.

## 4. Rechtswidrigkeit und Schuld

Rechtswidrigkeit und Schuld liegen vor.

B hat sich damit wegen versuchten Bandendiebstahls gem. §§ 242, 244 Abs. 1 Nr. 2, 22, 23 strafbar gemacht.

## III. Strafbarkeit gem. §§ 242, 243 Abs. 1 S. 2 Nr. 2, 22, 23

B könnte sich wegen eines weiteren versuchten Diebstahls in einem besonders schweren Fall strafbar gemacht haben, indem er mit dem Schraubenzieher dazu ansetzte, den Automaten aufzubrechen.

## 1. Vorprüfung

Zu einer Vollendung der Tat ist es nicht gekommen, da B von der Polizei gestellt wurde, bevor er den Automaten aufbrechen und das Geld entnehmen konnte. Der Versuch ist gem. § 242 Abs. 2 strafbar.

### 2. Tatentschluss

Der Tatentschluss des B müsste zunächst auf die Wegnahme einer fremden beweglichen Sache gerichtet gewesen sein.

B wollte die Geldmünzen aus dem aufgebrochenen Automaten herausnehmen. Die Münzen hätten zu diesem Zeitpunkt noch im Eigentum des Automatenaufstellers gestanden und wären somit für B fremde, bewegliche Sachen gewesen.

Diese hätte er nach seiner Vorstellung auch wegnehmen müssen. Wegnahme ist der Bruch fremden und die Begründung neuen, nicht notwendigerweise tätereigenen Gewahrsams gegen oder ohne den Willen des bisherigen Gewahrsamsinhabers.

Die Geldmünzen hätten wie bereits festgestellt zunächst im Gewahrsam des Automatenaufstellers gestanden. Nach Herausnahme aus dem Automaten hätte B die Münzen sehr wahrscheinlich eingesteckt. In diesem Moment hätte B den bisherigen Gewahrsam gebrochen und neuen, eigenen Gewahrsam begründet. Dies wäre auch gegen oder ohne den Willen des Automatenaufstellers geschehen.

B hat darüber hinaus auch, wie ebenfalls festgestellt, die erforderliche Zueignungsabsicht besessen.

### 3. Unmittelbares Ansetzen

Entsprechend diesem Tatentschluss müsste B erneut unmittelbar zur Tat angesetzt haben. Ein unmittelbares Ansetzen liegt vor, wenn der Täter die Schwelle zum „Jetzt geht's los" überschritten hat, aus seiner Sicht keine wesentlichen Zwischenschritte mehr erforderlich sind und das Rechtsgut bereits konkret gefährdet ist. Durch das Ansetzen des Schraubenziehers hat D zunächst innerlich die Schwelle zum „Jetzt geht's los" überschritten. Vor dem Gewahrsamsbruch hätte er allerdings noch den Automaten aufbrechen müssen. Dies könnte ein wesentlicher Zwischenschritt sein, der einem unmittelbaren Ansetzen entgegensteht. Allerdings befand sich der Automat an einem Standort, an welchem er unbeobachtet aufgebrochen werden konnte, so dass nach der Vorstellung des B kein Entdeckungsrisiko bestand, welches eine schnelle und geräuschlose Tatausführung erforderlich gemacht hätte. Außerdem scheint B schon aufgrund des Umstandes, dass er bei früheren Diebstählen einen Schraubenzieher verwendet hat, ein Profi zu sein, so dass auch aus diesem Grund das Aufbrechen wohl für ihn kein großes Problem dargestellt hätte, weswegen davon ausgegangen werden muss, dass das Aufbrechen kein wesentlicher Zwischenschritt mehr war und aufgrund dessen das Rechtsgut mit dem Ansetzen des Schraubenziehers auch schon konkret gefährdet war.

Das unmittelbare Ansetzen kann mithin bejaht werden.

### 4. Rechtswidrigkeit und Schuld

Rechtswidrigkeit und Schuld liegen vor.

### 5. Rücktritt

Ein Rücktritt kommt auch nicht in Betracht, da der Versuch aufgrund des Umstands, dass B von der Polizei gestellt wird, fehlgeschlagen ist.

### 6. Diebstahl in einem besonders schweren Fall gem. § 243 Abs. 1 S. 2 Nr. 2

Fraglich ist, ob B nicht nunmehr einen versuchten Diebstahl in einem besonders schweren Fall gem. § 243 Abs. 1 S. 2 Nr. 2 begangen hat, indem er beabsichtigte, den Automaten aufzubrechen. Der Automat stellt wie bereits festgestellt ein verschlossenes Behältnis dar, in welchem sich die Münzen befanden. Allerdings hat B dieses verschlossene Behältnis nicht aufgebrochen, so dass sich die Frage stellt, ob auch ein unmittelbares Ansetzen zu § 243 Abs. 1 S. 2 Nr. 2 die Regelbeispielswirkung entfaltet.

Die Rechtsprechung bejaht die Anwendung des Regelbeispiels, auch wenn dieses nur versucht ist. Sie verweist darauf, dass die Regelbeispiele von ihrer Ausgestaltung her qualifikationsähnlich seien. Darüber hinaus seien die Regelbeispiele des § 243 einstmals Qualifikationen gewesen. Die Änderung in Regelbeispiele habe der Gesetzgeber vorgenommen, um den richterlichen Entscheidungsspielraum zu erweitern, nicht aber, um ihn zu verengen. Ferner sei Grundlage für die Bemessung der Schuld der Tatentschluss des Täters. Beinhalte dieser Tatentschluss jedoch die Verwirklichung des Regelbeispiels, so spreche nichts dagegen, auch im Falle des Versuchs einen besonders schweren Fall anzunehmen.

Dieser Rechtsprechung ist allerdings entgegenzuhalten, dass sie gegen das Analogieverbot verstößt. Gem. § 22 kann nur eine Straftat versucht werden. Ein Regelbeispiel ist jedoch eine Strafzumessungsvorschrift und keine selbstständige Straftat, worauf auch der *BGH* hinweist, wenn er sagt, dass Regelbeispiele „qualifikationsähnlich" seien und damit deutlich macht, dass sie eben gerade keine Qualifikationen sind. Es ist mit der Literatur, die eben auf diesen Verstoß gegen das Analogieverbot hinweist, der Versuch des Regelbeispiels abzulehnen.

D hat sich demgemäß nur wegen versuchten einfachen Diebstahls strafbar gemacht (a.A. selbstverständlich vertretbar).

### IV. Strafbarkeit gem. §§ 242, 244 Abs. 1 Nr. 1a, 22, 23

B könnte sich ferner wegen versuchten Diebstahls mit Waffen gem. den § 242, 244 Abs. 1 Nr. 1a, 22, 23 strafbar gemacht haben, indem er einen Schraubenzieher bei sich führte.

#### 1. Vorprüfung

Der Diebstahl ist wie oben festgestellt nicht vollendet. Die Strafbarkeit ergibt sich aus § 244 Abs. 2.

#### 2. Tatentschluss

Der Tatentschluss zur Begehung eines Diebstahl gem. § 242 liegt vor. Fraglich ist, ob der Tatentschluss des B auch auf die Verwirklichung des § 244 Abs. 1 Nr. 1a gerichtet war.

Dann hätte B eine Waffe oder ein anderes gefährliches Werkzeug gem. § 244 Abs. 1 Nr. 1a bei sich geführt haben müssen.

In Betracht kommt vorliegend der von B zum Aufbrechen des Automaten verwendete Schraubenzieher. Dieser stellt unstreitig keine Waffe dar, da Waffen nur Waffen im technischen Sinne sind, die zur Verletzung anderer geschaffen wurden. Der Schraubenzieher könnte aber ein anderes gefährliches Werkzeug sein.

Die Definition dieses Begriffs ist umstritten. Einig ist man sich, dass die aus dem § 224 stammende Definition vorliegend nicht verwendet werden kann, da diese Definition auf die konkrete Verwendung im Einzelfall abstellt, welche bei § 244 Abs. 1 Nr. 1a jedoch nicht erforderlich ist. Eine Definition, nach welcher gefährlich jedes Werkzeug ist, welches nach seiner objektiven Beschaffenheit geeignet ist, erhebliche Verletzungen herbeizuführen, ist zu weit, da dann auch einfache Gegenstände wie massive Gürtelschnallen unter den Begriff fallen mit der Folge, dass ein Diebstahl, bei welchem der Täter diese Gegenstände bei sich führt, ein qualifizierter Diebstahl mit einer erhöhten Strafandrohung wäre. Eine Definition, die auf die subjektive Gebrauchsabsicht des Täters abstellt, ist systemwidrig, da diese Gebrauchsabsicht im Gegensatz zu Nr. 1b gerade nicht erforderlich ist und den Begriff des gefährlichen Werkzeuges in Nr. 1a überflüssig machen würde, da jeder Gegenstand damit unter Nr. 1b subsumierbar wäre. Unter Beachtung des Strafzwecks der Norm (Eskalationsgefahr) könnte eine Definition vorzugswürdig sein, die auf die Waffenähnlichkeit abstellt. Die Waffenähnlichkeit führt dazu, dass sich der Täter in einer bedrängten Situation des Gegenstandes schnell erinnert und ihn zur Bedrohung des Opfers einsetzt. Allerdings ist der Begriff der Waffenähnlichkeit zu unbestimmt für eine allgemein gültige Definition und nicht in überzeugendem Maße geeignet, Alltagsgegenstände sowie normale Einbruchswerkzeuge herauszufiltern. Der Gesetzestext kann somit als missglückt angesehen werden. Bis zur etwaigen Änderung erscheint es von daher am sinnvollsten, wenn eine an der objektiven Gefährlichkeit und dem Strafzweck orientierte Einzelfallentscheidung getroffen wird.

Ein Schraubenzieher hat zwar ein gewisses Gefährdungspotential, ist aber in erster Linie ein gewöhnliches Diebstahlswerkzeug und weist vor allem auch keine Waffenähnlichkeit auf. Er ist weder mit einem Taschenmesser noch mit einem Baseballschläger vergleichbar. Der Tatentschluss des B war mithin nicht darauf gerichtet, bei der Begehung des Diebstahls ein gefährliches Werkzeug gem. § 244 Abs. 1 Nr. 1a bei sich zu führen.

B hat sich nicht gem. §§ 242, 244 Abs. 1 Nr. 1a strafbar gemacht.

### V. Strafbarkeit gem. §§ 242, 244 Abs. 1 Nr. 2, 22, 23

B hat sich aber wiederum wegen versuchten Bandendiebstahls strafbar gemacht, indem er als Mitglied der von A, B und C gegründeten Bande den Geldwechselautomaten aufbrechen wollte.

### VI. Strafbarkeit gem. §§ 303, 22, 23

B hat sich darüber hinaus wegen versuchter Sachbeschädigung strafbar gemacht, indem er mit dem Schraubenzieher versuchte, den Automaten aufzubrechen. Der Tatentschluss war darauf gerichtet, eine fremde Sache durch das Aufbrechen in ihrer Substanz zu beeinträchtigen, mithin also zu beschädigen. Zu dieser Tat hat B wie schon bei § 242 unmittelbar angesetzt.

### VII. Ergebnis

B hat sich gem. §§ 242, 244 Abs. 1 Nr. 2, 22, 23 wegen versuchten Bandendiebstahls strafbar gemacht, indem er den Geldschein in den Automaten einführte. In Tatmehrheit dazu steht der weitere versuchte Bandendiebstahl gem. §§ 242, 244 Abs. 1 Nr. 2, 22, 23, den B dadurch begangen hat, dass er mit einem Schraubenzieher versuchte, den Automaten zu öffnen. Die ebenfalls versuchte Sachbeschädigung steht in Tateinheit zum versuchten Bandendiebstahl.

# E. Schwerer Bandendiebstahl, § 244a

Der schwere Bandendiebstahl kombiniert den Bandendiebstahl mit den Voraussetzungen des § 243 Abs. 1 S. 2 bzw. dem Wohnungseinbruchsdiebstahl oder dem Diebstahl mit Waffen u.Ä. Er ist eine **Qualifikation zu § 244 Abs. 1 Nr. 2.**

208

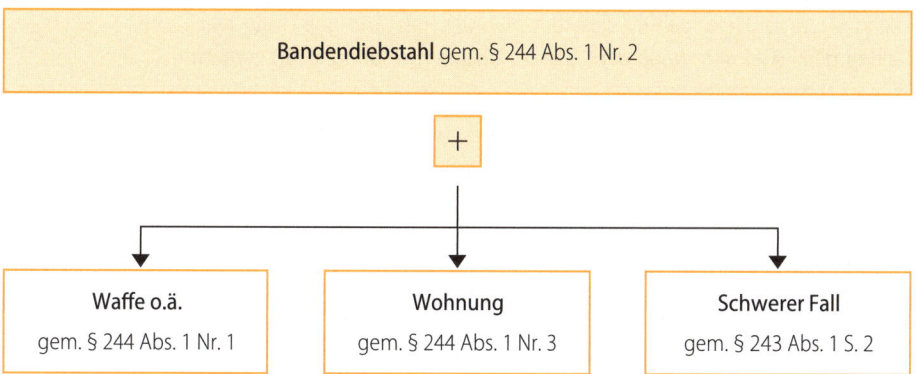

# F. Konkurrenzen

§ 244 verdrängt als Qualifikation den einfachen Diebstahl – auch den einfachen Diebstahl in einem besonders schweren Fall. § 244a verdrängt wiederum als Qualifikation den einfachen Bandendiebstahl.

209

> **JURIQ-Klausurtipp**
>
> Aufgrund der Vielzahl der aufgezeigten Probleme sollten Sie sich in der Klausur aber „**von unten nach oben**" durcharbeiten und am Ende das Konkurrenzverhältnis darstellen. Würden Sie direkt mit § 244a beginnen, müssten Sie innerhalb dieser Norm zu viele Voraussetzungen parallel prüfen, was das Risiko der „Verzettelung" birgt.

Beim Wohnungseinbruchsdiebstahl sowie bei einem Diebstahl gem. § 243 Abs. 1 S. 2 Nr. 1 ist zumeist **ein Hausfriedensbruch gem. § 123 mitverwirklicht**, der nach überwiegender Auffassung aber in **Gesetzeskonkurrenz** (Konsumtion) zurücktritt. Gleiches gilt für eine mitverwirklichte **Sachbeschädigung gem. § 303**, sofern Bestohlener und Eigentümer der beschädigten Sache identisch sind. Andernfalls stehen die Taten in Tateinheit.[207]

210

# G. Unterschlagung, § 246

## I. Überblick

Der Straftatbestand der Unterschlagung gem. § 246 ist ein **Auffangtatbestand**, der aufgrund der gesetzlich angeordneten Subsidiarität nur zur Anwendung gelangt, soweit andere Vorschriften – z.B. Raub, Diebstahl, Untreue, Hehlerei – die Tat nicht mit schwererer Strafe bedrohen.

211

---

[207] *Joecks/Jäger* § 243 Rn. 61; für generelle Tateinheit *BGH* NStZ 2001, 642.

> **JURIQ-Klausurtipp**
>
> Beachten Sie, dass die **Subsidiarität nur bezüglich derselben Tat**, also bezüglich derselben **Handlung** respektive desselben Unterlassens gilt. Im Hinblick auf diese Handlung sind in der Klausur andere Vermögensdelikte wie §§ 242, 249, 253, 259, 263, 266 vorrangig zu prüfen. Sind sie einschlägig, genügt der kurze Hinweis, dass die ggfs. mitverwirklichte Unterschlagung gem. § 246 im Wege der Gesetzeskonkurrenz (Subsidiarität) zurücktritt.

**212** Vom Diebstahl unterscheidet sich die Unterschlagung dadurch, dass sie **als Tathandlung eine Zueignung** verlangt, während beim Diebstahl die Zueignungsabsicht ausreicht. Das geschützte Rechtsgut ist das **Eigentum**.

Beachten Sie, dass die §§ 247 und 248a auch auf die Unterschlagung anwendbar sind, so dass ein Strafantrag erforderlich werden kann.

**213** § 246 Abs. 1 ist der Grundtatbestand. Darauf aufbauend ist § 246 Abs. 2 die Qualifikation, die einschlägig ist, wenn die Sache dem Täter anvertraut wurde.

**214** Der Aufbau der Unterschlagung sieht wie folgt aus:

## PRÜFUNGSSCHEMA

### Unterschlagung, § 246

**I. Objektiver Tatbestand**
  1. Tatobjekt: Fremde Sache
  2. falls einschlägig: „anvertraut" gem. Qualifikation des Abs. 2
     - Gesetzeswidriger Zweck    Rn. 238
  3. Tathandlung: sich oder einem Dritten zueignen
     - Definition    Rn. 218
     - Drittzueignung    Rn. 225
     - Mehrfachzueignung    Rn. 229
  4. Rechtswidrigkeit der Zueignung

**II. Subjektiver Tatbestand**
  – Vorsatz, dolus eventualis reicht

**III. Rechtswidrigkeit**

**IV. Schuld**

**V. Strafantrag gem. §§ 247, 248a**

## II. Einfache Unterschlagung

### 1. Objektiver Tatbestand

Der objektive Tatbestand der einfachen Unterschlagung besteht in der rechtswidrigen Zueignung einer fremden, beweglichen Sache. Die Prüfung erfolgt mithin in 3 Schritten:

| Schritt 1a | Schritt 1b | Schritt 1c | Schritt 2 | Schritt 3 |
|---|---|---|---|---|
| Sache | fremd | beweglich | zueignen | Rechtswidrigkeit der Zueignung |

#### a) Tatobjekt: Fremde bewegliche Sache

Das Tatobjekt der Unterschlagung ist **wie beim Diebstahl** eine fremde bewegliche Sache. Insoweit wird auf die dortigen Ausführungen unter Rn. 11 verwiesen.

》 Wiederholen Sie die Ausführungen zum Tatobjekt! 《

#### b) Tathandlung: Sich oder einem Dritten zueignen

Die Tathandlung liegt darin, dass der Täter die Sache sich oder einem Dritten objektiv zueignet. **Gegenstand dieser Zueignung** ist wie bei § 242 auch die Sache oder der in ihr verkörperte Sachwert. Ebenfalls wie beim Diebstahl besteht die Zueignung auch bei der Unterschlagung aus einer **Enteignung**, also Verdrängung des Eigentümers aus seiner Position, und einer **Aneignung**, also dem eigenen Verfahren mit der Sache „wie ein Eigentümer".

##### aa) Definition der Zueignung

**Umstritten** ist, wie die objektive Zueignung zu definieren ist.

**Teilweise** wird in der **Literatur** vertreten, dass die Handlung des Täters zu einer tatsächlichen dauerhaften zivilrechtlichen Enteignung des Eigentümers geführt haben muss[208] oder dass zumindest die konkrete Gefahr dieser Enteignung besteht.[209] Diesen Auffassungen wird allerdings entgegengehalten, dass sie die Unterschlagung zu sehr verengen auf die Fälle des zivilrechtlichen Eigentumsverlustes durch z.B. gutgläubigen Erwerb oder Vermischung. Zum Teil wird auch nur auf die Aneignungskomponente abgestellt und Zueignung bejaht, wenn der Täter die Sache in sein Vermögen überführt hat.[210] Dieser Auffassung wird entgegengehalten, dass sich die Zueignung aus zwei Komponenten zusammensetzt, nämlich der Ent- und der Aneignung.

Rechtsprechung und überwiegende Lehre gehen von der **Manifestationslehre** aus, wonach sich ein auf Ent- und Aneignung gerichteter **Wille in einem äußerlich erkennbaren Akt manifestiert** haben muss. Zu unterscheiden ist zwischen der weiten und der engen Manifestationstheorie.[211]

Nach der **weiten Manifestationstheorie** genügt jedes beliebige Verhalten, welches ein objektiver Beobachter **bei Kenntnis des Tätervorsatzes** als Betätigung des Zueignungswillens ansehen würde.[212]

---

208 *Joecks/Jäger* § 246 Rn. 19.
209 *MüKo-Homann* § 246 Rn. 36.
210 *SK-Samson* § 246 Rn. 40.
211 *Wessels/Hillenkamp* Strafrecht BT/2 Rn. 311; *Sonnen* Strafrecht BT S. 119.
212 *BGHSt* 14, 38; *Fischer* § 246 Rn. 6 ff.

**221** Nach der überwiegend vertretenen **engen Manifestationstheorie** ist ein Verhalten des Täters erforderlich, aus dem ein die Umstände kennender, objektiver Beobachter **auch ohne Kenntnis des Vorsatzes des Täters** auf einen generellen Zueignungsvorsatz schließen kann.[213]

**222 Typische Zueignungsakte** liegen nach beiden Manifestationstheorien in dem Verbrauch oder der Verarbeitung, der Veräußerung oder Verpfändung fremder Sachen.

**223** Zu unterschiedlichen Ergebnissen gelangen die Theorien jedoch bei **äußerlich neutralen bzw. mehrdeutigen Handlungen**.

**224** Die **weite Manifestationstheorie** kann unter Einbeziehung des konkreten Vorsatzes des Täters in die objektive Definition der Zueignung auch diese Handlungen als tatbestandliche Handlungen auffassen. Der weiten Manifestationstheorie wird entgegengehalten, dass sie durch Einbeziehung dieser Handlungen den Zueignungsbegriff zu sehr ausdehne und damit gegen das Bestimmtheitsgebot verstoße. Dementsprechend fordert die **enge Manifestationstheorie** ein nach außen erkennbares Zueignungsverhalten. Der **tatsächliche Vorsatz** des Täters findet dann – systematisch korrekt – **im subjektiven Tatbestand** Berücksichtigung.

**Beispiel** A findet im Wald ein Portemonnaie und steckt es ein.

Nach der engen Manifestationstheorie liegt keine Zueignung vor, da A das Portemonnaie auch einstecken müsste, wenn er es zum Fundbüro bringen wollte. Hatte er jedoch im Augenblick des Einsteckens bereits den Vorsatz, das Portemonnaie zu behalten, dann käme die weite Manifestationstheorie zu der Bejahung der Zueignung.

> **JURIQ-Klausurtipp**
>
> Bei der **weiten Manifestationstheorie** muss im objektiven Tatbestand der tatsächliche Vorsatz des Täters mitgeprüft werden, um zu einer Subsumtion zu gelangen. Folgen Sie nach der Diskussion der Theorie der **engen Manifestationstheorie**, dann müssen Sie den auf Zueignung gerichteten Vorsatz nur noch kurz im subjektiven Tatbestand feststellen.

#### bb) Drittzueignung

**225** Der Täter kann die Sache oder den in ihr verkörperten Wert auch einem Dritten zueignen. Bei der **Drittzueignung** kommt es zunächst nicht darauf an, dass der Dritte mitwirkt oder mit der Zueignung einverstanden ist. Auch ist nicht erforderlich, dass der Täter durch die Drittzueignung einen eigenen wirtschaftlichen Vorteil erlangt.[214]

**226** Typische Drittzueignungsakte sind die Einzahlung fremden Geldes auf das Konto eines Dritten oder das Verschenken eines geliehenen Buches an einen Dritten.[215]

**227 Problematisch** und damit wie immer klausurrelevant ist die Drittzueignung, wenn der **Täter** die **Sache nicht in unmittelbarem Besitz oder Gewahrsam** hat.

---

213 *BGHSt* 34, 309; *Wessels/Hillenkamp* Strafrecht BT/2 Rn. 311; *OLG Düsseldorf* StV 1990, 164.
214 *Wessels/Hillenkamp* Strafrecht BT/2 Rn. 311.
215 *Wessels/Hillenkamp* Strafrecht BT/2 Rn. 313 mit weiteren Beispielen.

Einfache Unterschlagung

**Beispiel** A ruft die in München lebende B an und schenkt ihr das im Eigentum des C stehende Fahrrad, welches an der Universität abgestellt ist und von ihr dort abgeholt werden muss. Dabei gibt er sich gegenüber der B als Eigentümer des Fahrrades aus.

Sowohl die enge als auch die weite Manifestationstheorie müssten eigentlich in Fällen wie diesem die Zueignung bejahen, da der Täter sich äußerlich erkennbar wie ein Eigentümer geriert hat. Vor dem Hintergrund des Bestimmtheitsgebotes wird dieses Ergebnis jedoch übereinstimmend für nicht vertretbar gehalten. Verlangt wird deswegen **einschränkend**, dass bei der Drittzueignung entweder der **Täter mittelbarer Besitzer** der Sache ist **oder** aber der **Dritte die Sache in Besitz nimmt**.[216]

#### cc) Mehrfachzueignung

Als weiteres Problem kann Ihnen in der Klausur die Mehrfachzueignung begegnen. **Umstritten** ist nämlich, ob ein Täter, der sich die Sache zuvor bereits durch ein Eigentums- oder Vermögensdelikt einverleibt hat, sich diese Sache **durch eine weitere Handlung respektive ein Unterlassen „noch einmal" zueignen** kann.

> **Hinweis**
>
> Das Problem der Mehrfachzueignung stellt sich nach überwiegender Auffassung[217] nicht, wenn der Täter durch dieselbe Handlung die Sache wegnimmt und sich zugleich zueignet **(sog. gleichzeitige Zueignung)**. Dann ist die Unterschlagung schon aufgrund der gesetzlich angeordneten Subsidiarität nicht zu prüfen.

Nach Auffassung der **Tatbestandslösung** bedeutet Zueignung die **Herstellung** der eigentümerähnlichen Herrschaft bzw. die **erstmalige Verfügung** über die Sache, nicht aber die Ausnutzung einer bereits herbeigeführten Herrschaftsstellung durch Taten wie Diebstahl, Erpressung oder Betrug. Damit scheidet schon **tatbestandlich** eine Unterschlagung aus, wenn der Täter die Sache vorher durch ein Vermögensdelikt im weiteren Sinne erlangt hat.[218] Die Tatbestandslösung verweist zur Begründung zum einen auf den Wortlaut, wonach Zueignung die Begründung des Eigenbesitzes, nicht aber die anschließende Verwertung voraussetze und zum anderen auf die nachfolgend dargestellte, unzulässige Ausweitung der Verjährung durch die Konkurrenzlösung.[219]

**Beispiel** A klaut den Ferrari des B und stellt ihn 10 Jahre lang in eine Garage. Nach Ablauf dieser Zeit holt er ihn für einen Sonntagsausflug heraus und fährt ins Grüne. Dabei trifft er zufällig den Eigentümer, der die Polizei informiert.

Hier hat A nach Auffassung der Tatbestandslösung durch die Fahrt keine Zueignung begangen, da er die Sache vorher bereits in Zueignungsabsicht weggenommen hatte.

Die **Konkurrenzlösung** lässt tatbestandlich eine Mehrfachzueignung zu und löst das Problem auf Konkurrenzebene, indem sie die **Unterschlagung entweder als mitbestrafte**

---

216 *Wessels/Hillenkamp* Strafrecht BT/2 Rn. 325; *Joecks/Jäger* § 246 Rn. 31 ff.
217 *Wessels/Hillenkamp* Strafrecht BT/2 Rn. 325; *Rengier* Strafrecht BT I § 5 Rn. 24.
218 *BGHSt* 14, 38; *BGH* NStZ-RR 1996, 131; *LK-Ruß* § 246 Rn. 11.
219 Vgl. dazu auch *Hillenkamp* Strafrecht BT S. 128.

Nachtat[220] oder aber über die Subsidiaritätsklausel[221] zurücktreten lässt, wobei hier kritisch angemerkt werden muss, dass die Subsidiaritätsklausel dem Wortlaut zufolge nur in den Fällen greift, in denen durch dieselbe Tat mehrere Gesetze verletzt werden. Sie gilt nicht bei nachfolgenden Taten. Die Konkurrenzlösung verweist u.a. darauf, dass das Eigentum, welches das geschützte Rechtsgut sei, auch durch die Verwertung gestohlener Sachen beeinträchtigt sei, so z.B. beim Weiterverkauf an einen Dritten, durch welches sich das Eigentum weiter vom Berechtigten entfernt.

**232** Auswirkungen hat dieser Meinungsstreit bei der Teilnahme und bei der Verjährung.

**Beispiel** Im obigen Fall war der Diebstahl nach 10 Jahren verjährt und konnte nicht mehr verfolgt werden. Da tatbestandlich keine Unterschlagung nach der Tatbestandslösung vorliegt, ist A straflos. Die Konkurrenzlösung hingegen kann wegen Unterschlagung bestrafen. Außerdem stellt jeder neue Gebrauch des Ferraris immer wieder eine Unterschlagung dar, so dass eine stetige Erneuerung der Strafbarkeit stattfindet. Von der Tatbestandslösung wird dies als unzulässige Ausweitung der Verjährung, von der Konkurrenzlösung als Schließen von Strafbarkeitslücken angesehen.

Hätte Z in Kenntnis der Umstände dem A geholfen, den Ferrari flottzumachen, um später selbst damit fahren zu können, wäre dieser nach der Tatbestandslösung straflos, da eine Begünstigung vorliegend nicht in Betracht kommt und Beihilfe mangels Haupttat ausscheidet. Die Konkurrenzlösung kann ihn nach §§ 246, 27 bestrafen. ■

> **JURIQ-Klausurtipp**
>
> In der Klausur ist dieses **Problem bei der Zueignungshandlung** zu diskutieren. Sollten weder Verjährungs- noch Teilnahmeprobleme vorliegen, reicht eine kurze Darstellung des Streits.

#### c) Rechtswidrigkeit der Zueignung

**233** Die Zueignung muss wie bei § 242 rechtswidrig sein, woran es fehlt, wenn ein fälliger und einredefreier zivilrechtlicher Anspruch besteht. Auch insoweit wird auf die Ausführungen unter Rn. 87 verwiesen.

### 2. Subjektiver Tatbestand

**234** Der Vorsatz muss den gesamten objektiven Tatbestand umfassen, wobei **dolus eventualis** reicht. Irrt sich der Täter hinsichtlich der Rechtswidrigkeit, so ist zu unterscheiden, ob es sich um einen Verbots- oder Tatbestandsirrtum handelt. Insbesondere bei der Zueignung von Geld kann dies problematisch sein. Da aber auch beim Diebstahl der Vorsatz die objektive Rechtswidrigkeit der erstrebten Zueignung umfassen muss, kann auf die dortigen Ausführungen (Rn. 88 ff) verwiesen werden.

---

220 *Küper* Strafrecht BT S.487; *Schönke/Schröder-Eser/Bosch* § 246 Rn. 19.
221 *Wessels/Hillenkamp* Strafrecht BT/2 Rn. 328.

# Veruntreuende Unterschlagung, § 246 Abs. 2

## 3. Rechtswidrigkeit und Schuld

Hinsichtlich der Rechtswidrigkeit und der Schuld bestehen keine tatbestandlichen Besonderheiten. Als Rechtfertigungsgrund kommt hier eine Einwilligung des Eigentümers in Betracht.

## III. Veruntreuende Unterschlagung, § 246 Abs. 2

Die veruntreuende Unterschlagung ist eine **Qualifikation** zu der einfachen Unterschlagung. In der Klausur bietet es sich an, die Voraussetzungen des Absatzes 2 zusammen mit der einfachen Unterschlagung zunächst im objektiven Tatbestand prüfen. Subjektiv muss sich dann der Vorsatz des Täters auf das Anvertrautsein beziehen.

> **Anvertraut** sind solche Sachen, die der Täter vom Eigentümer oder von einem Dritten mit der Verpflichtung erlangt hat, sie zu einem bestimmten Zweck zu verwenden, aufzubewahren oder auch nur zurückzugeben.[222]

Dem Täter muss also die **Verfügungsgewalt über die Sache** eingeräumt worden sein. Die Qualifikation kommt insbesondere bei Verwahrung, Miete, Leihe, Auftrag und Kauf unter Eigentumsvorbehalt in Betracht.

**Umstritten** ist, ob Abs. 2 auch dann einschlägig ist, wenn der Dieb dem Täter die Sache anvertraut oder wenn der Eigentümer die Sache zu **gesetzwidrigen Zwecken** übergibt.

**Beispiel** A übergibt B 5000 € zum Erwerb von Kokain. B setzt sich mit diesem Geld nach Bali ab.

Nach **Auffassung der Rechtsprechung und Teilen der Literatur** soll auch bei rechts- oder sittenwidrigen Beziehungen das Merkmal des Anvertrautseins erfüllt sein, um im Ganovenmilieu keinen rechtsfreien bzw. nur eingeschränkt rechtlichen Raum zu schaffen.[223] Nach **anderer Auffassung** sind im Interesse der Einheitlichkeit der Rechtsordnung nur solche Treueverhältnisse schützenswert, die mit der Rechtsordnung übereinstimmen.[224]

> **Hinweis**
>
> Die ausgetauschten Argumente ähneln jenen beim Betrug, bei welchem es unterschiedliche Auffassungen zum geschützten Vermögen gibt.

Beachten Sie, dass das Anvertrautsein ein **besonderes persönliches Merkmal gem. § 28 Abs. 2** ist, mit der Folge, dass der Teilnehmer sich nur dann wegen Anstiftung zur veruntreuenden Unterschlagung strafbar macht, wenn auch ihm die Sache anvertraut war.

---

[222] *BGHSt* 9, 90, 91; *Joecks/Jäger* § 246 Rn. 28.
[223] *BGH* NJW 1954, 889; LK-*Ruß* § 246 Rn. 26.
[224] *Joecks/Jäger* § 246 Rn. 29.

## H. Privilegierungen, §§ 247, 248a

**241** Bezieht sich der Diebstahl oder die Unterschlagung auf eine geringwertige Sache, § 248a, oder findet die Tat im häuslichen oder familiären Umfeld statt, § 247, so kann die Tat grundsätzlich nur verfolgt werden, wenn der Verletzte einen **Strafantrag** stellt oder die Staatsanwaltschaft das **besondere öffentliche Interesse** an der Verfolgung bejaht. Mit diesen **Verfolgungsvoraussetzungen** wird der Täter mithin gegenüber anderen Tätern privilegiert.

> **JURIQ-Klausurtipp**
>
> In der Klausur setzen Sie sich mit der Frage des notwendigen und eventuell fehlenden Strafantrages **am Ende der Prüfung**, also nach der Schuld bzw. nach der Prüfung des § 243 auseinander. Zumeist wird Ihr Klausursachverhalt einen Hinweis enthalten, wonach „die erforderlichen Anträge" gestellt worden seien. In diesen Fällen genügt ein kurzer Hinweis auf die vorliegende Verfolgungsvoraussetzung.

### I. Strafantrag, § 247

**242** Gem. § 247 werden Diebstahl und Unterschlagung in sämtlichen Erscheinungsformen, also auch der qualifizierte Diebstahl, **ausschließlich auf Antrag** verfolgt, wenn durch die Tat ein **Angehöriger** (§ 11 Abs. 1 Nr. 1), der **Vormund** (§§ 1773 ff. BGB) oder der **Betreuer** (§§ 1896 ff. BGB) verletzt ist oder wenn das Opfer mit dem Täter **in häuslicher Gemeinschaft** (jede frei gewählte Wohn- und Lebensgemeinschaft, die ernsthaft verbindlich und auf Dauer angelegt ist) lebt. Damit schützt die Vorschrift den familiären und häuslichen Frieden, der gegen den Willen der Betroffenen nicht durch die Strafverfolgungsbehörden gestört werden soll.

**243** Antragsberechtigt ist gem. **§ 77 Abs. 1 der Verletzte**. Bei der Unterschlagung und dem Diebstahl ist das zunächst der Eigentümer. Darüber hinaus sieht die herrschende Meinung beim Diebstahl auch den Gewahrsamsinhaber als Verletzten an.[225]

### II. Strafantrag, § 248a

**244** Auch § 248a setzt grundsätzlich, aber im Unterschied zu § 247 nicht ausschließlich den Antrag des Verletzten voraus, sofern sich die Tat auf eine **geringwertige Sache** bezieht. Wie bei § 243 Abs. 2 wird die Geringwertigkeitsgrenze von der Rechtsprechung unterschiedlich beurteilt. Nach herrschender Auffassung dürfte vor dem Hintergrund zunehmender Preissteigerung die Grenze mittlerweile bei **50 €** zu ziehen sein.[226] Voraussetzung ist jedoch, dass die Sache überhaupt einen Verkehrswert hat. Insoweit wird auf die Ausführungen zu § 243 Abs. 2 verwiesen.

**245** Beim Diebstahl wird dieses Antragserfordernis auf den einfachen Diebstahl beschränkt, womit ein qualifizierter Diebstahl gem. §§ 244, 244a auch ohne Antrag verfolgt werden kann.

**246** Zweck der Vorschrift ist es, die Strafverfolgungsbehörden bei der Bagatellkriminalität zu entlasten. Bejahen jedoch die Strafverfolgungsbehörden das **öffentliche Interesse** an der Tat, dann kann die Tat im Unterschied zu § 247 auch ohne Strafantrag verfolgt werden. § 248a

---
[225] *BGHSt* 10, 400; Schönke/Schröder–*Eser/Bosch* § 247 Rn. 9, 10.
[226] *OLG Hamm* NJW 2003, 3145; *Joecks/Jäger* § 248a Rn. 6.

# Überblick

statuiert damit nur ein **relatives Antragserfordernis**. Das Strafverfolgungsinteresse kann sowohl aus **spezialpräventiven Gründen** (Wiederholungstäter) als auch aus **generalpräventiven Gründen** (Abschreckung z.B. bei Ladendiebstahl) bejaht werden.

> **Hinweis**
>
> Durch **Verweisungen** in den entsprechenden Normen sind die §§ 247, 248a auch bei der Hehlerei (§ 259 Abs. 2), dem Betrug (§ 263 Abs. 4), dem Computerbetrug (§ 263a Abs. 2), dem Erschleichen von Leistungen (§ 265a Abs. 3) sowie der Untreue (§ 266 Abs. 2) anwendbar.

## I. Raub, § 249

### I. Überblick

§ 249 ist im Verhältnis zu den §§ 250 und 251 der **Grundtatbestand**. § 250, der in seinen Voraussetzungen zum großen Teil § 244 entspricht, ist eine **Qualifikation** zum Raub. § 251, welcher die leichtfertige Verursachung des Todes voraussetzt, ist hingegen eine **Erfolgsqualifikation**.

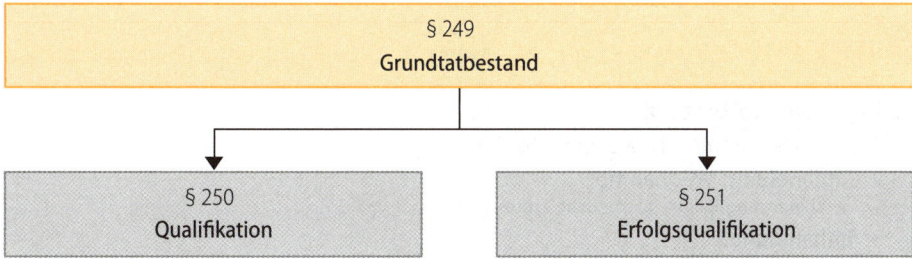

Der Raub verbindet die objektiven und subjektiven Merkmale des Diebstahls gem. § 242 mit den qualifizierten Nötigungsmitteln der Gewalt gegen eine Person oder der Drohung mit gegenwärtiger Gefahr für Leib oder Leben zu einem eigenständigen zweiaktigen Delikt.

Sämtliche Probleme, die wir vorangehend beim Diebstahl erörtert haben, können Ihnen somit auch beim Raub begegnen. Auch die Besonderheiten der Nötigung gem. § 240, z.B. Drohung mit einem Unterlassen, sind beim Raub zu beachten.

>> Nutzen Sie also die Gelegenheit und wiederholen Sie §§ 240, 242! <<

Im Unterschied zur Nötigung muss der Täter beim Raub allerdings Gewalt gegen eine Person verüben (bei der Nötigung reicht Gewalt gegen Sachen) oder eine Drohung mit einer gegenwärtigen Gefahr für Leib oder Leben aussprechen (bei der Nötigung reicht die Drohung mit einem empfindlichen Übel, welches z.B. auch ein Vermögensnachteil sein kann).

> **JURIQ-Klausurtipp**
>
> Da im Raub sowohl der Unwertgehalt des Diebstahls als auch der der Nötigung enthalten ist, **verdrängt er die §§ 240 und 242**. Für die gutachterliche Prüfung bedeutet das, dass Sie, sofern Anhaltspunkte vorhanden sind, **mit der Prüfung des § 249 beginnen** müssen. Ist der Raub einschlägig, so erübrigt sich die Prüfung der §§ 240, 242. Es reicht dann der feststellende Satz, dass die mitverwirklichten §§ 240, 242 in Gesetzeskonkurrenz zurücktreten.

**251** Das **geschützte Rechtsgut** ist das Eigentum, nach h.M. wie beim Diebstahl zudem der Gewahrsam, sowie die Freiheit der Willensentschließung und -betätigung.

**252** **§ 252** wird als raubähnliches Delikt bezeichnet und steht als eigenständiges Delikt **zum Raub in einem Exklusivitätsverhältnis**. Während beim Raub das Nötigungsmittel zur Erlangung des Gewahrsams dienen muss, setzt der Täter beim räuberischen Diebstahl das **Nötigungsmittel zur Sicherung des bereits erlangten Gewahrsams** ein.

**253** Zu den raubähnlichen Delikten gehört schließlich noch der räuberische Angriff auf Kraftfahrer gem. **§ 316a**, bei welchem der Täter die **Absicht** haben muss, unter Ausnutzung der besonderen Verhältnisse des Straßenverkehrs **einen Raub, räuberischen Diebstahl oder eine Erpressung zu begehen**.

**254** In Anbetracht der dargestellten Überschneidungen mit den §§ 240, 242 werden wir uns nachfolgend auf die raubspezifischen Besonderheiten beschränken.

Der Aufbau des § 249 sieht wie folgt aus:

> **PRÜFUNGSSCHEMA**
>
> **Raub, § 249**
>
> **I. Objektiver Tatbestand**
>   1. Tatobjekt: fremde bewegliche Sache
>   2. Tathandlung: Wegnahme
>      - Abgrenzung Raub – räuberische Erpressung    Rn. 258
>   3. Tathandlung:
>      a) Gewalt oder
>      b) Drohung
>   4. Finalzusammenhang
>      - Ausnutzung vorangegangener Gewalteinwirkung    Rn. 282
>
> **II. Subjektiver Tatbestand**
>   1. Vorsatz
>   2. Zueignungsabsicht
>   3. objektive Rechtswidrigkeit der erstrebten Zueignung
>   4. Vorsatz bezüglich der Rechtswidrigkeit
>
> **III. Rechtswidrigkeit**
>
> **IV. Schuld**

## II. Objektiver Tatbestand

**255** Der objektive Tatbestand erfordert die Wegnahme einer fremden, beweglichen Sache, den Einsatz von Gewalt oder Drohung und eine subjektiv finale Verknüpfung zwischen Nötigungsmittel und Wegnahme. Die Prüfung erfolgt mithin in 4 Schritten:

Objektiver Tatbestand

| Schritt 1 | Schritt 2 | Schritt 3 | Schritt 4 |
|---|---|---|---|
| Fremde, bewegliche Sache | Wegnahme | Gewalt oder Drohung | Finalzusammenhang |

### 1. Fremde bewegliche Sache

Das Tatobjekt des Raubes ist identisch mit dem des Diebstahls. Insofern wird auf die bisherigen Ausführungen verwiesen.

**256**

### 2. Wegnahme

Die **Wegnahme** ist **beim Raub** zunächst genauso zu definieren **wie beim Diebstahl**, nämlich als Bruch fremden und Begründung neuen, nicht notwendigerweise tätereigenen Gewahrsams gegen oder ohne den Willen des Gewahrsamsinhabers. Der Raub ist damit wie der Diebstahl ein Fremdschädigungsdelikt. Diese Rechtsnatur des Raubes ist nicht streitig.

**257** »Lesen Sie zunächst die §§ 253, 255!«

**Streitig** ist jedoch die **Rechtsnatur der räuberischen Erpressung** und in welchem Verhältnis der Raub zur räuberischen Erpressung gem. §§ 253, 255 steht. Bei diesem Streit handelt es sich um den „Klausurklassiker Abgrenzung Raub – räuberische Erpressung", der Ihnen geläufig sein muss.

**258**

Da der **Diebstahl gem. § 242** als Fremdschädigungsdelikt begriffen wird, setzt der Gewahrsamsbruch dort voraus, dass die Aufhebung des Gewahrsams gegen oder ohne den Willen des Opfers erfolgen muss. Liegt ein **freiwillig gefasstes, tatbestandsausschließendes Einverständnis** vor, so wird Diebstahl verneint und – sofern dieses Einverständnis auf einer Täuschung beruht – Betrug bejaht. Der Betrug wird im Gegensatz zum Diebstahl als Selbstschädigungsdelikt angesehen, bei welchem sich das Opfer durch eine Vermögensverfügung (die dem tatbestandsausschließenden Einverständnis beim Sachbetrug entspricht) selbst schädigt. Betrug und Diebstahl schließen sich mithin aus. Liegt eine Vermögensverfügung vor, dann scheidet eine Wegnahme (gegen den Willen) aus.

**259**

#### a) Auffassung 1

Die **Literatur** begreift nun die **räuberische Erpressung** wie den Betrug **als Selbstschädigungsdelikt,** welches vom **Raub**, der nach einhelliger Meinung ein **Fremdschädigungsdelikt** ist, abgegrenzt werden muss, da beide sich gegenseitig ausschließen.

**260**

Für die §§ 253, 255 hat dies zur Folge, dass das tatbestandliche Opferverhalten, welches in einem Tun, Dulden oder Unterlassen besteht, zugleich eine **Vermögensverfügung** sein muss, die willentlich und unmittelbar den Vermögensschaden herbeiführt. Wie beim Betrug auch kommt in der Vermögensverfügung der selbstschädigende Charakter zum Ausdruck.

**261**

Die **Abgrenzung zwischen Raub und räuberischer Erpressung** erfolgt mithin wie beim Diebstahl auch ausschließlich anhand der **inneren Willensrichtung** des Opfers und nicht danach, wer nach außen hin den Gewahrsamswechsel vollzieht. Sofern das Opfer eine Vermögensverfügung vorgenommen und sich mithin selbst geschädigt hat, scheidet Raub aus, da unter diesen Voraussetzungen die Wegnahme nicht gegen oder ohne den Willen geschieht. Die Vermögensverfügung ist also wie bei der Abgrenzung Diebstahl – Betrug deckungsgleich mit dem tatbestandsausschließenden Einverständnis des Opfers.[227]

**262** Welche **Anforderungen an die innere Willensrichtung** zu stellen sind, ist innerhalb der Literatur umstritten. Als **Mindestvoraussetzung für eine Vermögensverfügung** und damit für ein **tatbestandsausschließendes Einverständnis beim Raub** wird zunächst ein willensgesteuertes Verhalten verlangt, welches bewusst eine Vermögensminderung herbeiführt. Da das Opfer jedoch Nötigungsmitteln ausgesetzt ist, kann das Verhalten nicht darüber hinaus in gleicher Weise wie beim Betrug „freiwillig" sein. Demnach soll nach überwiegender Auffassung **weitere Voraussetzung** sein, dass das Opfer entweder eine **durchhaltbare**, das Vermögen bewahrende **Verhaltensalternative** sieht oder seine **Mitwirkung an der Gewahrsamsübertragung** als **notwendig** erachtet, weil es z.B. eine Schlüsselstellung zu der wegzunehmenden Sache innehat.[228]

Überwiegend wird es in diesem Zusammenhang auch als ausreichend angesehen, wenn das Opferverhalten lediglich zu einer Gewahrsamslockerung führt, so z.B. wenn es die Safekombination preisgibt, der Täter die Sache dann aber erst nach Öffnen des Safes herausnimmt. Insofern soll bei der räuberischen Erpressung das **Unmittelbarkeitskriterium** der Vermögensverfügung ein anderes sein als beim Betrug.[229]

**263** Wirkt das Opfer unter diesen Voraussetzungen an der Gewahrsamsübertragung mit, so liegt eine Vermögensverfügung und damit auch ein tatbestandsausschließendes Einverständnis vor, so dass Raub ausscheidet und räuberische Erpressung in Betracht kommt. Sieht es diese Möglichkeiten hingegen nicht, so liegt ein Gewahrsamsbruch durch den Täter vor, der gegen den Willen des Opfers erfolgt. Unerheblich ist in beiden Varianten, ob das Opfer die Sache weggibt oder der Täter sich die Sache nimmt.[230]

**Beispiel** Geldbote G sitzt an einem sonnigen Nachmittag auf einer Bank, nachdem er zuvor einen Geldkoffer bei einem Kunden abgeholt hat. Der Geldkoffer ist mittels einer dicken Stahlhandschelle mit seinem Handgelenk verbunden. Die Handschelle kann nur durch Eingeben eines dreistelligen Codes geöffnet werden. Kleinganove K beschließt, G dieses Koffers zu berauben, baut sich drohend mit einem Springmesser vor ihm auf und fordert ihn zur Übergabe des Koffers auf. G geht zwar davon aus, dass es K mit diesem Messer nicht gelingen kann, den Koffer von seinem Handgelenk zu entfernen, öffnet aber trotzdem das Schloss und übergibt K den Koffer, weil er sich als frischgebackener Vater keiner unnötigen Gefahr aussetzen möchte.

---

227 *Wessels/Hillenkamp* Strafrecht BT/2 Rn. 712; *Schönke/Schröder-Eser/Bosch* § 249 Rn. 2 m.w.N.; zu den Einschränkungen siehe Rn. 688.
228 *Lackner/Kühl* § 255 Rn. 2; *Wessels/Hillenkamp* Strafrecht BT/2 Rn. 714.
229 *Lackner/Kühl* § 253 Rn. 3; zur gegenteiligen Auffassung siehe *Rengier* Strafrecht BT I § 11 Rn. 36.
230 *Wessels/Hillenkamp* Strafrecht BT/2 Rn. 713; *Schönke/Schröder-Eser/Bosch* § 249 Rn. 2 m.w.N.; zu den Einschränkungen siehe Rn. 688.

## Objektiver Tatbestand

Hier könnte ein tatbestandsausschließendes Einverständnis vorliegen. Nach der Vorstellung des G wäre K ohne seine Mitwirkung nicht in der Lage gewesen, den Koffer zu erlangen. Auch nicht, wenn er ihn getötet hätte, da der Koffer nicht vom Arm zu lösen gewesen wäre. G sah seine Mitwirkung als erforderlich an und hat durch Ausübung dieser Handlungsalternative an der Gewahrsamsübertragung mitgewirkt.

### b) Auffassung 2

Der *BGH* und **Teile der Literatur**[231] hingegen gehen von einer **Wesensverwandtschaft zwischen Nötigung und räuberischer Erpressung** aus und begreifen die räuberische Erpressung dementsprechend nicht ausschließlich als Selbstschädigungsdelikt mit der Folge, dass auch keine Vermögensverfügung des Opfers erforderlich ist. Räuberische Erpressung kann also auch verwirklicht sein, wenn das Opfer die Wegnahme des Täters lediglich duldet und nicht freiwillig ermöglicht. Die **räuberische Erpressung** greift also **sowohl bei einer Selbstschädigung durch das Opfer als auch bei einer Fremdschädigung durch den Täter**. Entsprechend anders wird das Verhältnis zwischen Raub und räuberischer Erpressung beurteilt: Nach dieser Auffassung schließen sich Raub und räuberische Erpressung nicht aus. Vielmehr ist **jeder Raub zugleich eine räuberische Erpressung**. Raub ist also **lex specialis**. **264**

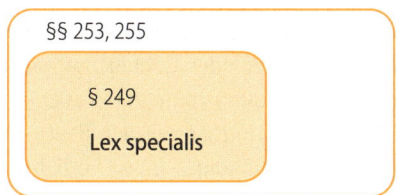

Dementsprechend sind bei Verwirklichung des § 249 immer zugleich auch die §§ 253, 255 erfüllt. Da aber nicht nach beiden Normen bestraft werden soll, muss eine Entscheidung zugunsten der jeweiligen Norm getroffen werden. Diese Entscheidung erfolgt nach Ansicht des *BGH* auf der **Konkurrenzebene** und wird getroffen anhand des **äußeren Erscheinungsbilds**: Nimmt der Täter die Sache an sich, so soll Raub vorliegen, der in diesem Fall die räuberische Erpressung (die ja ebenfalls vorliegt, weil als Opferverhalten auch die Duldung der Wegnahme durch den Täter ausreicht!) verdrängt. Übergibt hingegen das Opfer dem Täter die Sache, wird räuberische Erpressung angenommen. **265**

**Beispiel** Im obigen *Beispiel* (Rn. 263) würde der *BGH* also ebenfalls eine räuberische Erpressung annehmen, da G dem K den Koffer übergeben hat.

Da der räuberische Erpresser „wie der Räuber" bestraft wird, stellt sich die Frage nach der Erforderlichkeit einer Abgrenzung. Erhebliche **Konsequenzen** für die Strafbarkeit des Täters **hat dieser Meinungsstreit** jedoch, wenn der Täter entweder eine **eigene Sache** oder aber eine **Sache ohne Zueignungsabsicht** wegnimmt. **266**

---

[231] *BGH* NStZ 2002, 31; *Geilen* Jura 1980, 50; *Hecker* JA 1998, 301.

**Beispiel** A fesselt und knebelt den Taxifahrer T und „leiht" sich dessen Taxi für eine nächtliche Spritztour durch die Kölner Innenstadt aus. Wie von Anfang an beabsichtigt, stellt er das Taxi in den Morgenstunden an einem Taxistand ab. ■

**Beispiel** A fesselt und knebelt den Werkstattinhaber W und fährt mit seinem Auto vom Werkstatthof, ohne die Reparaturrechnung zu bezahlen.

In beiden Fällen scheidet eine Strafbarkeit gem. § 249 aus. Da die Opfer jedoch aufgrund der vom Täter angewendeten Gewalt keine Möglichkeit hatten, einen Willen auszuüben, liegt nach einer Auffassung objektiv eine Wegnahme des Täters und damit ein Fremdschädigungsdelikt vor. §§ 253, 255 als Selbstschädigungsdelikt scheiden somit aus. Die Literatur würde eine Vermögensverfügung verlangen, die das Opfer jedoch nicht vorgenommen hat. Der Täter wäre im **ersten** *Beispiel* nach §§ 240, 248b und 223 und im **zweiten** *Beispiel* nach §§ 240, 289, 223 zu bestrafen. In Betracht käme eine Geld- oder Freiheitsstrafe nicht höher als 5 Jahre.

Die Gegenauffassung würde aufgrund des äußeren Erscheinungsbildes („Nehmen") zunächst den Raub prüfen, könnte bei Verneinung der übrigen Voraussetzungen dann aber auf den „Auffangtatbestand" der räuberischen Erpressung ausweichen. Als Opferverhalten reicht die Duldung der Wegnahme, die zweifellos vorliegt. Der Täter wäre somit mit einer Freiheitsstrafe von mindestens 1 Jahr bis zu 15 Jahren zu bestrafen. ■

### c) Diskussion

267 **Gegen die Auffassung des *BGH* und Teilen der Literatur** spricht das systematische Argument, dass derjenige, der eine Pfandkehr oder Gebrauchsanmaßung begeht, kein Dieb ist und durch den Einsatz qualifizierter Nötigungsmittel dann auch kein Räuber bzw. „raubender Erpresser" werden kann. Außerdem könnte man auf den Raub, der ja immer auch eine räuberische Erpressung sein soll, als eigenständiges Delikt verzichten. Zudem spricht die Stellung des § 249 als spezielleres Delikt vor dem allgemeinen Delikt sowie der Umstand, dass das allgemeine Delikt auf das speziellere verweisen soll („gleich einem Räuber") gegen die Auffassung des *BGH*.

268 **Gegen die Auffassung der herrschenden Meinung in der Literatur** spricht, dass sie bei der Anwendung der strafwürdigeren vis absoluta eine räuberische Erpressung ablehnen muss. Zudem ist auch nach Auffassung der Literatur derjenige, der eine eigene Sache wegnimmt, bzw. derjenige, der ohne Zueignungsabsicht handelt, dann nach §§ 253, 255 strafbar, wenn das Opfer aus seiner Sicht entweder eine durchhaltbare Verhaltensalternative hatte oder eine Mitwirkungshandlung erbringen musste und erbracht hat, da dann eine Vermögensverfügung vorliegt. Auch die Literatur berücksichtigt somit nicht zwingend die gesetzliche Privilegierung. Schließlich kann in Anbetracht des Nötigungsmittels, dem das Opfer ausgesetzt ist, nur schwerlich von einer Selbstschädigung, wie sie beim Betrug üblich ist, gesprochen werden.[232]

---

[232] Eine gute Darstellung des Streitstandes finden Sie auch bei *Rengier* Strafrecht BT I § 11 Rn. 21.

Objektiver Tatbestand 2 I II

> **JURIQ-Klausurtipp**
>
> Sofern in der Klausur der Täter **eine eigene Sache** wegnimmt, sollten Sie mit Raub beginnen und diesen direkt im objektiven Tatbestand ablehnen. Der Streit zwischen *BGH* und Literatur wird dann bei der räuberischen Erpressung dargestellt, indem Sie die Frage aufwerfen, ob das abgenötigte Opferverhalten eine Vermögensverfügung darstellen muss.
>
> Handelt der Täter **ohne Zueignungsabsicht**, stellen Sie den Streit bei der Wegnahme immer dann dar, wenn die Auffassungen zu unterschiedlichen Ergebnissen kommen. Kommen beide Auffassungen zum selben Ergebnis, bejahen Sie einfach die Wegnahme, lehnen die Zueignungsabsicht ab und setzen die Prüfung mit §§ 253, 255 fort. Sollten Sie allerdings der Literatur folgen wollen, kann es auch in dem Fall, in welchem beide Auffassungen zu demselben Ergebnis gelangen angezeigt sein, den Streit darzustellen und zu entscheiden, da die Literatur, sofern der objektive Tatbestand des § 249 verwirklicht ist, §§ 253, 255 aufgrund der Exklusivität nicht mehr prüfen würde.
>
> Sind **sowohl Raub als auch räuberische Erpressung** möglich, beginnen Sie mit dem Tatbestand, der nahe liegt. Kommen die Auffassungen zu demselben Ergebnis, erübrigt sich eine Streitentscheidung (ausführlich zur Prüfung Rn. 671 ff).

### 3. Nötigungsmittel

**269** Die Wegnahme muss unter Einsatz von Gewalt gegen eine Person oder unter Drohung mit gegenwärtiger Gefahr für Leib oder Leben erfolgen.

#### a) Gewalt gegen eine Person

**270** Der Begriff der Gewalt in § 249 entspricht im Wesentlichen jenem des § 240.

> **Gewalt** ist der durch eine mittelbare oder unmittelbare Einwirkung ausgelöste, körperlich wirkende Zwang, der nach der Vorstellung des Täters bestimmt und geeignet ist, den tatsächlich geleisteten oder erwarteten Widerstand des Opfers zu überwinden oder unmöglich zu machen.[233]

**271** Zur Erfüllung des Tatbestandes kann der Täter sowohl **vis absoluta**, willensbrechende Gewalt, als auch **vis compulsiva**, willensbeugende Gewalt, anwenden. Gewalt erfordert dabei nicht unbedingt einen besonderen Kraftaufwand. Maßgeblich ist die beim Opfer erzielte Zwangswirkung, die körperlich wirken muss, wobei es nicht erforderlich ist, dass das Opfer diese Wirkung auch empfindet. Sofern der Täter auf eine Sache einwirkt, muss diese Einwirkung jedenfalls mittelbar körperliche Wirkungen zeigen.

**Beispiel** Das Verschließen einer Türe ist zwar eine Sacheinwirkung, wirkt sich aber mittelbar körperlich auf die eingesperrte Person aus und stellt vis absoluta dar, da dem Opfer die Freiheit genommen wird, den Raum zu verlassen. Dies gilt auch, wenn das Opfer schläft und die Zwangswirkung nicht empfindet.[234] Das Verabreichen von KO-Tropfen und sonstigen Narkose- oder Rauschgiftmitteln stellt ebenfalls vis absoluta dar. Auch das Sprü-

---
[233] *Wessels/Hillenkamp* Strafrecht BT/2 Rn. 347.
[234] *BGHSt* 20, 194.

hen von Deospray in das Gesicht des Opfers, um den dadurch instinktiv ausgelösten Lidschluss auszunutzen, ist nach Auffassung des *BGH* vis absoluta.[235] ■

**272** Beim dem **Wegreißen einer Handtasche** wird die **mittelbare körperliche Einwirkung** auf das Opfer bejaht, sofern die vom Täter entfaltete Kraft so erheblich ist, dass sie über die Kraftaufwendung, die zur reinen Wegnahme erforderlich ist, hinausgeht und infolgedessen vom Opfer körperlich empfunden wird, was der Fall ist, wenn das Opfer die Tasche festhält. Gelangt der Täter hingegen durch **List, Tücke oder Schnelligkeit** an die Tasche, so wird Gewalt verneint, da in diesen Fällen die Gewaltanwendung nicht erheblich ist und nicht zum Willensbruch oder zur Willensbeugung erfolgt, da der Täter einem eventuellen Willen durch Schaffung eines Überraschungsmomentes zuvorkommen möchte, das Opfer also nach seiner Vorstellung erst gar keinen Willen entwickeln kann.

**273** Rein seelische Zwangswirkungen reichen grundsätzlich nicht, sofern sie nicht erheblich sind. Das **Vorhalten einer Waffe** hingegen, welches das Opfer in einen starken Erregungszustand versetzt, wird vom *BGH* als **gegenwärtige Übelszufügung** und damit als **Gewalt** verstanden,[236] nicht jedoch das Vorhalten eines Messers.[237]

**274** Die **Literatur** hingegen sieht in dem Vorhalten einer Waffe das Inaussichtstellen eines **zukünftigen Übels** und bejaht die **Drohung**. Das gegenwärtige Missempfinden resultiere allein aus der gedanklichen Vorwegnahme der zukünftigen Gewalt.[238]

> **Hinweis**
>
> Beachten Sie, dass beim so genannten „**Raubmord**" sowohl Mord zur Ermöglichung einer Straftat als auch Raub vorliegt. Der Gewahrsamsbruch erfolgt hier durch den Einsatz der Gewalt, die zur Tötung des Opfers führt. Damit wird bisheriger Gewahrsam des Opfers aufgehoben und neuer Gewahrsam begründet. Es wäre verfehlt, in der gutachterlichen Prüfung die Wegnahme mit dem Argument, Tote hätten keinen Gewahrsam mehr, zu verneinen.

### b) Drohung mit gegenwärtiger Gefahr für Leib oder Leben

**275** **Drohung** ist das Inaussichtstellen eines zukünftigen Übels, auf dessen Eintritt der Täter Einfluss zu haben vorgibt.

**276** Im Gegensatz zu § 240 muss bei § 249 das Übel eine **gegenwärtige Gefahr für Leib oder Leben** sein. Gegenwärtig ist die Gefahr, wenn sie entweder unmittelbar bevorsteht oder jederzeit in eine Schädigung umschlagen kann und ohne sofortige Abwehrmaßnahmen nicht mehr abgewendet werden kann (Begriff der Gegenwärtigkeit aus § 34).

**277** **Adressat** der Drohung, wie im Übrigen auch der Gewalt, kann jeder sein, der nach der Vorstellung des Täters zum Schutz des Gewahrsams bereit oder verpflichtet ist. Ob das angedrohte Übel ihn selbst oder einen Dritten betrifft, für den das Opfer sich aus Sicht des Täters verantwortlich fühlt, ist unerheblich.

---

235 *BGH* NStZ 2003, 89; a.A. *Wessels/Hillenkamp* Strafrecht BT/2 Rn. 348, der die Erheblichkeit einer solchen Einwirkung verneint.
236 *BGHSt* 23, 126.
237 *BGH* NStZ-RR 2002, 304.
238 *Wessels/Hillenkamp* Strafrecht BT/2 Rn. 319.

Objektiver Tatbestand 2 | II

## 4. Finalzusammenhang

Die Anwendung des Nötigungsmittels muss nach überwiegender Auffassung für die Wegnahme weder objektiv erforderlich noch kausal sein. Es reicht aus, dass sie **nach der Vorstellung des Täters** dazu dienen sollte, die Wegnahme durch Überwindung eines zu erwartenden Widerstandes zu ermöglichen. Diese Verbindung zwischen Wegnahme und Nötigungsmittel nennt man **Finalzusammenhang**.[239]

**278**

**Beispiel** A dringt nachts in die Wohnung des X ein. Um in Ruhe nach stehlenswerten Gegenständen suchen zu können und nicht unerwartet überrascht zu werden, schließt er den schlafenden X in seinem Schlafzimmer ein. X erwacht allerdings erst, nachdem A das Haus bereits verlassen hat.

Das Einsperren als vis absoluta war weder objektiv erforderlich noch kausal, da die Wegnahme auch ohne das Einsperren hätte erfolgen können. Sie diente jedoch nach der Vorstellung des Täters der Ermöglichung der Wegnahme, so dass der Finalzusammenhang gegeben ist.

Schon im Einsatz des qualifizierten Nötigungsmittels und der darin liegenden Missachtung der Willensentschließungs- und Betätigungsfreiheit des Opfers zeigt sich der gesteigerte Unrechts- und Schuldgehalt des Raubes, weswegen es ausreicht, auf den Finalzusammenhang abzustellen. Andernfalls würden zufällige Geschehensabläufe (das Opfer wacht auf oder verschläft den Überfall) den Täter ent- oder belasten.[240]

### JURIQ-Klausurtipp

Da es beim Finalzusammenhang auf die **Sicht des Täters** ankommt, ist es fraglich, wo dieser Zusammenhang in der Klausur geprüft werden muss. Einige Literaturvertreter nehmen die **Prüfung im subjektiven Tatbestand** vor,[241] bei anderen wiederum erfolgt die **Prüfung im objektiven Tatbestand**, da der Finalzusammenhang die objektiven Tatbestandsmerkmale Wegnahme und Nötigungsmittel verknüpft.[242] Da der Finalzusammenhang die beiden Handlungen des Raubes miteinander verbindet, würden wir empfehlen, die Prüfung im objektiven Tatbestand vorzunehmen und dabei deutlich zu machen, dass es sich hierbei um das **Bindeglied der beiden Handlungen** handelt. Da Sie Ihren Aufbau nicht zu begründen brauchen, ist eine Erklärung, warum die Prüfung an dieser Stelle erfolgt, überflüssig.

Der Finalzusammenhang muss bestehen zwischen dem Einsatz des Nötigungsmittels und der **konkret weggenommenen Sache**. Insoweit können schon im Rahmen des objektiven Tatbestandes **Vorsatzwechsel** von Bedeutung sein. Sie sollten also – wie immer in der Klausur – den Sachverhalt aufmerksam lesen und herausarbeiten, was der Täter sich zum Zeitpunkt der Vornahme der ersten Tathandlung gedacht hat.

**279**

**Beispiel** A schlägt B bewusstlos, um ihr das Portemonnaie aus der Handtasche zu entwenden. Als sich wider Erwarten darin kein Geld befindet, entscheidet sich A kurzerhand um und nimmt einen wertvollen Ring an sich.

---

239 *Wessels/Hillenkamp* Strafrecht BT/2 Rn. 350.
240 *Wessels/Hillenkamp* Strafrecht BT/2 Rn. 350.
241 *Jäger* Strafrecht BT Rn. 288.
242 *Wessels/Hillenkamp* Strafrecht BT/2 Rn. 160, 365a.

Hier ist fraglich, ob die Gewalt zum Zwecke der Wegnahme erfolgte, da A die B nicht niederschlug, um den Ring zu entwenden. Allerdings bestand der Diebstahlsvorsatz ohne Zäsur fort, er verlagerte sich lediglich auf ein Alternativobjekt. Ähnlich wie bei § 242 ist dann auch bei § 249 der Vorsatzwechsel unbeachtlich, da es sich um ein einheitliches Geschehen handelt.

**Achtung**: Die Lösung des Falles sähe anders aus, wenn A, nachdem er erfolglos nach Geld Ausschau gehalten hat, zunächst davon Abstand genommen hätte, B zu bestehlen und dann vor Verlassen des Tatorts aber den Ring entdeckt und kurz entschlossen mitgenommen hätte.

Hier hätte sich A wegen versuchten Raubes an dem Geld und Diebstahl an dem Ring strafbar gemacht.

280 Da der Finalzusammenhang einen **Moment des „um zu"** voraussetzt, scheidet ein Raub aus, wenn der Täter die Sache nur **„gelegentlich"** einer Gewaltanwendung wegnimmt.[243]

**Beispiel** A hat X bewusstlos geschlagen und vergewaltigt. Nach der Tat nimmt er X aufgrund eines spontan gefassten Entschlusses die Handtasche weg. Hier erfolgte die Gewaltanwendung in Gestalt des Schlagens und der Vergewaltigung nicht, um die Wegnahme zu ermöglichen.

281 Davon unterscheiden sollten Sie die **Wegnahme bei fortdauerndem Gewalteinsatz**. In diesen Fällen ist ein Raub durchaus möglich.

**Beispiel** Im Morgengrauen gegen 4.30 Uhr bedrängte der Angeklagte A die sich nach einer Feier auf dem Nachhauseweg befindliche B körperlich. Er drückte sie gegen das Geländer der Brücke, würgte sie und schlug ihren Kopf mehrfach gegen eine Stahlleiter. Dabei forderte er sie auf, ihn sexuell zu befriedigen, was B verweigerte. Schließlich drohte er ihr den Einsatz eines Messers an, wenn sie seinem Begehren nicht nachkomme. Als er bemerkte, dass sich 2 Personen dem Tatort näherten, die den Namen der B riefen, ließ er von B ab und nahm das Mobiltelefon, welches B in der Hand gehalten hatte, an sich in der Absicht, es zu behalten. Unter dem Eindruck der vorangegangenen Gewaltanwendung widersetzte sich B dieser Handlung nicht.

Der *BGH*[244] hat den Finalzusammenhang bejaht: „Wird die Nötigung zunächst mit einer anderen Zielrichtung vorgenommen und nutzt der Täter sie erst im Anschluss zu einer Wegnahme aus, ist der Tatbestand des Raubes erfüllt, wenn die Gewalt zum Zeitpunkt der Wegnahme noch andauert oder als aktuelle Drohung erneuter Gewaltanwendung auf das Opfer einwirkt und der Täter diesen Umstand bewusst dazu ausnutzt, dem Opfer, das sich dagegen nicht mehr zu wehren wagt, die Beute wegzunehmen. Eine andere rechtliche Beurteilung kommt nur dann in Betracht, wenn die Gewaltanwendung nicht mehr andauert, sondern nur noch in der Weise fortwirkt, dass sich das Tatopfer (nur noch) in einem Zustand der allgemeinen Einschüchterung befindet."[245]

282 **Umstritten** und damit wieder klausurrelevant sind die Fälle, bei denen der Täter die Wirkung eines zuvor aus einem anderen Grund ausgeübten Gewalteinsatzes ausnutzt. Gewalt kommt hier nur als **„Gewalt durch Unterlassen der Beendigung des Gewalteinsatzes"** in Betracht.

---

243 *BGH* Beschluss vom 31.7.2012, AZ 3 StR 232/12 und *BGH* Beschluss vom 16.5.2012, AZ 3 StR 68/12 – abrufbar unter www.bundesgerichtshof.de.
244 *BGH* NStZ 2013, 471; NStZ 2017, 27.
245 So auch *BGH* NSTZ 2017, 26.

> **Hinweis**
>
> Es handelt sich also streng genommen nicht nur um ein Problem des Finalzusammenhangs, sondern vielmehr um die Frage, ob „Gewalt durch Unterlassen" möglich ist.

**Beispiel** A hat B dieses Mal nicht geschlagen, sondern auf dem Nachhauseweg überwältigt und gefesselt in ein Gebüsch verbracht. Dort fällt sein Blick nunmehr auf die Armbanduhr des B. Erfreut über die wehrlose Situation, in welcher B sich befindet, nimmt A ihm die Uhr ab und verschwindet.

Das Fesseln erfolgte nicht zur Wegnahme der Uhr, da A zu diesem Zeitpunkt noch keinen entsprechenden Vorsatz hatte. Fraglich ist, ob das Ausnutzen der Fesselung als Gewalt durch Unterlassen angesehen werden kann mit der Folge, dass der Finalzusammenhang gegeben wäre. Die Garantenstellung könnte sich aus Ingerenz ergeben.

Die **herrschende Literatur** lehnt Gewalt durch Unterlassen in diesen Fallgruppen ab. Ein Täter, der eine Sache lediglich in dem Bewusstsein wegnehme, die zuvor geschaffene Zwangslage beseitigen zu müssen, könne nicht mit einem aktiv Gewalt ausübenden Täter gleichgestellt werden (Gleichstellungsklausel gem. § 13). § 249 solle Aggressionshandlungen verhindern und nicht bewirken, dass der Täter Zwangswirkungen aufhebt.[246]  **283**

Der *BGH* hingegen lehnt eine Beschränkung der Gewalt auf ein aktives Tun ab und lässt Gewalt durch Unterlassen dann genügen, wenn – wie bei dem Dauerdelikt einer Freiheitsberaubung – der körperlich wirkende Zwang aufrechterhalten bleibt und die Gewaltanwendung durch positives Tun und die Ausnutzung zeitlich und räumlich beieinander liegen. Wer einen anderen fessele, übe Gewalt aus. Durch das Aufrechterhalten dieses Zustandes setze sich, anders als beim Niederschlagen, diese Gewalthandlung dann unmittelbar fort.[247]  **284**

> **JURIQ-Klausurtipp**
>
> In der Klausur sollten Sie zunächst **mit der Prüfung des aktiven Tuns beginnen**. Sofern Sie den Finalzusammenhang verneinen, müssen Sie anschließend danach fragen, ob nicht auch Gewalt durch Unterlassen in Betracht kommen kann und den Streit entscheiden. Bedenken Sie dabei, dass dann die Voraussetzungen des § 13 gegeben sein müssen. Da die Wegnahme nach wie vor durch aktives Tun erfolgt, ist es nicht notwendig, mit der Prüfung von neuem zu beginnen.

## III. Subjektiver Tatbestand

Erforderlich ist zunächst Vorsatz im Hinblick auf die Verwirklichung des objektiven Tatbestandes. Da Sie im objektiven Tatbestand bereits einige Aspekte des Vorsatzes beim Finalzusammenhang geprüft haben, können Sie insoweit Bezug nehmen und im Übrigen den Vorsatz durchprüfen, wobei dolus eventualis ausreicht.  **285**

---

246 *Jäger* Strafrecht BT Rn. 292 m.w.N.; *Wessels/Hillenkamp* Strafrecht BT/2 Rn. 364.
247 *BGH* NStZ 2004, 152; *BGHSt* 32, 88.

286 Wie bei § 242 muss der Täter darüber hinaus mit **rechtswidriger Zueignungsabsicht** gehandelt haben. Insoweit wird auf die Ausführungen unter Rn. 71 verwiesen.

## IV. Rechtswidrigkeit und Schuld

287 Hinsichtlich der Rechtswidrigkeit und Schuld gibt es keine deliktsspezifischen Besonderheiten.

## V. Täterschaft und Teilnahme

>> Da es sich um eine klausurrelevante Problematik aus dem Allgemeinen Teil handelt, sollten Sie die Gelegenheit nutzen und die Anstiftung wiederholen, dargestellt im Skript „Strafrecht AT II"! <<

288 Auch an dieser Stelle wird zunächst auf die Ausführungen verwiesen, die im Rahmen des Diebstahls unter Rn. 95 gemacht wurden.

289 Da der Diebstahl im Raub enthalten ist, können sich Besonderheiten im **Zusammenspiel zwischen Diebstahl, Raub und Anstiftung** ergeben. In der Klausur können Ihnen drei verschiedene Konstellationen begegnen, die wir nachfolgend kurz wiederholen werden.

### 1. Aufstiftung

290 Eine Aufstiftung liegt vor, wenn der Haupttäter **zur Verwirklichung des Diebstahls entschlossen** war, der Anstifter ihn jedoch **zur Begehung des Raubes angestiftet** hat.

**Beispiel** A möchte Oma O im Stadtpark durch einen Überraschungsangriff von hinten die Handtasche entreißen. Als er B davon erzählt, rät ihm B, die seiner Ansicht nach renitente O zuerst niederzuschlagen und dann in Ruhe die Tasche wegzunehmen. A geht entsprechend vor.

Hier war A bereits zur Verwirklichung des Diebstahls entschlossen. B könnte ihn jedoch zur Begehung eines Raubes aufgestiftet haben. ■

291 Nach h.M. ist eine Aufstiftung als **Anstiftung zur schwereren Tat bzw. Qualifikation** zu bestrafen, da der Anstifter den Unwertgehalt der Haupttat wesentlich erhöht habe.[248] Die **Gegenauffassung** verweist darauf, dass der Täter hinsichtlich des mitenthaltenen Deliktes ein omnimodo facturus war und **Anstiftung nur hinsichtlich der Erhöhung** in Betracht kommen könne, sofern diese eigenständig strafbar sei *(im obigen Beispiel also wegen Anstiftung zur Körperverletzung).*[249] Im Übrigen könne der Teilnehmer wegen **psychischer Beihilfe** zum Raub bestraft werden.

### 2. Abstiftung

292 Die Abstiftung ist das Gegenteil der Aufstiftung. Bei der Abstiftung ist der **Täter schon zur Begehung des Raubes entschlossen**, verwirklicht dann aber aufgrund der Einflussnahme durch den Teilnehmer **nur den Diebstahl**.

**Beispiel** Wäre A im obigen *Beispiel* dazu entschlossen gewesen, Oma O niederzuschlagen und hätte er dann aufgrund des Ratschlags des B die Tat nur durch Ausnutzen eines Überraschungsmomentes begangen, hätte er nur einen Diebstahl verwirklicht. ■

---
248 *BGHSt* 19, 339; *Wessels/Beulke* Strafrecht AT Rn. 571.
249 Schönke/Schröder-*Cramer/Heine* § 26 Rn. 8.

# Überblick

Bei der Abstiftung ist eine Anstiftung nicht möglich, da der Täter zur Begehung des Diebstahls bereits entschlossen war. In Betracht kommen kann allenfalls psychische Beihilfe, die jedoch verneint werden muss, wenn der „Teilnehmer" lediglich eine Risikoverringerung bewirkte und nicht zugleich auch eine Festigung des Tatentschlusses.[250]

### 3. Umstiftung

Bei der Umstiftung ist der Täter zu einer Tat entschlossen, wird aber durch den Teilnehmer nun **zu einer anderen Tat** motiviert. Hier ist eine Anstiftung zu der neuen Tat unproblematisch, sofern die neue Tat nicht, auch nicht teilweise, mit der geplanten Tat übereinstimmt. Andernfalls kommt wieder eine Aufstiftung in Betracht.

**Beispiel** A möchte die Wohnung von Oma O, die den Winter über auf Teneriffa Urlaub macht, mit buntem Graffiti „verschönern". B macht ihn darauf aufmerksam, dass Omas doch meistens in Kaffeedosen das Haushaltsgeld aufbewahren und animiert ihn zur Mitnahme des Geldes, wenn er schon mal da sei.

A hat sich gem. §§ 244 Abs. 1 Nr. 3, 123 und 303 strafbar gemacht. Zur Begehung der §§ 123 und 303 war er bereits entschlossen, nicht aber zur Begehung des Diebstahls. Insoweit hat B ihn angestiftet. Fraglich ist aber, ob B ihn auch zur Verwirklichung des § 244 Abs. 1 Nr. 3 angestiftet hat, da A bereits entschlossen war, widerrechtlich die Wohnung, also das geschützte Objekt des § 244 Abs. 1 Nr. 3, zu betreten. Da § 244 jedoch § 123 nicht mitenthält, sondern nur im Wege der Konsumtion verdrängt, hat B den A auch zur Verwirklichung des § 244 Abs. 1 Nr. 3 angestiftet, da A aufgrund der Einflussnahme des B eine andere als die geplante Tat begangen hat. ■

## VI. Konkurrenzen

Wie bereits ausgeführt, **verdrängt § 249** als spezielleres Delikt die §§ 242 und 240. Sofern in der Klausur also der Raub bejaht wurde, erübrigt sich eine Prüfung dieser Vorschriften. **Tateinheit** besteht hingegen mit §§ 223 ff.

# J. Schwerer Raub, § 250

## I. Überblick

Wie bereits dargestellt, ist der schwere Raub eine tatbestandliche Qualifikation zum Grundtatbestand des einfachen Raubes gemäß § 249. Aufgrund der Verweisungen in den §§ 252, 255 „gleich einem Räuber" stellt er aber auch eine Qualifikation zu diesen Tatbeständen dar. § 250 kann in **zwei Qualifikationstatbestände** unterteilt werden: Erfüllt der Täter qualifizierend eine der Voraussetzungen des Abs. 1, so ist auf Freiheitsstrafe nicht unter drei Jahren zu erkennen. Eine weitere Erhöhung der Freiheitsstrafe sieht § 250 Abs. 2 vor. Liegen dessen Voraussetzungen vor, so ist auf Freiheitsstrafe nicht unter fünf Jahren zu erkennen. Innerhalb des § 250 Abs. 1 sind die Nrn. 1a, 1b und 2 weitgehend identisch mit § 244 Abs. 1 Nr. 1a und 1b und 2.

》 Lesen Sie den Gesetzeswortlaut des § 250 Abs. 1, insbesondere die Nrn. 1 und 2, und fragen Sie sich, ob Ihnen die wesentlichen, oben unter Rn. 162 dargestellten Probleme noch bekannt sind. 《

---

[250] Schönke/Schröder-*Cramer/Heine* § 26 Rn. 6.

> **Hinweis**
> 
> Sofern in der Klausur eine der Varianten des Abs. 2 in Betracht kommt, sollten Sie damit beginnen, da insbesondere Abs. 2 Nr. 1 den Abs. 1 Nr. 1a verdrängt. Hat der Täter also eine Waffe oder ein gefährliches Werkzeug **verwendet**, starten Sie mit Abs. 2 Nr. 1.

Sämtliche bei § 244 in diesem Zusammenhang besprochenen, **klausurrelevanten Probleme,** wie z.B. der Begriff des **gefährlichen Werkzeugs** oder das **Beisichführen einer Scheinwaffe**, können Ihnen in der gutachterlichen Prüfung in gleichem Ausmaß **bei § 250 Abs. 1** begegnen.

**297** Wir werden uns nachfolgend ausschließlich mit den **Besonderheiten des § 250** beschäftigen. In Abs. 1 ist dies lediglich die Nr. 1c. § 250 Abs. 2 findet keine Entsprechung in § 244, so dass dessen Tatbestandsvarianten ausführlich erörtert werden.

**298** Der Aufbau des § 250 Abs. 1 sieht wie folgt aus:

---

**PRÜFUNGSSCHEMA**

### Schwerer Raub, § 250 Abs. 1

**I. Objektiver Tatbestand**
1. Nr. 1a: bewusst gebrauchsbereites Beisichführen einer Waffe oder eines anderen gefährlichen Werkzeugs
2. Nr. 1b: bewusst gebrauchsbereites Beisichführen eines sonstigen Werkzeugs oder Mittels
3. Nr. 1c:
   a) eine andere Person
   b) durch die Tat
      ▶ zwischen Voll- und Beendigung          Rn. 308
   c) in die Gefahr einer schweren Gesundheitsschädigung bringen
4. Nr. 2: Begehung des Raubes als Mitglied einer Bande unter Mitwirkung eines Bandenmitglieds

**II. Subjektiver Tatbestand**
1. Vorsatz, dolus eventualis reicht
2. bei Nr. 1b: Verwendungsabsicht hinsichtlich des Werkzeugs oder Mittels

**III. Rechtswidrigkeit**

**IV. Schuld**

**V. Minderschwerer Fall des Raubes gemäß § 250 Abs. 3**

Objektiver Tatbestand, § 250 Abs. 1 Nr. 1c

Der Prüfungsaufbau des § 250 Abs. 2 sieht wie folgt aus: **299**

> **Schwerer Raub, § 250 Abs. 2**
>
> **I. Objektiver Tatbestand**
>   1. Nr. 1: Verwenden einer Waffe oder eines anderen gefährlichen Werkzeugs
>      Verwenden   Rn. 311
>   2. Nr. 2: Beisichführen einer Waffe bei einem Bandenraub
>   3. Nr. 3a: Schwere körperliche Misshandlung eines anderen
>   4. Nr. 3b: Hervorrufen einer Todesgefahr für eine andere Person durch die Tat
>
> **II. Vorsatz, dolus eventualis reicht**
>
> **III. Rechtswidrigkeit**
>
> **IV. Schuld**
>
> **V. Minderschwerer Fall des Raubes gemäß § 250 Abs. 3**

**PRÜFUNGSSCHEMA**

## II. Objektiver Tatbestand, § 250 Abs. 1 Nr. 1c

§ 250 Abs. 1 Nr. 1c ist – wie man vielleicht auf den ersten Blick meinen könnte – keine **300** Erfolgsqualifikation, bei welcher gemäß § 18 hinsichtlich der schweren Folge Fahrlässigkeit vorliegen müsste, sondern – wie die anderen Nummern auch – eine Qualifikation zum Raub.

> **Hinweis**
>
> Verlangt der Gesetzeswortlaut nur die „**Gefahr**" einer Gesundheitsschädigung oder des Todes, so handelt es sich nicht **um eine Erfolgsqualifikation**. Bei einer Erfolgsqualifikation würde das Gesetz den Eintritt dieser Folge voraussetzen. § 250 Abs. 1 Nr. 1c wäre dann eine Erfolgsqualifikation, wenn der Gesetzgeber wie folgt formuliert hätte: „… wenn der Täter oder ein anderer Beteiligter am Raub eine schwere Gesundheitsschädigung für eine andere Person verursacht."
>
> Vergleichen Sie insofern § 250 Abs. 2 Nr. 3b mit § 251, welcher eine Erfolgsqualifikation darstellt.

Im objektiven Tatbestand des § 250 Abs. 1 Nr. 1c sind folgende Voraussetzungen zu prüfen: **301**

| Schritt 1 | Schritt 2 |
| --- | --- |
| eine andere Person muss durch die Tat (kausal und zurechenbar) | in die Gefahr einer schweren Gesundheitsschädigung gebracht worden sein |

## 1. Andere Person

**302** Eine **andere Person** kann nach überwiegender Auffassung nur derjenige sein, der **nicht als Mittäter, mittelbarer Täter oder Teilnehmer** an der Tat selbst beteiligt ist.[251] Nicht erforderlich ist hingegen, dass es sich bei der anderen Person um den Gewahrsamsinhaber handelt, dem die Sache weggenommen wird, oder um denjenigen, dem gegenüber das qualifizierte Nötigungsmittel eingesetzt wird. Es reicht aus, wenn ein **zufällig anwesender Dritter** durch die Handlung des Täters in diese konkrete Gefahr gebracht wird.

**Beispiel** A stürmt mit schussbereiter Waffe in die Bank der Y-GmbH und fordert unter Vorhalten dieser Waffe den Kassierer auf, das in der Kasse befindliche Geld herauszugeben. Um seiner Forderung Nachdruck zu verleihen, gibt er wahllos Schüsse in seine Umgebung ab, wobei ein Schuss beinahe einen gerade die Bank betretenden Kunden streift.

## 2. Gefahr einer schweren Gesundheitsbeschädigung

**303** Die **schwere Gesundheitsschädigung** ist nicht identisch mit der schweren Körperverletzung gemäß § 226. Sie können sich in der gutachterlichen Prüfung aber an den Verletzungen des § 226 orientieren.

> Eine **schwere Gesundheitsschädigung** ist immer eine einschneidende und nachhaltige Beeinträchtigung der Gesundheit, welche mit längerer Arbeitsunfähigkeit oder längerem Krankenhausaufenthalt oder erheblichen Schmerzen verbunden ist.[252]

**304** Diese schwere Gesundheitsschädigung muss nicht eingetreten sein. Der Täter muss durch die Tat nur eine **konkrete Gefahr** einer Gesundheitsschädigung verursacht haben.

> Eine **konkrete Gefahr** ist dann gegeben, wenn es nur vom Zufall abhängt, ob die Gesundheitsschädigung sich realisiert oder nicht.

**305** Hat sich die Gesundheitsschädigung tatsächlich realisiert, so kann dies der beste Beweis für eine zuvor bestehende, konkrete Gefahr sein.

> **Hinweis**
>
> Ist die konkrete Gefahr tatsächlich in eine Verletzung umgeschlagen, so ist **Tateinheit** anzunehmen zwischen § 250 Abs. 1 Nr. 1c und §§ 223 ff.

## 3. Durch die Tat

**306** Diese konkrete Gefahr muss schließlich **durch die Tat** verursacht worden sein. Dies setzt zunächst Kausalität i.S.d. conditio-sine-qua-non-Formel voraus. Darüber hinaus muss aber auch der Ihnen von den erfolgsqualifizierten Delikten bekannte **Unmittelbarkeitszusam-**

---

[251] *Wessels/Hillenkamp* Strafrecht BT/2 Rn. 377.
[252] *BGH* NJW 2002, 2043; *Wessels/Hillenkamp* Strafrecht BT/2 Rn. 377.

menhang zwischen dem Raub und der konkreten Gefahr gegeben sein. Unmittelbarkeitszusammenhang bedeutet, dass der Täter durch den Raub eine spezifische Gefährlichkeit geschaffen haben muss, die sich alsdann in typischer Weise in der konkreten Gefahr realisiert hat.

> **Hinweis**
>
> Beim Unmittelbarkeitszusammenhang wird eine **Wertung** vorgenommen, indem danach gefragt wird, ob die konkrete Gefahr als Werk des Täters anzusehen ist. Damit entspricht der Unmittelbarkeitszusammenhang der objektiven Zurechnung, welche Sie im objektiven Tatbestand eines Erfolgsdelikts prüfen. **Sämtliche Aspekte, die zur Verneinung der objektiven Zurechnung führen können, sind auf den Unmittelbarkeitszusammenhang bei § 250 Abs. 1 Nr. 1c übertragbar.** So kann insbesondere eine eigenverantwortliche Selbstgefährdung des konkret Gefährdeten oder ein atypischer Kausalverlauf den Unmittelbarkeitszusammenhang durchbrechen.

» Wiederholen Sie in diesem Zusammenhang also die objektive Zurechnung, dargestellt im Skript „Strafrecht AT I"! «

Da der Täter einen schweren Raub begangen haben soll, muss es sich nach h.M. bei der Gefährlichkeit um eine solche handeln, die auf die **raubspezifische Gefahr**, also die Raubmittel (Gewalt oder Drohung) zurückgeht. Eine Gefahr, die aus der Wegnahme resultiert, reicht mithin für die Begründung des Unmittelbarkeitszusammenhangs nicht aus. (Lesen Sie hierzu auch die Ausführungen unter Rn. 333).

**Beispiel** Im obigen *Beispiel* hat die Abgabe des Schusses, mithin also der Einsatz der Gewalt die konkrete Gefahr verursacht. Der Unmittelbarkeitszusammenhang ist zu bejahen.

Die Strafbarkeit eines Täters gemäß § 250 Abs. 1 Nr. 1c wäre jedoch zu verneinen, wenn der Täter dem Opfer durch Vorhalten einer Waffe ein überlebenswichtiges Asthmaspray wegnimmt und das Opfer dadurch in die konkrete Gefahr einer Sauerstoffunterversorgung brächte. In diesem Fall würde die Gefahr auf der Wegnahmehandlung beruhen und nicht auf dem Einsatz des Nötigungsmittels. ∎

**Umstritten** ist, ob § 250 Abs. 1 Nr. 1c auch dann verwirklicht ist, wenn die konkrete Gefahr durch eine Handlung verursacht wurde, die in der Phase zwischen Vollendung und Beendigung des Raubes vorgenommen wurde. Es handelt sich hierbei um das grundsätzliche Problem der **„Qualifikation zwischen Vollendung und Beendigung"**, welches wir unter Rn. 382 ausführlich erörtern werden.

## III. Objektiver Tatbestand, § 250 Abs. 2

### 1. Raub unter Verwendung einer Waffe oder eines anderen gefährlichen Werkzeuges, § 250 Abs. 2 Nr. 1

Im Gegensatz zu § 250 Abs. 1 Nr. 1a muss der Täter bei § 250 Abs. 2 die Waffe oder das gefährliche Werkzeug **verwendet** haben.

Nach h.M. wird der Begriff des **gefährlichen Werkzeugs** in § 250 Abs. 2 Nr. 1 – anders als im Abs. 1 Nr. 1a – ähnlich definiert wie in § 224 Abs. 1 Nr. 2. Ein gefährliches Werkzeug ist danach ein Gegenstand, der nach seiner **Beschaffenheit** und der **konkreten Verwendung** im Einzelfall geeignet ist, erhebliche Verletzungen herbeizuführen²⁵³. Bei der Körperverletzung liegt die Verwendung darin, dass der Täter den Gegenstand zur Verletzung des Körpers einsetzt. Beim Raub hingegen liegt die Verwendung darin, dass der Täter den Gegenstand als Mittel der **Gewalt** (dann zumeist wie bei § 224) oder aber als Mittel der **Drohung** einsetzt. In letzterem Fall ist wesentlich, welche Drohung der Täter mittels des Werkzeuges ausdrücklich oder konkludent ausgesprochen hat und ob der Einsatz des Gegenstands entsprechend der Drohung geeignet gewesen wäre, erhebliche Verletzungen herbeizuführen. Probleme kann es hier wie dort mit der Definition des Begriffs „Werkzeugs" geben.

> **Beispiel** A trifft sich am späten Abend mit B vor einem „Industriemüllhäcksler" und fordert ihn auf, ihm 400 € zu geben, andernfalls er ihn in den Häcksler werfen werde. B, der um sein Leben fürchtet, übergibt A daraufhin diesen Betrag.
>
> Der *BGH* hat § 250 Abs. 2 Nr. 1 abgelehnt, da seiner Auffassung nach gefährliche Werkzeuge nur solche Gegenstände seien, die durch menschliche Einwirkung gegen den menschlichen Körper in Bewegung gesetzt werden können. Für § 250 ergebe sich dies auch daraus, dass die Werkzeuge in Abs. 1 auch bei sich geführt werden können müssen, was eindeutig gegen große, unbewegliche Gegenstände spreche.²⁵⁴ ∎

**311** Welche **Anforderungen** im Einzelnen an das **Verwenden der Waffe bzw. des gefährlichen Werkzeugs** zu stellen sind, ist **umstritten**. Einigkeit herrscht zunächst dahingehend, dass die Waffe oder das gefährliche Werkzeug vom Täter verwendet wurden, wenn sie zumindest **zur Drohung mit Gewalt** eingesetzt wurden.²⁵⁵

Erforderlich ist darüber hinaus, dass der **Bedrohte die Drohung wahrgenommen** hat. Ist dies nicht der Fall, so liegt lediglich ein Versuch vor, der jedoch hinter der vollendeten Qualifikation gemäß § 250 Abs. 1 Nr. 1a zurücktritt, sofern das Werkzeug auch nach der dort verwendeten Definition ein gefährliches Werkzeug ist.²⁵⁶ Fraglich ist jedoch, auf welche **Art und Weise** das Opfer das Werkzeug wahrgenommen haben muss. Muss das Opfer das Werkzeug sehen oder reicht z.B. eine **taktile Wahrnehmung** aus?

> **Beispiel** A bringt die in einer Spielhalle arbeitende Mitarbeiterin M in seine Gewalt, indem er ihr ein 50 cm langes Brecheisen in den Rücken drückt und ihr erklärt, dass dies ein Überfall sei und sie sich besser nicht wehren solle. Sofern sie seinen Anweisungen folge, werde er „gar nichts machen". Dabei hat er durchaus vor, bei Widerstand das Brecheisen auch als Gewaltmittel einzusetzen. M sieht nicht, um welchen Gegenstand es sich in ihrem Rücken handelt, spürt jedoch etwas Hartes und bekommt Angst, dass A sie damit verletzen könnte, weswegen sie den Anweisungen des A Folge leistet. A bricht daraufhin die Spielautomaten auf und verschwindet mit dem Geld. ∎

Der *BGH*²⁵⁷ hat im obigen *Beispielsfall* deutlich gemacht, dass das Tatbestandsmerkmal des Verwendens jeden zweckgerichteten Gebrauch eines **objektiv** gefährlichen Tatmittels umfasse. Wichtig sei, dass der Bedrohte Kenntnis von der Drohung erlangt und dadurch in eine Zwangslage versetzt werde. Dabei sei es irrelevant, ob der Bedrohte das Werkzeug nur taktil und nicht visuell wahrnehme.

---

253 *Joecks/Jäger* § 250 Rn. 30; *Hecker* JuS 2018, 393.
254 *BGH* Beschluss vom 12.12.2012, AZ 5 StR 574/12 – abrufbar unter www.bundesgerichtshof.de.
255 *BGHSt* 26, 176.
256 *BGH* NStZ 2005, 41.
257 *BGH* Urteil vom 10.1.2018, 2 StR 200/17 – abrufbar unter www.bundesgerichtshof.de.

## Objektiver Tatbestand, § 250 Abs. 2

Fraglich ist darüber hinaus, ob es bei der Verwendung der Waffe oder des gefährlichen Werkzeuges zur einer **konkreten Leibes- oder Lebensgefahr** gekommen sein muss.

**Beispiel** A stürmt maskiert in eine Bank und fordert den am Schalter sitzenden Kassierer auf, ihm Geld herauszugeben. Dabei zückt er eine geladene Waffe und richtet sie auf den Kassierer, der jedoch zu keinem Zeitpunkt ernsthaft gefährdet ist, da er hinter kugelsicherem Glas sitzt.[258]

**Überwiegend** wird vertreten, dass es in Fällen, in denen die Waffe bzw. das gefährliche Werkzeug potenziell gefährlich ist, nicht darauf ankomme, ob tatsächlich eine konkrete Leibes- oder Lebensgefahr vorliege. Ausschlaggebend sei insofern lediglich die **potenzielle Gefährlichkeit funktionsbereiter Waffen und gefährlicher Werkzeuge**.[259]

In Anbetracht des Umstandes, dass es auf eine konkrete Gefährdung des Bedrohten nicht ankommt, kann das Verwenden einer Waffe auch dann angenommen werden, wenn der Täter eine **ungeladene Waffe** dem Opfer vorhält, wobei er die Munition jedoch in seiner Jackentasche trägt und die **Waffe** somit **jederzeit schussbereit** machen kann.[260]

> **JURIQ-Klausurtipp**
>
> In der Klausur ist in einer solchen Fallkonstellation zunächst einmal zu diskutieren, ob eine **ungeladene Schusswaffe eine Waffe i.S.d. § 250 Abs. 2 Nr. 1** sein kann. Wenn der Täter die Munition griffbereit bei sich führt, kann eine Waffeneigenschaft bejaht werden.

**Scheinwaffen** unterfallen allerdings nicht dem § 250 II Nr. 1, da sie keine objektive Gefährlichkeit besitzen. Die Behandlung von **Gas- und Schreckschusswaffen** ist streitig.

**Beispiel** A stürmt dieses Mal mit einer geladenen Schreckschusswaffe in die Bank und fordert den Kassierer, der sich im Schalterraum befindet, aus einer Entfernung von 5 Metern auf, ihm Geld zu geben.

Der *BGH*[261] sieht Schreckschusswaffen als Waffen i.S.d. § 250 Abs. 2 Nr. 1 an und zwar unabhängig davon, ob der Täter sie aus kurzer (dann objektiv gefährlich wegen des Explosionsdrucks) oder längerer Distanz gegenüber dem Opfer einsetze. Er verweist dabei auf die Vergleichbarkeit mit Messern, bei denen es ebenfalls nicht auf die Distanz ankomme.

In der **Literatur**[262] wird hingegen teilweise schon die Waffeneigenschaft von Gas- und Schreckschusspistolen verneint, jedenfalls aber das Verwenden, wenn es aus der langen Distanz heraus erfolge, da dann keine objektive Gefährlichkeit vorliege.

---

[258] Vgl. dazu *BGHSt* 45, 92.
[259] *BGHSt* 45, 92; *Wessels/Hillenkamp* Strafrecht BT/2 Rn. 381; *BGH* Urteil vom 10.1.2018, 2 StR 200/17 – abrufbar unter www.bundesgerichtshof.de.
[260] *Wessels/Hillenkamp* Strafrecht BT/2 Rn. 382.
[261] *BGHSt* 48, 197.
[262] *Wessels/Hillenkamp* Strafrecht BT/2 Rn. 371; *Geppert* Jura 1999, 605.

## 2. Bandenraub mit Waffen, § 250 Abs. 2 Nr. 2

**316** In § 250 Abs. 2 Nr. 2 werden der **Bandenraub gemäß § 250 Abs. 1 Nr. 2** und der **Raub mit einer Waffe gemäß § 250 Abs. 1 Nr. 1a Var. 1 miteinander kombiniert**. Beachten Sie, dass § 250 Abs. 2 Nr. 2 ausschließlich auf das Beisichführen einer Waffe abstellt. Ein Bandenraub unter Verwendung eines anderen gefährlichen Werkzeugs erfüllt damit nicht den Qualifikationstatbestand des § 250 Abs. 2 Nr. 2.

## 3. Schwere körperliche Misshandlung, § 250 Abs. 2 Nr. 3a

**317** Voraussetzung dieser Qualifikation ist, dass der Täter eine andere Person bei der Tat **körperlich schwer misshandelt**.

> Unter einer **körperlichen Misshandlung** ist zunächst eine Körperverletzung i.S.d. § 223 zu verstehen. Diese Misshandlung ist dann **„schwer"**, wenn sie in ihrer Intensität der schweren Gesundheitsschädigung bei § 250 Abs. 1 Nr. 1c entspricht oder eine rohe Misshandlung i.S.d. § 225 darstellt.[263]

**318** Wie § 250 Abs. 1 Nr. 1c kommen Mittäter, mittelbare Täter oder Teilnehmer als Opfer nicht in Betracht.

**319** Voraussetzung ist des Weiteren, dass diese schwere Misshandlung **bei der Tat** – also kausal und unmittelbar durch die Tat verursacht – eintritt. Es wird in diesem Zusammenhang auf die Ausführungen unter Rn. 306, 382 verwiesen.

**320** Im Unterschied zu § 250 Abs. 1 Nr. 1c muss hier die **Gesundheitsschädigung tatsächlich eingetreten** sein. Außerdem muss sich der Vorsatz des Täters auf die Herbeiführung dieser schweren Gesundheitsschädigung richten.

> **Beispiel** Eine schwere Misshandlung kann in heftigen, mit erheblichen Schmerzen verbundenen Schlägen und Tritten liegen, wenn diese z.B. langwierig heilende Knochenbrüche nach sich ziehen.[264]

## 4. Gefahr des Todes, § 250 Abs. 2 Nr. 3b

**321** Wie § 250 Abs. 1 Nr. 1c ist auch § 250 Abs. 2 Nr. 3b ein **konkretes Gefährdungsdelikt**. Im Unterschied zu § 250 Abs. 1 Nr. 1c ist die Gefahr für das Opfer jedoch schwerwiegender geworden, da es aufgrund der vom Täter vorgenommenen Handlungen letztlich nur vom Zufall abhängt, ob das Opfer verstirbt oder nicht.

## IV. Subjektiver Tatbestand

**322** Da das Gesetz keine Einschränkungen verlangt, ist hinsichtlich sämtlicher Tatbestandsvarianten **dolus eventualis** ausreichend.

---

263 *Wessels/Hillenkamp* Strafrecht BT/2 Rn. 385.
264 Vgl. hierzu *BGH* NStZ 1998, 461.

Beachten Sie, dass bei **§ 250 Abs. 1 Nr. 1b** – ebenso wie bei § 244 Abs. 1 Nr. 1b – noch die **Absicht** des Täters hinzukommen muss, das mitgeführte Werkzeug oder Mittel zur Überwindung eines Widerstandes zu verwenden.

Hinsichtlich **§ 250 Abs. 1 Nr. 1c und Abs. 2 Nr. 3b** müssen Sie in der gutachterlichen Prüfung darauf achten, dass der Vorsatz nur die **konkrete Gefahr** umfassen muss. Es ist nicht erforderlich, dass der Täter mit der Möglichkeit einer Verletzung des Opfers gerechnet hat. Ausreichend ist, dass er die konkret gefährdenden Umstände gekannt und diese billigend in Kauf genommen hat.

**Beispiel** A reißt der achtzigjährigen, unsicher am Stock gehenden Dame D die Handtasche, die diese fest umklammert hält, von der Schulter. D fällt infolge der Gewaltanwendung hin und zieht sich einen sehr komplizierten und äußerst seltenen Schulterbruch zu. A verteidigt sich später damit, dass er mit der Möglichkeit eines derartigen Schulterbruchs nicht gerechnet habe.

A hat sich trotzdem gem. § 250 Abs. 1 Nr. 1c strafbar gemacht. Zum Zeitpunkt des Entreißens der Handtasche (Anwendung der Gewalt) bestand die konkrete Gefahr des Hinfallens des Opfers. Diese Gefahr hat sich auch tatsächlich in einer der vielen möglichen Verletzungen realisiert. Diese Realisierung ist jedoch weder für den objektiven Tatbestand noch für den subjektiven Tatbestand ausschlaggebend. Neben der Gefahr des Schulterbruchs bestand auch die Gefahr eines Oberschenkelhalsbruchs, der bei älteren Menschen stets mit längerem Krankenhausaufenthalt und erheblichen Komplikationen verbunden ist. Subjektiv muss davon ausgegangen werden, dass A jedenfalls die Möglichkeit kannte, dass die unsicher am Stock gehende Dame infolge seiner Krafteinwirkung hinfallen und sich dabei verschiedene Knochenbrüche zuziehen könnte. Diese Möglichkeit hat er in Anbetracht der Skrupellosigkeit seines Vorgehens auch billigend in Kauf genommen.

> **JURIQ-Klausurtipp**
>
> Lassen Sie sich in der Klausur also **nicht** von einer tatsächlich eingetretenen Verletzung und dem diesbezüglich fehlenden Vorsatz „in die Irre leiten". Prüfen Sie stets, ob nicht sonstige Gefahren vorgelegen haben.

## V. Rechtswidrigkeit und Schuld

Hinsichtlich der Rechtswidrigkeit und Schuld bestehen keine tatbestandlichen Besonderheiten.

## VI. Konkurrenzen

**Tateinheit** ist möglich zwischen den verschiedenen Nummern der Absätze 1 und 2. Allerdings verdrängt Abs. 2 Nr. 1 den Abs. 1 Nr. 1a und Abs. 2 Nr. 2 den Abs. 1 Nr. 2 (Subsidiarität).

Sofern die Gefährdungen in § 250 Abs. 1 Nr. 1c und Abs. 2 Nr. 3b tatsächlich eingetreten sind, stehen die jeweiligen Tatbestände gemäß §§ 223 ff. und §§ 211 ff. in **Tateinheit** zum schweren Raub.

## K. Raub mit Todesfolge, § 251

**327** Der Raub mit Todesfolge ist ein **erfolgsqualifiziertes Delikt**. Als solches setzt es zunächst die Verwirklichung des **Grundtatbestandes** voraus. Dieser Grundtatbestand ist zum einen der **Raub gemäß § 249**, zum anderen aber auch – aufgrund der jeweiligen Verweisungen – die **§§ 252 und 255**. Die Erfolgsqualifikation verknüpft nun das Grunddelikt mit einer schweren Folge, welche bei § 251 im Tod eines anderen Menschen besteht.

» Nutzen Sie die Gelegenheit und wiederholen Sie an dieser Stelle die Erfolgsqualifikationen, die Ihnen bereits bekannt sind. «

> **Hinweis**
>
> **Erfolgsqualifizierte Delikte** dürften Ihnen auch schon an anderen Stellen im StGB begegnet sein, so z.B. bei den Körperverletzungsdelikten mit § 227, den Tötungsdelikten mit § 221 Abs. 1 i.V.m. Abs. 3, bei der Freiheitsberaubung gemäß § 239 Abs. 1 i.V.m. Abs. 4.

**328** Sie können die Erfolgsqualifikation wie die Qualifikation auch getrennt vom Grunddelikt prüfen. Dann prüfen Sie zunächst sämtliche Voraussetzungen des Grunddelikts und nachfolgend sämtliche Voraussetzungen der Erfolgsqualifikation. Eleganter ist jedoch zumeist die gemeinsame Prüfung der Voraussetzungen. Der Aufbau des § 251 sieht dann wie folgt aus:

**PRÜFUNGSSCHEMA**

### Raub mit Todesfolge, § 251

**I. Tatbestand des Grunddelikts, hier §§ 249, 252, 255**
 1. Objektiver Tatbestand
 2. Subjektiver Tatbestand

**II. Voraussetzungen der Erfolgsqualifikation, hier § 251**
 1. Eintritt der Folge: Tod
 2. Kausalität zwischen Grunddelikt und Folge
 3. Unmittelbarkeitszusammenhang zwischen Grunddelikt und Folge
  ▸ Anknüpfungspunkt   **Rn. 334**
  ▸ Unterbrechung durch eigenverantwortliche Selbstgefährdung des Opfers   **Rn. 337**
  ▸ Versuch und Rücktritt   **Rn. 347**
 4. Leichtfertigkeit gemäß § 251 (üblicherweise reicht Fahrlässigkeit gemäß § 18)

**III. Rechtswidrigkeit**

**IV. Schuld**

**329** Das Besondere bei Erfolgsqualifikationen ist, dass üblicherweise gemäß § 18 Fahrlässigkeit – bei § 251 „Leichtfertigkeit" – hinsichtlich des Eintritts der schweren Folge ausreicht. Da hinsichtlich des Grunddeliktes Vorsatz vorliegen muss, bezeichnet man Erfolgsqualifikationen auch als **Mischdelikte**, die gleichwohl gemäß §§ 11 Abs. 2, 18 als **Vorsatzdelikte** behandelt werden. Dies hat Auswirkungen auf die Versuchsstrafbarkeit und einen eventuell möglichen Rücktritt sowie die Beteiligung. Beides werden wir nachfolgend ausführlich erörtern.

## I. Tatbestand

### 1. Eintritt der Folge

Die Folge besteht bei § 251 in dem Tod eines anderen Menschen. Wie bei § 250 Abs. 1 Nr. 1c und Abs. 2 Nr. 3 sind nach überwiegender Auffassung **Tatbeteiligte** keine anderen Menschen i.S.d. Vorschrift.²⁶⁵

Auch ist es erneut nicht erforderlich, dass der Getötete der Gewahrsamsinhaber bzw. der von dem Nötigungsmittel Betroffene ist. Der Getötete kann auch ein **unbeteiligter Dritter** sein.

### 2. Kausalität

Die Kausalität bereitet in der gutachterlichen Prüfung zumeist keinerlei Schwierigkeiten. Sie ist nach der **conditio-sine-qua-non-Formel** zu bejahen, wenn das Grunddelikt nicht hinweggedacht werden kann, ohne dass die Folge in ihrer konkreten Gestalt entfiele.

### 3. Unmittelbarkeitszusammenhang

Im tödlichen Ausgang muss sich stets **die dem Raub anhaftende Gefahr für das Leben** anderer verwirklicht haben. Wie schon bei § 250 Abs. 1 Nr. 1c und Abs. 2 Nr. 3 ausgeführt, sind die Überlegungen, die beim Unmittelbarkeitszusammenhang angestellt werden, deckungsgleich mit jenen, die bei der objektiven Zurechnung erfolgen.

Wie bei § 250 auch, ist jedoch der Anknüpfungspunkt für diesen Unmittelbarkeitszusammenhang umstritten.

**Überwiegend** wird angenommen, dass sich in der Todesfolge die „raubspezifische" Gefahr niedergeschlagen haben muss. Schließlich gebe es nur „Raub mit Todesfolge" nicht aber „Diebstahl mit Todesfolge". Diese Gefahr liegt dementsprechend in der **Anwendung des Nötigungsmittels**, nicht in der Wegnahme einer fremden beweglichen Sache. Ebenso wenig wie § 250 Abs. 1 Nr. 1c verwirklicht ist, wenn der Täter dem Opfer ein lebenserhaltendes Medikament wegnimmt, ist dieser Auffassung zufolge § 251 verwirklicht, wenn das Opfer infolge dieser Wegnahme stirbt.²⁶⁶

Nach Ansicht der **Gegenauffassung** soll als Anknüpfungspunkt **auch die Diebstahlshandlung** in Betracht kommen, da auch diese Bestandteil des Raubes ist.²⁶⁷

Für den inneren Zusammenhang reicht es allerding aus, wenn das Opfer infolge der Drohung oder Gewaltanwendung an einem **Schock** stirbt.

**Beispiel** A und B dringen mit Sturmhauben maskiert, bewaffnet und schwarz gekleidet in die Wohnung der 82 Jahre alten Eheleute X und Y ein. Nachdem sie X überwältigt und gefesselt haben, treffen sie in der Wohnung auf die schwer asthmakranke Y, die von den Tätern ins Wohnzimmer gedrängt und durch Vorhalten der Waffe zum Schweigen aufgefordert wird. Aufgrund des Schocks erleidet Y einen starken Asthmaanfall, an dessen Folgen sie verstirbt.

---

265 *Wessels/Hillenkamp* Strafrecht BT/2 Rn. 387.
266 *Wessels/Hillenkamp* Strafrecht BT/2 Rn. 388; *BGH* NStZ 2001, 534.
267 *Herzberg* JZ 2007, 616; *Lackner/Kühl* § 251 Rn. 1.

Hier waren die Gewalt gegenüber X und die Drohung gegenüber Y, also die Nötigungsmittel, die Ursache für den späteren Tod der Y. Es hat sich also im Tod die spezifische Gefährlichkeit der Raubmittel realisiert, weswegen der *BGH*[268] eine Strafbarkeit gem. § 251 bejaht hat. ∎

**337** Wie bei anderen Erfolgsqualifikationen, insbesondere dem § 227, kann auch bei § 251 fraglich sein, ob die Vorschrift anwendbar ist, wenn der Tod durch ein **eigenverantwortliches Handeln des Opfers** eintritt. Klausurrelevant sind vor allem solche Fallgestaltungen, in denen das Opfer aus Angst vor der angedrohten oder bereits ausgeübten Gewalt einen Fluchtversuch unternimmt und bei diesem zu Tode kommt.

**Beispiel** A steht mit einem Baseballschläger bewaffnet vor B und fordert diesen auf, ihm Uhr und Portemonnaie herauszugeben. B, der befürchtet, A werde ihn auch nach Übergabe des Portemonnaies zusammenschlagen, da sich nur noch 50 Cent im Portemonnaie befinden, springt nach der Übergabe der Uhr aus lauter Panik aus einem im ersten Obergeschoss gelegenen Fenster. Dabei kommt er so unglücklich auf dem Boden auf, dass er sich das Genick bricht.

Hier liegt ein vollendeter schwerer Raub gemäß §§ 249, 250 Abs. 2 Nr. 1 vor. Die Todesfolge ist jedoch eingetreten, weil das Opfer aufgrund eines eigenen Entschlusses, aus dem Fenster zu springen, gestorben ist. ∎

**338** Lange Zeit war zwischen Literatur und Rechtsprechung umstritten, ob die Verwirklichung des Grunddelikts, namentlich bei § 227, die Gefahr in sich trägt, dass das Opfer bei einem riskanten **Ausweich- oder Fluchtverhalten** zu Tode kommt. Von der **Literatur** wurde dies i.d.R. bejaht, da das Fluchtverhalten des Opfers eine instinktive Abwehrreaktion auf die Bedrohung durch den Täter sei. Inzwischen hat sich der **BGH** dieser Auffassung weitestgehend angeschlossen. Voraussetzung ist jedoch, dass der Täter durch sein Verhalten das **Opfer in die Enge getrieben** hat, so dass von einer „eigenverantwortlichen" Selbstgefährdung nicht mehr die Rede sein könne.[269]

**Beispiel** Im obigen Fall kommt es also auf den psychischen Zustand des B an. Stellt sein Verhalten eine Überreaktion dar, würde jedenfalls der *BGH* den Unmittelbarkeitszusammenhang verneinen. ∎

**339** Da die schwere Folge durch die Tat eingetreten sein muss, ist zwischen Rechtsprechung und Literatur erneut umstritten, ob auch eine Handlung des Täters ausreicht, die dieser in der Phase zwischen Vollendung und Beendigung vornimmt. Dazu ausführlich in Rn. 382.

### 4. Leichtfertigkeit

》 Lesen Sie diese Vorschrift! 《

**340** Grundsätzlich reicht im Hinblick auf den Eintritt der schweren Folge bei den erfolgsqualifizierten Delikten Fahrlässigkeit gemäß § 18 aus.

**341** In Anbetracht der erhöhten Strafandrohung verlangt § 251 hingegen Leichtfertigkeit. Die Leichtfertigkeit entspricht dem Begriff der groben Fahrlässigkeit im Zivilrecht.

---

268 *BGH* NStZ 2015, 696.
269 *Wessels/Hettinger* Strafrecht BT/1, Rn. 301 f. zu § 227 m.w.N.; *Wessels/Hillenkamp* Strafrecht BT/2 Rn. 388.

> **Leichtfertig** handelt demnach, wer in besonderem Maße aus Leichtsinn oder Gleichgültigkeit die nach den Umständen gebotene und erforderliche Sorgfalt außer Acht lässt, wobei sich ihm der Eintritt der Folge geradezu hätte aufdrängen müssen.[270]

## II. Rechtswidrigkeit und Schuld

Hinsichtlich der Rechtswidrigkeit bestehen keine Besonderheiten.

**342**

Bei der Schuld müssen Sie darauf achten, dass Sie – wie bei Fahrlässigkeitsdelikten sonst auch – den **subjektiven Fahrlässigkeitsvorwurf** prüfen. Beim subjektiven Fahrlässigkeitsvorwurf ist danach zu fragen, ob der Täter aufgrund seiner intellektuellen, physischen und psychischen Voraussetzungen in der Lage war, die oben festgestellten Sorgfaltsanforderungen zu erfüllen, insbesondere die Folge vorherzusehen und entsprechend zu handeln.

## III. Versuch und Rücktritt bei § 251

Da § 251 als Vorsatzdelikt verstanden wird, ist ein Versuch möglich. Sie müssen unterscheiden zwischen dem **erfolgsqualifizierten Versuch** und dem **Versuch der Erfolgsqualifikation**.

**343**

> » Es handelt sich um eine Thematik aus dem allgemeinen Teil. Nutzen Sie wie immer die Gelegenheit und wiederholen Sie sowohl den Aufbau als auch die entsprechenden klausurrelevanten Probleme, dargestellt im Skript „Strafrecht AT I". «

Bei dem **Versuch der Erfolgsqualifikation** nimmt der Täter den Eintritt der Folge zumindest billigend in Kauf. Die Folge bleibt jedoch aus. Diese Form des Versuchs ist bei § 251 möglich. Nach überwiegender Auffassung würde der versuchte § 251 in Tateinheit zu §§ 211, 212 stehen, um deutlich zu machen, dass der Tod beim Raubversuch eingetreten ist. In der Klausur sind mithin **beide Normen zu prüfen**.

**344**

Bei dem **erfolgsqualifizierten Versuch** hingegen hat der Täter das Grunddelikt versucht und schon durch den Versuch die schwere Folge fahrlässig herbeigeführt. Hier kommt neben dem versuchten Grunddelikt **auch fahrlässige Tötung** in Betracht. In der Klausur müsste jedoch der **erfolgsqualifizierte Versuch vorrangig** geprüft werden, da dieser die fahrlässige Tötung verdrängt.

**345**

Da sich nach überwiegender Auffassung in der Todesfolge die raubspezifische Gefährlichkeit verwirklicht haben muss, ist ein **erfolgsqualifizierter Versuch unproblematisch**, wenn der Täter die Nötigungsmittel ausgeführt hat und die Vollendung der Wegnahme ausgeblieben ist.

**346**

> **Hinweis**
>
> Der erfolgsqualifizierte Versuch ist insbesondere **bei § 227 problematisch**, da nach der Letalitätslehre als Anknüpfungspunkt der Körperverletzungserfolg gewählt werden muss. Bei einem Versuch ist dieser Erfolg jedoch gerade nicht eingetreten, so dass dieser Auffassung zufolge auch der erfolgsqualifizierte Versuch nicht strafbar ist.

> » Wiederholen Sie diese Problematik, dargestellt im Skript „Strafrecht BT I"! «

---

270 Vgl. *BGHSt* 33, 66; 43, 158.

**Beispiel** A bedroht B dieses Mal nicht mit einem Baseballschläger, sondern mit einer geladenen und entsicherten Schusswaffe. Noch während B versucht, mit zittriger Hand die Uhr vom Handgelenk zu ziehen, löst sich bei dem ebenfalls sehr erregten und zittrigen A versehentlich ein Schuss aus der Waffe, der B tödlich trifft. In Panik verzichtet A nunmehr darauf, die Uhr an sich zu nehmen, und verlässt fluchtartig den Tatort.

Hier ist der Raub im Versuchsstadium stecken geblieben, da es nicht zu einer Wegnahme der Uhr gekommen ist (denkbar wäre auch eine versuchte räuberische Erpressung). Da sich jedoch die spezifische Gefährlichkeit des Raubmittels, nämlich der Drohung, in der Todesfolge niedergeschlagen hat, ist der Unmittelbarkeitszusammenhang unproblematisch.

**347** **Umstritten** ist, ob der Täter, der freiwillig die ihm noch mögliche Wegnahme aufgibt, von dem erfolgsqualifizierten Versuch **strafbefreiend zurückgetreten** ist. **Überwiegend** wird ein solcher **Rücktritt bejaht**, da es für die Erfolgsqualifikation im Falle eines Rücktritts an dem strafbegründenden Versuch des Grunddeliktes fehlt.[271] **Teilweise** wird von der Literatur ein solcher Rücktritt bei Eintritt der schweren Folge abgelehnt. Die Erfolgsqualifikation als Kombination von Grundtatbestand und besonderer Folge wird als materielle Einheit verstanden. Da die besondere Folge eingetreten ist, kann ein Rücktritt gemäß § 24, der das Ausbleiben der Rechtsgutsverletzung voraussetzt, nicht in Betracht kommen.[272]

## IV. Täterschaft und Teilnahme

**348** Sind an dem Raub mit Todesfolge **mehrere Personen beteiligt,** so muss in der Klausur **gemäß § 29 für jeden Beteiligten separat geprüft** werden, ob diesem die besondere Folge zugerechnet werden kann. Dies bedeutet, dass jeder Beteiligte **hinsichtlich des Eintritts der Folge wenigstens leichtfertig** gehandelt haben muss.

**349** Für die Prüfung der **Mittäterschaft** bedeutet dies, dass Sie bei der Strafbarkeit des jeweiligen (Mit-)Täters zunächst im objektiven Tatbestand des Grunddeliktes prüfen, ob dieser die Tathandlung selbst vorgenommen hat oder ob ihm die Handlung des anderen Mittäters über § 25 Abs. 2 zugerechnet werden kann. Danach prüfen Sie die subjektiven Voraussetzungen des Grunddelikts einschließlich der Zueignungsabsicht beim Raub, die ebenfalls jeder Mittäter selbst verwirklichen muss. Alsdann wird im Hinblick auf den Eintritt der schweren Folge unter einem neuen Prüfungspunkt danach gefragt, ob diesem Mittäter hinsichtlich dieser Folge aufgrund seines eigenen Verhaltens wenigstens Leichtfertigkeit vorgeworfen werden kann. Dies bedeutet auch, dass für diesen Mittäter sich der Eintritt der Folge geradezu objektiv aufgedrängt haben muss.

**350** Bei der **Anstiftung und Beihilfe** ist die vorsätzliche rechtswidrige Haupttat, zu der der Teilnehmer Hilfe geleistet hat bzw. den Haupttäter bestimmt hat, die Erfolgsqualifikation, die gem. § 11 Abs. 2 als Vorsatztat anzusehen ist. Subjektiv muss der Teilnehmer bezüglich des Grunddelikts Vorsatz gehabt haben. Nach dem Vorsatz ist alsdann zu prüfen, ob beim Teilnehmer wenigstens Leichtfertigkeit im Hinblick auf die Folge vorliegt. Bei der Beurteilung ist auf den Zeitpunkt der Vornahme der Handlung des Teilnehmers abzustellen.

---

271 *BGHSt* 42, 158; *Wessels/Hillenkamp* Strafrecht BT/2 Rn. 391; *Kudlich* JuS 1999, 355.
272 *Jäger* JuS 1998, 161.

## V. Konkurrenzen

Die fahrlässige Tötung gemäß § 222 wird von § 251 im Wege der **Spezialität** verdrängt. § 251 verdrängt ferner §§ 249 und 250. **Tateinheitlich** verwirklicht sein kann § 227, der wiederum §§ 223, 224 Abs. 1 verdrängt.

**351**

Verursacht der Täter vorsätzlich den Tod des Raubopfers, so wird teilweise **Idealkonkurrenz** zwischen § 251 und § 211 angenommen, um im Tenor ausdrücken zu können, dass der vorsätzlich herbeigeführte Tod eine Folge des Raubes ist.[273]

**352**

> **JURIQ-Klausurtipp**
>
> Sollte in Ihrer Klausur sowohl **Raub gem. §§ 249 ff.** als auch **Mord gem. § 211** zu prüfen sein, empfiehlt sich folgende **Prüfungsreihenfolge**:
>
> Ist der **Tötungsvorsatz problematisch**, so empfiehlt es sich, mit den Tötungsdelikten zu beginnen, sofern Sie den Tötungsvorsatz verneinen wollen. Anschließend fahren Sie mit der Prüfung der Raubdelikte bzw. der raubähnlichen Delikte fort.
>
> Liegt der Tötungsvorsatz hingegen vor und hat der Täter gar **aus Habgier** oder **zur Ermöglichung des Raubes** gehandelt, sollten Sie gleichwohl mit den Raubdelikten beginnen, auch wenn die Tötungsdelikte den höheren Strafrahmen haben und damit als „schwerere" Delikte angesehen werden. Haben Sie die Raubdelikte durchgeprüft, können Sie im Rahmen des § 211 bei der Habgier und der Ermöglichungsabsicht auf die obige Prüfung verweisen. Andernfalls müssen Sie dann im Rahmen der Mordmerkmale Teile der §§ 249 ff. inzident mitprüfen.

## L. Räuberischer Diebstahl, § 252

### I. Überblick

Der räuberische Diebstahl ist trotz seiner Stellung keine Qualifikation zum Raub, auch wenn er, wie § 249, Elemente des Diebstahls und der Nötigung zu einem Delikt vereint. Es handelt sich bei § 252 vielmehr um einen **selbstständigen Tatbestand**, auf welchen aufgrund der gesetzlichen Verweisung die **§§ 250 und 251 entsprechend Anwendung** finden.

**353**

> **Hinweis**
>
> Lesen Sie § 252. Sie werden feststellen, dass die Vorschrift mit den Worten endet „**... ist gleich einem Räuber zu bestrafen.**" Daraus folgt, dass auf den räuberischen Diebstahl zum einen der Strafrahmen des Raubes (Freiheitsstrafe nicht unter einem Jahr), zum anderen aber auch die Qualifikation des § 250 sowie die Erfolgsqualifikation des § 251 angewendet werden.

---

273 *BGHSt* 39, 100.

**354** Vom Raub unterscheidet sich der räuberische Diebstahl durch den **Zeitpunkt des Einsatzes des Nötigungsmittels**. Während beim Raub der Täter Gewalt oder Drohung einsetzt, um die Wegnahme zu ermöglichen, bedient sich der räuberische Dieb dieser Nötigungsmittel, um sich nach vollendeter Wegnahme im Besitz des gestohlenen Gutes zu erhalten.

> **Hinweis**
>
> Raub und räuberischer Diebstahl können daher **niemals durch dieselbe Handlung** verwirklicht sein.

**355** Der räuberische Diebstahl wird wegen seiner Voraussetzungen auch als „**raubähnliches" Delikt** bezeichnet. Die geschützten Rechtsgüter des § 252 sind neben dem Eigentum auch wieder die Willensbildungs- und Willensbetätigungsfreiheit des Opfers.[274]

Der Aufbau des § 252 sieht wie folgt aus:

**PRÜFUNGSSCHEMA**

**Räuberischer Diebstahl, § 252**

**I. Objektiver Tatbestand**
 1. Diebstahl gemäß § 242 oder Raub gemäß § 249 als Vortat
    Teilnehmer   Rn. 379
 2. auf frischer Tat betroffen
    betroffen   Rn. 366
 3. Tathandlung: Einsatz der Nötigungsmittel Gewalt oder Drohung

**II. Subjektiver Tatbestand**
 1. Vorsatz
 2. Besitzerhaltungsabsicht

**III. Rechtswidrigkeit**

**IV. Schuld**

## II. Objektiver Tatbestand

**356** Der objektive Tatbestand besteht darin, dass der Täter bei einem Diebstahl oder Raub auf frischer Tat betroffen wird und dabei Gewalt oder Drohung einsetzt. Die Prüfung erfolgt also in 3 Schritten:

| Schritt 1 | Schritt 2 | Schritt 3 |
| --- | --- | --- |
| Diebstahl oder Raub | auf frischer Tat betroffen | Gewalt oder Drohung |

---

[274] *BGH* NJW 2002, 2043.

# Objektiver Tatbestand 2 L II

## 1. Diebstahl oder Raub als Vortat

§ 252 nennt **als Vortat** ausdrücklich den **Diebstahl**. Damit kommen selbstverständlich auch die auf dem Grundtatbestand des Diebstahl beruhenden Qualifikationen gemäß §§ 244 und 244a sowie der Diebstahl in einem besonders schweren Fall gemäß §§ 242, 243 in Betracht.

357

Nach einhelliger Auffassung kann die Vortat **auch ein Raub** (in einfacher, qualifizierter oder erfolgsqualifizierter Gestalt) sein, da der Raub den Diebstahl tatbestandlich mitenthält.[275]

## 2. Auf frischer Tat betroffen

### a) Frische Tat

Eine Strafbarkeit gemäß § 252 setzt zunächst einmal voraus, dass der Raub oder Diebstahl noch „frisch" ist. Diese Frische der Tat setzt sich aus zwei Komponenten zusammen:

358

> Die Tat ist **frisch**, wenn der Täter in Tatortnähe und alsbald nach der Tatausführung von einem anderen betroffen wird.[276]

„Alsbald nach der Tat" bedeutet, dass die **Vortat vollendet, aber noch nicht beendet** ist.[277] Diebstahl und Raub sind mit dem Gewahrsamsbruch vollendet. Mit der Vollendung ist auch die Strafbarkeit des Täters festgestellt. Die Beendigung ist insofern ohne Belang.

359

**Beispiel** A hat den B niedergeschlagen, das Portemonnaie aus seiner Hosentasche gezogen und ist mit dem Portemonnaie in der Hand um die nächste Hausecke gelaufen. Dort inspiziert er den Inhalt und bemerkt ein Foto, welches den B zusammen mit seiner Frau und seinen sechs kleinen Kindern zeigt. A bekommt ein schlechtes Gewissen, weil er einen Familienvater beraubt hat, läuft zurück zu B und steckt das Portemonnaie wieder in dessen Hosentasche zurück.

Hier ändert das schlechte Gewissen des A nichts daran, dass er einen vollendeten Raub begangen hat. Das Niederschlagen des B stellt die Gewaltanwendung dar. Die Wegnahme war in dem Zeitpunkt vollendet, in welchem sich A mit dem Portemonnaie in der Hand von B entfernte. Damit war der objektive Tatbestand des § 249 verwirklicht. Da A zum Zeitpunkt des Herausnehmens des Portemonnaies auch mit Zueignungsabsicht handelte, liegt eine Strafbarkeit gemäß § 249 vor. Das schlechte Gewissen kann vom Richter jedoch strafmindernd berücksichtigt werden. ■

Im Gegensatz zur Vollendung stellt die **Beendigung** den Abschluss der Straftat dar. Sie tritt ein, wenn der Gewahrsam an der bereits weggenommenen Sache so gesichert ist, dass der Täter nicht mehr damit rechnen muss, den Gewahrsam zu verlieren.

360

---

275 Schönke/Schröder-*Eser/Bosch* § 252 Rn. 3; *BGH* NJW 2002, 2043.
276 *BGHSt* 28, 224; Schönke/Schröder-*Eser* § 252 Rn. 1.
277 *Wessels/Hillenkamp* Strafrecht BT/2 Rn. 399.

> **Hinweis**
>
> Die Frische der Tat stellt damit das maßgebliche Abgrenzungskriterium zwischen § 252 und § 249 dar.
> - Setzt der Täter Drohung oder Gewalt ein, **bevor die Tat vollendet** ist, so liegt Raub gemäß § 249 vor.
> - Werden Gewalt oder Drohung **zwischen Vollendung und Beendigung** eingesetzt, so liegt eine Strafbarkeit gemäß § 252 vor.
> - Erfolgt die Gewaltanwendung oder die Drohung **erst nach Beendigung** der Vortat, so ist § 252 nicht mehr anwendbar. In Betracht kommt eine Strafbarkeit gemäß § 240.

**361** Die Frische der Tat setzt also zunächst einen gewissen „Zeitkorridor" voraus.

**362** Wichtig ist, dass es zwischen der Wegnahmehandlung und dem Einsatz des Nötigungsmittels **nicht zu einer räumlichen oder zeitlichen Zäsur** gekommen ist.

> **Beispiel** Während einer Reise nach Italien nimmt A an einer Raststätte wertvollen Schmuck aus dem Koffer des B, den er in seinen eigenen Koffer legt. Die Reise wird alsdann fortgesetzt. Erst als man sich nach weiteren sechshundert Kilometern trennt, fällt dem B der Verlust auf. A schlägt ihn nunmehr zur Sicherung der Beute nieder und fährt mit dem Auto davon.
>
> Hier war die Tat zwar noch nicht beendet, da A den Gewahrsam noch nicht abschließend sichern konnte. Eine Vollendung ist eingetreten mit dem Verbringen des Schmucks in den eigenen Koffer. Gleichwohl lag zum Zeitpunkt der Gewaltanwendung keine frische Tat mehr vor, da zwischen der Wegnahme und der Gewaltanwendung eine zeitliche Zäsur lag.[278]

**363** In **räumlicher Hinsicht** muss der Täter alsbald nach Vollendung der Wegnahme entweder **am Tatort** selbst **oder in unmittelbarer Nähe des Tatortes** betroffen sein.[279] Diese räumliche Beziehung besteht auch dann, wenn der Täter unmittelbar nach Begehung der Tat von einem Dritten verfolgt wird und im Verlaufe dieser Flucht ein Nötigungsmittel einsetzt. Voraussetzung dafür ist jedoch, dass die Flucht nicht eine solche räumliche Distanz zwischen Täter und Verfolger schafft, dass die Gewahrsamssicherung als beendet angesehen werden muss.[280]

### b) Betroffen

**364** Haben Sie in der gutachterlichen Prüfung die Frische der Tat festgestellt, müssen Sie sich nun damit auseinandersetzen, was unter einem „Betroffensein" des Täters zu verstehen ist.

**365** Unstreitig ist der Täter dann betroffen, wenn er **am Tatort oder in unmittelbarer Nähe von einem Dritten wahrgenommen**, also gesehen oder sonst sinnlich bemerkt wird und sogleich Gewalt oder Drohung einsetzt, um sich im Besitz des gestohlenen Gutes zu erhalten. Nach überwiegender Auffassung ist es bei der sinnlichen Wahrnehmung durch einen Dritten allerdings nicht erforderlich, dass dieser Dritte das Geschehen richtig deutet. **Es reicht aus, wenn der Täter glaubt, der Dritte habe die Tat entdeckt.**[281]

---

278 *BGHSt* 28, 228.
279 *BGHSt* 28, 224.
280 *Wessels/Hillenkamp* Strafrecht BT/2 Rn. 400.
281 *Wessels/Hillenkamp* Strafrecht BT/2 Rn. 401; *BGHSt* 28, 224; a.A. LK-*Vogel* § 252 Rn. 29.

## Objektiver Tatbestand

**Beispiel** Bei einem Abendessen glaubt A sich unbeobachtet und steckt die auf dem Tisch stehende Zuckerdose in ihre Handtasche. Als sie wieder aufsieht, bemerkt sie, dass B in ihre Richtung schaut. Tatsächlich hat B das Einstecken der Zuckerdose gesehen, war jedoch so gedankenverloren, dass er keinen rationalen Schluss aus diesem Verhalten zog. Noch bevor B aus seinen Gedanken wieder auftaucht, hat A ihn niedergeschlagen.

Da B die A jedenfalls sinnlich wahrgenommen hat, wurde A von B auf frischer Tat betroffen. Die Voraussetzungen des § 252 liegen vor. ■

Zwischen Rechtsprechung und Literatur ist jedoch **umstritten**, ob ein Betroffensein auf frischer Tat auch angenommen werden kann, **wenn der Dritte den Täter noch gar nicht wahrgenommen hat** und der Täter dieser **Wahrnehmung durch schnellen Einsatz von Gewalt zuvorkommt**.

**Beispiel** A ist in die Villa des B eingedrungen und hat diverse Wertgegenstände in ihrem Rucksack verstaut, als sie bemerkt, dass B die Haustüre aufschließt. Sie versteckt sich neben dem Hauseingang und schlägt B mit einem Kerzenleuchter nieder, als dieser über die Schwelle tritt. ■

Nach einer **teilweise in der Literatur** vertretenen Auffassung **liegt ein Betroffensein** des Täters in diesen Fallkonstellationen **nicht vor**. Die Ausdehnung des Tatbestandes stellt dieser Auffassung zufolge eine unzulässige Analogie dar. Betroffen sein soll nicht derjenige, der dem Betreffen zuvorkommt und dem Opfer damit jedwede Wahrnehmungsmöglichkeit abschneidet oder ihm erst mit dem Nötigungsmittel diese Wahrnehmung aufzwängt.[282] Die **überwiegende Auffassung bejaht** hingegen aus kriminalpolitischen/teleologischen Gründen **die Anwendung des § 252**. Es wird argumentiert, dass es strafpolitisch bedenklich sei, den der Entdeckung zuvorkommenden und damit schnelleren Täter zu privilegieren und ihn damit gerade dazu zu animieren, möglichst frühzeitig gegen Personen, die ihn möglicherweise am Fortschaffen der Beute hindern könnten, qualifizierte Nötigungsmittel einzusetzen. Für ein Betroffensein soll demnach **allein auf ein räumlich-zeitliches Zusammentreffen zwischen Täter und Opfer abzustellen** sein.[283]

### 3. Gewalt oder Drohung mit gegenwärtiger Gefahr für Leib oder Leben

Die Tathandlung des § 252 besteht in dem Verüben von Gewalt gegen eine Person oder dem Aussprechen einer Drohung mit gegenwärtiger Gefahr für Leib oder Leben. Da die **Tathandlung identisch ist mit jener des § 249**, wird auf die dortigen Ausführungen Bezug genommen.

Wie bei § 249 auch, brauchen die **Raubmittel** nicht gegenüber demjenigen angewendet zu werden, der Eigentümer bzw. Gewahrsamsinhaber der weggenommenen Sache ist. Die Nötigungsmittel müssen auch nicht zwingend denjenigen betreffen, der den Täter auf frischer Tat betroffen hat. Als **Adressaten** kommen vielmehr **alle Personen** in Betracht, **die nach der Vorstellung des Täters ihm die Beute wieder entziehen könnten**. Beachten Sie, dass es nach überwiegender Auffassung insoweit nur auf die Vorstellung des Täters ankommt. Daraus folgt, dass § 252 auch dann verwirklicht sein kann, wenn der Täter auf einen Mittäter einen Schuss abgibt, in der irrigen Annahme, es handle sich bei dem Mittäter um einen feindlichen Verfolger.[284]

---

[282] *Wessels/Hillenkamp* Strafrecht BT/2 Rn. 401 m.w.N.
[283] Schönke/Schröder-*Eser/Bosch* § 252 Rn. 4; *BGHSt* 26, 95; *OLG Köln* NStZ 2005, 448.
[284] *Wessels/Hillenkamp* Strafrecht BT/2 Rn. 402; anders *Küper* JZ 2001, 735, der darauf abstellt, dass von einem Mittäter keine Gefahr für den Besitz ausgeht, der Besitz ihm gegenüber also nicht erhalten werden muss.

> **Beispiel** A ist in die Villa des X eingestiegen, während B draußen vor der Türe Schmiere gestanden hat. Aufmerksame Nachbarn haben jedoch die Polizei alarmiert, welche kurze Zeit später am Tatort eingetroffen ist. A und B ergreifen die Flucht, wobei A aufgrund seiner sportlichen Konstitution wesentlich schneller als B ist. Als A lautes Geschrei hinter sich hört, glaubt er irrig, B sei einer der ihn festnehmen wollenden Polizeibeamten und gibt einen Schuss in seine Richtung ab, der B im Oberschenkel trifft.
>
> Der objektive Tatbestand des § 252 ist verwirklicht. A war auf frischer Tat betroffen und hat gegen den ihn nach seiner Vorstellung verfolgenden B Gewalt ausgeübt. Im subjektiven Tatbestand müssten Sie in der Klausur den error in persona erörtern und zu dem Ergebnis gelangen, dass der Irrtum des A zum Zeitpunkt der Abgabe des Schusses irrelevant war. ∎

### III. Subjektiver Tatbestand

**370** Der subjektive Tatbestand setzt sich aus dem Vorsatz und der Absicht, sich im Besitz des gestohlenen Gutes zu erhalten, zusammen.

**371** Die Prüfung erfolgt mithin in 2 Schritten:

| Schritt 1 | Schritt 2 |
|---|---|
| Vorsatz | Besitzerhaltungsabsicht |

**372** Der Täter muss zunächst vorsätzlich hinsichtlich der Verwirklichung des objektiven Tatbestandes handeln. Insoweit reicht **dolus eventualis** aus.

**373** Darüber hinaus verlangt § 252 aber die **Absicht** im Sinne von **dolus directus 1. Grades**, dass der Täter **sich im Besitz des gestohlenen Gutes erhalten** möchte. Diese Besitzerhaltungsabsicht braucht nicht die einzige Motivation des Täters zu sein. Es wird vielmehr der Regelfall sein, dass der Täter neben der Beutesicherung auch seine eigene Flucht beabsichtigt. Ausreichend ist, dass die Beutesicherungsabsicht **für die Tat mitprägend** ist. Dient jedoch der Einsatz des Nötigungsmittels ausschließlich der Verhinderung der Ergreifung, z.B. weil der Täter zu diesem Zeitpunkt die Beute bereits weggeworfen hat, so ist § 252 zu verneinen. Das Gleiche gilt für den Fall, dass der Täter durch Anwendung des Nötigungsmittels lediglich gegen eine spätere Entziehung der Beute Vorsorge treffen will.[285]

> **Beispiel** A hat gerade einen Diebstahl verübt und setzt sich in sein Auto, um sich vom Tatort zu entfernen. Im Rückspiegel bemerkt er, wie sich ein Passant sein Autokennzeichen notiert. A steigt aus und zwingt P gewaltsam, dies zu unterlassen, um so zu verhindern, dass seine Spur verfolgt und ihm die Beute später abgenommen werden kann.
>
> In diesem Fall hat A keine Gewalt gegen eine andere Person verübt, um sich im Besitz des gestohlenen Gutes zu erhalten. Er hätte nämlich ungehindert wegfahren können, ohne dass der Passant in irgendeiner Weise ihm den Besitz an dem gestohlenen Gut hätte streitig machen können. In Betracht kommt eine Strafbarkeit nach § 223 bzw. § 240. ∎

---

[285] *Wessels/Hillenkamp* Strafrecht BT/2 Rn. 404.

## IV. Rechtswidrigkeit und Schuld

Es gibt keine deliktsspezifischen Besonderheiten, so dass auf die allgemeinen Grundsätze verwiesen wird. **374**

## V. Täterschaft und Teilnahme

Selbstverständlich sind Täterschaft und Teilnahme nach den allgemeinen Regeln auch bei § 252 möglich. **Besonderheiten** ergeben sich bei § 252 aber daraus, dass der Täter zum einen auf **(s)einer frischen Tat** betroffen sein und zum anderen in der **Absicht** handeln muss, **sich im Besitz** des gestohlenen Gutes zu erhalten. **375**

Täter des § 252 ist zunächst einmal **unstreitig derjenige, der den zuvor begangenen Diebstahl oder Raub als Täter verwirklicht hat** und zum Zeitpunkt der Anwendung des Nötigungsmittels die gestohlene Sache selbst im unmittelbaren Besitz hatte. **376**

Täter des § 252 kann aber **auch der Mittäter** der Vortat sein, weil auch dieser selbstverständlich Täter des Diebstahl bzw. Raubes ist. Nicht erforderlich ist, dass er bei der Vortat die Tathandlungen begangen hat. Es ist ausreichend, dass ihm die Tathandlungen über § 25 Abs. 2 zugerechnet werden können. Es ist ferner nicht erforderlich, dass dieser Mittäter zum Zeitpunkt des Einsatzes des Nötigungsmittels selbst im Besitz des gestohlenen Gutes war, da der **Besitz** ebenfalls **über § 25 Abs. 2 zugerechnet** wird. [286] **377**

> **Beispiel** A und B sind beide maskiert und mit Schusswaffen ausgerüstet in die X-Bank gestürmt. Während B die Kunden durch Vorhalten der Waffe in Schach gehalten hat, hat A durch Vorhalten der Waffe den Kassierer gezwungen, den Tresor zu öffnen, so dass A das darin befindliche Geld herausnehmen konnte. Auf dem Weg zum Auto stellt sich ihnen plötzlich der Polizeibeamte P in den Weg. Während A mit der Beute auf dem Rücken die Flucht ergreift, gibt B mit Zustimmung wiederum des A auf P einen Schuss ab, der P im Oberschenkel trifft und zu Fall bringt.
>
> B hat sich zunächst gemeinsam mit A wegen eines mittäterschaftlich begangenen schweren Raubes strafbar gemacht. Darüber hinaus hat er als Täter dieser Vortat Gewalt angewendet, um den Besitz des gestohlenen Gutes zu erhalten. Zwar hatte er selbst keinen unmittelbaren Besitz. Dieser lag vielmehr bei A. Über § 25 Abs. 2 wird jedoch der Besitz dem B zugerechnet.
>
> A wiederum hat sich wie B zunächst wegen eines mittäterschaftlich begangenen schweren Raubes strafbar gemacht. Er ist darüber hinaus aber auch des mittäterschaftlich begangenen räuberischen Diebstahls schuldig, da ihm über § 25 Abs. 2 die Gewalthandlung des B zugerechnet wird. Darüber hinaus liegt auch bei A die Absicht vor, sich im Besitz des gestohlenen Gutes zu erhalten.

Aus dem Vorgesagten ergibt sich zwingend, dass ein völlig **Unbeteiligter**, der **an der Vortat weder als Täter noch als Teilnehmer mitgewirkt** hat und jetzt auf Veranlassung des Täters ein Nötigungsmittel einsetzt, um dem Täter die Beutesicherung zu ermöglichen, niemals nach § 252 strafbar sein kann. In Betracht kommt jedoch sukzessive Beihilfe oder Begünstigung. (zur Abgrenzung siehe Rn. 766) **378**

---

[286] *Wessels/Hillenkamp* Strafrecht BT/2 Rn. 407 m.w.N.

**379** Umstritten ist jedoch, ob jemand, der nur **Teilnehmer der Vortat** war, Täter des § 252 sein kann.

**Beispiel** Im vorgenannten *Beispiel* hat B lediglich vor der Bank Schmiere gestanden. Dafür sollte er von A 500 € erhalten. Als A nun aus der Bank herausstürmt und den Polizeibeamten P entdeckt, bittet er B, ihm den Rücken freizuhalten, woraufhin B einen Schuss auf P abgibt. ∎

**380** Nach **Auffassung des BGH** und Teilen der **Literatur** kann auch ein **Gehilfe der Vortat Täter des § 252** sein, da § 252 nur voraussetze, dass der Täter bei **einem** Diebstahl, nicht aber bei **seinem** Diebstahl betroffen werden müsse. Voraussetzung dafür ist jedoch, dass er zum Zeitpunkt der Vornahme der Tathandlung **selbst im Besitz des gestohlenen Gutes** war, da über §§ 26, 27 keine Zurechnung des Besitzes wie bei § 25 Abs. 2 erfolgen kann.[287]

**381** Die **überwiegende Literatur** hingegen **lehnt die Täterschaft eines Gehilfen der Vortat ab**. Begründet wird dies damit, dass sich § 252 in gleicher Weise aus Diebstahls- und Nötigungselementen zusammensetze wie der Raub. Daraus folge jedoch, dass Täter oder Mittäter des § 252 nur derjenige sein kann, der beide Elemente täterschaftlich verwirkliche, also auch Täter der Vortat ist.[288]

**Beispiel** Im obigen Fall würde also die Strafbarkeit des B nach Auffassung der Rechtsprechung davon abhängen, ob A ihm, nachdem er aus der Bank hinausgestürmt ist, den Rucksack mit dem Geld überlassen hat. Sofern sich B im Besitz dieses Rucksacks befand, hat er nach Auffassung des *BGH* und Teilen der Literatur sowohl den objektiven Tatbestand als auch den subjektiven Tatbestand des § 252 verwirklicht, da er in der Absicht handelte, sich im Besitz des gestohlenen Gutes zu erhalten. Hätte A dem B den Rucksack nicht übergeben, hätte es an dieser Absicht gefehlt, da eine Zurechnung über § 27 Abs. 1 nicht möglich ist.

Nach der in der Literatur vertretenen Gegenauffassung hingegen wäre B schon gar kein tauglicher Täter des § 252 gewesen. Diese Auffassung hätte schon den objektiven Tatbestand verneint. ∎

> **JURIQ-Klausurtipp**
>
> In Fällen der vorgenannten Art müssen Sie zunächst **im objektiven Tatbestand diskutieren**, ob der **Gehilfe oder Anstifter der Vortat auf frischer Tat betroffen** ist. Nach Auffassung der **Rechtsprechung** und **Teilen der Literatur** muss es sich nicht um seine Tat handeln. Es reicht vielmehr aus, dass es die Tat eines anderen ist, zu der er Hilfe geleistet bzw. angestiftet hat. Nach **Auffassung der Literatur** muss es die eigene Tat sein, an der er entweder als Täter oder als Mittäter beteiligt ist. Sollte in dem von Ihnen zu bearbeitenden Fall der **Gehilfe der Vortat nicht im Besitz des gestohlenen Gutes** sein, so brauchen Sie den **Streit** zwischen Rechtsprechung und Literatur **nicht zu entscheiden**, weil auch die Rechtsprechung in diesem Fall § 252 aufgrund der fehlenden Beutesicherungsabsicht verneint. Erforderlich ist jedoch, dass Sie in der Prüfung auf diesen Umstand hinweisen.

---

287 *BGHSt* 6, 248; *Maurach/Schröder/Maiwald* Strafrecht BT § 35 Rn. 40.
288 *Wessels/Hillenkamp* Strafrecht BT/2 Rn. 3407 m.w.N.

## VI. Qualifikation, § 250 und § 251 zwischen Vollendung und Beendigung – Abgrenzungsschwierigkeit zwischen § 249 und § 252

Schon bei § 244 wurde darauf hingewiesen, dass es zwischen Rechtsprechung und Literatur umstritten ist, bis zu welchem Zeitpunkt ein Diebstahl qualifizierbar ist. Nach § 244 muss der Täter **bei dem Diebstahl** eine Waffe, ein gefährliches Werkzeug oder sonst ein Mittel oder Werkzeug bei sich führen. Fraglich ist, ob diese Voraussetzungen auch erfüllt sind, wenn der Täter die Waffe oder das Werkzeug nach Vollendung, aber vor Beendigung ergreift.

Die gleiche Problematik stellt sich bei § 249. Auch hier muss der Täter **bei dem Raub** eine Waffe oder ein gefährliches Werkzeug bzw. sonst ein Werkzeug oder Mittel bei sich führen. Bei **§ 250 Abs. 1 Nr. 1c** muss die Gefahr der Gesundheitsschädigung **durch die Tat** hervorgerufen worden sein. Gleiches gilt für **§ 250 Abs. 2 Nr. 3**. Hier muss eine andere Person **bei der Tat** körperlich schwer misshandelt oder **durch die Tat** in die Gefahr des Todes gebracht worden sein. § 251 setzt voraus, dass der Täter **durch den Raub** wenigstens leichtfertig den Tod eines anderen Menschen verursacht hat.

Bei sämtlichen soeben zitierten Normen ist **zwischen Literatur und Rechtsprechung umstritten**, was mit den Formulierungen „bei der Tat", „durch die Tat" gemeint ist.

**Beispiel** A hat B niedergeschlagen und ist gerade dabei, mit dem eingesteckten Schmuck das Haus zu verlassen, als B sich aufrappelt und hinter A herläuft. A erblickt nun auf der Kommode am Ausgang die dort abgelegte Waffe des B und gibt mit dieser Waffe einen Schuss auf B ab, der diesen um wenige Zentimeter verfehlt.

Hier könnte sich A wegen eines schweren Raubes gemäß §§ 249, 250 Abs. 1 Nr. 1a, Abs. 2 Nr. 1 und 3b strafbar gemacht haben. Es könnte sich jedoch auch mit denselben Qualifikationen um einen schweren räuberischen Diebstahl handeln, da § 250 aufgrund der Verweisung des § 252 auf diesen anwendbar ist. Unstreitig stellt die Abgabe des Schusses eine Gewaltanwendung nach Vollendung des Diebstahls dar. ■

Die **überwiegende Auffassung in der Literatur** interpretiert die Begrifflichkeiten **eng** und lässt folgerichtig eine **(Erfolgs-)Qualifikation nur bis zum Zeitpunkt der Vollendung** zu. Dies gilt damit sowohl für § 244 als auch für §§ 250, 251. Nach Auffassung der Literatur ist die Einbeziehung der Beendigungsphase eine unzulässige Ausweitung des Tatbestandes, die gegen das Bestimmtheitsgebot aus Art. 103 Abs. 2 GG verstoße. Zudem würde die eigens für diese Phase geschaffene Vorschrift des § 252 unterlaufen, wenn man eine Strafschärfung nach vollendeter Wegnahme für möglich hielte.[289]

**386** Die **Rechtsprechung** und **Teile der Literatur** verstehen hingegen die Begrifflichkeiten **weit** und beziehen **auch die Beendigungsphase** in den Begriff der „Tat" mit ein. Mit den Formulierungen „durch" bzw. „bei" würde auf das Gesamtgeschehen abgestellt und nicht lediglich auf die Wegnahmehandlung. Hinzu komme, dass die Phase der Beutesicherung mindestens genauso gefährlich und tatspezifisch sei wie die Phase der eigentlichen Wegnahme.[290] Nach neuerer *BGH*-Rechtsprechung muss der Täter allerdings zu diesem Zeitpunkt zwar nicht mehr mit Wegnahmevorsatz, dafür aber nun mit der Absicht der Beutesicherung handeln.[291]

**387** Folgt man der Auffassung des *BGH*, so stellt sich nun auf **Konkurrenzebene** die Frage, ob ein Täter, der in der Phase zwischen Vollendung und Beendigung die Tat qualifiziert, **sowohl wegen schweren Raubes als auch wegen schweren räuberischen Diebstahls** zu bestrafen ist. Eine Bestrafung wegen beider Delikte kommt nach Auffassung des *BGH* nicht in Betracht, weil sonst der Diebstahl, der in beiden Delikten enthalten sei, zweimal erfasst würde. Fraglich ist also, ob § 249 oder § 252 den Vorrang genießen soll. Der *BGH* hat dazu ausgeführt, dass grundsätzlich zwischen beiden Delikten **wechselseitige Gesetzeseinheit** bestünde. Der Raub soll als Vortat durch das Verbrechen des § 252 aufgezehrt werden, wenn vom **Schwerpunkt der Vorwerfbarkeit** her dieses unter den erschwerenden Voraussetzungen des § 250 begangen ist. Im umgekehrten Fall wird durch die Bestrafung wegen schweren Raubes der räuberische Diebstahl mit bestraft. Sind beide Tatbegehungen gleich schwer, weil der Täter sowohl bei der Wegnahme eine Waffe verwendet hat als auch später bei der Beutesicherung, genießt die Bestrafung wegen schweren Raubes den Vorrang, weil in diesen Fällen der räuberische Dieb sowieso „gleich einem Räuber" bestraft würde.[292]

> **Beispiel** X und Y überfallen nachts ein betagtes Ehepaar in dessen Einfamilienhaus, um nach stehlenswerten Gegenständen zu suchen. Während der Ehemann E das Geschehen verschläft, wacht F auf und wird von X überwältigt und am Boden festgehalten. In der Zwischenzeit sucht Y nach Wertgegenständen, die er auch findet und einsteckt. Kurz vor dem Verlassen des Hauses ergreift X einen Schal, der an der Garderobe hängt sowie den Gurt der Handtasche der F und fesselt die F an Händen und Füßen.
>
> Der *BGH*[293] hat X und Y wegen schweren Raubes gem. §§ 249, 250 Abs. 1 Nr. 1b bestraft. Das Festhalten am Boden stellt Gewalt dar, mittels derer die Wegnahme ermöglicht wurde. Nachfolgend haben die Täter dann ein Werkzeug, den Schal, verwendet, um den Widerstand der F zu brechen. Dass sie diesen Schal erst am Tatort ergriffen haben, ist nach h.M. irrelevant. Auch die erst zwischen Vollendung und Beendigung gefasste Verwendungsabsicht hindert den *BGH* aus den o.g. Gründen nicht, eine (sukzessive) Qualifikation anzunehmen. Da nach Meinung des *BGH* die Gewaltanwendung primär den noch nicht beendeten Raub präge, hat er den § 252 in Gesetzeskonkurrenz zurück treten lassen.

---

289 *Wessels/Hillenkamp* Strafrecht BT/2 Rn. 411; SK-*Günther* § 250 Rn. 12 m.w.N.; *Rengier* NStZ 1992, 591.
290 *BGHSt* 38, 205; *BGH* NStZ 2001, 371; *BGH* StV 1998, 429; *Haft* JuS 1988, 364.
291 *BGH* Entscheidung vom 8.4.2010, AZ 2 StR 12/19 – abrufbar unter www.bundesgerichtshof.de m.w.N.
292 *BGH* GA 1969, 347.
293 *BGH* NStZ-RR 2013, 244.

> **JURIQ-Klausurtipp**
>
> In der Klausur ist dieser **Streit bei den jeweiligen Qualifikationen zu prüfen** und zwar jeweils bei der Frage, ob der Täter bei der Tat bzw. durch die Tat die Qualifikation verwirklicht hat. Sollten Sie jeweils der Auffassung der Rechtsprechung folgen und die Tat bis zur Beendigung ausweiten, müssen Sie sich alsdann, sofern zugleich auch ein schwerer räuberischer Diebstahl in Betracht kommt, mit den oben dargestellten Konkurrenzlösungen auseinandersetzen.

Das Problem kann Ihnen „in einem anderen Gewand" auch begegnen, wenn der Täter **nach einem fehlgeschlagenen Versuch** Handlungen vornimmt, die zu einer **(Erfolgs-)Qualifikation** führen könnten. Zeitlich befinden wir uns hier nicht zwischen Vollendung und Beendigung, da die Tat nicht vollendet wurde. Vergleichbar mit der obigen Konstellation ist jedoch der Umstand, dass sämtliche Voraussetzungen, die zur Strafbarkeit des Täters wegen Versuchs führen, bereits eingetreten sind und der Täter aufgrund des Fehlschlags zum einen nicht mehr zurücktreten kann und zum anderen aus demselben Grund das Delikt nicht mehr vollenden kann.

**Beispiel** A betritt abends in Köln eine leere Salatbar, um stehlenswerte Gegenstände mitzunehmen. Als plötzlich die Mitarbeiterin M von hinten in den Laden kommt, greift er aufgrund eines spontanen Entschlusses der M an den Hals, zückt ein Messer und fordert sie auf, ihm Geld zu geben. Als M aus Angst anfängt zu schreien, sticht er ihr mehrfach in den Oberkörper, um seine Entdeckung durch vorbeikommende Passanten zu verhindern. M verstirbt später an den Stichen.

Der *BGH* hat eine versuchte räuberische Erpressung mit Todesfolge bejaht. Es gehöre zu den deliktstypischen Risiken, dass der Täter, der ein Messer bei sich führe, dieses einsetze, um die Entdeckung der Tat zu verhindern. Da zudem die Gewalt eng mit der räuberischen Erpressung verknüpft sei, sei eine Bestrafung über § 251 angemessen.[294] ∎

## VII. Konkurrenzen

Neben dem Konkurrenzverhältnis des qualifizierten Raubes zum qualifizierten räuberischen Diebstahl gibt es weitere, beachtenswerte Konkurrenzen. **388**

Ist die **Vortat ein vollendeter Diebstahl**, tritt dieser hinter § 252 im Wege der **Gesetzeseinheit** zurück. Wurde hingegen der räuberische Diebstahl nur versucht, so besteht zwischen beiden Delikten Tateinheit. Damit wird klargestellt, dass der Diebstahl verwirklicht ist und der Täter lediglich die Raubmittel versucht hat. **389**

Ist die **Vortat ein Raub** und sind die Raubmittel sowohl zur Wegnahme als auch später zur Beutesicherung eingesetzt worden, tritt der räuberische Diebstahl hinter dem Raub zurück. Erfüllt aber erst der **räuberische Diebstahl die Qualifikationen bzw. Erfolgsqualifikationen** gemäß §§ 252, 251 (Lösungsmöglichkeiten nach der Lit.), wird der vorangegangene einfache Raub von dem räuberischen Diebstahl verdrängt. **390**

---

294 *BGH* NStZ 2017, 638 mit Anm. *Kudlich*, der eine Erfolgsqualifikation ablehnt.

## M. Räuberischer Angriff auf Kraftfahrer, § 316a

### I. Überblick

**391** Ein in den Klausuren bei der Prüfung der Raubdelikte häufig übersehener Straftatbestand ist § 316a. Bei § 316a begeht der Täter einen Angriff auf einen Fahrzeuginsassen und hat dabei die **Absicht**, einen Raub, räuberischen Diebstahl oder eine Erpressung zu begehen. Die Vorschrift ist damit sowohl den Vermögens- als auch den Verkehrsdelikten zuzuordnen.

**392** Die **geschützten Rechtsgüter** sind dementsprechend das Eigentum und das Vermögen sowie darüber hinaus die Sicherheit und Funktionsfähigkeit des Straßenverkehrs.

**393** § 316a Abs. 1 ist das **Grunddelikt**. Abs. 3 enthält eine **Erfolgsqualifikation**. Danach ist die Strafe lebenslange Freiheitsstrafe oder Freiheitsstrafe nicht unter zehn Jahren, wenn der Täter durch die Tat wenigstens leichtfertig den Tod eines anderen Menschen verursacht hat.

**394** § 316a Abs. 2 enthält eine **Strafzumessungsregel** für minderschwere Fälle.

> **JURIQ-Klausurtipp**
>
> § 316a kommt in Klausuren immer dann in Betracht, wenn der Täter im Zusammenhang mit dem Führen eines Kraftfahrzeuges einen Raub, einen räuberischen Diebstahl oder eine räuberische Erpressung versucht oder vollendet hat. In Anbetracht des hohen Strafrahmens könnte man geneigt sein, in diesen Fällen mit § 316a anzufangen. Dies würde jedoch bedeuten, dass Sie im subjektiven Tatbestand bei der Absicht inzident §§ 249, 252 und 255 prüfen müssten. Da Inzidentprüfungen jedoch eine hohe Fehleranfälligkeit aufweisen, sollten sie in der Klausur vermieden werden. Aus diesem Grund empfiehlt es sich, **mit der Prüfung der §§ 249, 252, 255 zu beginnen** und im Rahmen des § 316a beim subjektiven Tatbestand dann entsprechend zu verweisen.

**395** Der Aufbau des § 316a sieht wie folgt aus:

---

**PRÜFUNGSSCHEMA**

**Räuberischer Angriff auf Kraftfahrer, § 316a**

**I. Objektiver Tatbestand**
  1. Tatobjekt: Kraftfahrzeugführer oder Mitfahrer
     ➔ nicht verkehrsbedingtes Halten   Rn. 399
  2. Tathandlung: Angriff auf dessen Leib, Leben oder Entschlussfreiheit
  3. unter Ausnutzung der besonderen Verhältnisse des Straßenverkehrs
     ➔ Angriff nach Anhalten   Rn. 408

**II. Subjektiver Tatbestand**
  1. Vorsatz
  2. Absicht, einen Raub, räuberischen Diebstahl oder Erpressung zu begehen

**III. Rechtswidrigkeit**

**IV. Schuld**

**V. Minder schwerer Fall gem. § 316a Abs. 2**

## II. Objektiver Tatbestand

Der objektive Tatbestand setzt voraus, dass der Täter einen Angriff auf einen Kraftfahrzeugführer oder Mitfahrer verübt und dabei die besonderen Verhältnisse des Straßenverkehrs ausnutzt. Die Prüfung erfolgt mithin in 3 Schritten:

| Schritt 1 | Schritt 2 | Schritt 3 |
| --- | --- | --- |
| Kraftfahrzeugführer oder Mitfahrer | Angriff auf Leib/Leben/Entschlussfreiheit | Ausnutzen der Verhältnisse des Straßenverkehrs |

### 1. Kraftfahrzeugführer und Mitfahrer

Nach überwiegender Auffassung ist unter einem Kraftfahrzeugführer inzwischen Folgendes zu verstehen:

> Ein **Kraftfahrzeugführer** ist derjenige, der das Fahrzeug in Bewegung zu setzen beginnt, es in Bewegung hält oder allgemein mit dem Betrieb des Fahrzeugs und/oder mit der Bewältigung von Verkehrsvorgängen beschäftigt ist.[295]

Die Fahrzeugführereigenschaft ist unproblematisch, solange das **Fahrzeug sich im Verkehr bewegt**. Nach übereinstimmender Auffassung bleibt die Fahrzeugführereigenschaft aber auch dann erhalten, wenn das Fahrzeug jedenfalls verkehrsbedingt, z.B. vor einer Rotlicht zeigenden Ampel oder in einem Stau, anhält. Der **Strafgrund des § 316a** liegt u.a. darin, dass der Kraftfahrzeugführer infolge der Konzentration auf die Straßenverkehrsvorgänge **in seinen Abwehrmöglichkeiten eingeschränkt** ist, so dass sowohl für ihn als auch **für den Straßenverkehr eine erhöhte Gefährdung** besteht. Wird also ein Fahrzeug verkehrsbedingt angehalten, muss sich der Fahrer nach wie vor auf den Straßenverkehr konzentrieren und ist im Falle eines Angriffs damit einer erhöhten Gefahr ausgesetzt.[296]

**Fraglich** ist, ob die Fahrzeugführereigenschaft auch dann noch zu bejahen ist, wenn das **Fahrzeug nicht verkehrsbedingt angehalten** wird, so z.B. beim Absetzen eines Taxigastes oder beim Anhalten in einer Parkbucht, um in einer Straßenkarte nach dem Weg zu suchen. **Überwiegend** wird darauf abgestellt, ob sich der Kraftfahrzeugführer nach wie vor im Kraftfahrzeug aufhält und der **Motor noch läuft**. Sind diese Voraussetzungen gegeben, so liegt die Fahrzeugführereigenschaft vor.[297] In der Literatur wird **teilweise vertreten**, dass das Ausschalten des Motors die Fahrzeugführereigenschaft ebenso wenig aufhebe wie das kurzfristige Verlassen des Fahrzeuges. Fraglich sei in diesen Fällen jedoch, ob ein nach Ausschalten des Motors bzw. nach Aussteigen des Kraftfahrzeugführers verübter Angriff noch „unter Ausnutzung der besonderen Verhältnisse des Straßenverkehrs" stattfinde.[298]

---

295 *BGHSt* 49, 8; *BGH* NJW 2005, 2564; Schönke/Schröder-*Cramer/Sternberg-Lieben* § 316a Rn. 5.
296 *BGHSt* 49,8; 50, 169.
297 *BGH* NStZ-RR 2006, 185.
298 *Wessels/Hillenkamp* Strafrecht BT/2 Rn. 419.

> **JURIQ-Klausurtipp**
>
> In der Klausur ist es bei § 316a sowohl im Hinblick auf die Kraftfahrzeugführereigenschaft als auch im Hinblick auf das Merkmal „unter Ausnutzung ..." **wichtig**, den **Strafzweck des § 316a zu kennen und entsprechend zu argumentieren**. Berücksichtigen sollten Sie bei dieser Argumentation, dass § 316a in Anbetracht des sehr hohen Strafrahmens **restriktiv** ausgelegt werden muss.

**Beispiel** A möchte seine Urlaubskasse ein wenig aufbessern und besteigt zu diesem Zweck ein Taxi. An der nächstgelegenen Raststätte bittet er den Taxifahrer, kurz anzuhalten, damit er sich Zigaretten kaufen könne. Als er zum Taxi zurückkehrt, macht er den Taxifahrer auf einen vermeintlichen Platten rechts hinten an dessen Auto aufmerksam. Nachdem der Taxifahrer ausgestiegen ist, um diesen Platten zu inspizieren, schlägt A den Taxifahrer bewusstlos und verschwindet mit dessen Portemonnaie.[299] ■

**Beispiel** Ein anderes Mal geht A wie folgt vor: Er bittet den Taxifahrer, ihn in ein entlegenes Waldgebiet zu verbringen, weil er dort von einem Freund abgeholt werde. Unmittelbar nach Erreichen des Zielortes und Ausschalten des Motors schlägt A den Taxifahrer bewusstlos und entschwindet erneut mit dessen Portemonnaie.[300]

In beiden *Beispielsfällen* würde die überwiegende Auffassung den § 316a schon deswegen verneinen, weil das Tatopfer zum Zeitpunkt des Verübens des Angriffs kein Kraftfahrzeugführer mehr war. Darüber hinaus läge kein Angriff unter Ausnutzung der besonderen Verhältnisse des Straßenverkehrs vor, da die Opfer zum Zeitpunkt des Angriffs nicht mehr mit der Bewältigung von Straßenverkehrsvorgängen beschäftigt und infolgedessen auch nicht in besonderer Weise in ihren Verteidigungsmöglichkeiten eingeschränkt waren. ■

**400** Nach der Definition des Kraftfahrzeugführers bestimmt sich jene des Mitfahrers.

> **Mitfahrer** ist jeder, der sich in oder auf dem vom Kraftfahrzeugführer geführten Fahrzeug aufhält.[301]

### 2. Tathandlung: Verüben eines Angriffs auf Leib, Leben oder die Entschlussfreiheit

**401** Die Tathandlung besteht in dem Verüben eines Angriffs. Schon aus der Formulierung ist zu entnehmen, dass es lediglich auf die **Tätigkeit**, nicht jedoch auf einen tatbestandlichen Erfolg ankommt. Bei dem Angriff auf Leib und Leben hat dies zur Folge, dass es nicht zu einer Verletzung des Kraftfahrzeugführers oder Mitfahrers gekommen sein muss.[302]

> Das **Verüben eines Angriffs** ist mithin jede feindselige Einwirkung auf Leib, Leben oder Entschlussfreiheit des Opfers.

---

299 Vgl. dazu *BGH* NStZ-RR 2004, 171 sowie die Ausführungen bei *Wessels/Hillenkamp* Strafrecht BT/2 Rn. 419 ff.
300 *BGH* NStZ 2001, 197.
301 *Joecks* § 316a Rn. 7.
302 *BGH* NStZ 2003, 35.

## Objektiver Tatbestand

**Beispiel** Ein Angriff auf Leib und Leben ist unproblematisch das Vorhalten einer Waffe bzw. das Bedrohen mit einem Messer. ■

402

Bei einem **Angriff auf die Entschlussfreiheit** muss die Handlung des Täters **nötigungsgleiche Wirkung** auf das Opfer haben. Nicht ausreichend ist eine Einwirkung, die lediglich eine List darstellt.[303]

**Beispiel** Ein Angriff auf die Entschlussfreiheit des Kraftfahrzeugführers liegt vor, wenn dieser durch eine vermeintliche Polizeikontrolle[304], die Errichtung von Barrikaden, Aufstellen falscher Verkehrsschilder oder Vortäuschen eines Unfalls zum Anhalten, Verlangsamen der Geschwindigkeit bzw. Ausweichen gezwungen wird. Das rein täuschende und damit listige Verhalten eines vermeintlichen Taxigastes, der ein Taxi bestellt in der Absicht, den Taxifahrer während der Fahrt zu überfallen und das zu entrichtende Entgelt nicht zu zahlen, reicht als Angriff noch nicht aus, da es dem Taxifahrer freisteht, den Taxigast aufzunehmen oder nicht. ■

Während das Tatopfer als Kraftfahrzeugführer oder Mitfahrer gewissen Anforderungen genügen muss, kann der **Angreifer jedermann** sein, also ein außenstehender Dritter sowie natürlich auch der Kraftfahrzeugführer im Hinblick auf den Mitfahrer und umgekehrt der Mitfahrer im Hinblick auf den Kraftfahrzeugführer.

403

**Vollendet** ist der Angriff und damit der Tatbestand des § 316a, wenn der Täter den **Angriff verübt** hat, etwa durch Aussprechen der Drohung oder durch Errichten der Barrikade. Mit dem Verüben des Angriffs dürfte in den meisten Fällen auch die Schwelle zum „jetzt geht's los" im Hinblick auf die beabsichtigte Tat (Raub, räuberischer Diebstahl, Erpressung) überschritten sein.

404

> **JURIQ-Klausurtipp**
>
> Tritt ein **Verletzungserfolg** tatsächlich ein, so liegt **unproblematisch** das **Verüben eines Angriffs** vor. Fehlt es an einem solchen Verletzungserfolg, so müssen Sie in der Klausur zunächst herausarbeiten, dass § 316a ein Tätigkeitsdelikt ist, welches einen Erfolgseintritt nicht erfordert. Zu berücksichtigen ist allerdings auch hier der hohe Strafrahmen des § 316a, der erneut zu einer restriktiven Handhabung führen muss. Für das Verüben eines Angriffs reicht es mithin nicht aus, dass der Täter die Waffe, die er später dem Opfer vorhalten möchte, schon einmal griffbereit auf den Rücksitz legt. Dies dürfte ein strafbarer Versuch gemäß §§ 316a, 22, 23 sein.

### 3. Ausnutzen der besonderen Verhältnisse des Straßenverkehrs

Der besondere Unwertgehalt des § 316a ist nur dann verwirklicht, wenn der Täter bei dem Angriff die besonderen Verhältnisse des Straßenverkehrs ausnutzt. Aus diesem Erfordernis kann mithin einer der beschriebenen **Strafzwecke des § 316a** entnommen werden: Der Fahrer/Mitfahrer ist durch die Konzentration auf die Verkehrslage und die Bedienung des Fahrzeuges in besonderem Maße beansprucht und damit in seinen Verteidigungsmöglichkeiten eingeschränkt. Darüber hinaus ist auch das Risiko für den Straßenverkehr deutlich erhöht,

405

---

303 *BGH* Urteil vom 23.4.2015, AZ 4 StR 607/14 – abrufbar unter www.bundesgerichtshof.de.
304 *BGH* Urteil vom 27.4.2016, 4 StR 592/16 – abrufbar unter www.bundesgerichtshof.de.

weil ein derart von einem Angriff betroffener Fahrer sich nicht mehr in erforderlichem Maße auf den Straßenverkehr wird konzentrieren können.³⁰⁵

> Ein **Ausnutzen der besonderen Verhältnisse des Straßenverkehrs** liegt vor, wenn der Täter eine Verkehrssituation ausnutzt, die typisch ist für den fließenden Verkehr und gerade deshalb das Opfer schutzlos macht.³⁰⁶

**406** Entsprechend dieser Definition liegt ein Ausnutzen der besonderen Verhältnisse des Straßenverkehrs vor, wenn der Täter **während der Fahrt einen Angriff** auf den Kraftfahrzeugführer oder Mitfahrer verübt.

**407** Muss der Fahrzeugführer **verkehrsbedingt vorübergehend anhalten**, so liegt ebenfalls ein Angriff unter Ausnutzung der besonderen Verhältnisse des Straßenverkehrs vor, da bei einem verkehrsbedingten Anhalten der Fahrzeugführer nach wie vor auf die Vorgänge des Straßenverkehrs konzentriert bleibt und infolgedessen in seinen Verteidigungsmöglichkeiten eingeschränkt ist.

**408** Fraglich ist, ob ein Ausnutzen auch dann vorliegt, wenn ein Kraftfahrzeugführer **nicht verkehrsbedingt anhält**. In Fällen dieser Art muss in der Klausur zunächst geklärt werden, ob der Anhaltende überhaupt noch als Fahrzeugführer betrachtet werden kann. Nach Auffassung des *BGH* und der überwiegenden Literatur ist dies jedenfalls solange der Fall wie der Motor noch läuft. Davon zu unterscheiden ist nunmehr jedoch die Frage, ob auch bei laufendem Motor der Angreifer noch die besonderen Verhältnisse des Straßenverkehrs ausnutzt.

> **Beispiel**  A lässt sich von Taxifahrer T nachts nach Hause bringen. Vor der Haustüre des A schaltet T bei laufendem Motor den Wählhebel der Automatik auf Parkstellung. Nachdem er dies getan hat, hält A dem Taxifahrer ein Messer an den Hals und zwingt ihn, ihm die Brieftasche zu übergeben.
>
> Da hier der Motor des Fahrzeuges noch lief, werden alle Auffassungen den Taxifahrer noch als Kraftfahrzeugführer ansehen. A müsste jedoch des Weiteren zum Zeitpunkt des Verübens des Angriffs auf die körperliche Integrität, der darin lag, dass A dem T das Messer an den Hals hielt, die besonderen Verhältnisse des Straßenverkehrs ausgenutzt haben. ■

**409** Die **überwiegende Auffassung** stellt entsprechend dem Strafzweck des § 316a darauf ab, ob sich **die Aufmerksamkeit des Fahrers** in erster Linie **noch auf das Führen** des Kraftfahrzeuges richte. Hat der Kraftfahrzeugführer noch einen Gang eingelegt oder steht der Wählhebel bei Automatik noch auf Drive und wird das Fahrzeug nur dadurch gestoppt, dass der Kraftfahrzeugführer mit dem Fuß auf der Bremse steht, dann nutzt der Täter die besonderen Verhältnisse des Straßenverkehrs aus.³⁰⁷ Diese Differenzierung wird **teilweise in der Literatur** als willkürlich angesehen mit der Folge, dass die Literatur nicht zwingend darauf abstellt, ob Handbremsen gezogen und Gänge eingelegt sind, sondern primär darauf, ob eine **räumliche und zeitliche Nähe** zum vorangegangenen Verkehrsvorgang vorliegt.³⁰⁸

---

305 Vgl. hierzu *BGH* NStZ 2005, 2564; *BGHSt* 49, 8.
306 Vgl. *BGHSt* 38, 197.
307 *BGHSt* 50, 169; *BGH* NStZ-RR 2006, 185.
308 *Wessels/Hillenkamp* Strafrecht BT/2 Rn. 421.

**Beispiel** Im obigen *Beispiel* war der Taxifahrer zwar noch ein Kraftfahrzeugführer. Dadurch dass sich das Auto jedoch im Leerlauf befand, war er nicht mehr zwingend mit der Bewältigung von Verkehrsvorgängen beschäftigt, so dass der Angriff nach überwiegender Auffassung nicht unter Ausnutzung der besonderen Verhältnisse des Straßenverkehrs erfolgte. ■

Für § 316a reicht es nach überwiegender Auffassung inzwischen auch nicht mehr aus, dass der Täter sein **Opfer „vereinzelt"** und den Angriff unmittelbar nach Beendigung der Fahrt ausführt. Findet der Angriff sogar außerhalb des Kraftfahrzeuges statt, ist neben der Fahrzeugführereigenschaft auch das Ausnutzen zu verneinen[309] (Früher hat der *BGH* in diesen Fällen § 316a bejaht).

**410**

**Beispiel** A lockt den Taxifahrer unter einem Vorwand in einen entlegenen Waldweg und hält ihm eine Waffe vor, nachdem der Taxifahrer das Fahrzeug ausgemacht hat. ■

### JURIQ-Klausurtipp

Für die Klausur gilt folgende Differenzierung:
- Findet ein Angriff **während der Fahrt** bei laufendem Motor statt, so liegt sowohl die Kraftfahrzeugführereigenschaft als auch das Ausnutzen vor.
- Wird der Angriff verübt, **nachdem das Fahrzeug nicht verkehrsbedingt angehalten** und der **Motor ausgestellt** wurde, so ist nach h.M. sowohl die Kraftfahrzeugführereigenschaft als auch das Ausnutzen zu verneinen.
- Das Gleiche gilt für den Fall, dass der Angriff erst verübt wird, nachdem der **Kraftfahrzeugführer bereits ausgestiegen** ist.
- Wird das Kraftfahrzeug **bei laufendem Motor nicht verkehrsbedingt angehalten**, so ist danach zu differenzieren, ob der Fahrer tatsächlich noch mit Verkehrsvorgängen beschäftigt ist. Die Kraftfahrzeugführereigenschaft ist bei eingeschaltetem Motor jedenfalls gegeben. Zweifelhaft kann dann allenfalls sein, ob der Angriff unter Ausnutzung der besonderen Verhältnisse des Straßenverkehrs erfolgt.

## III. Subjektiver Tatbestand

Der subjektive Tatbestand verlangt zunächst Vorsatz und darüber hinaus die Absicht, einen Raub, einen räuberischen Diebstahl oder eine räuberische Erpressung zu begehen. Die Prüfung erfolgt also in 2 Schritten:

**411**

| Schritt 1 | Schritt 2 |
| --- | --- |
| Vorsatz | Absicht bzgl. §§ 249, 252, 253, 255 |

Der Täter muss zunächst mit Wissen und Wollen der objektiven Tatbestandsverwirklichung gehandelt haben. Da das Gesetz nichts Gegenteiliges verlangt, reicht **dolus eventualis**.

**412**

Darüber hinaus braucht er die **Absicht im Sinne von dolus directus 1. Grades**, einen Raub, einen räuberischen Diebstahl oder eine räuberische Erpressung zu begehen. Diese Absicht muss vorliegen – wie auch der Vorsatz – **zum Zeitpunkt des Verübens des Angriffs** bzw.,

**413**

---
[309] *BGH* NStZ 2004, 207; *Jäger* Strafrecht BT Rn. 471.

sofern es sich um einen Versuch handelt, zum Zeitpunkt des unmittelbaren Ansetzens. Haben Sie in der Klausur zunächst die §§ 249, 252, 255 geprüft, so genügt es an dieser Stelle, lediglich festzustellen, dass der Täter auch schon zum Zeitpunkt der Tathandlung die entsprechende Absicht hinsichtlich der später ausgeführten Taten hatte.

### IV. Rechtswidrigkeit und Schuld

414 Es gibt keine deliktspezifischen Besonderheiten. Insofern wird auf die allgemeinen Grundsätze verwiesen.

### V. Erfolgsqualifikation, § 316a Abs. 3

415 § 316a Abs. 3 sieht eine höhere Strafandrohung vor für den Fall, dass der Täter durch die Tat **wenigstens leichtfertig** den Tod des Opfers verursacht hat. Da diese Erfolgsqualifikation in ihrer Struktur dem § 251 entspricht, wird auf die dortigen Ausführungen unter Rn. 327 verwiesen.

### VI. Konkurrenzen

416 Zwischen § 316a und dem Versuch der §§ 249, 252 oder § 255 liegt **Gesetzeskonkurrenz** vor, wobei § 316a die versuchten Delikte verdrängt. Etwas anderes gilt für den Fall, dass die versuchten Delikte nach § 250 oder § 251 qualifiziert sind. Hier muss im Interesse der Klarstellung **Tateinheit** angenommen werden. Gleiches gilt für die vollendeten §§ 249, 252 und § 255 im Verhältnis zu § 316a.

**Online-Wissens-Check**

**Wie wird ein Täter bestraft, der nach Vollendung der Wegnahme einen Schuss abgibt?**

Überprüfen Sie jetzt online Ihr Wissen zu den in diesem Abschnitt erarbeiteten Themen. Unter **www.juracademy.de/skripte/login** steht Ihnen ein Online-Wissens-Check speziell zu diesem Skript zur Verfügung, den Sie kostenlos nutzen können. Den Zugangscode hierzu finden Sie auf der Codeseite.

## VII. Übungsfall Nr. 3

„Tumult im Stadtpark"

Der polizeibekannte Junkie J ist auf Entzug und braucht dringend Geld, um bei seinem Dealer Kokain zu kaufen. Da es ihm auf legale Weise nicht möglich ist, Geld zu verdienen, überfällt er an einem schönen lauen Sommerabend die rüstige Rentnerin R, die gerade im Stadtpark ihren Abendspaziergang macht, indem er sich ihr von hinten nähert und den Handtaschengurt ergreift. Leider kann er nicht wie geplant blitzschnell die Tasche ergreifen und sich aus dem Staub machen, da R, die schon mehrfach überfallen wurde, Erfahrung im Umgang mit Überraschungsdieben hat und den Gurt Ihrer Tasche fest umklammert hält. Es kommt zu einem Handgemenge, aus welchem J jedoch als Sieger hervorgeht. Kaum ist er dabei, mit der Tasche wegzulaufen, als R auch schon die Verfolgung aufnimmt. J, der in der Tasche einen harten Gegenstand ertastet, öffnet diese und findet eine Schreckschusspistole, die er nun spontan und ohne Tötungsvorsatz aus kurzer Distanz auf R abfeuert. Der Schuss, der bei R zu erheblichen Brand- und Druckverletzungen hätte führen können, verfehlt jedoch die R, da diese voll auf die Verfolgung des J konzentriert ist und daher einen frei laufenden Hund übersieht, über diesen stolpert, hinfällt und sich bei diesem Sturz einen komplizierten Oberschenkelhalsbruch zuzieht, welchen J weder vorhergesehen noch gewollt hat.

Durch den Sturz ist J zwar die R los, aber nicht den Polizeibeamten P, der inzwischen auf den Tumult aufmerksam geworden ist und ebenfalls die Verfolgung aufnimmt. Nach einigen hundert Metern trifft der inzwischen völlig erschöpfte J auf seinen in der Sonne auf einer Parkbank sitzenden Kumpel K, dem er kurz die Situation schildert und bittet, ihm – notfalls mit Gewalt – „die Bullen" vom Hals zu halten, was K dadurch erledigt, dass er P ein Bein stellt, wodurch dieser zu Fall kommt und sich Prellungen zuzieht.

J stürmt nun zu seinem Auto, um endlich den Stadtpark verlassen zu können, muss aber zu seinem Entsetzen feststellen, dass er seinen Schlüssel bei dem Gerangel um die Handtasche verloren hat. Nunmehr vollends in Rage, zerrt er den am Straßenrand mit seinem Auto im Leerlauf bei laufendem Motor in einer Parkbox stehenden A, der gerade dabei ist, in einer Straßenkarte nach dem rechten Weg zu suchen, hinter dem Lenkrad hervor und fährt mit dessen Auto davon. Das Auto stellt er wie beabsichtigt an der nächsten Tankstelle ab und geht zu Fuß nach Hause, wo aufgrund einer exakten Personenbeschreibung von P und R bereits die Polizei auf ihn wartet.

Strafbarkeit von J und K? (eventuell erforderliche Anträge sind gestellt)

**418 Lösung**

### Erster Handlungsabschnitt: Überfall und Verfolgung durch R

#### I. Strafbarkeit nach § 249 Abs. 1

A könnte sich gem. § 249 Abs. 1 strafbar gemacht haben, indem er R die Handtasche entriss.

**1. Objektiver Tatbestand**

Die Handtasche stellte für J eine fremde bewegliche Sache dar, die er, indem er sie ergriff, auch gegen den Willen der R wegnahm.

> **JURIQ Klausurtipp**
>
> Da hier **offensichtlich** keine Vermögensverfügung von R vorliegt, braucht das Abgrenzungsproblem an dieser Stelle nicht angesprochen zu werden.

Fraglich ist, ob J Gewalt einsetzte. Gewalt ist eine durch Kraftentfaltung des Täters hervorgerufene physische Zwangswirkung beim Opfer zur Willensbrechung oder Willensbeugung als gegenwärtiges Übel. Da R die Tasche fest umklammert hielt, bedurfte es auf Seiten des J eines erheblichen Kraftaufwandes, um den Gewahrsam an der Tasche zu erlangen. Dieser Kraftaufwand überstieg bei weitem den Aufwand, den ein Täter betreiben muss, um den Gewahrsam selbst zu erlangen und führte nicht zuletzt zu einem Handgemenge und damit auch zu einer physischen Zwangswirkung auf Seiten des Opfers R. Gewalt ist damit zu bejahen.

> **Hinweis**
>
> Damit unterscheidet sich dieser Fall von den sonstigen „Handtaschenfällen", bei welchen der Täter durch List und Schnelligkeit agiert und ein Widerstand des Opfers, den es zu überwinden gilt, gar nicht erst entstehen kann. In diesen Fällen wird die Gewalt und damit der Raub verneint.

Voraussetzung ist nach herrschender Auffassung des Weiteren, dass zwischen der Wegnahme und der Gewalt eine subjektiv finale Beziehung besteht. J setzt die Gewalt ein, um aus seiner Sicht die Wegnahme zu ermöglichen. Eine subjektiv finale Beziehung ist damit gegeben. Auch eine vereinzelt in der Literatur vertretene Auffassung, die eine Kausalität zwischen dem Nötigungsmittel und der Wegnahme verlangt, würde im vorliegenden Fall zu demselben Ergebnis gelangen.

Der objektive Tatbestand ist damit verwirklicht.

**2. Subjektiver Tatbestand**

J handelte hinsichtlich des objektiven Tatbestandes mit Wissen und Wollen. Er müsste darüber hinaus auch Zueignungsabsicht besessen haben. Zueignungsabsicht liegt vor, wenn der Täter die dauerhafte Enteignung des Eigentümers billigend in Kauf nimmt und die zumindest vorübergehende Aneignung der Sache oder des in ihr verkörperten Sachwertes in sein Vermögen erstrebt.

Mangels gegenteiliger Anhaltspunkte kann davon ausgegangen werden, dass J die R sowohl hinsichtlich der Tasche als auch des Inhalts dauerhaft enteignen und sich selbiges zumindest vorübergehend aneignen wollte. Die Zueignungsabsicht ist damit zu bejahen.

Da J keinen fälligen und einredefreien Anspruch auf Tasche und Inhalt hatte, ist die erstrebte Zueignung auch rechtswidrig, was J wusste.

Der subjektive Tatbestand ist damit verwirklicht.

**3. Rechtswidrigkeit und Schuld**

Rechtfertigungs- und Entschuldigungsgründe sind nicht ersichtlich.

J hat sich damit wegen Raubes gem. § 249 strafbar gemacht.

#### II. Strafbarkeit nach §§ 249 Abs. 1, 250 Abs. 2 Nr. 1 und Nr. 3a

A könnte sich ferner wegen schweren Raubes gem. §§ 249 Abs. 1, 250 Abs. 2 Nr. 1 und Nr. 3a strafbar gemacht haben, indem er mit der Schreckschusspistole auf R feuerte.

Dann müsste es sich für § 250 Abs. 2 Nr. 1 bei der Schreckschusspistole zunächst um eine Waffe oder ein anderes gefährliches Werkzeug handeln.

Eine mit Platzpatronen geladene, schussbereite Schreckschusspistole könnte als Waffe angesehen werden. Waffen stellen einen Spezialfall des objektiv gefährlichen Werkzeuges dar. Eine Waffe im Sinne des § 250 Abs. 2 Nr. 1 liegt vor bei einer Waffe im technischen Sinn, das heißt bei einem Gegenstand, der nach seiner objektiven Beschaffenheit und seinem Zustand zur Zeit der Tat bei bestimmungsgemäßer Verwendung geeignet und bestimmt ist, erhebliche Verletzungen herbeizuführen. Teilweise wird vertreten, dass es bei Schreckschusspistolen an der generellen Bestimmung fehlt, erhebliche Körperverletzungen herbeizuführen. Diese Gefahr werde ausschließlich durch die bestimmungswidrige Verwendung durch den Täter erzeugt.[310] Dieser Auffassung ist jedoch entgegenzuhalten, dass auch Schreckschusspistolen gemäß § 1 Abs. 2 Nr. 1 Waffengesetz nunmehr als Waffen im technischen Sinn verstanden werden, für deren Führen es gemäß § 10 Abs. 4 Satz 4 Waffengesetz eines Waffenscheines bedarf. Darüber hinaus ist die Waffenmechanik von Schreckschusswaffen mit jener von scharfen Waffen identisch. Ferner ist der aus der Schreckschusswaffe beim Abfeuern nach vorne austretende Explosionsdruck geeignet, erhebliche Verletzungen hervorzurufen, auch wenn es für das Entstehen derartiger Verletzungen erforderlich ist, dass die Schreckschusspistole in enger räumlicher Nähe zum Körper des Opfers abgefeuert wird. Von daher ist mit der Gegenauffassung davon auszugehen, dass auch Schreckschusspistolen Waffen im Sinne des § 250 Abs. 2 Nr. 1 darstellen.[311]

> **Hinweis**
>
> Der *BGH* ist darüber hinaus der Auffassung, dass die Eigenschaft einer Schreckschusspistole als Waffe auch nicht mit der Begründung verneint werden könne, dem Opfer der Tat drohe so lange keine gesteigerte Lebensgefahr wie der Täter die Waffe zunächst aus sicherer Distanz auf das Opfer richte. Für die strafrechtliche Einordnung des Gegenstandes als Waffe komme es nämlich nicht maßgeblich darauf an, ob sich der Täter in einer Entfernung zum Opfer befinde, welche die Zuführung einer erheblichen Körperverletzung noch nicht gestatte, wenn sich andererseits die von dem Gegenstand nach seiner Bauart und seiner bestimmungsgemäßen Verwendung als Schießwerkzeug ausgehende Gefahr grundsätzlich realisieren lassen könne.[312]

Durch das Abfeuern des Schusses hat J die Waffe auch verwendet. Fraglich ist jedoch, ob das Abfeuern „bei der Tat" geschah, da der Raub, den J verwirklicht hat, zu diesem Zeitpunkt zwar noch nicht beendet, aber schon vollendet war.

Während der *BGH* auch Tathandlungen im Beendigungsstadium für die Annahme der Raubqualifikation genügen lässt, sieht ein Großteil der Literatur in einem solchen Vorgehen einen Verstoß gegen das Analogieverbot.[313] Er argumentiert damit, dass die bei bewaffneter Beutesicherung bestehenden Gefahren nicht geringer seien als jene, die mit der gewaltsamen Wegnahme einhergingen. Dieser Auffassung ist allerdings entgegenzuhalten, dass die Phase zwischen Vollendung und Beendigung für die Strafbarkeit des Raubes ohne Bedeutung ist. Somit kann auch eine Qualifikation in dieser Phase strafrechtlich für den Raub nicht mehr bedeutsam sein. Mit der Literatur ist daher ein schwerer Raub durch Verwenden einer Waffe ebenso abzulehnen wie ein schwerer Raub mit körperlicher Misshandlung.

> **Hinweis**
>
> Sofern Sie der Auffassung des *BGH* folgen möchten, müssen Sie sich nunmehr bei

---

310 *Wessels/Hillenkamp* Strafrecht BT/2 Rn. 371.
311 *BGH* GRS StV 2003, 336.
312 Siehe zuvor.
313 Für die Auffassung der Rechtsprechung vgl. *BGHSt* 38, 295; dagegen SK-*Günther* § 250 Rn. 31.

> § 250 Abs. 2 Nr. 3a damit auseinandersetzen, ob das Opfer „bei der Tat", also kausal und unmittelbar körperlich schwer misshandelt wurde. Problematisch ist, dass R über einen Hund stolperte und sich erst dabei die Verletzungen zuzog.

### III. Strafbarkeit nach §§ 242, 240

Die mitverwirklichten §§ 242, 240 treten in Gesetzeskonkurrenz hinter dem Raub zurück.

### IV. Strafbarkeit nach §§ 252, 250 Abs. 2 Nr. 1 und Nr. 3a, Abs. 1 Nr. 1c

J könnte sich aber wegen schweren räuberischen Diebstahls gem. §§ 252, 250 Abs. 2 Nr. 1 und 3a, Abs. 1 Nr. 1c strafbar gemacht haben, indem er auf die ihn verfolgende R einen Schuss abgab.

#### 1. Objektiver Tatbestand

J müsste zunächst einen Diebstahl begangen haben. Da der von J verwirklichte Raub einen Diebstahl beinhaltet, ist diese Voraussetzung gegeben.

Des Weiteren müsste J auf frischer Tat betroffen sein. Dies liegt jedenfalls vor, wenn der Täter in Tatortnähe alsbald nach der Tatausführung wahrgenommen wird, was vorliegend zu bejahen ist.

Schließlich müsste er Gewalt verübt oder eine Drohung angewendet haben. Das Abfeuern einer Schreckschusspistole auf den Körper des Opfers ist unzweifelhaft eine körperliche Zwangswirkung und damit Gewalt.

Da der „räuberische Dieb" gleich einem Räuber zu bestrafen ist, sind auch die Qualifikationen des Raubes auf § 252 anwendbar.

Vorliegend hat J eine Schreckschusspistole eingesetzt, welche, wie oben festgestellt, eine Waffe gem. § 250 Abs. 2 Nr. 1 darstellt.

Darüber hinaus könnte J die R bei der Tat körperlich schwer misshandelt haben, da R sich einen komplizierten Oberschenkelhalsbruch zuzog. Zwar zieht ein komplizierter Oberschenkelhalsbruch einen längeren Krankenhausaufenthalt sowie eine erhebliche Bewegungsbeeinträchtigung nach sich und ist damit eine schwere Misshandlung. Diese ereignete sich auch in dem Stadium zwischen Versuch und Vollendung des räuberischen Diebstahls. Die schwere Misshandlung fügte allerdings nicht J der R zu, sondern R sich vielmehr aufgrund ihrer Unaufmerksamkeit selbst. Das Abfeuern der Schreckschusspistole als Nötigungsmittel des § 252 ist schon nicht kausal. Die Verfolgung und das Stolpern über den Hund beruht vielmehr auf dem vorangegangenen Raub. In Zusammenhang mit diesem fehlt es jedoch an dem erforderlichen Unmittelbarkeitszusammenhang. Sowohl mit der Entwendung der Handtasche, als auch nachfolgend mit der Abgabe des Schusses hat J das rechtlich relevante Risiko des Hinfallens beim Wegreißen bzw. das Risiko einer Schussverletzung gesetzt. Er hat vielleicht auch das Risiko gesetzt, dass das Opfer bei einer Ausweichbewegung zu Fall kommt und sich verletzt. Er hat jedoch nicht das Risiko gesetzt, dass ein ihn verfolgendes Opfer aufgrund einer – wenn auch situationsbedingten – Unaufmerksamkeit über ein Hindernis stolpert und zu Fall kommt. Dieses Risiko hat das Opfer selbst veranlasst, so dass die schwere körperliche Misshandlung dem J nicht zurechenbar ist.

Des Weiteren könnte J die R in die Gefahr einer schweren Gesundheitsschädigung gem. § 250 Abs. 1 Nr. 1c gebracht haben, indem er den Schuss abgab.

Die Gefahr des Oberschenkelhalsbruches durch das Stolpern über den Hund hat R selbst hervorgerufen (s.o.). J hat jedoch durch den Schuss die Gefahr geschaffen, dass dieser bei R, wenn er sie getroffen hätte, zu erheblichen Brand- und Druckverletzungen hätte führen können. Diese Gefahr war auch konkret, da es letztlich nur vom Zufall abhing (hier ein frei laufender Hund als Stolperhindernis), ob sich die Gefahr in einer Verletzung realisiert.

J hat damit auch einen schweren Raub gem. § 250 Abs. 1 Nr. 1c verwirklicht.

Der objektive Tatbestand ist damit verwirklicht.

#### 2. Subjektiver Tatbestand

A handelte hinsichtlich der Verwirklichung des objektiven Tatbestandes des räuberischen Diebstahls sowie des Verwendens der Waffe vorsätzlich. Aber auch hinsichtlich der konkreten Gefahr einer Gesundheitsbeschädigung kann Vorsatz angenommen werden, da J einen Schuss aus kurzer Distanz auf R abfeuerte. Er hat somit mit der Möglichkeit gerechnet, dass der Schuss R auch trifft und erhebliche Verletzungen hervorruft. Auf den Oberschenkelhalsbruch, den J nicht vorhergesehen hat, kommt es insoweit nicht an.

Des Weiteren müsste J auch in der Absicht gehandelt haben, sich im Besitz des gestohlenen Gutes zu erhalten, wobei unter Absicht dolus directus 1. Grades zu verstehen ist. Zwar wollte J sicherlich auch dem Festhalten und damit der Strafverfolgung entgehen. Da er sich der Beute aber nicht entledigt hat, kann darüber hinaus auch unterstellt werden, dass es ihm darauf ankam, die Beute vor dem Zugriff der R zu bewahren.

Der subjektive Tatbestand ist damit verwirklicht.

### 3. Rechtswidrigkeit und Schuld

Rechtfertigungs- und Entschuldigungsgründe sind nicht ersichtlich.

J hat sich damit wegen schweren räuberischen Diebstahls strafbar gemacht.

### V. Strafbarkeit nach §§ 241, 240

Die mitverwirklichten §§ 240, 241 treten in Gesetzeskonkurrenz hinter dem schweren räuberischen Diebstahl zurück.

### VI. Strafbarkeit nach § 229

Eine Strafbarkeit gem. § 229 scheitert an der objektiven Zurechnung (s.o.).

## Zweiter Handlungsabschnitt: Verfolgung durch P

### I. Strafbarkeit des K

### 1. Strafbarkeit gem. §§ 249 Abs. 1, 27

K könnte sich gem. §§ 249 Abs. 1, 27 wegen Beihilfe zum Raub strafbar gemacht haben, indem er dem Polizisten P ein Bein stellte.

Die vorsätzliche, rechtswidrige Haupttat liegt in dem von J begangenen Raub.

Diesen Raub könnte K durch das Aufhalten des Polizeibeamten gefördert haben. Allerdings ist auch hier wieder zu beachten, dass der Raub zu diesem Zeitpunkt bereits vollendet war. Gleichwohl lassen der *BGH* und Teile der Literatur auch in dem Zeitpunkt zwischen Vollendung und Beendigung eine sog. „sukzessive" Beihilfe zu.[314] Damit werden aber Abgrenzungsprobleme zu § 257 geschaffen, der ebenfalls schon ab dem Zeitpunkt der Vollendung des Diebstahls/Raubes einschlägig ist. Außerdem ist erneut zu beachten, dass der Zeitraum ab der Vollendung für die Beurteilung der Strafbarkeit des Haupttäters nicht relevant ist. Aus diesem Grund ist mit der in der Literatur vertretenen Auffassung[315] eine sukzessive Beihilfe abzulehnen (a.A. selbstverständlich vertretbar).

Eine Strafbarkeit gem. §§ 249 Abs. 1, 27 kommt mithin nicht in Betracht.

### 2. Strafbarkeit gem. § 252

Eine Strafbarkeit gem. § 252 kommt für K nicht in Betracht, da K weder Täter noch Teilnehmer (was nach Ansicht des *BGH*[316] ausreichen würde!) eines Diebstahls ist und damit auch nicht Täter eines räuberischen Diebstahls sein kann.

> **Hinweis**
>
> Hätten Sie oben die Beihilfe bejaht, könnten Sie jetzt bei K wiederum mit dem *BGH* den objektiven Tatbestand bejahen, müssten allerdings die Beutesicherungsabsicht verneinen, da es dem Täter darauf ankommen muss, **sich** im Besitz des gestohlenen Gutes zu halten, K aber keinen Besitz an der Tasche hatte.

### 3. Strafbarkeit gem. § 257

K könnte sich jedoch wegen Begünstigung strafbar gemacht haben, indem er P ein Bein stellte.

---

314 *BGH* NJW 1985, 814.
315 *Joecks* § 27 Rn. 9.
316 *BGHSt* 6, 248.

> Sie sollten die Gelegenheit nutzen, das Kapitel „Mittelbare Täterschaft" zu wiederholen und den Fall bei Bejahung der sukzessiven Beihilfe alternativ lösen. «

#### a) Objektiver Tatbestand

Die rechtswidrige Vortat eines anderen liegt in dem Raub des J. Zu dieser Vortat hat K auch Hilfe geleistet, indem er die Verfolgung durch den Polizeibeamten P verhinderte und damit dem J die Vorteile des Raubes sicherte.

#### b) Subjektiver Tatbestand

K handelte insoweit auch vorsätzlich und darüber hinaus mit der Absicht, dem J die Vorteile des Raubes, nämlich den Erhalt der Handtasche zu sichern.

#### c) Rechtswidrigkeit und Schuld

Rechtfertigungs- und Entschuldigungsgründe sind nicht ersichtlich.

K hat sich damit wegen Begünstigung strafbar gemacht.

### 4. Strafbarkeit gem. § 114 Abs. 1

K hat durch das Beinstellen vorsätzlich einen tätlichen Angriff auf einen Vollstreckungsbeamten während der Vornahme einer Diensthandlung ausgeführt. Eine Strafbarkeit gem. § 114 Abs. 1 liegt damit vor. Diese steht zu § 257 in Tateinheit.

### 5. Strafbarkeit gem. § 223

Darüber hinaus hat K eine Körperverletzung begangen, die zu §§ 240 und 257 in Tateinheit steht.

### 6. Strafbarkeit gem. § 258 Abs. 1

K könnte sich auch wegen Strafvereitelung gem. § 258 Abs. 1 strafbar gemacht haben, indem er P ein Bein stellte.

Dann müsste er ganz oder zum Teil vereitelt haben, dass J wegen einer rechtswidrigen Tat bestraft wird.

Ein Vereiteln setzt jedoch eine Verfolgungsverzögerung auf geraume Zeit voraus, wobei ein Zeitraum von 10 Tagen als ausreichend angesehen wird.[317]

Da J unmittelbar nach seinem Eintreffen zu Hause gestellt wurde, liegt ein Vereiteln nicht vor. Der objektive Tatbestand ist damit nicht verwirklicht.

---

317 *Fischer* § 258, Rn. 8.

### 7. Strafbarkeit gem. §§ 258 Abs. 1, 22, 23

K hat sich jedoch wegen versuchter Strafvereitelung strafbar gemacht, da es ihm darauf ankam, dem J die Flucht zu ermöglichen und ihn damit vor Ergreifung zu schützen. Durch das „Beinstellen" hat er dazu auch unmittelbar angesetzt.

Die versuchte Strafvereitelung steht ebenfalls in Tateinheit zu den vorverwirklichten Delikten.

### II. Strafbarkeit des J

J hat sich wegen Anstiftung zu den §§ 223, 240 und 257 strafbar gemacht. Eine Anstiftung zur versuchten Strafvereitelung ist nicht strafbar. Das ergibt sich aus der Straflosigkeit der Selbstbegünstigung gem. § 258 Abs. 5.

> **Hinweis**
>
> Hätten Sie oben die sukzessive Beihilfe und dann den objektiven Tatbestand des § 252 bejaht, so wäre jetzt eine Strafbarkeit des J gem. §§ 252, 25 Abs. 1 Alt. 2 (absichtslos doloses Werkzeug) zu diskutieren gewesen. Diesen „steinigen Weg" haben wir an dieser Stelle durch Ablehnung der sukzessiven Beihilfe umgangen (was Sie in der Klausur nicht tun sollten!).

#### Dritter Handlungsabschnitt: Angriff auf A

### I. Strafbarkeit gem. § 249

J könnte sich gem. § 249 Abs. 1 strafbar gemacht haben, indem er A aus seinem Auto zerrte und damit wegfuhr.

### 1. Objektiver Tatbestand

Das Zerren aus dem Auto stellt Gewalt dar, die J eingesetzt hat, um dem A gegen dessen Willen den Gewahrsam am Auto zu entziehen und spätestens mit dem Wegfahren neuen Gewahrsam zu begründen.

Damit könnte eine Wegnahme zu bejahen sein. Zu beachten ist jedoch, dass der *BGH* einen raubspezifischen Wegnahmebegriff verwendet, indem er zusätzlich auf das äußere Tatbild abstellt. Es handelt sich vorliegend um das Problem der Abgrenzung zwischen Raub und räuberischer Erpressung. Während der

*BGH* nach dem äußeren Erscheinungsbild abgrenzt, wonach ein Raub vorliegt, wenn der Täter sich die Sache nimmt und räuberische Erpressung, wenn sie ihm gegeben wird, nimmt die Literatur eine Abgrenzung nach der inneren Willensrichtung vor. Da vorliegend beide Auffassungen zu demselben Ergebnis gelangen, kann eine Darstellung des Streits an dieser Stelle dahingestellt bleiben.

Der objektive Tatbestand liegt damit vor.

### JURIQ-Klausurtipp

Sollten Sie sich der Auffassung der Literatur anschließen wollen, empfiehlt sich die Streitentscheidung schon an dieser Stelle, da sich bei Bejahung des objektiven Tatbestandes des § 249 aufgrund der Exklusivität eine Prüfung der §§ 253, 255 erübrigt. In diesem Fall sollten Sie die Qualifikation des § 250 im objektiven Tatbestand mit erörtern.

#### 2. Subjektiver Tatbestand

J handelte auch mit Wissen und Wollen der Tatbestandsverwirklichung. Fraglich ist allerdings, ob J auch mit Zueignungsabsicht handelte. Die Zueignungsabsicht besteht aus der dauerhaft gewollten Enteignung des Eigentümers und der zumindest vorübergehend beabsichtigten Aneignung der Sache oder des Sachwertes. An der vorübergehenden Aneignung bestehen keinerlei Zweifel. Problematisch erscheint jedoch die Enteignungskomponente. J stellte, wie zum Zeitpunkt der Wegnahmehandlung beabsichtigt, das Fahrzeug an der nächsten Tankstelle ab. Es kann davon ausgegangen werden, dass dort ein abgestelltes Fahrzeug ohne Fahrer auf Dauer auffällt und zu Nachforschungen veranlasst, jedenfalls zur Herbeirufung der Polizei, die dann den Halter ermitteln kann. Damit kann J aber nicht unterstellt werden, dass er mit dolus eventualis A dauerhaft aus seiner Eigentümerposition verdrängen wollte. Vielmehr kann zu seinen Gunsten angenommen werden, dass er mit der Rückführung des Fahrzeuges rechnete. Die Zueignungsabsicht ist damit zu verneinen.

Eine Strafbarkeit gem. § 249 Abs. 1 kommt mithin nicht in Betracht.

### II. Strafbarkeit gem. §§ 253, 255

J könnte sich aber gem. §§ 253, 255 strafbar gemacht haben, indem er A aus seinem Auto zerrte und damit wegfuhr.

#### 1. Objektiver Tatbestand

Das Zerren aus dem Auto stellt wie bereits dargestellt Gewalt gegen eine Person dar. Durch diese Gewalt hat J den A auch zum Aussteigen und damit zu einer Handlung sowie zum späteren Dulden des Wegfahrens genötigt. Des Weiteren ist dem A dadurch auch ein Vermögensschaden in Gestalt des Verlustes des unmittelbaren Besitzes entstanden.

Fraglich ist jedoch, ob an das Verhalten des A weitere Anforderungen zu stellen sind.

Nach Ansicht der Literatur, wonach die räuberische Erpressung dem Betrug ähnelt, muss das abgenötigte Opferverhalten zugleich auch eine Vermögensverfügung darstellen,[318] welche vom Opfer freiwillig vorgenommen werden muss. In Anbetracht der Nötigungskomponente, der das Opfer ausgesetzt ist, ist die Freiwilligkeit nur im Hinblick auf den Gewahrsamsverlust relevant. Glaubt das Opfer, es habe eine durchhaltbare Verhaltensalternative oder aber seine Mitwirkungshandlung sei zur Erlangung des Gewahrsams erforderlich und nimmt es diese Mitwirkungshandlung vor, so handelt es freiwillig. Glaubt es hingegen, der Täter gelange so oder so an den Gewahrsam, so ist eine Freiwilligkeit zu verneinen. Da der Schlüssel steckte und das Auto fahrbereit war, kann nicht davon ausgegangen werden, dass A glaubte, J werde nur mit seiner Mitwirkungshandlung an das Auto gelangen. Er wird vielmehr davon ausgegangen sein, dass J das Auto „so oder so" bekommen werde. Ein freiwilliges Verfügen des A liegt mithin nicht vor. Die Literatur würde mithin nicht nach §§ 253, 255 bestrafen. Das Verhalten des J wäre nach § 248b sowie den §§ 240, 241 zu bestrafen mit der Folge, dass J theoretisch nur eine Geldstrafe verwirkt haben könnte.

---

318 Schönke/Schröder-*Eser* § 253 Rn. 8f.; *Lackner/Kühl* § 253 Rn. 3.

> Da in Fallkonstellationen der vorliegenden Art sehr häufig § 239a relevant wird, sollten Sie sich an dieser Stelle mit dieser Vorschrift auseinander setzen oder bereits Gelerntes wiederholen. Das Kapitel wird dargestellt im Skript „Strafrecht BT I". «

Die Rechtsprechung, die eine Wesensverwandtschaft mit § 263 ablehnt[319] und vielmehr eine Ähnlichkeit mit § 240 sieht, könnte vorliegend nach §§ 253, 255, eventuell auch wegen schwerer räuberischer Erpressung gem. § 250 Abs. 1 bestrafen mit der Folge, dass jedenfalls eine Freiheitsstrafe von mindestens einem Jahr verhängt werden müsste.

In Ansehung von Fällen dieser Art beruft die Literatur sich auf die gesetzgeberische Wertung, wonach eben bei Gebrauchsanmaßungen nur eine mildere Bestrafung vom Gesetzgeber vorgesehen sei. Diese Wertung, so die Literatur, müsse man berücksichtigen. Auch wenn auf den ersten Blick dieses Argument überzeugend erscheint, so trifft es doch nicht in allen Fällen zu. Angenommen, der Autofahrer hätte im vorliegenden Fall eine besondere Wegfahrsperre in seinem Auto, die nur durch Eingeben eines fünfstelligen Codes aufgehoben werden könnte, so müsste man richtigerweise die Freiwilligkeit bejahen. Da zudem der Wortlaut auch die Ansicht der Rechtsprechung stützt, ist dieser zu folgen (a.A. selbstverständlich vertretbar). Einer Vermögensverfügung bedarf es nicht. Der objektive Tatbestand ist damit verwirklicht.

### JURIQ-Klausurtipp

Sollten Sie der Literatur gefolgt sein, müssten Sie jetzt mit der Prüfung der §§ 248b, 240, 223 fortfahren.

#### 2. Subjektiver Tatbestand

J handelte vorsätzlich und mit der Absicht, sich einen Vermögensvorteil, nämlich den unmittelbaren Besitz, zu verschaffen. Auf diesen Vermögensvorteil hatte er keinen fälligen und einredefreien Anspruch, weswegen er auch rechtswidrig war, was J auch wusste.

Der subjektive Tatbestand ist damit ebenfalls verwirklicht.

#### 3. Rechtswidrigkeit und Schuld

Rechtfertigungs- und Entschuldigungsgründe sind nicht ersichtlich.

J hat sich damit gem. §§ 253, 255 wegen räuberischer Erpressung strafbar gemacht.

### III. Strafbarkeit gem. § 250 Abs. 1 Nr. 1a

Da J die Schreckschusspistole noch immer bei sich trug, hat er auch eine qualifizierte räuberische Erpressung begangen.

### IV. Strafbarkeit gem. § 239a

Eine Strafbarkeit gem. § 239a kommt nicht in Betracht, da J sich nicht zunächst des Opfers bemächtigt hat und danach diese Situation zu einer Erpressung ausgenutzt hat. Das Hinausziehen aus dem Auto stellt vielmehr sowohl die Bemächtigung als auch zugleich das Nötigungsmittel dar. Es fehlt mithin an der stabilen Bemächtigungslage.

### V. Strafbarkeit gem. § 316a

J könnte sich jedoch wegen räuberischen Angriffs auf Kraftfahrer gem. § 316a strafbar gemacht haben, indem er A aus dem Wagen zerrte.

Dann müsste A zunächst ein taugliches Tatopfer sein. Voraussetzung dafür ist, dass er ein Kraftfahrzeugführer ist.

Nach herrschender Auffassung ist Führer eines Kraftfahrzeuges, wer das KFZ in Bewegung zu setzen beginnt, es in Bewegung hält oder allgemein mit dem Betrieb des Fahrzeugs und/oder mit der Bewältigung von Verkehrsvorgängen beschäftigt ist.[320] Hieran soll es nach Auffassung des *BGH* fehlen, sobald der Fahrer sich außerhalb des Fahrzeuges befindet, ferner regelmäßig, wenn das Fahrzeug aus anderen nicht verkehrsbedingten Gründen anhält und der Fahrer den Motor ausstellt.[321]

Das Führen endet allerdings nicht dadurch, dass das Fahrzeug kurzfristig verkehrsbedingt angehalten wird. Denn während der Teilnahme am fließenden Verkehr treten typischerweise Situationen auf, deren ordnungsgemäße Bewältigung ein Halten notwendig machen, ohne dass an die Konzentration des

---

319 *BGHSt* 7, 252; *BGH* NStZ-RR 1997, 321.
320 *BGH* NStZ 2004, 297.
321 Dagegen: *Wessels/Hillenkamp* Strafrecht BT/2 Rn. 421, wonach das Abstellen des Motors nicht von Entscheidungsrelevanz sein soll.

Fahrers geringere Ansprüche gestellt werden. Dazu zählen etwa das Anhalten wegen eines Staus oder die Unterbrechung der Fahrt wegen einer roten Ampel oder eines Stoppschildes.[322] Soweit es sich um ein verkehrsbedingtes Halten handelt, spielt es keine Rolle, ob der Fahrer für die Dauer der Fahrtunterbrechung den Motor ausschaltet.

Ist der Halt nicht durch den Verkehr bedingt, so ist nach der neuen Auffassung des *BGH* danach zu differenzieren, ob der Motor des Fahrzeugs weiterhin läuft. In der Konsequenz bleibt derjenige Führer eines Kraftfahrzeugs, der am Straßenrand anhält, um sich an Schildern oder Karten über die weitere Wegstrecke zu orientieren oder um einen am Fahrzeug vermuteten Defekt zu überprüfen und dabei den Motor laufen lässt.[323]

A ist damit als Kraftfahrzeugführer anzusehen.

Des Weiteren müsste J einen Angriff auf Leib oder Leben oder die Entschlussfreiheit verübt haben. Dieser Angriff liegt hier in dem Hinauszerren des A aus dem Wagen. Dies stellt einen Angriff auf die körperliche Unversehrtheit des A dar.

Schließlich müsste dieser Angriff unter Ausnutzung der besonderen Verhältnisse des Straßenverkehrs erfolgt sein. Eine solche Ausnutzung ist immer gegeben, wenn ein Angriff auf einen Fahrer verübt wird, während das Fahrzeug rollt und der Fahrer infolgedessen mit der Bewältigung des Straßenverkehrs befasst und dadurch in seiner Abwehr eingeschränkt ist. In diesen Situationen liegt auch regelmäßig eine Gefahr für die übrigen Teilnehmer des Straßenverkehrs vor.[324] Vorliegend stand das Fahrzeug des A allerdings in einer Parkbox am Straßenrand. Zwar kann auch bei einem parkenden Fahrzeug die Besonderheit des Straßenverkehrs ausgenutzt werden. Voraussetzung dafür ist dann allerdings, dass der Motor läuft und der Fahrer noch mit der Bewältigung von Betriebsvorgängen befasst ist, welche die Aufmerksamkeit des Fahrers beanspruchen.[325] Der Motor lief zwar noch zum Zeitpunkt des Angriffs, befand sich aber im Leerlauf, so dass eine besondere Aufmerksamkeit nicht mehr erforderlich war. Der bloße Umstand der Vereinzelung bzw. der Einschränkung der Abwehrmöglichkeiten des Fahrers aufgrund der Enge der Fahrgastzelle reichen in Anbetracht des hohen Strafmaßes des Vorschrift nicht mehr aus.

J hat damit nicht die besonderen Verhältnisse des Straßenverkehrs ausgenutzt. Der objektive Tatbestand ist nicht verwirklicht.

### VI. Strafbarkeit gem. §§ 248b, 240

Die mitverwirklichten §§ 248b und 240 treten in Gesetzeskonkurrenz hinter §§ 253, 255, 250 Abs. 1 Nr. 1a zurück.

### Gesamtergebnis

J hat sich gem. §§ 249 und 252, 250 Abs. 2 Nr. 1 und Abs. 1 Nr. 1c strafbar gemacht, wobei der Raub hinter dem räuberischen Diebstahl zurücktritt.

Tatmehrheitlich dazu hat er sich gem. §§ 223, 26, §§ 240, 26 und §§ 257, 26 strafbar gemacht, die zueinander in Tateinheit stehen, wobei die Anstiftung zur Begünstigung gem. §§ 257, 26 als mitbestrafte Nachtat hinter dem schweren Raub zurücktritt. Wiederum tatmehrheitlich dazu hat er sich gem. §§ 249 Abs. 1, 250 Abs. 1 Nr. 1a strafbar gemacht.

K hat sich gem. §§ 257, 240, 223 und 258, 22, 23 strafbar gemacht. Die Taten stehen zueinander in Tateinheit.

---

322 Vgl. insoweit *Sander* NStZ 2004, 501.
323 *BGH* vom 11.12.2003 – 4 StR 427/03; *Sander* NStZ 2004, 501, 502.
324 Schönke/Schröder-*Cramer/Sternberg-Lieben* § 316a Rn. 6.

325 *BGH* NJW 2005, 2565 für den Fall, dass der Fahrer bei Automatikgetriebe den Fuß auf dem Bremspedal lässt.

# N. Sachbeschädigung

## I. Überblick

**419** Geschütztes Rechtsgut der Sachbeschädigung ist ausschließlich das **Eigentum**. Dieses wird in **Abs. 1 vor Tauglichkeitsminderungen** und in **Abs. 2 vor Veränderungen des Erscheinungsbildes**, vor allem durch sog. Graffiti, geschützt. Der Versuch ist nach Abs. 2 strafbar.

**420** Die im Anschluss an § 303 genannten Vorschriften sind nicht alle Qualifikationen zum „Grundtatbestand" der Sachbeschädigung. Vielmehr handelt es sich bei den **§§ 303a und 304 um selbstständige Delikte**.

**421** So werden in § 303a Daten geschützt, die keine körperlichen Gegenstände und in der Folge keine Sachen darstellen. Daten sind auch nicht eigentumsfähig. Ebenso handelt es sich bei § 304 nicht um ein Eigentumsdelikt, da die hier geschützten Sachen nicht fremd zu sein brauchen. Vielmehr können Sie auch dem Täter gehören oder herrenlos sein.

**422** Die **§§ 305 und 305a** sind jedoch **Qualifikationen zu § 303**. Bei den Brandstiftungsdelikten soll § 306 nach herrschender Auffassung eine spezielle Form der Sachbeschädigung darstellen.[326]

**423** Nach **§ 303c** ist ein **Strafantrag** erforderlich. Zur Antragstellung berechtigt sind nicht nur der Eigentümer, sondern auch die benutzungsberechtigten Personen, wie etwa der Nießbraucher, Pächter oder Mieter.[327]

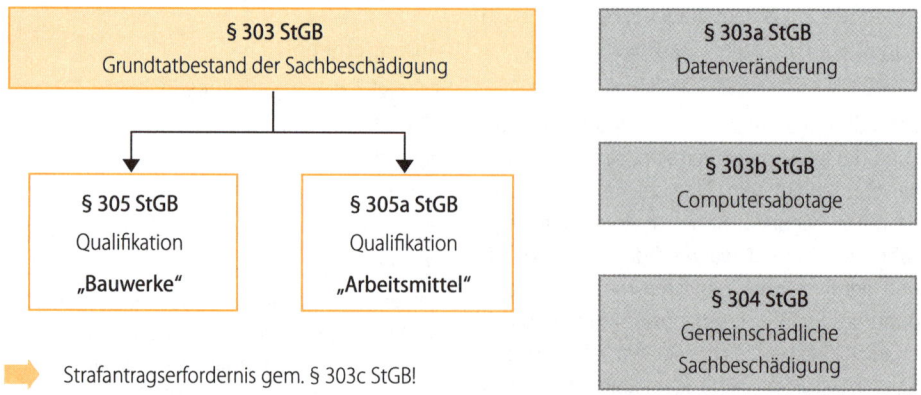

**424** Die Sachbeschädigung ist ein **Erfolgsdelikt**. In dem Beschädigt- bzw. Zerstörtsein der fremden Sache liegt der tatbestandliche Erfolg, der kausal und objektiv zurechenbar durch eine Handlung herbeigeführt worden sein muss.

> **Hinweis**
>
> Im Allgemeinen wird aber zwischen Tathandlung und Taterfolg bei § 303 nicht differenziert, sondern schon bei der Tathandlung das Beschädigen oder Zerstören geprüft. Sofern es keine Probleme mit der Kausalität oder der objektiven Zurechnung gibt – was meistens nicht der Fall ist –, können Sie diese allgemein **akzeptierte Kurzform der Tatbestandsprüfung übernehmen**.

---

326 *Wessels/Hettinger* Strafrecht BT/1 Rn. 44 m.w.N.
327 *Fischer* § 303c Rn. 3 ff.

Objektiver Tatbestand 2 N II

Während im Zivilrecht auch die fahrlässige Sachbeschädigung zu den deliktischen Handlungen im Sinne des § 823 Abs. 1 BGB gehört, wird im Strafrecht **nur die vorsätzliche Beschädigung oder Zerstörung** einer Sache bestraft. 425

§ 303 wird wie folgt geprüft:

> **Sachbeschädigung, § 303**
>
> I. Objektiver Tatbestand
>    1. Tatobjekt: fremde Sache
>    2. Tathandlung und -erfolg:
>        a) Beschädigen oder Zerstören (Abs. 1)
>        b) unbefugtes Verändern des Erscheinungsbildes (Abs. 2)
>
> II. Subjektiver Tatbestand
>     Vorsatz, dolus eventualis reicht
>
> III. Rechtswidrigkeit
>
> IV. Schuld
>
> V. Strafantrag gem. § 303c

*PRÜFUNGSSCHEMA*

## II. Objektiver Tatbestand

Der objektive Tatbestand besteht in dem Beschädigen oder Zerstören einer fremden Sache (Abs. 1) bzw. in dem Verändern des Erscheinungsbildes einer fremden Sache (Abs. 2). 426

### 1. Tatobjekt: fremde Sache

Das **Tatobjekt** entspricht jenem in § 242, mit dem Unterschied, dass es **nicht beweglich** zu sein braucht. Insofern wird Bezug genommen auf die ausführliche Darstellung bei § 242, dort unter Rn. 11 ff. 427

### 2. Tathandlung/Taterfolg

#### a) Beschädigen und Zerstören, § 303 Abs. 1

Da die Sachbeschädigung ein **Erfolgsdelikt**[328] ist, muss der Täter eine Handlung vornehmen, die kausal und objektiv zurechenbar zu einer Beschädigung oder Zerstörung der Sache führt. 428

> Unter **Beschädigen** versteht die **h.M.** eine unmittelbare Einwirkung auf die Sache (Tathandlung), die entweder zu einer nicht unerheblichen Beeinträchtigung der körperlichen Unversehrtheit oder aber zu einer nicht unerheblichen Beeinträchtigung der bestimmungsgemäßen Brauchbarkeit (Taterfolg) führt.[329]
>
> Von einem **Zerstören** der Sache spricht man, wenn sie so wesentlich beschädigt wurde, dass sie für ihren bestimmungsgemäßen Zweck völlig unbrauchbar wird.[330]

---

328 *Wessels/Hillenkamp* Strafrecht BT/2 Rn. 15.
329 *Wessels/Hillenkamp* Strafrecht BT/2 Rn. 23.
330 *RGSt* 8, 33.

**429** Die Fälle der Verletzung des äußeren Erscheinungsbildes werden nunmehr unter Abs. 2 subsumiert.

**Beispiel** A sieht sich als unverstandenes Genie und beglückt des Nachts die Gartenmauern der Nachbarn mit farbenfrohen Graffiti. Seit dem 39. StÄG vom 1.9.2005 macht A sich gem. § 303 Abs. 2 strafbar.

Vor der Einfügung des Abs. 2 war in Literatur und Rechtsprechung umstritten, ob reine Zustandsveränderungen, wie etwa das Bekleben einer Wand mit Plakaten oder das Besprühen derselben, als Sachbeschädigung angesehen werden können. Die Rechtsprechung[331] hat eine Sachbeschädigung nur dann angenommen, wenn die Entfernung der aufgebrachten Materialien zu einer erheblichen Substanzverletzung führte oder aber wenn die Gebrauchsbestimmung des Gegenstandes, etwa bei einer Statue, offensichtlich mit einem ästhetischen Zweck zusammenhing. Nach der in der Literatur vertretenen Zustandsveränderungstheorie[332] wurden alle Fälle als Sachbeschädigung angesehen.

**430** Wenig Schwierigkeiten bereiten Fälle, in denen der Täter die **Substanz der Sache** verletzt, also die stoffliche Unversehrtheit der Sache aufhebt.

**Beispiel** A bricht den Stock des B in zwei Hälften; A schneidet der Puppe des B einen Arm ab; A schlägt der Statuenfigur des B die Nase ab. Das Töten eines Hundes ist nicht nur eine Beschädigung der Sache, sondern ihre völlige Zerstörung. Ein totes Tier verliert gänzlich seine bestimmungsgemäße Funktion als Haustier.

**431** Soweit es sich bei der Substanzverletzung nicht um eine geringfügige Beeinträchtigung handelt, ist sie stets als tatbestandliche Handlung im Sinne des § 303 zu werten. Allerdings werden Substanzverletzungen schon dann als **erheblich** angesehen, wenn sie den Funktionswert der Sache einschränken, so etwa beim Abschneiden der Kennnummer eines Volkszählungsbogens.[333]

**432** Die Substanzverletzung ist jedoch kein notwendiges Merkmal der Beschädigung. Eine **Beschädigung liegt auch dann vor**, wenn die Einwirkung auf eine Sache diese so verändert, dass deren **bestimmungsgemäße Brauchbarkeit nicht unwesentlich gemindert** ist und sich deswegen die betroffene Sache nicht mehr funktionsentsprechend voll einsetzen lässt.[334] Dabei spielt es grundsätzlich keine Rolle, welchen Zeitraum die Gebrauchsminderung umfasst. Lediglich bei ganz kurzfristigen Beeinträchtigungen kann eine Sachbeschädigung ausgeschlossen werden. Dies gilt insbesondere dann, wenn die Beseitigung der Beeinträchtigung keinen größeren Aufwand an Mühe, Zeit und Kosten erfordert.[335] Beim Zeitaufwand muss das Interesse an einstweiliger Verwendbarkeit der Sache entsprechend berücksichtigt werden.

**Beispiel** Eine Beschädigung liegt etwa vor, wenn zusammengesetzte Sachen in ihre Einzelteile zerlegt werden und ihre Zusammensetzung nicht ohne Weiteres zu bewerkstelligen ist. Dies gilt etwa für eine komplizierte Maschine oder eine Uhr.[336]

---

331 *BGHSt* 29, 129.
332 Schönke/Schröder-*Stree* § 303 Rn. 8c m.w.N.
333 *OLG Celle* NJW 1988, 1101.
334 Schönke/Schröder-*Stree* § 303 Rn. 8b.
335 *OLG Düsseldorf* NJW 1993, 869; Schönke/Schröder-*Stree* § 303 Rn. 8b.
336 Vgl. *OLG Hamm*, VRS 28, 437.

## Objektiver Tatbestand

Beim Luftablassen aus einem Auto- oder Fahrradreifen muss differenziert werden: Eine solche Handlung stellt regelmäßig eine Beschädigung im Sinne des § 303 dar, da hierdurch die Funktion des Fahrrads bzw. Fahrzeugs erheblich beeinträchtigt wird. Etwas anderes kann aber gelten, wenn am Fahrrad eine Luftpumpe mitgeführt wird oder das Fahrzeug sich auf einem Tankstellengelände befindet, wo das Aufpumpen der Reifen ohne Weiteres erfolgen kann.[337]

Eine bloße **Sachentziehung** begründet in der Regel keine Sachbeschädigung. Etwas anderes gilt allerdings dann, wenn der Täter die Sache an einen Ort bringt, an dem sie verkommt, verdirbt oder eingeht.[338]

**433**

**Beispiel** H will die B ärgern und wirft deshalb den Ring der B in den Rhein. Durch diese Handlung selbst wird der Ring zunächst nicht beschädigt. Es ist aber davon auszugehen, dass mit der Zeit der Ring anfangen wird zu rosten oder anderweitig zu korrodieren. Insofern kommt auch in einer solchen Fallgestaltung eine Strafbarkeit wegen Sachbeschädigung in Betracht.

Der **bestimmungsgemäße Verbrauch** von Sachen wird nach zutreffender herrschender Meinung ebenfalls nicht als Sachbeschädigung angesehen. So stellt es keine Sachbeschädigung dar, wenn der Täter unbefugt fremde Lebensmittel verzehrt.[339]

**434**

Das Gleiche gilt in der Regel für die **Reparatur einer Sache**. Dies gilt auch dann, wenn der Eigentümer ein Interesse an der Erhaltung des augenblicklichen Zustandes der Sache hat.[340]

**435**

**Beispiel** A strebt einen Schadensersatzprozess gegen W an. Hierbei soll eine eingeschlagene Fensterscheibe als Beweisstück dienen. Handwerker C repariert ohne Wissen des A nunmehr das Fenster, obwohl der Prozess noch gar nicht begonnen hat. In diesem Falle macht sich C nicht gem. § 303 strafbar, auch wenn A ein Interesse am Erhalt des status quo der Sache hatte.

> **JURIQ-Klausurtipp**
>
> Da das Zerstören denknotwendig das Stadium der Beschädigung überschritten haben muss, **erübrigt es sich** in einer Klausur eine **genaue Abgrenzung zwischen Zerstören und Beschädigen** vorzunehmen, da beide Handlungsalternativen zur Anwendung des § 303 führen. Insoweit sollte zusätzlich auf das Vorliegen des Merkmals „Zerstören" hingewiesen werden, wenn die Sache ihrem bestimmungsgemäßen Gebrauch überhaupt nicht mehr zugeführt werden kann.

### b) „Rechtswidrig", § 303 Abs. 1

Nachdem vorübergehend streitig war, ob es sich bei dem Wort „rechtswidrig" um ein Tatbestandsmerkmal oder aber um einen allgemeinen (und überflüssigen) Hinweis auf die Rechtswidrigkeit handelt, hat sich nunmehr die Auffassung durchgesetzt, dass der Wille des Eigen-

---

[337] Vgl. zu dieser Problematik die divergierenden Entscheidungen des *OLG Düsseldorf* NJW 1993, 869 und des *BayObLG* JR 1988, 217.
[338] *Wessels/Hillenkamp* Strafrecht BT/2 Rn. 32.
[339] Vgl. Schönke/Schröder-*Stree* § 303 Rn. 10.
[340] *Wessels/Hillenkamp* Strafrecht BT 2 Rn. 27; Schönke/Schröder-*Stree* § 303 Rn. 10.

tümers – anders als bei Abs. 2, wonach die Beeinträchtigung unbefugt sein muss - auf der Ebene der Rechtswidrigkeit zu prüfen ist und das Wort „rechtswidrig" keine eigenständige Bedeutung hat.[341]

### 3. Verändern des Erscheinungsbildes, § 303 Abs. 2

**436** Voraussetzung für den Abs. 2 ist zunächst das Verändern des Erscheinungsbildes, sofern es nicht unerheblich und nicht nur vorübergehend ist. Als **nicht nur unerheblich** werden Veränderungen angesehen, die unmittelbar auf die Substanz der Sache einwirken, wie z.B. das Bekleben und Besprühen einer Wand. **Nur vorübergehend** und damit straflos sind Veränderungen, die ohne Aufwand binnen kurzer Zeit von selbst oder durch das Eingreifen Dritter verschwinden.[342]

> **Beispiel** Wäscheaufhängen am Balkon oder das Aufhängen eines Spruchbandes an der Außenfassade stellen ebenso wenig eine erhebliche Veränderung dar wie das Bemalen einer Wand mit Wasserfarbe oder eine Plakatierung mit ablösbaren Klebestreifen.[343]

**437** Darüber hinaus muss diese Veränderung **unbefugt** sein, was der Fall ist, wenn sie **ohne Einverständnis der Eigentümers** oder eines sonstigen Berechtigten erfolgt.[344] Nach allgemeiner Auffassung soll das **Merkmal auf Tatbestandsebene** geprüft werden, so dass ein Irrtum über § 16 gelöst wird.[345]

> **Hinweis**
>
> Eine besonders examensrelevante Problematik im Rahmen der Sachbeschädigung war bislang das oben bereits dargestellte **Verändern der äußeren Gestalt** einer Sache ohne Beeinträchtigung der Funktion und ohne Einwirkung auf die Substanz. In Anbetracht des nunmehr eingeführten Abs. 2 hat die in der Literatur und Rechtsprechung geführte Diskussion allerdings an Bedeutung verloren.[346]

### III. Subjektiver Tatbestand

**438** Im subjektiven Tatbestand ist nur der Vorsatz zu prüfen. Da das Gesetz keine Einschränkungen nennt, reicht **dolus eventualis**.

### IV. Rechtswidrigkeit und Schuld

**439** Diesbezüglich bestehen keine deliktsspezifischen Besonderheiten. Es wird auf die allgemeinen Grundsätze verwiesen.

---

341 *Wessels/Hillenkamp* Strafrecht BT/2 Rn. 32.
342 *Wessels/Hillenkamp* Strafrecht BT/2 Rn. 37.
343 Schönke/Schröder-*Stree* § 303 Rn. 9a.
344 Schönke/Schröder-*Stree* § 303 Rn. 9a.
345 Schönke/Schröder-*Stree* § 303 Rn. 9b.
346 Vgl. zum Meinungsstand Schönke/Schröder-*Stree* § 303 Rn. 8c.

# 3. Teil
# Straftaten gegen einzelne Vermögenswerte

## A. Unbefugter Gebrauch eines Fahrzeuges, § 248b

### I. Überblick

§ 248b kommt in der Klausur in Betracht, wenn Sie den Diebstahl aufgrund fehlender Zueignungsabsicht verneint haben und das **Tatobjekt** ein **Fahrrad oder Kraftfahrzeug** i.S.d. Legaldefinition des § 248b Abs. 4 ist. § 248b ist mithin ein **Auffangtatbestand** und wird Ihnen i.d.R. keine größeren Probleme bereiten. **Geschütztes Rechtsgut** dieser Vorschrift ist nach h.M. das **Eigentum** sowie der **berechtigte Gebrauch**. 440

Der Aufbau des § 248b sieht wie folgt aus:

**PRÜFUNGSSCHEMA**

**Unbefugter Gebrauch eines Fahrzeuges, § 248b**

I. Objektiver Tatbestand
  1. Tatobjekt: Kraftfahrzeug oder Fahrrad
  2. Tathandlung
     a) Ingebrauchnahme
        unbefugtes Weitergebrauchen  Rn. 446
     b) gegen den Willen des Berechtigten
        absprachewidriger Gebrauch  Rn. 449

II. Subjektiver Tatbestand

III. Rechtswidrigkeit

IV. Schuld

V. Strafantrag gem. § 248b Abs. 3

### II. Objektiver Tatbestand

Der objektive Tatbestand besteht in dem Ingebrauchnehmen eines Fahrrades oder Kraftfahrzeuges gegen oder ohne den Willen des Berechtigten. 441

Tatobjekte des § 248b sind Kraftfahrzeuge und Fahrräder. **Kraftfahrzeuge sind in § 248b Abs. 4 legaldefiniert.** 442

Die Ingebrauchnahme stellt die tatbestandliche Handlung dar. 443

> **Ingebrauchnehmen** ist die bestimmungsgemäße Verwendung des Fahrzeuges als Beförderungsmittel zum Zwecke der Fortbewegung, wobei es unerheblich ist, ob dies mit oder ohne Ingangsetzen des Motors geschieht.[1]

---
1 *BGHSt* 11, 44 und 47, 50.

**444** Ein Ingebrauchnehmen scheidet also aus, wenn der Täter ein fremdes Kraftfahrzeug lediglich zum Übernachten benutzt oder ein Fahrrad schiebt.

**445** Für die Ingebrauchnahme ist ein **Gewahrsamsbruch nicht erforderlich**. Damit dient § 248b nicht nur gegenüber § 242, sondern auch gegenüber § 246 als Auffangtatbestand.

> **Beispiel** Werkunternehmer W „leiht" sich an einem sonnigen Nachmittag das Cabriolet seines Kunden K aus, um seine Freundin zu einer Spritztour abzuholen. § 246 scheidet aus, weil der Vorsatz des W nicht darauf gerichtet war, den Kunden dauerhaft aus seiner Eigentümerposition zu verdrängen. ∎

**446** **Umstritten** ist, ob auch ein **unbefugtes Weitergebrauchen** als tatbestandliche Handlung angesehen werden kann.

> **Beispiel** Werkunternehmer W hat sich dieses Mal bei Sixt ein Fahrzeug für das Wochenende ausgeliehen. Da auch am Montag die Sonne noch scheint, beschließt er, das Fahrzeug entgegen der vertraglichen Vereinbarung nicht morgens um 9:00 Uhr, sondern erst abends um 21:00 Uhr zurückzugeben und macht sich mit seiner Freundin einen schönen Tag in der Eifel. ∎

**447** Eine **teilweise in der Literatur vertretene Auffassung** verneint § 248b in Fällen dieser Art, da schon vom Wortlaut her ein Ingebrauchnehmen die erstmalige Ingebrauchnahme voraussetze.[2] Da jedoch § 248b das unbefugte funktionsgerechte Nutzen unter Strafe stellt, kann es keinen Unterschied machen, ob diese Nutzung von Anfang an gegen den Willen des Berechtigten oder erst nach Zeitablauf gegen den Willen des Berechtigten erfolgt. Aus diesem Grund sieht die **h.M.** auch in dem unbefugten Weitergebrauchen eine unbefugte Ingebrauchnahme i.S.d. § 248b.[3]

**448** Das Ingebrauchnehmen muss gegen oder ohne den Willen des Berechtigten erfolgen. Der Wille ist also bereits **tatbestandsausschließendes Einverständnis** und nicht rechtfertigende Einwilligung. Berechtigt ist jedenfalls der Eigentümer des Kraftfahrzeuges und Fahrrades. Darüber hinaus will die h.M. aber jeden zum Gebrauch Berechtigten als Berechtigten ansehen.[4]

**449** Darüber hinaus ist **umstritten**, ob ein Ingebrauchnehmen gegen oder ohne den Willen auch vorliegen kann, wenn der Berechtigte zwar mit der grundsätzlichen Ingebrauchnahme einverstanden ist, nicht jedoch mit den **Modalitäten des Gebrauchs**.

> **Beispiel** A mietet sich bei Sixt wieder ein Fahrzeug, verschweigt aber, dass er keine Fahrerlaubnis besitzt. ∎

**450** **Teilweise** wird angenommen, dass auch diese Ingebrauchnahme gegen oder ohne den Willen des Berechtigten erfolgte.[5] Damit würde § 248b allerdings zu einem Spezialfall der Pönalisierung bloßer Vertragsverletzungen, weswegen die **Gegenauffassung** ein unbefugtes Ingebrauchnehmen nur dann bejaht, wenn der Gebrauch an und für sich unbefugt ist.[6] Überwiegend wird in diesem Zusammenhang angenommen, dass weder das Fahren ohne

---

2 MüKo-*Hohmann* § 248b Rn. 18.
3 *Wessels/Hillenkamp* Strafrecht BT/2 Rn. 435 m.w.N.; *BGHSt* 59, 260.
4 *BGHSt* 11, 47; LK-*Ruß* § 248b Rn. 6 m.w.N.
5 LK-*Ruß* § 248b Rn. 7.
6 *Joecks/Jäger/Jäger* § 248 Rn. 13.

Fahrerlaubnis noch das das verbotswidrige Fahren unter Alkohol dem § 248b unterfällt, da es keine Ingebrauchnahme gegen oder ohne den Willen des Berechtigten darstellt.[7]

## III. Subjektiver Tatbestand

Beim subjektiven Tatbestand reicht **dolus eventualis** aus. Beachten Sie, dass der Wille des Berechtigten Tatbestandsmerkmal ist. Dies bedeutet, dass auch der Täter mit der Möglichkeit rechnen muss, dass die Ingebrauchnahme gegen oder ohne den Willen des Berechtigten erfolgt und dass er diese Möglichkeit jedenfalls billigend in Kauf nimmt.

**451**

## IV. Rechtswidrigkeit und Schuld

Insofern bestehen keine deliktsspezifischen Besonderheiten.

**452**

## V. Täterschaft und Teilnahme

Da es sich um ein **eigenhändiges Delikt** handelt, kann **Täter** nur derjenige sein, **der das Fahrzeug in Gebrauch nimmt**. Anstiftung und Beihilfe sind nach den allgemeinen Regeln möglich.

**453**

## VI. Konkurrenzen

Der Täter macht sich gem. § 248b nur dann strafbar, wenn „… die Tat nicht in anderen Vorschriften mit schwererer Strafe bedroht ist". Daraus folgt, dass § 248b hinter §§ 242, 246, 249 zurücktritt, sofern die Normen durch dieselbe Handlung verwirklicht wurden. **Ausnahmsweise verdrängt jedoch § 248b den § 242**, sofern es um den Diebstahl am Benzin geht.

**454**

> **Beispiel** A holt mit einem Zweitschlüssel das Fahrzeug seiner Exfreundin und macht damit einen Ausflug von Köln nach Düsseldorf. Später stellt er dieses Fahrzeug, wie von Anfang an beabsichtigt, wieder in die Garage.
>
> Hier hat A den § 248b durch unbefugte Ingebrauchnahme des Kraftfahrzeuges verwirklicht. Darüber hinaus hat er bei der Spritztour nach Düsseldorf das im Gewahrsam seiner Exfreundin stehende Benzin weggenommen. Die erforderliche Zueignungsabsicht ist hinsichtlich des Benzins unproblematisch.
>
> Da aber bei jeder unbefugten Ingebrauchnahme fast auch immer Benzin – sofern es sich um ein Kraftfahrzeug handelt – verbraucht wird, hätte § 248b keine eigenständige Bedeutung mehr, wenn er hinter § 242 zurückträte. Infolgedessen verdrängt ausnahmsweise § 248b den § 242.[8] Nach Auffassung der Rechtsprechung liegt § 242 in diesen Fällen schon tatbestandlich nicht vor.[9]

---

[7] SK-*Hoyer* § 248b Rn. 14.
[8] *Joecks/Jäger/Jäger* § 248b Rn. 18.
[9] BGHSt 14, 386; vgl. dazu auch Übungsfall Nr. 1 unter Rn. 97.

## B. Pfandkehr, § 289

### I. Überblick

**455** An § 289 muss in der Klausur gedacht werden, wenn der Täter seine eigene Sache oder ein Dritter die Sache des Eigentümers mit dessen Einverständnis wegnimmt. § 242 scheidet in diesen Fällen aus, da die Sache nicht mehr fremd ist bzw. der Dritte ohne Zueignungsabsicht handelt.

**456** § 289 schützt die **Möglichkeit eines Gläubigers, bestimmte Pfand- und Besitzrechte auszuüben.** Um in der Klausur feststellen zu können, ob diese Rechte bestehen, bedarf es erneut fundierter Kenntnisse aus dem Zivilrecht. Damit eignet sich diese Norm, neben Eigentums- und sonstigen Vermögensdelikten, fachübergreifendes Wissen in der Klausur abzufragen.

**457** Beachten Sie, dass gem. Abs. 3 ein **Strafantrag** erforderlich ist.

**458** Der Aufbau des § 289 sieht wie folgt aus:

---

**PRÜFUNGSSCHEMA**

**Pfandkehr, § 289**

**I. Objektiver Tatbestand**
  1. Täter: Eigentümer oder ein Dritter, der im Eigentümerinteresse handelt
  2. Tatobjekt:
     a) Bewegliche Sache
     b) mit geschütztem Pfand- oder Besitzrecht versehen
        ⓘ Pfändungspfandrecht     Rn. 466
  3. Tathandlung: Wegnahme
     ⓘ Definition     Rn. 470

**II. Subjektiver Tatbestand**
  1. Vorsatz
  2. Rechtswidrige Absicht

**III. Rechtswidrigkeit**

**IV. Schuld**

**V. Strafantrag gem. § 289 Abs. 3**

---

### II. Objektiver Tatbestand

**459** Der objektive Tatbestand besteht in der Wegnahme einer beweglichen Sache, die mit einem Recht eines Dritten belastet ist.

#### 1. Täter

**460** Täter des § 289 kann zunächst der **Eigentümer** der weggenommenen Sache sein. Man spricht dann von der **eigennützigen Pfandkehr.** Darüber hinaus ist es aber auch möglich, dass ein **Dritter** die Wegnahmehandlung vornimmt. Voraussetzung ist dann jedoch, dass der

## Objektiver Tatbestand

Dritte „zu Gunsten des Eigentümers" handelt. In diesen Fällen spricht man von einer **fremdnützigen Pfandkehr**.

> **Hinweis**
>
> Beachten Sie, dass bei der Wegnahme eigener Sachen aber auch durchaus eine **räuberische Erpressung** gem. §§ 253, 255 in Betracht kommen kann, sofern der Täter ein Nötigungsmittel einsetzt.

### 2. Tatobjekt

Tatobjekt des § 289 ist eine **bewegliche Sache**. Insoweit wird auf die Ausführungen bei § 242 verwiesen.

Voraussetzung ist des Weiteren, dass das weggenommene Tatobjekt **mit dem Pfand- oder Besitzrecht eines Dritten belastet** ist. Dieses Recht gestattet es dem Gläubiger, dem Täter die Wegnahme zu untersagen. Voraussetzung der Pfandkehr ist mithin, dass die nachfolgend aufgelisteten Rechte gegenüber dem Eigentümer wirksam begründet wurden.

#### a) Nutznießungsrechte

Nutznießungsrechte sind vor allem der **Nießbrauch**, gem. §§ 1030 ff. BGB, aber auch gem. § 1649 Abs. 2 BGB das am Vermögen der Kinder bestehende **Recht der Eltern**.

#### b) Pfandrechte

Zu den geschützten Pfandrechten gehören zum einen die **rechtsgeschäftlich erworbenen Pfandrechte gem. §§ 1204 ff. BGB**, zum anderen aber vor allem die **gesetzlich erworbenen Pfandrechte**. In der Klausur bedeutsam werden häufig das Vermieterpfandrecht nach § 562 BGB, das Pfandrecht des Gastwirts nach § 704 BGB und das Werkunternehmerpfandrecht nach § 647 BGB.

Bei den gesetzlichen Pfandrechten müssen Sie darauf achten, dass sich diese **nur auf pfändbare Sachen erstrecken**. Dies gilt vor allem beim Vermieterpfandrecht. Schafft der mit den Mietzahlungen im Rückstand liegende Mieter mithin Sachen aus der Wohnung, die dem persönlichen Gebrauch dienen (**§ 811 Nr. 1 ZPO**), macht er sich nicht nach § 289 strafbar.[10]

Umstritten ist, ob auch **Pfändungspfandrechte gem. § 804 ZPO** zu den von § 289 erfassten Pfandrechten gehören. Ein solches Pfändungspfandrecht entsteht bei einer Zwangsvollstreckung durch Pfändung des betreffenden Gegenstands. Da mit der Pfändung auch eine Verstrickung entsteht, ist neben § 289 zugleich § 136 Abs. 1 verwirklicht.

**Teilweise** wird in Anbetracht des § 136 Abs. 1 vertreten, dass dieser **lex specialis** hinsichtlich des Pfändungspfandrechts gegenüber § 289 sei, das Pfändungspfandrecht mithin also von § 289 nicht erfasst werde.[11] **Überwiegend** wird jedoch argumentiert, dass beide Normen unterschiedliche Schutzrichtungen haben. § 136 Abs. 1 schützt die öffentlich-rechtliche Verstrickung und die staatliche Verfügungsgewalt. § 289 hingegen schützt die Rechtsausübung

> » Wiederholen Sie also hinsichtlich der nachfolgend aufgeführten Besitz- und Pfandrechte die Voraussetzungen der rechtsgeschäftlichen oder gesetzlichen Begründung dieser Rechte. «

> » Lesen Sie sowohl die soeben zitierten Normen aus der ZPO als auch § 136 Abs. 1. «

---

10 *Wessels/Hillenkamp* Strafrecht BT/2 Rn. 470.
11 *Lackner/Kühl* § 289 Rn. 1.

des Einzelnen. In Anbetracht dieser unterschiedlichen Schutzrichtungen wird das **Pfändungspfandrecht in den Schutzbereich des § 289 miteinbezogen** und gegebenenfalls Tateinheit zwischen beiden Normen angenommen.[12]

### c) Gebrauchsrechte

468 Zu den Gebrauchsrechten zählen die **Rechte des Mieters, Pächters und Entleihers gemäß §§ 535, 581, 598 BGB,** aber auch das Anwartschaftsrecht des Eigentumsvorbehaltskäufers sowie das Gebrauchsrecht des Sicherungsgebers bei einer Sicherungsübereignung.

### d) Zurückbehaltungsrechte

469 Zu den Zurückbehaltungsrechten zählen die **§§ 273, 972, 1000 BGB,** aber auch die **§§ 369 ff. HGB.**

### 3. Tathandlung: Wegnehmen

470 Als Tathandlung nennt § 298 die Wegnahme der Sache. **Umstritten** ist, wie dieser Begriff vor dem Hintergrund der geschützten Rechte in § 298 zu **definieren** ist.

471 Nach **einer in der Literatur vertretenen Auffassung** ist die **Wegnahme identisch mit der Wegnahme in § 242.** Voraussetzung ist mithin, dass der Täter fremden Gewahrsam bricht und neuen Gewahrsam begründet.[13] Diese Auffassung hat jedoch zur Folge, dass besitzlose Pfandrechte für gewöhnlich nicht mit einer Wegnahmehandlung nach § 289 verletzt werden können.

> **Beispiel** A hat seit Monaten keine Miete mehr bezahlt und schafft nun bei einer nächtlichen Aktion Teile seiner Einrichtung, so z.B. sein Küchengeschirr sowie ein recht wertvolles, ererbtes Gemälde aus der Wohnung.
>
> Bei den Gegenständen handelt es sich um bewegliche Sachen, die im Eigentum des A stehen. Gem. § 562 BGB hat der Vermieter an dem Gemälde ein Vermieterpfandrecht erworben. Etwas anderes gilt für das Küchengeschirr. Gem. § 562 Abs. 1 S. 2 BGB i.V.m. § 811 ZPO unterliegt dieses als Hausrat nicht der Pfändung.
>
> In Anwendung des oben genannten Wegnahmebegriffs jedoch hat A das mit dem Pfandrecht des V belastete Bild nicht weggenommen, da der Vermieter keine jederzeitige Zugriffsmöglichkeit auf die Gegenstände hat, die sich in der Wohnung seines Mieters befinden, mithin auch keine tatsächliche Sachherrschaft, die A durch seine Handlung hätte brechen können. ■

472 Um die **besitzlosen Pfandrechte** über § 289 schützen zu können, definiert von daher die **herrschende Meinung** den Wegnahmebegriff weiter. Wegnahme ist mithin die das Recht des Geschützten faktisch vereitelnde oder erheblich erschwerende **räumliche Entfernung der Sache aus dem tatsächlichen Macht- und Zugriffsbereich** des Rechteinhabers.[14]

---

12 *Wessels/Hillenkamp* Strafrecht BT/2 Rn. 469 m.w.N.
13 *Joecks/Jäger/Jäger* § 289 Rn. 4.
14 *Wessels/Hillenkamp* Strafrecht BT/2 Rn. 471; *BayObLG* JZ 1981, 451.

**Beispiel** Im obigen Fall stellt die Wohnung des A den Machtbereich des Vermieters dar, da sie in dessen Eigentum steht. Durch das Wegbringen des Bildes aus der Wohnung hat A die Zugriffsmöglichkeit des Vermieters vereitelt, so dass nach der Definition der h.M. eine Wegnahme vorliegt. ■

Bei **Pfändungspfandrechten** ist zu beachten, dass eine Wegnahme auch nach der weiten Definition der h.M. dann nicht möglich ist, wenn der Gerichtsvollzieher die gepfändete **Sache gem. § 808 Abs. 2 ZPO im Gewahrsam des Schuldners** belässt. Die Wohnung des Schuldners stellt weder den Zugriffs- noch den Machtbereich des Gläubigers dar, der die Pfändung veranlasst hat. Beachten Sie in solchen Fällen jedoch, dass sich der Täter durch Verbringung der bereits gepfändeten Sache gem. § 288 strafbar gemacht haben kann.[15]

473

## III. Subjektiver Tatbestand

Der Täter muss zunächst mit Wissen und Wollen der Verwirklichung der Merkmale des objektiven Tatbestandes handeln. **dolus eventualis** ist insoweit jedoch ausreichend.

474

Darüber hinaus muss er mit **rechtswidriger Absicht** handeln. Nach überwiegender Auffassung reicht das sichere Wissen (**dolus directus 2. Grades**), mit der Handlung ein fremdes Sicherungsrecht zu verletzen, aus. Das sichere Wissen muss die Verletzung betreffen, bezüglich des Bestehen des Sicherungsrechts reicht dolus eventualis.[16]

**Beispiel** Sofern der Mieter A im obigen Bespiel es nur für möglich hält, dass sein Vermieter ein Recht an seinen Sachen hat, gleichzeitig aber sicher weiß, dass er dieses evtl. bestehende Recht verletzt, wenn er die Sachen fortschafft, erfüllt er die Voraussetzungen des subjektiven Tatbestands. ■

Wird die Tat nicht vom Eigentümer, sondern von einem Dritten begangen, so muss der Wille darauf gerichtet sein, dem Sacheigentümer einen Vorteil zu verschaffen.[17]

## IV. Rechtswidrigkeit und Schuld

Insoweit gibt es keine deliktsspezifischen Besonderheiten, so dass die allgemeinen Grundsätze gelten.

475

## V. Strafantrag, § 289 Abs. 3

Beachten Sie, dass die Tat ausschließlich auf Antrag verfolgt wird. Sollten im Sachverhalt dazu keine Hinweise enthalten sein, muss an dieser Stelle die Feststellung erfolgen, dass der Täter sich zwar strafbar gemacht hat, aber mangels Strafantrag nicht verfolgt werden kann.

476

---

15 *Wessels/Hillenkamp* Strafrecht BT/2 Rn. 471.
16 *Wessels/Hillenkamp* Strafrecht BT/2 Rn. 472; *Fischer* § 289 Rn. 6; *OLG Düsseldorf* NJW 1989, 116.
17 Schönke/Schröder-*Eser/Heine* § 289 Rn. 9 m.w.N.

## VI. Konkurrenzen

**477** Sofern die Pfandkehr mittels Gewalt oder Drohung erfolgt, kann eine **räuberische Erpressung** vorliegen. Diese würde § 289 im Wege der **Gesetzeskonkurrenz** verdrängen.

## C. Betrug, § 263

### I. Einführung

**478** Der Betrug gem. § 263 erfreut sich größter Klausurbeliebtheit, weil er eine Vielzahl examensrelevanter Probleme aufweist. Da es nicht möglich ist, sämtliche betrugsspezifischen Konstellationen zu kennen, werden wir uns nachfolgend auf die klassischen Klausurprobleme beschränken. Wichtig ist – wie immer –, dass Sie den Aufbau und die Systematik des Betrugstatbestandes verstehen. Sie sind dann in der Klausur in der Lage, auch den „unbekannten" Fall souverän zu lösen.

**479** Das **geschützte Rechtsgut** beim Betrug ist nach einhelliger Auffassung das **Vermögen als Summe aller wirtschaftlichen Güter**.[18] Dieses Vermögen wird bei § 263 dadurch geschädigt, dass jemand aufgrund einer Täuschung durch den Täter zu einer Verfügung über sein Vermögen veranlasst wird, ohne dass der Vermögensinhaber eine adäquate Gegenleistung erhält. Da grundsätzlich in einer privaten Marktwirtschaft Gewinnmaximierung auch auf Kosten eines Dritten systemimmanent ist, werden über § 263 nur solche Gewinnmaximierungen erfasst, die gesellschaftspolitisch nicht mehr tolerabel sind. Die Abgrenzung kann insbesondere beim Betrug durch konkludente Täuschung oder durch Unterlassen problematisch werden.

**480** Da, wie wir sehen werden, beim Betrug der Verfügende und der Geschädigte nicht identisch sein müssen und darüber hinaus der Täter durchaus auch in der Absicht handeln kann, nicht sich, sondern einen Dritten zu bereichern, ist es **denkbar, dass beim Betrug bis zu vier Personen involviert sind**.

> **Beispiel** Provisionsvertreter V verkauft dem gutgläubigen Bauern B eine Melkmaschine, die für die Belange des B völlig überdimensioniert und deswegen nicht verwendbar ist. B, der seinen Bauernhof inzwischen von der Y-GmbH betreiben lässt, deren Gesellschaftergeschäftsführer er selbst ist, erwirbt diese Maschine im Namen der Y-GmbH.
>
> Durch Abschluss des Vertrages und Zahlung des Kaufpreises hat B vorliegend eine Verfügung getroffen. Das geschädigte Vermögen ist jedoch das Vermögen der Y-GmbH, auf welches B als Geschäftsführer jedoch zugreifen konnte. Provisionsvertreter V erhält nicht unmittelbar von B seine Provision, sondern von seinem Geschäftsherrn G, in dessen Auftrag er den Vertrag abgeschlossen hat.
>
> In diesem Fall fehlt es zwischen dem Schaden auf Seiten des Bauern und dem Vorteil beim Vertreter an der sog. Stoffgleichheit, welche wir unter Rn. 578 kennen lernen werden. Da V seine Provision jedoch nur bei Abschluss des Vertrages erhält, kommt es ihm u.a. auch darauf an, dass sein Geschäftsführer G um den Kaufpreis aus dem Vertrag berei-

---

18 *BGHSt* 16, 220; *Wessels/Hillenkamp* Strafrecht BT/2 Rn. 485.

# Einführung

chert wird. V handelt somit auch in der Absicht, einen Dritten, nämlich hier seinen Geschäftsherrn, zu bereichern.

> **JURIQ-Klausurtipp**
>
> In der Klausur sollten Sie bereits **im Obersatz klarstellen**,
> - gegenüber wem (das ist der Irrende und Verfügende),
> - und zu wessen Lasten (das ist der Geschädigte)
> - und schließlich zu wessen Vorteil (das ist derjenige, der bereichert werden soll)
>
> der Betrug begangen wird.
>
> Im obigen *Beispielsfall* würde der Obersatz mithin wie folgt lauten:
>
> „V könnte sich wegen Betruges gem. § 263 zu Gunsten des Geschäftsherrn G, gegenüber Bauer B und zu Lasten der Y-GmbH strafbar gemacht haben, indem er B eine überdimensionierte Melkmaschine verkaufte."

Neben § 263 gibt es **weitere Betrugstatbestände**. Ausführlich beschäftigen werden wir uns nachfolgend mit **§§ 263a (Computerbetrug), 265 (Versicherungsmissbrauch) und 265a (Erschleichen von Leistungen).** Subventionsbetrug gem. § 264, Kapitalanlagebetrug gem. § 264a sowie Kreditbetrug gem. § 265b weisen keine nennenswerte Examensrelevanz auf. Alle genannten Normen erfassen ein Verhalten des Täters im Vorfeld des Betruges. Auf einen Vermögensschaden kommt es dementsprechend nicht an.

**481** »Lesen Sie die zitierten Normen und verschaffen Sie sich so einen Überblick.«

§ 263 enthält in **Abs. 1** den **Grundtatbestand**. **Abs. 3** enthält als Strafzumessungsnorm **Regelbeispiele** für besonders schwere Fälle. Abs. 3 ist damit von seiner Natur her vergleichbar mit dem bereits bekannten § 243.

**482**

> **Hinweis**
>
> Denken Sie daran, dass also auch bei § 263 Abs. 1 i.V.m. Abs. 3 die Problematik des **„Versuch und Regelbeispiel"** auftauchen kann.

§ 263 Abs. 4 verweist auf §§ 243 Abs. 2 sowie 247 und 248a, so dass auch beim Betrug ein Strafantrag erforderlich sein kann und ein besonders schwerer Fall des Betruges ausscheidet, wenn der angerichtete Schaden kleiner als 50 € ist.

**483**

Abs. 5 des § 263 enthält eine **Qualifikation**, die darin besteht, dass der Täter als Mitglied einer Bande gewerbsmäßig gehandelt hat.

**484**

157

**485** Der Aufbau des § 263 sieht wie folgt aus:

> **PRÜFUNGSSCHEMA**
>
> **Betrug, § 263**
>
> **I. Objektiver Tatbestand**
>   1. Täuschungshandlung
>      - Täuschung durch Behauptung einer wahren Tatsache   Rn. 493
>      - konkludente Täuschung   Rn. 498
>      - Täuschung durch Unterlassen   Rn. 510
>   2. Irrtumserregung
>      - sachgedankliches Mitbewusstsein   Rn. 522
>      - Zweifel an der Richtigkeit   Rn. 524
>   3. Vermögensverfügung
>      - rechtlich geschütztes Vermögen   Rn. 530
>      - Abgrenzung Trickdiebstahl – Sachbetrug   Rn. 545
>   4. Vermögensschaden
>      - Wett- und Versicherungsverträge   Rn. 560
>      - subjektiver Schadenseinschlag   Rn. 557
>      - schadengleiche Vermögensgefährdung   Rn. 558
>      - Spenden- und Bettelbetrug   Rn. 565
>      - Abgrenzung Diebstahl in mittelbarer Täterschaft – Dreiecksbetrug   Rn. 568
>
> **II. Subjektiver Tatbestand**
>   1. Vorsatz
>   2. Bereicherungsabsicht
>   3. Rechtswidrigkeit der erstrebten Bereicherung
>   4. Vorsatz bzgl. der Rechtswidrigkeit
>   5. Stoffgleichheit
>      - Provisionsvertreter   Rn. 579
>
> **III. Rechtswidrigkeit**
>
> **IV. Schuld**
>
> **V. Besonders schwerer Fall gem. § 263 Abs. 3**
>
> **VI. Eventuell Strafantrag gem. § 263 Abs. 4 i.V.m. §§ 247, 248a**

## II. Objektiver Tatbestand

**486** Der objektive Tatbestand des § 263 besteht darin, dass jemand durch eine Täuschung über Tatsachen einen Irrtum erregt, der bei dem Irrenden zu einer Vermögensverfügung führt, die wiederum einen Vermögensschaden herbeiführt. Zwischen Täuschung, Irrtum, Vermögensverfügung und Vermögensschaden muss Kausalität i.S.d. conditio-sine-qua-non-Formel bestehen. Wie bereits ausgeführt, ist zu beachten, dass der Verfügende und der Geschädigte unter gewissen Voraussetzungen nicht personenidentisch sein müssen. Anders verhält es sich mit dem Irrenden und dem Verfügenden: hier muss Identität bestehen. Die Prüfung des objektiven Tatbestands erfolgt mithin in vier Schritten:

| Schritt 1 | Schritt 2 | Schritt 3 | Schritt 4 |
|---|---|---|---|
| Täuschung über Tatsachen | Irrtum über Tatsachen | Vermögensverfügung | Vermögensschaden |

⟵——————————— Kausalität ———————————⟶

## 1. Täuschungshandlung

§ 263 beschreibt die Täuschungshandlung als Vorspiegelung falscher oder Entstellung oder Unterdrückung wahrer Tatsachen. In der Klausur können Sie für die Beschreibung der Täuschungshandlung die gebräuchliche **Kurzform „Täuschung über Tatsachen"** gebrauchen.

> **Täuschung** ist die Einwirkung auf das Vorstellungsbild eines anderen mit dem Ziel der Irreführung über Tatsachen.[19]

Diese Definition setzt also eine **kommunikative Beziehung** zwischen dem Täter und dem irrenden Opfer voraus. Diese kann in einem aktiven Tun (z.B. durch mündliche oder schriftliche Äußerung), in einem konkludenten Verhalten (z.B. in der Entnahme des Zapfhahns aus der Zapfsäule) oder in einem pflichtwidrigen Unterlassen liegen.

Das **Ziel** dieser Täuschung muss eine **Irreführung über Tatsachen** sein.

> **Tatsachen** sind konkrete Vorgänge oder Zustände der Vergangenheit oder Gegenwart, die dem Beweis zugänglich sind.[20]

Zu unterscheiden ist dabei zwischen **äußeren und inneren Tatsachen**. Beide sind, sofern es Geschehnisse der Vergangenheit oder Gegenwart sind, dem Beweis zugänglich.

**Beispiel** Äußere Tatsachen sind z.B. die Beschaffenheit einer Sache sowie der objektiv feststellbare Wert, aber auch die Zahlungsfähigkeit eines Schuldners.

Innere Tatsachen sind, im Gegensatz zur Zahlungsfähigkeit, die Zahlungswilligkeit sowie die sonstigen Leistungsbereitschaften eines Schuldners. Diese wirken sich häufig erst in Zukunft aus. Gleichwohl sind sie Geschehnisse der Gegenwart, sofern der mangelnde Wille schon bei Abschluss des Vertrages vorliegt. ■

> ### JURIQ-Klausurtipp
>
> **Unterscheiden Sie in der Klausur** sorgfältig zwischen **Zahlungsfähigkeit** und **Zahlungswilligkeit**. Bei der Zahlungsfähigkeit kann es nur auf die Umstände der Gegenwart und Vergangenheit ankommen, da zum jetzigen Zeitpunkt nicht beweisbar ist, ob jemand in drei Monaten zahlungsfähig sein wird. Insofern gibt es lediglich Prognosen und Mutmaßungen, die jedoch zum Zeitpunkt der Tathandlung nicht dem Beweise zugänglich sind. Beweisbar ist jedoch, ob jemand bei Abschluss des Vertrages die innere Einstellung hatte, in Zukunft seine Verpflichtung erfüllen zu wollen. Schließt also ein mittelloser Täter einen Darlehensvertrag über 10 000 € ab, wobei der überlassene Betrag in sechs Monaten zur Rückzahlung fällig sein wird, so kann eine Täuschung nicht über die zukünftige Rückzahlungsfähigkeit vorliegen, da auch der Täter nicht weiß, wie sich dessen Vermögenssituation in sechs Monaten gestalten wird. Geht er jedoch davon aus, dass er auch in sechs Monaten keine finanziellen Mittel haben wird, um das Darlehen zurückzuzahlen, so liegt eine Täuschung über die jetzt schon nicht bestehende Zahlungswilligkeit vor. Außerdem kann natürlich eine Täuschung über die Kreditwürdigkeit gegen sein, die ebenfalls zum Abschluss des Vertrages geführt hat.

---

19 *BGHSt* 47, 1; *Wessels/Hillenkamp* Strafrecht BT/2 Rn. 490.
20 *Küper* Strafrecht BT S. 284.

**491** § 263 soll nur denjenigen schützen, der auf Tatsachen vertraut hat. Dementsprechend sind täuschende **Werturteile** und **Meinungsäußerungen** als Tathandlung nicht von § 263 umfasst.

**Beispiel** Preist also ein Verkäufer seine Ware als „von nie da gewesener Qualität" an oder erklärt ein Autoverkäufer, dass der Wagen „ein wahres Schnäppchen" sei, so handelt es sich nicht um Tatsachenbehauptungen, da beide Aussagen nicht durch z.B. Zeugenbeweis, Sachverständigen- oder Urkundsbeweis nachweisbar sind.

**492** Die Übergänge zwischen Werturteilen und Tatsachenbehauptungen können jedoch mitunter fließend sein, insbesondere im Bereich der **Werbung**. So kann eine Meinungsäußerung oder ein Werturteil durchaus einen Tatsachenkern enthalten, der dem Beweis zugänglich ist. In der Klausur müssen Sie also stets sorgfältig die in Frage kommenden Äußerungen sezieren und auf ihren Tatsachenkern hin abklopfen.

**Beispiel** A überredet die ahnungslose B zum Kauf von Aktien, indem er ihr erklärt, dass sie ein todsicheres Geschäft seien, weil sie bald im Wert erheblich steigen und sich somit als kapitalbringende Geldanlage erweisen würden. Außerdem stünden hinter der Muttergesellschaft finanzstarke und einflussreiche Geschäftsleute, weswegen diese Aktien auch momentan der große Renner seien.

Die Behauptung des A, die Aktien seien ein todsicheres Geschäft und seien darüber hinaus der große Renner, sind reine Werturteile und daher keine Täuschungshandlung i.S.d. § 263. Die Erklärung, die Aktien seien kapitalbringend, da hinter der Muttergesellschaft finanzstarke und einflussreiche Geschäftsleute stünden, ist hingegen dem Beweis zugänglich. Stimmen diese Behauptungen nicht mit der Wirklichkeit überein, so ist ein Betrug gem. § 263 möglich.[21]

Sehr weitgehend hat der *BGH* sogar im sog. „Schlankheitspillenfall" eine Täuschung angenommen. Hier hatte der Verkäufer u.a. erklärt, dass das Schlankheitsmittel das Fett so stark wegschmelzen lasse, dass man nur genug essen müsse, um nicht zu viel abzunehmen. In der Literatur wurde diese Anpreisung als klassisches Werturteil angesehen mit der Folge der Verneinung des § 263.[22]

**493** Täuscht der Täter über Tatsachen, so besteht der **Normalfall** dieser Täuschung darin, dass **Tatsachen vorgespiegelt** werden, die **in Wirklichkeit so nicht vorhanden** sind. Fraglich ist daher, ob auch eine Täuschungshandlung angenommen werden kann, wenn der Täter letztlich **eine wahre Tatsache behauptet**. Diese Problematik stellt sich insbesondere bei der Versendung rechnungsähnlicher Angebotsschreiben, der sog. **„Insertionsofferte"**.

**Beispiel** A, Geschäftsführer der Y-GmbH, durchforstet regelmäßig den Bundesanzeiger nach neuen Firmengründungen. Alsdann verfasst er ein Schreiben, welches aufgrund der Gestaltung und der Angaben (z.B. Kassenzeichen, Zahlungsfrist und beigefügte Überweisungsträger) alle typischen Merkmale einer behördlichen Zahlungsaufforderung bzw. Rechnung aufweist. Dieses Schreiben verschickt er an Firmen, die soeben gegründet wurden. Ein solches Schreiben erhält auch der naive K, der glaubt, es handle sich um eine Zahlungsaufforderung des Handelsregisters über 350 €. Erst nachdem ihn sein Neffe, Jurastudent im 3. Semester, darauf aufmerksam gemacht hat, dass im Kleingedruckten

---

21 Vgl. *BGH* MDR-D 73, 18.
22 *Joecks/Jäger/Jäger* § 263 Rn. 35; *BGHSt* 34, 199.

## Objektiver Tatbestand

Begriffe wie „Eintragungsofferte", „Aufnahme in das Firmenregister" enthalten sind, merkt K, dass das Schreiben lediglich ein Angebot zur Aufnahme in das Firmenregister der GmbH des A ist. ∎

Hat der *BGH* zunächst danach unterschieden, ob diese Insertionsofferte an eine wirtschaftlich unerfahrene Privatperson oder an einen am Geschäftsleben teilhabenden Kaufmann zugesandt wurde, so hat er diese Unterscheidung inzwischen aufgehoben.[23] Angenommen wurde eine **konkludente Täuschung** durch irreführendes Verhalten, hier die **irreführende Abfassung des vermeintlichen Rechnungsschreibens**. Der *BGH* hat ausgeführt, dass der Täter durch die Verwendung typischer Rechnungsmerkmale konkludent erklärt habe, er verlange Zahlung für eine bereits erbrachte, amtliche Eintragung in ein Register. Zwar hätte es sich tatsächlich um ein **inhaltlich richtiges Angebot** zur Aufnahme in ein tatsächlich bestehendes Firmenregister gehandelt, so dass eine **ausdrückliche Täuschung** nicht in Betracht kommt. Der Täter habe jedoch die Eignung der Erklärung, einen Irrtum hervorzurufen, planmäßig eingesetzt. Damit sei die Irrtumserregung nicht Folge, sondern Ziel der Handlung gewesen. Die Geschäftserfahrung des betroffenen Opfers ändere an dieser Einschätzung nichts, da aufgrund der Gestaltung des Schreibens ein Routineirrtum nahe liege, insbesondere, wenn das Schreiben durch Büropersonal erledigt werde und dies zu erwarten sei.[24]

**494**

Ein Problem ähnlicher Art stellt die **irreführende Gestaltung von Internetseiten** dar. In diesen Fällen glaubt das Opfer aufgrund der Aufmachung der Seite, sich kostenfrei z.B. ein Programm herunter laden zu können, schließt aber mit der Registrierung einen Abovertrag ab. Hinweise auf diesen Vertragsschluss finden sich an versteckten Stellen (z.B. in den AGB oder am Ende der Seite), so dass ausdrücklich etwas Wahres erklärt wird. Auch hier hat der *BGH* eine konkludente Täuschung bejaht, wobei fraglich ist, auf wessen Empfängerhorizont abzustellen ist. Nimmt man jenen des aufgeklärten Verbrauchers, so könne man bereits die Täuschung und zudem darüber hinaus auch den Irrtum verneinen. Der *BGH*[25] hat aber deutlich gemacht, dass es auch auf den Schutz des leichtgläubigen Verbrauchers ankomme, so dass eine Täuschung bejaht wurde.

Die Täuschung über Tatsachen kann **ausdrücklich** oder – wie soeben dargestellt – **konkludent** erfolgen. In beiden Fällen liegt eine Täuschung durch **aktives Tun** vor. Im Gegensatz dazu ist eine Täuschung auch durch **Unterlassen** möglich. In diesem Fall sind jedoch die Voraussetzungen des § 13 zu beachten, d.h. der Täter muss als Garant verpflichtet sein, einem Irrtum entgegenzuwirken bzw. diesen aufzuklären und das Unterlassen muss von der Wertigkeit her dem aktiven Tun entsprechen.

**495**

> **JURIQ-Klausurtipp**
>
> In der Klausur sollte die Täuschung durch Unterlassen der letzte Prüfungspunkt sein. **Anfangen sollten Sie – jedenfalls gedanklich - immer mit einer ausdrücklichen oder konkludenten Täuschung**. Erst wenn Sie diese verneint haben, sollten Sie erneut, d.h. mit einem neuen Obersatz ansetzen, in welchem dann aus Klarstellungsgründen selbstverständlich auch § 13 mit aufgenommen werden muss.

---

23 *BGH* NStZ-RR 2004, 110; vgl. dazu auch *OLG Frankfurt/M*. NJW 2003, 3215.
24 A.A. *Wessels/Hillenkamp* Strafrecht BT/2 Rn. 499, wonach Geschäftsleute besondere Prüfungspflichten besitzen und aus diesem Grund nicht schutzwürdig sind.
25 *BGH* Urteil vom 5.3.2014, AZ 2 StR 616/12 – abrufbar unter www.bundesgerichtshof.de.

#### a) Ausdrückliche Täuschung

**496** Die ausdrückliche Täuschung wird Ihnen in der Klausur am wenigsten Schwierigkeiten bereiten. Sie liegt vor, wenn der Täter sich mündlich, schriftlich oder durch Gesten äußert.

**Beispiel** Eine ausdrückliche Täuschung kann in dem Vorlegen gefälschter Urkunden liegen, in der Manipulation des Kilometerzählers am Fahrzeug oder in der nickenden Geste des Verkäufers auf die Frage, ob es sich bei der Armbanduhr auch tatsächlich um eine Rolex handle.

#### b) Konkludente Täuschung

**497** Gibt es keine ausdrücklichen Erklärungen, so muss in der Klausur als nächstes überprüft werden, ob der Täter ein **Verhalten** gezeigt hat, welchem ein Erklärungswert entnommen werden kann.

> Eine **konkludente Täuschung** liegt vor, wenn das Gesamtverhalten des Täters nach der Verkehrsanschauung als stillschweigende Erklärung über eine Tatsache zu verstehen ist.[26]

**498** In der Klausur wird bei einer konkludenten Täuschung mithin die **Schwierigkeit** darin bestehen, unter Berücksichtigung der Verkehrsauffassung den **Erklärungswert zu bestimmen**. Grundsätzlich kann man davon ausgehen, dass all das miterklärt wird, woran der Erklärungsempfänger ein **berechtigtes Interesse** hat. Allerdings ist zu berücksichtigen, dass im wirtschaftlichen Verkehr grundsätzlich jeder seines eigenen Glückes Schmied ist und dementsprechend einen **eigenen Verantwortungs- und Risikobereich** hat. In der Praxis haben sich inzwischen **Fallgruppen** herausgebildet, welche geeignet sind, die dargestellten Grundsätze zu verdeutlichen und die Sie infolgedessen kennen müssen.

##### aa) Eingehen einer vertraglichen Verbindlichkeit

**499** Beim Eingehen einer vertraglichen Verbindlichkeit erklärt der jeweilige Schuldner stillschweigend, dass er zu der Erfüllung des Vertrages willens und nach seinen Umständen auch in der Lage ist (**Leistungswilligkeit und Leistungsfähigkeit**).

**Beispiel** Derjenige, der an einer Tankstelle den Zapfhahn aus der Zapfsäule nimmt, erklärt in diesem Augenblick, dass er beabsichtigt, das der Säule entnommene Benzin später an der Kasse zu zahlen. Er erklärt ferner, dass er zu dieser Zahlung auch imstande ist.

Gleiches gilt für den Hotelgast, der ein Zimmer mietet, sowie den Restaurantgast, der Speisen bestellt. Derjenige, der einen Darlehensvertrag schließt, erklärt konkludent, dass er gewillt ist, das Darlehen zum vertraglich vereinbarten Zeitpunkt zurückzuzahlen.

##### bb) Anbieten von Waren und Dienstleistungen

**500** Wer Waren und Dienstleistungen anbietet, erklärt grundsätzlich **nicht konkludent**, dass diese Waren und Dienstleistungen ihr **Geld wert** seien. Dies hängt mit den Regeln der freien Marktwirtschaft zusammen, nach denen es nicht verboten ist, Waren und Dienstleistungen zu einem überhöhten Preis anzubieten. Etwas **anderes** kann sich allerdings ergeben, wenn

---

26 LK-*Lackner* § 263 Rn. 28.

die Echtheit des verkauften Gegenstandes preisbestimmend ist (so z.B. bei Kunstgegenständen) oder für die Leistung ein **Entgelt öffentlich-rechtlich festgesetzt** ist.

**Beispiel** A steigt in das Taxi des Taxifahrers T ein und nimmt auf dem Beifahrersitz Platz. Vor ihm auf dem Armaturenbrett abgedruckt sind die festgesetzten Preise für die gefahrenen Kilometer. Nachdem er nach 10 Kilometern zu Hause angekommen ist, muss er zu seiner Überraschung 25 € für diese Wegstrecke zahlen. Da der Taxameter diesen Betrag aufweist, geht A jedoch von der Richtigkeit aus und glaubt, dass die Strecke vielleicht doch länger als 10 Kilometer gewesen sei. Was er nicht weiß, ist, dass T den Taxameter manipuliert hat, so dass dieser in kürzeren Wegstreckeneinheiten abrechnet.

Hier hat A darauf vertraut, dass der Taxameter ordnungsgemäß funktioniert. Eine Nachprüfung ist dem A in dieser Situation kaum bzw. nur mit unverhältnismäßigem Aufwand möglich. Infolgedessen liegt hier ein Betrug zum Nachteil des A vor.

Im Anbieten von Waren liegt ferner **nicht die schlüssige Erklärung**, dass die Sache **mangelfrei** ist. **501**

Der Anbietende einer Ware **erklärt jedoch konkludent**, dass er **zum Verkauf befugt** ist, sei es, dass er der Eigentümer ist, oder aber, dass er vom Eigentümer bevollmächtigt wurde.[27]

#### cc) Annahme einer Leistung

In der Entgegennahme einer Leistung liegt **nicht die schlüssige Erklärung**, dass diese **Leistung** von dem anderen **geschuldet** ist, da es grundsätzlich im Risikobereich des Leistenden liegt, Art und Höhe seiner Leistung zu überprüfen. **502**

**Beispiel** Die Entgegennahme des zu viel gezahlten Wechselgeldes ist mithin keine konkludente Täuschung.[28]

Ein Betrug ist hingegen zu bejahen, wenn der Täter die Leistung nicht nur entgegennimmt, sondern sie sogar **aktiv einfordert**. In dem aktiven Einfordern ist **konkludent die Erklärung** mitenthalten, dass die eingeforderte **Leistung auch geschuldet ist**.[29]

#### dd) Erklärungen zur Geschäftsgrundlage bei Abschluss eines Rechtsgeschäfts

Wer ein Rechtsgeschäft abschließt, erklärt **konkludent**, dass die Geschäftsgrundlage, auf der dieses Geschäft basiert, vorhanden ist, und er insbesondere **nicht durch Manipulationen auf diese Geschäftsgrundlage eingewirkt** hat. **503**

So beinhalten bei einer **öffentlichen Ausschreibung** die Angebote die schlüssige Behauptung, dass sie ohne vorherige Absprache zwischen den Bietern zustande gekommen sind.[30] **504**

Bei Abschluss einer **Sportwette** wird konkludent erklärt, dass zuvor nicht durch Bestechung auf den Ausgang des Ereignisses manipulativ Einfluss genommen wurde. (vgl. dazu auch den Übungsfall, „Es lebe der Sport"). Geschäftsgrundlage einer Wette ist die beiderseitige Ungewissheit über den Ausgang des Ereignisses, auf welches gewettet wird sowie das Ver-

---

27 Vgl. zu dem Vorgenannten *Küper* Strafrecht BT S. 287 ff.; *Wessels/Hillenkamp* Strafrecht BT/2 Rn. 499 ff.
28 *Joecks/Jäger/Jäger* § 263 Rn. 45.
29 *BGHSt* 46, 196.
30 *BGHSt* 47, 84.

trauen darauf, dass keiner der Vertragspartner manipulativ darauf einwirkt und damit das Risiko zu Lasten des anderen verschiebt.[31]

Diese Grundsätze lassen sich auch auf den Abschluss eines **Lebensversicherungsvertrages** übertragen. Plant der Versicherungsnehmer bereits bei Abschluss des Vertrages, sein Ableben durch eine gefälschte Bescheinigung vorzutäuschen, um dann anschließend durch einen Dritten die Versicherungssumme einzufordern, täuscht er konkludent über sein vertragsgetreues Verhalten.[32]

> **Hinweis**
>
> Mit § 265c wurde der **Sportwettenbetrug** nunmehr gesondert unter Strafe gestellt. Erfasst werden **Verhaltensweisen im Vorfeld** eines möglichen Wettbetruges. Auf einen tatsächlich eingetretenen Schaden kommt es bei diesem Tatbestand, anders als bei § 263, nicht an. Die Norm wurden den Bestechungsdelikten nachgebildet, d.h. sowohl der Gebende als auch der Nehmende machen sich strafbar. Aufgrund der unterschiedlichen Rechtsgüter stehen die §§ 263 und 265c zueinander in Tateinheit.[33]

#### ee) Überweisung oder Abhebung eines durch eine Fehlbuchung entstandenen Guthabens

**505** Beim Ausfüllen eines Überweisungsträgers oder Auszahlungsscheines wird **nicht konkludent** erklärt, dass dem Handelnden **das Guthaben auch materiell-rechtlich zusteht**.

> **Beispiel** A, dessen Dispositionskredit bei der DB-AG bereits vollständig ausgeschöpft ist, erhält eines Tages aufgrund einer bankinternen Fehlbuchung einen Betrag von 25 000 € gutgeschrieben. Obgleich er weiß, dass ihm das Geld nicht zusteht, überweist er den Betrag an seine Freundin F, damit diese sich ein schickes Cabriolet kaufen kann. ■

**506** Der *BGH*[34] hat in einem vergleichbaren Fall eine Täuschung durch konkludentes Tun abgelehnt. Die Überweisung enthalte **nicht die Behauptung**, dem **Kontoinhaber stehe ein entsprechender Anspruch zu**. Die Führung des Kontos und die ordnungsgemäße Buchung unterfalle dem Pflichtenkreis der Bank, so dass diese auch die Verantwortung und damit auch das Risiko trage. Darüber hinaus sei zu berücksichtigen, dass jeder Bankangestellte bei der Ausführung einer Überweisung stets die formellen Anforderungen, insbesondere die Kontodeckung überprüfe. Eine Auszahlung, nur weil der Kunde dies wünsche, erfolge ohne Prüfung niemals. Aus diesem Grund bestehe schon kein rechtliches Interesse an einer etwaigen Erklärung des Kunden darüber, ob das Konto gedeckt sei.

> **JURIQ-Klausurtipp**
>
> Anhand der vorgenannten Fallgruppen konnten Sie erkennen, dass stets auch der Gedanke der **Risikoverteilung** maßgeblich ist für die Bestimmung des Erklärungsgehalts. Außerdem ist maßgeblich, ob der **Erklärungsempfänger** überhaupt über den fraglichen Umständen eine

---

31 *BGH* NStZ 2007, 151; *Wessels/Hillenkamp* Strafrecht BT/2 Rn. 500.
32 *BGHSt* 54, 69, 121 („Al Kaida Entscheidung").
33 *Wessels/Hillenkamp* Strafrecht BT/2 Rn. 500.
34 *BGHSt* 46, 196.

Objektiver Tatbestand 3 C II

> Erklärung erwarten würde und ob er an der Erklärung interessiert ist. Prägen Sie sich die vorgenannten Fallgruppen ein und versuchen Sie, das ihnen zugrunde liegende Schema zu verstehen. Sie werden dann in der Klausur keine Probleme haben, auch einen davon abweichenden Fall lösen zu können.

#### c) Täuschung durch Unterlassen

Eine **Täuschung durch Unterlassen** ist möglich, wenn der Täter als **Garant** verpflichtet war, durch eine **Aufklärung**, die ihm tatsächlich möglich ist, die Entstehung eines Irrtums zu verhindern bzw. einen bereits entstandenen Irrtum zu beseitigen. **507**

Eine **Aufklärungspflicht (Garantenstellung)** kann sich zum einen **aus dem Gesetz** ergeben. Zu nennen sind in diesem Zusammenhang insbesondere Mitteilungs- und Meldepflichten nach §§ 19 VVG, 60 Abs. 1 SGB I, 666 BGB, 138 ZPO und 116 BSHG. **508**

Darüber hinaus ist eine Aufklärungspflicht aus vorangegangenem, pflichtwidrigem Tun, der sog. **Ingerenz**, möglich. **509**

> **Beispiel** Hotelgast A bestellt abends in der Bar des Domhotels ein Kölsch. Er lässt dieses Getränk auf das Hotelzimmer schreiben, wobei er irrig davon ausgeht, er bewohne Zimmer 201. Später am Abend muss er dann feststellen, dass er nicht Zimmer 201, sondern Zimmer 301 bewohnt. Am nächsten Tag klärt er beim Auschecken und Bezahlen seiner Rechnung die Rezeptionistin nicht darüber auf, dass das von ihm konsumierte Bier auf das falsche Zimmer gebucht wurde und verlässt ohne Bezahlung des getrunkenen Kölsch das Hotel.
>
> Eine Täuschung durch aktives Tun kommt hier nicht in Betracht, da dem A jedenfalls der Vorsatz fehlte, den Barkeeper über das Zimmer zu täuschen. Allerdings bestand beim Auschecken bei der Rezeptionistin eine Fehlvorstellung über die von ihm konsumierten Getränke. Diese Fehlvorstellung hat er nicht durch Offenbarung der tatsächlichen Umstände aufgeklärt.
>
> Hier beruhte die Aufklärungspflicht auf einem pflichtwidrigen, nämlich fahrlässigen Vorverhalten am Abend zuvor. A hat sich wegen Betruges gem. §§ 263, 13 strafbar gemacht.

**Problematisch** und damit klausurrelevant sind **Aufklärungspflichten**, die sich unter Berücksichtigung des Grundsatzes von **Treu und Glauben gem. § 242 BGB** aus einem vertraglich oder außervertraglich begründeten, besonderen **Vertrauensverhältnis** ergeben können. In Anbetracht der uferlosen Weite des § 242 BGB und dem im Strafrecht geltenden Bestimmtheitsgrundsatz muss eine solche Aufklärungspflicht eng umgrenzt sein. **510**

**Rechtsprechung** und Literatur orientieren sich erneut an den **Risiko- und Verantwortungsbereichen der Beteiligten**. Bei Vertragsverhältnissen mit gegenseitigen Leistungspflichten ist zunächst zu berücksichtigen, dass auch hier wieder jeder seines eigenen Glückes Schmied ist. Wer einen Vertrag schließt, bei dem jeder Vertragspartner seine Interessen und seinen Vorteil zu wahren sucht, darf nicht erwarten, dass sein Vertragspartner ihm das verkehrsübliche Geschäftsrisiko durch Aufdeckung aller für ihn ungünstigen Umstände abnimmt.[35] Die Aufklärungspflicht kann sich mithin nur auf **Umstände** beziehen, die für den Vertragspartner **von wesentlicher Bedeutung** sind. **511**

---

35 *Wessels/Hillenkamp* Strafrecht BT/2 Rn. 506; *OLG Bamberg* NStZ-RR 2012, 248.

**512** Eine Aufklärungspflicht kann sich dann aufgrund eines **Vertrauensverhältnisses** ergeben, welches auf **langjährigen, engen Geschäftsbeziehungen** beruht. Zu beachten ist aber stets, dass eine Aufklärungspflicht Konstellationen voraussetzt, in denen der eine Vertragsteil darauf angewiesen ist, dass ihm der andere die für seine Entscheidung maßgeblichen Umstände auch ungefragt offenbart.[36]

**513** Eine Aufklärungspflicht kann sich auch aus **Verträgen** ergeben, die **Informations- oder Beratungspflichten zum Gegenstand** haben, wie z.B. bei Steuerberatern und Rechtsanwälten.

**514** Eine Aufklärungspflicht kann sich ferner daraus ergeben, dass zwischen den vertragsschließenden Parteien ein **Ungleichgewicht** besteht, welches eine Partei gegenüber der anderen schutzbedürftig macht.

> **Beispiel** Im obigen Überweisungsfall hat der *BGH* einen Betrug durch Unterlassen abgelehnt. Aus dem Girovertrag ergebe sich nicht die Verpflichtung des Bankkunden, die Bank auf Fehlbuchungen hinzuweisen, da die Bank ganz im Gegenteil sich gegenüber dem Bankkunden in einer überlegenen Position befinde. Ihr sei es durch die Kontrollmaßnahmen möglich, Fehlbuchungen zu überprüfen.
>
> Den Verkäufer eines Gebrauchtwagens hat der *BGH* jedoch wegen Betruges durch Unterlassen verurteilt, weil er dem Kaufinteressenten verschwiegen hat, dass es sich bei dem Kaufobjekt um ein Unfallfahrzeug handelt.[37]
>
> Eine Aufklärungspflicht wurde ferner für den Vermieter angenommen, der dem Mieter wegen Eigenbedarfs gekündigt hat und ihm danach nicht mitgeteilt hat, dass der Eigenbedarf entfallen ist.[38]

**515** Immer wieder Thema von Klausuren sind die sog. „**Schwarzfahrten**". Dabei können drei Konstellationen unterschieden werden:
- Der Täter besteigt einen Zug ohne einen Fahrschein gelöst zu haben und **erklärt** gegenüber dem kontrollierenden Schaffner **wahrheitswidrig**, er habe ihm die **Fahrkarte bereits vorgezeigt**. Hier liegt unproblematisch ein Betrug durch aktives Tun vor.
- A besteigt wieder ohne Fahrkarte den Zug und **versteckt sich** auf der Toilette. Hier scheidet § 263 mangels Kommunikation zwischen ihm und dem Schaffner aus.
- A hat den Zug ohne Fahrkarte bestiegen und **reagiert** bewusst auf die Nachfrage des Schaffners **„Noch jemand zugestiegen?"** nicht. Der Kontrolleur geht daraufhin davon aus, dass A bereits von ihm kontrolliert worden sei.

**516** Hier kommt eine Strafbarkeit gem. § 263 zunächst durch konkludentes Verhalten in Betracht. Dann müsste A jedoch zunächst ein Verhalten gezeigt haben. Das **reine Schweigen** ist eine bloße Untätigkeit und **kann nicht als Verhalten angesehen werden**.[39]

---

[36] *BGHSt* 39, 392; *BGH* NStZ 2010, 502.
[37] *BGH* NJW 1967, 1222; *BayObLG* NJW 1994, 1078.
[38] *BayObLG* JR 1988, 301.
[39] *Jäger* Strafrecht BT Rn. 329; anderer Auffassung *Krey/Hellmann* Strafrecht BT/2 Rn. 377, die von einem „beredten Schweigen" ausgehen.

## Objektiver Tatbestand  3 C II

> **Hinweis**
>
> Sowohl bei der konkludenten Täuschung als auch bei der Täuschung durch Unterlassen erklärt der Täter nichts, insofern scheint eine Unterscheidung manchmal schwierig zu sein. Merken Sie sich also folgendes: Die konkludente Täuschung unterscheidet sich von der Täuschung durch Unterlassen dadurch, dass der Täter bei der konkludenten Täuschung ein **Verhalten** zeigt (z.B. die Herausnahme der Zapfsäule), also aktiv etwas tut, wohingegen er beim Unterlassen untätig bleibt.

Auch eine **Täuschung durch Unterlassen** kommt nicht in Betracht. Dafür bräuchte der Täter eine **Aufklärungspflicht**. Eine solche könnte sich nur aus dem Beförderungsvertrag im Zusammenhang mit § 242 BGB ergeben. Da aber grundsätzlich jeder Vertragspartner verpflichtet ist zu überprüfen, ob der andere seine vertraglich vereinbarte Leistung erbracht hat, besteht keine besondere Schutzwürdigkeit der Deutschen Bahn AG, welche die Begründung einer Aufklärungspflicht ermöglicht. **517**

Der Täter kann sich jedoch wegen **Beförderungserschleichung gem. § 265a Abs. 1 Alt. 3** strafbar gemacht haben. Nach h.M. hat er sich den Anschein der Ordnungsgemäßheit gegeben und dadurch die Beförderungsleistung erschlichen. Da er dies auch vorsätzlich, rechtswidrig und schuldhaft tat, ist dieser Auffassung zufolge eine Strafbarkeit nach § 265a Abs. 1 Alt. 3 gegeben. Mehr dazu unter Rn. 646. **518**

### 2. Irrtumserregung

Durch die Täuschung muss beim Opfer kausal ein Irrtum erregt oder unterhalten worden sein. **519**

> Unter einem **Irrtum** ist jede unrichtige, der Wirklichkeit nicht entsprechende Vorstellung über Tatsachen zu verstehen.[40]

Irren können sich **nur natürliche Personen**, so dass bei Manipulationen an Computern § 263a zu prüfen ist. **520**

Ein Irrtum des Opfers liegt unproblematisch vor, wenn dieses die Täuschung des Täters **bewusst reflektiert**. **521**

**Beispiel** Galerist G verkauft der ahnungslosen, aber ambitionierten K einen an einem Besenstiel befestigten Filzhut als letztes Kunstwerk von Beuys zu einem Betrag von 50 000 €. K war nur aufgrund des Umstandes, dass es sich um einen „echten Beuys" handelt, bereit, diesen Preis zu zahlen.

Hier liegt eine aktuelle Reflektion der K vor, so dass die Irrtumserregung zweifelsfrei bejaht werden kann. ■

Eine aktuelle Reflektion des Opfers ist indes für die Bejahung eines Irrtums nicht erforderlich. Nach überwiegender Auffassung reicht es, dass das Opfer im Wege eines **sachgedanklichen** **522**

---
40 *Wessels/Hillenkamp* Strafrecht BT/2 Rn. 510.

Mitbewusstseins davon ausgeht, es sei „alles in Ordnung". Ein Irrtum muss hingegen verneint werden, wenn das Opfer sich über die vom Täter behauptete Tatsache keinerlei Gedanken macht.[41] Eine **Abgrenzung** kann im Einzelfall schwierig werden. **Indizien** für das Vorliegen eines sachgedanklichen Mitbewusstseins sind **allgemeine Prüfungspflichten** des Opfers, das **Fehlen von Auffälligkeiten** sowie die **allgemeine Lebenserfahrung**.

**Beispiel** Der Kellner, der im Restaurant Bestellungen entgegennimmt, wird i.d.R. auch ohne bewusste Reflexion davon ausgehen, dass der bestellende Gast zur Zahlung willens und imstande ist.

Wer Geld entgegennimmt, wird im Wege des sachgedanklichen Mitbewusstseins davon ausgehen, dass es sich bei dem Geld nicht um Falschgeld handelt.

Fraglich ist, ob der Bankangestellte, der nach Vorlage eines Sparbuchs das Geld an den Täter, der nicht der berechtigte Sparbuchinhaber ist, auszahlt, über die Berechtigung nachdenkt. Da Sparbücher Legitimationspapiere gem. § 808 BGB sind, leistet die Bank befreiend an den Vorlegenden, auch wenn dieser nicht der Berechtigte ist. Es besteht mithin aufgrund dessen grundsätzlich keine Prüfpflicht des Bankangestellten, was darauf schließen lassen könnte, dass dieser sich entsprechend auch keine Gedanken über die Berechtigung mache.[42] Dem wird jedoch entgegengehalten, dass bei Vorsatz oder grober Fahrlässigkeit des Bankangestellten die Bank als Ausnahme zu § 808 BGB nicht von ihrer Verbindlichkeit gegenüber dem Berechtigten befreit werde. Dies führe dazu, dass auch ein Bankangestellter bei Vorlage des Sparbuches davon ausgehe, der Vorlegende sei der Berechtigte.[43]

Der Käufer eines Gebrauchtwagens wird auch ohne aktuelle Reflexion davon ausgehen, dass mit dem Wagen „alles in Ordnung" sei, der Wagen insbesondere kein Unfallwagen ist.

Der Händler, dessen Kunde mit einer Kreditkarte gezahlt hat, wird sich in aller Regel keine Gedanken darüber machen, ob das Konto des Kunden eine entsprechende Deckung aufweist. Dies hängt mit der Garantiefunktion der Kreditkarte zusammen, die bewirkt, dass der Händler auf jeden Fall von dem kartenausgebenden Institut den Kaufpreis erhält. In diesem Fall würden Sie in der Klausur allerdings auch schon die konkludente Täuschung verneinen. Konkludent wird nämlich nur das miterklärt, woran der Rechtsverkehr ein rechtlich erhebliches Interesse hat. ■

> **JURIQ-Klausurtipp**
>
> Wie Sie anhand der vorstehenden *Beispielsfälle* gemerkt haben, entspricht die **Argumentation**, die **zur Bejahung der konkludenten Täuschung** führt, im Wesentlichen jener, die zur **Bejahung des sachgedanklichen Mitbewusstseins** herangezogen wird. Haben Sie also unter Berücksichtigung der Verkehrsauffassung den Erklärungsgehalt eines Verhaltens bestimmt und die konkludente Täuschung bejaht, dann wird in der Klausur zumeist auch die

---

41 Umstritten z.B. bei Fällen, in denen ein Rechtspfleger über einen Antrag auf Erlass eines Mahnbescheides entscheiden muss. Da den Rechtspfleger keine inhaltliche Prüfungspflicht trifft, geht eine Auffassung davon aus, dass er sich dementsprechend auch keine Gedanken mache und sich ergo auch nicht irren könne. Andererseits wird darauf hingewiesen, dass der Rechtspfleger keinesfalls einen Mahnbescheid erlassen wolle, der ersichtlich auf falschen Tatsachen beruhe. Eine gute Darstellung dieses Problems finden Sie in der Entscheidung des *OLG Celle* NStZ-RR 2012, 111.
42 So im Ergebnis SK-*Samson/Günther* § 263 Rn. 60.
43 *Wessels/Hillenkamp* Strafrecht BT/2 Rn. 511.

# Objektiver Tatbestand 3 C II

> Bejahung eines entsprechenden Irrtums unproblematisch sein, es sei denn, der Sachverhalt enthält eindeutige Anhaltspunkte zu einer etwaigen, gleichgültigen Einstellung des Opfers. Die **Klärung des Irrtums** ist **subjektiv durch das Opfer geprägt** und insofern im Einzelfall **Tatfrage**.[44] So kann es durchaus sein, dass das Opfer Prüfpflichten hat, welche darauf hindeuten, dass es sich über den fraglichen Umstand Gedanken gemacht haben muss, das Opfer diesen Prüfpflichten am Tattag jedoch nicht nachgekommen ist, weil es aus persönlichen Gründen mit seinen Gedanken ganz woanders war.

Kennt das Opfer die unwahren Tatsachen nicht, dann kommt ebenfalls ein Irrtum nicht in Betracht (sog. **ignorantia facti**). In diesem Fall fehlt es jedoch schon an einer Täuschungshandlung, da zumeist keine Kommunikation zwischen Täter und Opfer stattgefunden hat. 523

**Beispiel** A hat, wie im obigen *Beispielsfall* beschrieben, den Zug ohne Fahrkarte betreten und entzieht sich der Kontrolle durch Schaffner S, indem er sich auf der Toilette versteckt.

Hier hat S keine Kenntnis von dem blinden Passagier, so dass er sich auch nicht irrt. Allerdings hat auch schon keine Täuschungshandlung durch A stattgefunden, da A mit dem Verstecken nicht intellektuell auf das Vorstellungsbild des S eingewirkt hat. ■

Fraglich und **umstritten** ist, ob ein Irrtum auch dann bejaht werden kann, wenn das Opfer **konkrete Zweifel an der Richtigkeit** der behaupteten Tatsache hat. **Teilweise** wird dies mit der **fehlenden Schutzbedürftigkeit** des Opfers verneint.[45] Dieser Auffassung wird von der **überwiegenden Meinung** jedoch entgegengehalten, dass damit bedenkliche Freiräume für betrügerisches Verhalten bei Leichtgläubigen und Unerfahrenen geschaffen würden. Dementsprechend stehen Zweifel des Opfers grundsätzlich der **Annahme eines Irrtums** nicht entgegen, sofern das Opfer die **Wahrheit der behaupteten Tatsache jedenfalls für möglich hält** und dadurch zur Vermögensverfügung motiviert wird.[46] 524

**Beispiel** Nehmen Sie an, im obigen *Galeristenbeispiel* (Rn. 524) ist K skeptisch ob der Echtheit des „Kunstwerks". Auf dementsprechende Nachfrage hält G ihr jedoch einen ausführlichen Vortrag über die Tradition seiner Galerie und sein persönliches Verhältnis zum Künstler, so dass K ihm letztlich glaubt. Retrospektiv betrachtet könnte man der K entgegen halten „schön blöd", tatsächlich hat K den Angaben des G letztlich vertraut. ■

Der Irrtum muss **kausal auf der Täuschung** beruhen. Das ist der Fall, wenn er durch die Täuschung **erregt oder unterhalten** wird. 525

> Der Irrtum wird **erregt**, wenn der Täter ihn durch Einwirkung auf die Vorstellung des Getäuschten hervorruft, wobei auch eine Mitverursachung ausreicht.[47]
>
> Ein Irrtum wird **unterhalten**, wenn der Täter die Aufklärung einer bereits bestehenden Fehlvorstellung verhindert oder erschwert bzw. die Fehlvorstellung bestärkt oder verfestigt.[48]

---

44 *OLG Düsseldorf* NJW 1989, 2003.
45 *Amelung* GA 77, 1; *Naucke* Festschrift für Karl Peters, 1974, S. 109 ff.
46 *BGH* NJW 2004, 454; *Wessels/Hillenkamp* Strafrecht BT/2 Rn. 512.
47 *Wessels/Hillenkamp* Strafrecht BT/2 Rn. 513.
48 *Küper* Strafrecht BT S. 223.

**Beispiel** Führerscheinneuling F möchte sich von Papas großzügiger Spende seinen ersten Sportwagen kaufen. Hoch motiviert begibt er sich zu einem BMW-Händler und entdeckt dort einen BMW Z3. Irrig geht er davon aus, dass es sich bei diesem Auto um das neueste Modell handelt und ist dementsprechend begeistert über den niedrigen Preis. Dem Verkäufer erklärt er, dass er niemals geglaubt habe, dass die neuen Modelle günstiger als die alten seien. Der Verkäufer erkennt, dass F das angebotene Modell, welches tatsächlich ein Vorgängermodell ist, für das neueste Modell aus der Serie hält, und bestärkt F in seiner Vorstellung, indem er ihm erzählt, dass es sich aus diesen Gründen auch tatsächlich um ein lohnenswertes Angebot handle.

Hier hat Verkäufer V darüber getäuscht, dass es sich bei dem Fahrzeug um das neueste Modell handelt. Entsprechend hat er bei F einen bereits bestehenden Irrtum verstärkt. Sofern jedoch der Wagen „sein Geld wert ist", wird in diesem Fall der Vermögensschaden zu verneinen sein, da bei objektiver Betrachtung F als Eigentümer des Wagens einen materiellen Gegenwert erhalten wird. ■

### 3. Vermögensverfügung

**526** Auch wenn die Vermögensverfügung in § 263 nicht explizit genannt ist, so ist sie doch objektiv erforderlich, um den **Betrug als Selbstschädigungsdelikt** vom Diebstahl, der ein Fremdschädigungsdelikt ist, abzugrenzen.

> Eine **Vermögensverfügung** ist jedes freiwillige Handeln, Dulden oder Unterlassen, welches sich unmittelbar vermögensmindernd auswirkt.[49]

**527** Die Vermögensverfügung muss **kausal auf dem Irrtum** beruhen, wobei der **Verfügende und der Irrende identisch** sein müssen. Nicht erforderlich ist, dass die Vermögensverfügung zu einem Vermögensschaden beim Verfügenden führt. Wie bereits eingangs erwähnt, können **Verfügender und Geschädigter** unter gewissen Voraussetzungen **auseinander fallen**. Dazu mehr unter Rn. 568.

#### a) Handeln, Dulden, Unterlassen

**528** Die Vermögensverfügung besteht zunächst in einem Handeln, Dulden oder Unterlassen.

**Beispiel** In dem obigen *Galeristenfall* hat Kundin K durch Abschluss des Vertrages und spätere Zahlung der 50 000 € durch ein **Handeln** eine Vermögensminderung herbeigeführt.

Hundehasser H verkleidet sich als Mitarbeiter eines Hundewaschsalons und erklärt der überraschten Ehefrau des A, dass er von diesem beauftragt worden sei, den Königspudel zu einer Vollwäsche abzuholen. Dementsprechend **duldet** Ehefrau E die Mitnahme des Pudels.

Soldat S nimmt aus dem Spind seines Kameraden dessen Dienstmütze und gibt sie am Ende der Dienstzeit als die ihm überlassene Dienstmütze seinem Diensthernn zurück. Dieser **unterlässt** es daraufhin, Schadensersatzansprüche gegenüber S geltend zu machen. Tatsächlich hat S seine Dienstmütze nämlich verloren und wäre insofern der Bundeswehr zum Ersatz verpflichtet. ■

---
49 *Jäger* Strafrecht BT Rn. 331.

## Objektiver Tatbestand  3 C II

Das Handeln, Dulden oder Unterlassen des Irrenden muss zu einer **Vermögensminderung** 529
führen. Eine solche kann im Auszahlen eines Geldbetrages, in der Übergabe des Besitzes, in der Übereignung, aber auch schon im Abschluss eines Vertrages liegen, da in diesen Fällen das Vermögen belastet wird mit dem Anspruch des Vertragspartners und dementsprechend auch um diesen Anspruch gemindert wird (sog. **Eingehungsbetrug**).

> **Hinweis**
>
> Ob das Vermögen letztlich **tatsächlich gemindert** ist, **stellen Sie erst beim Schaden fest**. Ein Vermögensschaden ist abzulehnen, wenn zwar ein Vermögenswert aus dem geschützten Vermögen hinausgeflossen ist, in gleicher Weise jedoch ein Äquivalent in das Vermögen hineingeflossen ist. Bei der Vermögensverfügung wird also die Vermögensminderung unter Außerachtlassung einer etwaigen Kompensation bestimmt.

### b) Vermögensbegriff

**Umstritten** und damit klausurrelevant ist, **was zum strafrechtlich geschützten Vermögen** 530
gehört. Nicht jede Minderung des Vermögens wird von § 263 erfasst.

Der *BGH* und ein Teil der Literatur vertreten den **ökonomischen (wirtschaftlichen) Vermö-** 531
**gensbegriff**. Danach ist über § 263 die **Gesamtheit der wirtschaftlichen Güter** eines Rechtsträgers geschützt, unabhängig davon, ob sie diesem rechtlich zustehen oder nicht.[50] Diesem Vermögensbegriff zufolge sind damit auch grds. Vermögenswerte geschützt, die aus sittenwidrigen und nichtigen Verträgen sowie aus Straftaten stammen. Als Hauptargument für diese Auffassung wird angebracht, dass es auch im Ganovenmilieu keinen straffreien Raum geben dürfe. Allerdings wird zur Vermeidung von unerträglichen Wertungswidersprüchen zwischen Zivil- und Strafrecht durch Einbeziehung normativer Wertungen häufig eine Korrektur dieses Begriffes vorgenommen mit der Folge, dass sich der ökonomische Vermögensbegriff in die Nähe des juristisch-ökonomischen Vermögensbegriffes begibt.[51]

Nach dem in der Literatur vertretenen **juristisch-ökonomischen Vermögensbegriff** gehören 532
zum geschützten Vermögen gem. § 263 nur solche Positionen, die einen wirtschaftlichen Wert haben und **unter dem Schutz der Rechtsordnung** stehen.[52] Diese Auffassung argumentiert mit der Einheitlichkeit der Rechtsordnung, wonach Positionen, die keinen zivilrechtlichen Schutz genießen, auch keinen strafrechtlichen Schutz genießen dürfen.

### aa) Unstreitige Fallgruppen

Beide Vermögensbegriffe stimmen zunächst einmal dahin gehend überein, dass zum straf- 533
rechtlich geschützten Vermögen gem. § 263 **nur solche Positionen** gehören, die einen **wirtschaftlichen Wert** haben. Nach allgemeiner Auffassung sind darunter folgende Positionen zu verstehen:
- **alle schuldrechtlichen** Ansprüche, sofern sie nicht aus sittenwidrigen und nichtigen Verträgen resultieren;
- alle **dinglichen Rechte** wie das Eigentum, der Besitz, aber auch das Anwartschaftsrecht;

---
50 *BGHSt* 34, 199; 38, 186; *BGH* JR 03, 162; *Wessels/Hillenkamp* Strafrecht BT/2 Rn. 534.
51 Vgl. dazu die Nachweise bei *Wessels/Hillenkamp* Strafrecht BT/2 Rn. 534.
52 *Schönke/Schröder-Cramer/Perron* § 263 Rn. 82 ff.; SK-*Samson/Günther* § 264 Rn. 112 ff.

- die **Arbeitskraft**, sofern sie üblicherweise gegen Entgelt erbracht wird. Zu berücksichtigen ist, dass schon die Arbeitskraft an und für sich einen Vermögenswert hat, so dass es nicht darauf ankommt, ob der Geschädigte seine Arbeitskraft anderweitig gewinnbringend hätte einsetzen können;
- **Gewinnchancen** bei Lotterien oder Geldspielautomaten;
- **Erwerbsaussichten**, sofern die Verkehrsauffassung ihnen einen wirtschaftlichen Wert beimisst.[53]

**534** Nicht zum strafrechtlich geschützten Vermögen gehören **Geldstrafen, Geldbußen, Verwarnungsgelder und Geldauflagen gem. § 153a StPO**. Auch wenn insbesondere Verwarnungs- und Bußgelder nach dem OWiG die Staatskasse in nicht unerheblichem Maße füllen dürften, sind sie doch in erster Linie Sanktionsmittel des Staates und damit keine wirtschaftlichen Güter.

**Beispiel** A ist mit dem Computer in der Lage, Parkscheine nachzumachen. Einen derart nachgemachten Parkschein legt er an einem Freitagmorgen in seine Windschutzscheibe mit der Folge, dass die Politesse P davon ausgeht, A habe die für die Parkzeit fälligen 2 € entrichtet. Sie verzichtet daraufhin auf die Erhebung eines Bußgeldes.

Hier hat A über die Entrichtung der fälligen 2 € getäuscht und bei der Politesse P einen entsprechenden Irrtum erregt. Die Vermögensverfügung könnte in dem Unterlassen der Geltendmachung des Bußgeldanspruches liegen. Voraussetzung dafür wäre jedoch, dass der Bußgeldanspruch zum strafrechtlich geschützten Vermögen gehört. Dies ist indes nach beiden Vermögensbegriffen nicht der Fall.

Denkbar wäre es, eine Vermögensverfügung darin zu sehen, dass die Politesse es unterlässt, den Anspruch auf Entrichtung der 2 € zu erheben. Diese Parkgebühr stellt einen wirtschaftlichen Wert dar. Der entsprechende Schaden ist bei der Stadt eingetreten. Voraussetzung dafür ist allerdings, dass im Falle des Falschparkens der vorgenannten Art die Stadt auch tatsächlich im Nachhinein die Parkgebühr erhebt. Dies ist jedoch i.d.R. nicht der Fall, so dass auch das diesbezügliches Unterlassen nicht als Vermögensverfügung angesehen werden kann.

#### bb) Streitige Fallgruppen

**535** Der juristisch-ökonomische und der ökonomische Vermögensbegriff werden in der Klausur relevant, wenn es sich um **Vermögenspositionen** handelt, die **aus sittenwidrigen oder nichtigen Verträgen bzw. Straftaten** stammen. Zu unterscheiden sind im Wesentlichen drei Fallkonstellationen:

##### (1) Erbringen einer Arbeitsleistung zu verbotenen Zwecken, ohne das vereinbarte Entgelt zu erhalten

**536** Täuscht der Täter vor, Geld für die Erbringung einer gem. §§ 134, 138 BGB verbotenen Arbeitsleistung zahlen zu wollen, so stellt sich die Frage, ob das „**Opfer**", welches diese **Arbeitsleistung** alsdann **erbringt**, einen **Vermögensschaden erleidet**, wenn der Täter das vereinbarte Entgelt nicht entrichtet.

---

53 Vgl. Schönke/Schröder-*Cramer/Perron* § 263 Rn. 84 ff.; *Wessels/Hillenkamp* Strafrecht BT/2 Rn. 532 ff.

**Beispiel** A heuert einen Auftragskiller an, um seine Ehefrau zu töten. Dabei hat er von Anfang an nicht vor, dem Auftragskiller nach getaner Arbeit die vereinbarten 10 000 € zu zahlen. Fraglich ist nunmehr, ob der Killer durch Erbringung seiner „Dienstleistung" einen Vermögensschaden erlitten hat. ◾

Nach dem **juristisch-ökonomischen Vermögensbegriff** ist die Arbeitsleistung in Fällen der geschilderten Art nicht über § 263 geschützt, weil sie außerhalb der Rechtsordnung erfolgt.

537

Zu einem anderen Ergebnis müssten eigentlich die Vertreter des **ökonomischen Vermögensbegriffs** gelangen, die nicht darauf abstellen, ob der Anspruch unter dem Schutz der Rechtsordnung steht, und die grundsätzlich keinen straffreien Raum im Ganovenmilieu schaffen wollen. Allerdings hat der *BGH* sich in vergleichbaren Fällen vom rein ökonomischen Vermögensbegriff gelöst und den **strafrechtlichen Schutz derartiger Arbeitsleistungen verneint**. Insbesondere in den Prostituiertenfällen hat er eine Strafbarkeit des Freiers, der den Geschlechtsverkehr mit der Prostituierten nicht wie vereinbart entlohnte, verneint.[54] Dies geschah wohl insbesondere vor dem Hintergrund, **unerträgliche Widersprüche mit der Rechtsordnung** zu vermeiden. Durch das Inkrafttreten des Prostituiertengesetzes mit Datum vom 1.1.2002 hat sich diese Entscheidung des *BGH* jedoch überholt, da § 1 ProstG nunmehr klargestellt ist, dass die Prostituierte einen zivilrechtlich geschützten Anspruch auf das Entgelt hat.

538

**Beispiel** Nach beiden Vermögensbegriffen gehört die „Dienstleistung" des Auftragskillers mithin nicht zum geschützten Vermögen. Ein Betrug ist nicht möglich. ◾

### (2) Erbringen einer Vorauszahlung zu verbotenen Zwecken, ohne die Gegenleistung zu erhalten (§§ 134, 138 BGB)

Im Gegensatz zur erstgenannten Fallgruppe ist hier nicht der „Dienstleistende", sondern **der Vorauszahlende der eventuell Geschädigte**.

539

**Beispiel** A möchte wieder seine Ehefrau töten lassen. Er zahlt dem Auftragskiller nun im Voraus 10 000 €. Der Killer hat jedoch weder zu diesem noch zu einem anderen Zeitpunkt vor, die Ehefrau tatsächlich zu töten.

Hier hat Killer K über seine Bereitschaft, die vertraglich vereinbarte Leistung zu erbringen, getäuscht und bei A einen entsprechenden Irrtum erregt. Die Vermögensverfügung könnte in der Zahlung der 10 000 € liegen. ◾

---

54 *BGH* JR 88, 125; siehe auch *BGHSt* 26, 346; 31, 1/8.

**540** Die Vertreter des **ökonomischen Vermögensbegriffes** bejahen vorliegend sowohl die Vermögensverfügung als auch den Eintritt eines Vermögensschadens. Überwiegend schließen sich dieser Einschätzung **aber auch Vertreter des juristisch-ökonomischen Vermögensbegriffs** an, obwohl das Geschäft sittenwidrig ist. Argumentiert wird damit, dass die vorgeleistete **Übereignung des Geldes als solche wertfrei** sei. Außerdem solle der Schädiger keinen Freibrief erhalten, sich redlich erworbenes Geld unbestraft zu verschaffen.[55] Nur teilweise wird von Vertretern des juristisch-ökonomischen Vermögensbegriffes die Vermögensverfügung verneint. Unter Hinweis auf § 817 S. 2 BGB, der eine Rückforderung bei einem Sittenverstoß ausschließt, wird darauf hingewiesen, dass auch dieses Vermögen nicht unter dem Schutz der Rechtsordnung stünde.[56]

> **JURIQ-Klausurtipp**
>
> Sie sehen anhand der vorgenannten *Beispielsfälle*, dass die **Vermögensbegriffe nicht starr voneinander abgrenzbar sind.** In der Klausur wird es aufgrund dessen weniger auf die Darstellung von „Meinung 1" und „Meinung 2" ankommen als vielmehr zunächst auf die richtige Benennung des Problems und dann auf eine eigenständige Lösung mittels einer überzeugenden Argumentation. Im Ergebnis ist alles vertretbar.

**541** Auch **bei betrügerischen Drogengeschäften** kann sich die Problematik ergeben, dass die Ware nicht das gezahlte Geld wert ist.

**Beispiel** A erwirbt von dem Drogendealer X 1 Kilogramm Marihuana zu einem Kaufpreis von 4000 €. Nach Zahlung des Kaufpreises stellt sich jedoch heraus, dass X nur Schokolade geliefert hat.

Auch hier stellt sich die Frage, ob A durch Zahlung des Kaufpreises eine Vermögensverfügung getätigt hat. Da das Geschäft gegen § 29a Abs. 1 Nr. 2 BtMG verstieß und deswegen gem. § 134 nichtig war, kommen einige Vertreter des **juristisch-ökonomischen Vermögensbegriffes** zu dem Ergebnis, dass A weder eine Vermögensverfügung getätigt noch einen Vermögensschaden erlitten hat.[57] Die **Gegenauffassung** weist, ebenso wie in dem vorangegangenen Fall, darauf hin, dass damit ein strafrechtsfreier Raum geschaffen werde, der dazu führe, dass Täter sich motiviert fühlen könnten, unredlich erworbene Vermögenswerte zu erlangen.[58]

Ebenso streitig ist, ob der **strafbare Besitz von Drogen** eine durch § 263 geschützte Vermögensposition darstellt.

**Beispiel** X verkauft nunmehr für 1000 € qualitativ hochwertiges Kokain an A, wird von A aber mit Falschgeld bezahlt. Der Schaden könnte im Besitzverlust des Kokains liegen. Problematisch ist jedoch, dass dieser Besitz gegen das BtMG verstößt. Der juristisch-ökonomische Vermögensbegriff verneint sowohl die Vermögensverfügung als auch den Schaden. Der ökonomische Vermögensbegriff hingegen bejaht beides, um erneut keine straffreien Räume zu schaffen.[59]

---

[55] *BGHSt* 2, 365; 8, 256; *Wessels/Hillenkamp* Strafrecht BT/2 Rn. 562 ff.
[56] Schönke/Schröder-*Cramer/Perron* § 263 Rn. 150.
[57] Schönke/Schröder-*Cramer/Perron* § 263 Rn. 82.
[58] *BGH* NJW 2001, 981; *BGH* NStZ 2002, 33.
[59] *Fischer* § 263 Rn. 102.

## Hinweis

Von besonderer Relevanz wird dieser Streit vor allem bei der räuberischen Erpressung, bei der ebenfalls ein Vermögensschaden eintreten muss. Wird dem Drogendealer das Rauschgift mittels Gewalt weggenommen, dann ist § 249 verwirklicht, da überwiegend das Rauschgift als eigentumsfähig angesehen wird. Übergibt er hingegen das Rauschgift (und verfügt ggfs. noch darüber), dann käme nach dem juristisch-ökonomischen Vermögensbegriff eine Strafbarkeit gem. §§ 253, 255 nicht in Betracht, da das Rauschgift hier nicht zum geschützten Vermögen gehört. Nach dem ökonomischen Vermögensbegriff hingegen macht es keinen Unterschied, ob dem Dealer das Rauschgift genommen wird oder ob er es übergibt. Er wird „als Räuber" oder „gleich einem Räuber" bestraft.

### (3) Rechtswidrig erlangter Besitz als geschütztes Vermögen

**542** Schließlich stellt sich die Frage, ob auch rechtswidrig erlangter Besitz zu dem gem. § 263 geschützten Vermögen gehört.

**Beispiel** A hat bei einem Einbruchsdiebstahl mehrere Uhren weggenommen. Diese übergibt er dem Hehler H mit dem Auftrag, die Uhren für ihn zu verkaufen. H nimmt die Uhren entgegen, beabsichtigt jedoch von Anfang an nicht, A den Verkaufserlös zu übergeben.

Hier hat H den A über seine Zahlungswilligkeit getäuscht und einen entsprechenden Irrtum erregt. Die Vermögensverfügung könnte in der Übergabe des Besitzes an H liegen. ■

**543** Die Anhänger der **juristisch-ökonomischen Vermögenslehre** verneinen nur teilweise die Schutzwürdigkeit des deliktisch erlangten Besitzes. Dementsprechend liegt weder eine Vermögensverfügung noch ein Vermögensschaden und damit auch kein Betrug vor.[60] Andere Vertreter des juristisch-ökonomischen Vermögensbegriffes gelangen zur Bejahung der Vermögensverfügung und damit auch des Vermögensschadens. Hingewiesen wird darauf, dass auch der unrechtmäßige Besitz in den §§ 859 ff. BGB geschützt werde und dieser Gedanke in das Strafrecht übertragen werden müsse.[61]

**544** Die Vertreter des **ökonomischen Vermögensbegriffes** bejahen in den Fällen des rechtswidrig erlangten Besitzes die Vermögensverfügung, da auch dieser Besitz einen wirtschaftlichen Wert besitzt und es grundsätzlich nicht auf den Schutz der Rechtsordnung ankommen soll.[62]

### c) Abgrenzung Trickdiebstahl – Sachbetrug

**545** Wie bereits beim Diebstahl ausführlich erörtert, muss der **Betrug als Selbstschädigungsdelikt vom Diebstahl als Fremdschädigungsdelikt abgegrenzt** werden. Dies geschieht mittels der Vermögensverfügung. Aus diesem Grund reicht es nicht aus, dass der Getäuschte ein Handeln, Dulden oder Unterlassen vornimmt, welches sich vermögensmindernd auswirkt. Erforderlich sind darüber hinaus als weitere Voraussetzungen:
- ein Verfügungsbewusstsein,
- die Freiwilligkeit der Verfügung,
- die Unmittelbarkeit der Vermögensminderung.

---
60 SK-*Samson/Günther* § 263 Rn. 118.
61 *Lackner/Kühl* § 263 Rn. 34.
62 *Jager* Strafrecht BT Rn. 356.

> **Hinweis**
>
> Sie sollten sich an dieser Stelle die Voraussetzungen des tatbestandsausschließenden Einverständnisses bei § 242 erneut vor Augen führen. Auch dort waren die Voraussetzungen, dass der Täter einen natürlichen Willen fasst (also weiß, was er tut), das Einverständnis freiwillig erlangt wird und dass es auf die vollständige Gewahrsamsübertragung (= unmittelbare Vermögensminderung) gerichtet ist. Wie Sie sehen, **entsprechen sich die Voraussetzungen des tatbestandsausschließenden Einverständnisses und der Vermögensverfügung.**

#### aa) Verfügungsbewusstsein

» Was wäre, wenn A geglaubt hätte, ein Bierdeckel sei keine Urkunde? Kennen Sie noch das Problem des Subsumtionsirrtums? Wenn nicht, sollten Sie das Skript „Strafrecht AT I" wieder zur Hand nehmen. «

**546** Beim **Sachbetrug** ist es **erforderlich, dass der Verfügende weiß,** dass sein Handeln, Dulden oder Unterlassen sich vermögensmindernd (nicht vermögensschädigend!) auswirkt. Da nur der Sachbetrug vom Diebstahl abgegrenzt werden muss, ist dieses Verfügungsbewusstsein **beim Forderungsbetrug nicht erforderlich.**

**Beispiel** A trinkt in der Kneipe des W zusammen mit Kommilitonen nach den bestandenen Semesterabschlussklausuren mehrere Kölsch. Der Wirt macht pro getrunkenem Kölsch mit dem Bleistift einen Strich auf einen Bierdeckel. Zu vorgerückter Stunde bemerkt A, dass er zu wenig Geld eingesteckt hat, weswegen er mit einem Radiergummi die Hälfte der Striche auf dem Bierdeckel wegradiert und unter Vorlage des Bierdeckels die getrunkenen Kölsch bezahlt.

Hier hat A durch Vorlage des Bierdeckels über die Anzahl der getrunkenen Kölsch getäuscht. Entsprechend ist bei W ein Irrtum entstanden. Die Vermögensverfügung besteht darin, dass W es unterlässt, seinen zivilrechtlich begründeten Anspruch auf Bezahlung der anderen Hälfte der getrunkenen Kölsch geltend zu machen. Insoweit handelt es sich um eine Forderung. Dieses Unterlassen führt auch zu einem Vermögensschaden, da W bereits die Gegenleistung erbracht hat. Allerdings ist W nicht bewusst, dass er durch Abrechnung der auf dem Bierdeckel noch ausgewiesenen Kölsch eine Verfügung über die dort nicht mehr ausgewiesenen Kölsch trifft. Da jedoch ein Diebstahl an der Forderung nicht möglich ist, ist auch eine Abgrenzung zu § 242 nicht erforderlich, weswegen es auf das Verfügungsbewusstsein nicht ankommt.

**547** Das Verfügungsbewusstsein wird in der Klausur u.a. in Fällen relevant, in denen der Täter **verdeckt Ware an der Kasse eines Selbstbedienungsladens** vorbeischmuggelt. Dabei wird danach unterschieden, ob er neben der Ware, die er bezahlt, noch eine weitere Ware versteckt und vorbeischmuggelt oder ob er die Waren komplett austauscht und sich die Person an der Kasse dann über den Gegenstand der Verfügung irrt.

**Beispiel** A möchte in einem Baumarkt einen Winkelschleifer kaufen, welcher in einem großen Karton verpackt ist. Da der Winkelschleifer eigentlich schon seine finanziellen Verhältnisse übersteigt, nimmt er die dazugehörigen Schleifscheiben und versteckt sie in der Verpackung des Winkelschleifers. An der Kasse berechnet der Kassierer nunmehr nur den Preis für den Winkelschleifer, nicht jedoch für den erweiterten Inhalt. [63]

Hier hat A darüber getäuscht, dass sich in dem Karton nur der Winkelschleifer befindet und er dementsprechend auch nur diesen mitnehmen möchte. Jedenfalls in Form des

---

63 Vgl. *OLG Düsseldorf* NJW 1988, 922.

# Objektiver Tatbestand                                                                 3 C II

sachgedanklichen Mitbewusstseins wird der Kassierer davon ausgegangen sein, dass sich in dem Karton auch nur der Inhalt befindet, der außen auf dem Karton ausgewiesen ist. Fraglich ist jedoch, ob der Kassierer eine Vermögensverfügung getätigt hat. Als Vermögensverfügung kommt die Übertragung des Eigentums an dem Inhalt des Kartons in Betracht. Dies wird teilweise bejaht.[64] Die andere Auffassung weist darauf hin, dass der Kassierer nur das Eigentum an dem ordnungsgemäßen Inhalt der Verpackung übertragen möchte. Hinsichtlich des „eingeschmuggelten" Inhalts besitzt er jedoch kein Verfügungsbewusstsein, so dass diesbezüglich § 263 ausscheidet und ein Trickdiebstahl gem. § 242 angenommen werden muss.[65] ∎

**Beispiel**  Anders wird der Fall teilweise beurteilt, wenn der Täter die Ware komplett gegen eine andere austauscht, indem er z.B. die Babywindeln herausnimmt und stattdessen Zigaretten hineinlegt, den Karton dann wieder verschließt und die vermeintlichen Windeln an der Kasse zahlt. Hier wird teilweise ein Betrug angenommen, da der Kassierer über den Karton samt Inhalt verfüge und bzgl. des Inhalts ein unbeachtlicher error in objecto vorliege.[66] Die Gegenauffassung weist darauf hin, dass auch hier der Kassierer nur über das verfügen wolle, was er auf dem Karton sehe.[67] ∎

### bb) Freiwilligkeit der Vermögensverfügung

Als weiteres Abgrenzungskriterium zwischen dem Trickdiebstahl und dem Sachbetrug ist die **548** Freiwilligkeit der Vermögensverfügung zu nennen. An der **Freiwilligkeit fehlt** es, **wenn der Getäuschte mit dem Gewahrsamsverlust nicht aus freien Stücken einverstanden** ist, sondern ihn vielmehr unter dem Druck der Vorstellung hinnimmt, dass der Verlust „so oder so" eintreten werde, Widerstand mithin zwecklos sei.[68]

**Beispiel**  Hier kann auf den Beschlagnahmefall Bezug genommen werden, der bereits unter Rn. 65 dargestellt wurde. Der *BGH*[69] hat zu einem ähnlichen Fall Folgendes ausgeführt: „Wird dagegen der Gewahrsam ohne sein Einverständnis aufgehoben, so liegt nicht Betrug, sondern Diebstahl vor. Einen solchen nimmt die Rechtsprechung deshalb auch dann an, wenn der Täter durch die falsche Behauptung einer behördlichen Beschlagnahme die Herausgabe einer fremden beweglichen Sache fordert und sie erreicht, selbst wenn das Opfer die Wegnahme nicht nur duldet, sondern die Sache dem Täter auf dessen Verlangen aushändigt; denn hier ist für einen eigenen freien Willensentschluss des Opfers, das sich dem Zwang fügt, kein Raum." ∎

Die Freiwilligkeit bei der Vermögensverfügung bedeutet jedoch nicht, dass ein Betrug zwingend ausscheidet, wenn der Getäuschte sich in einer lediglich **psychischen Zwangslage** befindet, die vom Opfer hervorgerufen wurde. Dies zeigt der nachfolgend dargestellte „**Chantage-Fall**". **549**

**Beispiel**  Die skrupellose S hatte zu dem angesehenen Bürger B eine ehebrecherische Beziehung unterhalten, aus welcher ein Kind hervorgegangen war, das jedoch kurz nach der Geburt starb. Um das Ansehen des B nicht zu beeinträchtigen, hatte S nach der

---

[64] *OLG Düsseldorf* NJW 1988, 922; SK-*Samson* § 263 Rn. 80.
[65] *Wessels/Hillenkamp* Strafrecht BT/2 Rn. 625; *OLG Köln* NJW 1984, 810; Schönke/Schröder-*Cramer/Perron* § 263 Rn. 63a.
[66] *Fahl* JuS 2004, 888; *Wessels/Hillenkamp* Strafrecht BT/2 Rn. 639.
[67] MK-*Hefendehl* § 263 Rn. 297f.
[68] *Wessels/Hillenkamp* Strafrecht BT/2 Rn. 629; *BGHSt* 18, 221.
[69] *BGHSt* 18, 221; *BGH* NJW 1995, 3129.

Geburt den im Krieg gefallenen X als Erzeuger angegeben. Geraume Zeit später wollte S ihre finanzielle Situation jedoch ein wenig aufbessern, so dass sie B erklärte, der als gefallen gemeldete X sei plötzlich zurückgekehrt und verlange jetzt von ihr Schweigegeld. Er habe ihr angedroht, andernfalls die Öffentlichkeit, insbesondere die Familie des B über das Vorgefallene zu informieren. B, durch diese Erklärung in Panik versetzt, glaubte der S und zahlte insgesamt 16 000 Reichsmark Schweigegeld.[70]

Hier kam eine Strafbarkeit der S gem. § 253 nicht in Betracht. Zwar stellte die angeblich bevorstehende Enthüllung ein erhebliches Übel dar. S gab jedoch nicht vor, auf den Eintritt bzw. das Ausbleiben dieses Übels Einfluss zu haben, so dass eine Drohung verneint wurde. Fraglich war, ob S sich gem. § 263 strafbar gemacht hat. Eine entsprechende Täuschungshandlung sowie eine darauf beruhende Irrtumserregung lagen unproblematisch vor. Diese Zwangslage führte ferner nicht dazu, die Freiwilligkeit der Vermögensverfügung zu verneinen. ■

> **Hinweis**
>
> Aus dem Vergleich beider Fälle kann mithin für die Freiwilligkeit geschlussfolgert werden, dass diese nur dann nicht vorliegt, wenn der Täter glaubt, die Sache sei **„so oder so" verloren**. Geht er hingegen davon aus, dass seine Mitwirkungshandlung erforderlich sei, dann kann die Verfügung als freiwillige Selbstschädigung begriffen werden. Im oben beschriebenen Chantage-Fall lag es in der Hand des B, den Verlust des Geldes herbeizuführen, weswegen der *BGH* die Freiwilligkeit bejaht hat.

#### cc) Unmittelbarkeit der Vermögensverfügung

**550** Das letzte Kriterium für die Abgrenzung des Trickdiebstahls vom Sachbetrug ist die Unmittelbarkeit der Vermögensverfügung. Dies bedeutet, dass die **Vermögensminderung unmittelbar, d.h. ohne zusätzliche deliktische Zwischenschritte aus dem irrtumsbedingten Verhalten** des Getäuschten resultieren muss. Dabei muss auch das Verfügungsbewusstsein des Opfers auf eine unmittelbare Vermögensverschiebung gerichtet sein.[71]

>> Wiederholen Sie in diesem Fall die beim Diebstahl unter Rn. 63 dargestellten *Beispiele*, namentlich den „Gepäckträgerfall". «

**551** Will das Opfer täuschungsbedingt **nur den Gewahrsam an einer Sache lockern**, dann liegt keine Vermögensverfügung vor. Der Gewahrsamsverlust tritt durch eine eigenmächtige Wegnahmehandlung des Täters ein, so dass eine Fremd- und keine Selbstschädigung angenommen werden muss.

**Beispiel** A betritt zusammen mit seiner „Freundin" F das Juweliergeschäft des O. Dort lässt er sich verschiedene Schmuckstücke zeigen. Um die Schmuckstücke farblich mit der Kleidung der F abstimmen zu können, bittet er O, diese bei Tageslicht an die Kleidung anhalten zu dürfen. O ist damit einverstanden und händigt A eine wertvolle Brosche aus. Wie von Anfang an geplant, verschwinden A und F mit der Brosche in der Hand aus dem Geschäft des O.

Hier könnte in der Klausur mit § 263 begonnen werden. Die Täuschung liegt in der Vorspiegelung des Rückgabewillens. Dementsprechend ist auch ein Irrtum bei O entstanden, der jedenfalls zur Aushändigung der Brosche geführt hat. Fraglich ist jedoch, ob in dieser

---

[70] *BGHSt* 7, 197.
[71] *Jäger* Strafrecht BT Rn. 335.

# Objektiver Tatbestand

Aushändigung eine Vermögensverfügung gesehen werden kann. Voraussetzung dafür ist, dass O durch Übergabe der Brosche das Vermögen unmittelbar gemindert hat und auch mindern wollte. Bei lebensnaher Betrachtung muss jedoch davon ausgegangen werden, dass O den Gewahrsam an der Brosche lediglich lockern und nicht vollständig auf A übertragen wollte. Mithin sollte durch die Übergabe der Brosche auch noch kein unmittelbarer Vermögensverlust eintreten. Dieser trat vielmehr durch das Entfernen der Brosche aus dem Laden des O ein. Diese Entfernung geschah jedoch eigenmächtig durch A, so dass insgesamt ein Diebstahl gem. § 242 und mangels Vermögensverfügung kein Betrug gem. § 263 angenommen werden muss. ■

Ob nur eine Gewahrsamslockerung oder aber schon eine vollständige Gewahrsamsübertragung bewirkt wurde, kann im Einzelfall schwer abzugrenzen sein. Bedenken Sie, dass neben der tatsächlichen Übertragung auch immer der Wille des Opfers maßgeblich ist. Will dieses den Gewahrsam nur lockern, dann fehlt es an einem Verfügungsbewusstsein und damit an einer Vermögensverfügung.

**Beispiel**  A spiegelt der gutgläubigen B vor, er habe sein Handy zu Hause vergessen, müsse nun aber einen dringenden Anruf machen. Er bittet sie, ihm ihr Handy für einen Anruf kurz zu überlassen, was B auch tut. Anschließend nutzt er dann einen günstigen Augenblick aus und läuft mit dem Handy davon.

Der *BGH*[72] hat hier Diebstahl und nicht Betrug bejaht. Geht man von der Verkehrsauffassung aus, dann könnte A in dem Augenblick, in welchem er das Handy in der Hand hielt, Gewahrsam begründet und den Gewahrsam der B aufgehoben haben. Aufgrund der räumlichen Nähe hat der *BGH* dies aber verneint. Wenn überhaupt, dann habe A nur Mitgewahrsam begründet. Zudem sei der Wille der B nur auf eine Gewahrsamslockerung gerichtet gewesen. Damit liege in der Übergabe des Handys keine Vermögensverfügung. ■

## 4. Vermögensschaden

552 Während Sie bei der Vermögensverfügung überprüft haben, ob das Handeln, Dulden oder Unterlassen des Getäuschten zu einer Vermögensminderung geführt hat, überprüfen Sie nunmehr beim Vermögensschaden, ob es tatsächlich bei dieser Vermögensminderung geblieben ist. Häufig wird durch die Vermögensverfügung nicht nur ein Vermögensabfluss, sondern auf der anderen Seite auch ein Vermögenszufluss eintreten.

> Der **Schaden** ist demnach durch einen Vergleich des Vermögens vor der Verfügung und nach der Verfügung im Wege der Gesamtsaldierung zu ermitteln. Er liegt vor, wenn diese Saldierung zu dem Ergebnis gelangt, dass die Vermögensminderung nicht unmittelbar durch eine äquivalente Vermögensmehrung ausgeglichen wurde.[73]

553 Eine solche **Kompensation** ist grundsätzlich objektiv **anhand des Marktwertes** der Leistung zu ermitteln. Affektionsinteressen oder enttäuschte „Schnäppchenerwartungen" sind grundsätzlich nicht geschützt. Auch reicht es für die Begründung eines Schadens nicht aus, dass das Opfer bei Kenntnis der tatsächlichen Umstände die Vermögensverfügung nicht vorgenommen hätte, jedoch für sein Geld eine entsprechende Gegenleistung erhalten hat.[74]

---

[72] *BGH* Urteil vom 12.10.2016, 1 StR 402/16 - abrufbar unter www.bundesgerichtshof.de.
[73] *BGHSt* 16, 221; *BGH* NStZ 1999, 302, 353.
[74] *BGH* NJW 2006, 1679.

**554** Gelegentlich kann die **objektive Schadensermittlung** Schwierigkeiten bereiten.

> **Beispiel** A schließt einen Lebensversicherungsvertrag bei der L-AG ab. Begünstigter im Falle seines Todes soll B sein. Geplant ist, dass A danach seinen Todesfall fingiert und B die Ansprüche gegenüber der Versicherung anmeldet. Beide wollen auf diese Art und Weise „Al Kaida" unterstützen.[75] Zu einer Auszahlung des Betrages kommt es nicht, da es A nicht gelingt, eine fingierte Sterbebescheinigung zu bekommen und B mithin den „Versicherungsfall" nicht anmelden kann.
>
> Der *BGH* hat in diesem Fall den Vermögensschaden in der zu geringen, vertraglich vereinbarten Versicherungsprämie (sog. **Prämienschaden**) gesehen. Diese bilde für gewöhnlich das Risiko und damit den Preis für die Lebensversicherung ab und werde anhand versicherungsmathematischer Berechnungen erstellt, in welche u.a. Sterbetafeln und ähnliche Erfahrungsmodelle einfließen. Der *BGH* hat jedoch die Höhe des eingetreten Schadens nicht berechnet sondern lediglich ausgeführt, dass die Prämie aller Wahrscheinlichkeit nach wohl höher gewesen wäre.

Das *BVerfG*[76] hat in einer Entscheidung aus dem Jahr 2011 deutlich gemacht, dass das **Offenlassen der Bestimmung des Schadens der Höhe nach** eine Verschleifung des Tatbestandsmerkmals „Vermögensschaden" und damit einen **Verstoß gegen das Bestimmtheitsgebot** des Art. 102 Abs. 2 GG darstelle. Der Betrug verliere dadurch seinen Charakter als Erfolgsdelikt. Der **Tatrichter** hat demnach die **Höhe zu ermitteln**, wobei eine **auf nachvollziehbaren Grundlagen beruhende Schätzung ausreichen** kann. Die bis dahin gängige Praxis des *BGH*, den Schaden zwar dem Grunde aber nicht der Höhe nach zu bejahen, muss damit von diesem aufgegeben werden. (vgl. dazu auch den Übungsfall „Es lebe der Sport")

**555** **Gesetzliche Ansprüche**, die dem Getäuschten gerade aufgrund der Täuschung erwachsen, wie z.B. Anfechtungs-, Gewährleistungs-, Schadensersatz- und Bereicherungsansprüche, bleiben **bei der Kompensation außer Betracht**, da der Geschädigte die anspruchsbegründenden Voraussetzungen im zivilrechtlichen Verfahren darlegen und beweisen muss, so dass eine tatsächliche Kompensation nicht zwingend ist.[77]

**556** Abweichend von den Normalfällen bei der Schadensermittlung gibt es eine Vielzahl von **Sonderfällen**, die aufgrund ihrer Besonderheiten erneut klausurrelevant sind. Wir werden die nachfolgende Darstellung auf die wichtigsten Sonderfälle beschränken.

### a) Schaden trotz objektiver Kompensation

**557** Nach der **Theorie vom persönlichen Schadenseinschlag** kann ausnahmsweise ein Schaden auch dann zu bejahen sein, wenn der Geschädigte eine **wirtschaftlich gleichwertige Gegenleistung** erhalten hat. Die Schadensermittlung erfolgt dann im Wege einer **individuellen Bewertung**. Voraussetzung ist, dass die Gegenleistung
- für den Geschädigten **nicht oder nicht in vollem Umfang** zu dem vertraglich vorausgesetzten Zweck oder in anderer zumutbarer Weise **verwendbar** ist,
- den Geschädigten zu **vermögensschädigenden Maßnahmen** nötigt oder

---

75 *BGH* Urteil vom 14.8.2009, AZ 3 StR 552/08 – abrufbar unter www.bundesgerichtshof.de.
76 *BVerfG* Beschluss vom 7.12.2011, AZ 2 BvR 2500/09 – abrufbar unter www.bundesverfassungsgericht.de.
77 *BGHSt* 23, 300.

Objektiver Tatbestand 3 C II

- zur Folge hat, dass der Geschädigte **nicht mehr über Mittel verfügen** kann, die er zur ordnungsgemäßen Erfüllung seiner Verbindlichkeiten oder Lebensführung benötigt.[78]

**Beispiel** Provisionsvertreter V verkauft Bauer B, der drei Kühe besitzt, eine Melkmaschine, die gleichzeitig das Melken von mehr als fünfzig Kühen zulässt. Er erklärt dabei dem Bauern, dass diese Melkmaschine in ihrer Dimensionierung gerade richtig sei für die Belange des B. Um diese Melkmaschine bezahlen zu können, nimmt B einen hohen Kredit auf, der dazu führt, dass seine Kreditmöglichkeiten gegenüber der Hausbank nunmehr ausgereizt sind.

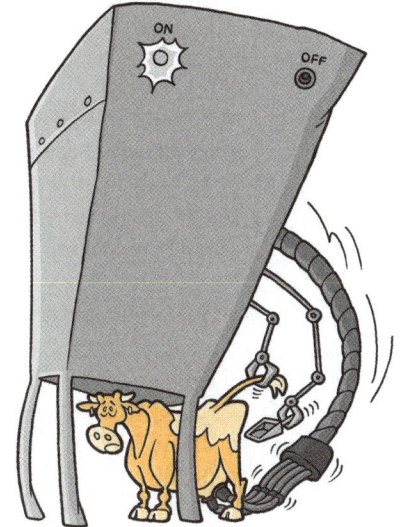

Der *BGH*[79] hat in einem vergleichbaren Fall den Schaden mit dem persönlichen Schadenseinschlag bejaht, da sämtliche o.g. Voraussetzungen erfüllt sind. Die Besonderheit bestand darin, dass die Melkmaschine „ihr Geld wert war", bei objektiver Betrachtung mithin dem Bauern B kein Schaden entstanden ist.

Unter Zugrundelegung der o.g. Voraussetzungen wurde ein Schaden auch bejaht, wenn einem Abonnenten unter Vorspiegelung falscher Tatsachen Zeitschriften oder Unterrichtswerke „angedreht" werden, die ebenfalls ihren Preis wert sind, das Verständnis des Abonnenten jedoch weit übersteigen oder für seine speziellen Bedürfnisse und Zwecke nicht brauchbar sind.[80] ∎

**b) Schadensgleiche Vermögensgefährdung**

Ein Vermögensschaden setzt nicht zwingend voraus, dass sich eine Vermögensminderung wirtschaftlich bereits realisiert hat. Ein Vermögensschaden kann vielmehr auch schon bei einer schadensgleichen Vermögensgefährdung zu bejahen sein.

558

> Eine **schadensgleiche Vermögensgefährdung** liegt vor, wenn das Vermögen bereits so konkret gefährdet ist, dass nach wirtschaftlichen Gesichtspunkten schon eine Vermögensverschlechterung eingetreten ist.[81]

---
78 *Jäger* Strafrecht BT Rn. 361; *BGHSt* 16, 222, 325.
79 *BGHSt* 16, 321; zustimmend *Wessels/Hillenkamp* Strafrecht BT 2 Rn. 551 m.w.N.
80 *BGHSt* 23, 300; *BGH* NJW 1990, 1921.
81 *Jäger* Strafrecht BT Rn. 363.

Für die konkrete Gefährdung ist erforderlich, dass nach den Umständen des Einzelfalles die Realisierung des Schadens nahe liegt und die Gefahr des Eintritts groß ist. Die Vermögensgefährdung unterscheidet sich damit vom Vermögensschaden nur in quantitativer nicht in qualitativer Hinsicht.

> **Hinweis**
>
> Das *BVerfG* hat 2010 und 2011 in zwei grundlegenden Entscheidungen zu den §§ 263 und 266, deren Schadensbegriffe sich entsprechen, Stellung genommen und die Rechtsfigur des **Gefährdungsschadens** als grundsätzlich **verfassungskonform** angesehen. Insbesondere wurde kein Verstoß gegen das sich aus Art. 103 Abs. 2 GG ergebende Bestimmtheitsgebot festgestellt, sofern auch der Gefährdungsschaden in wirtschaftlich nachvollziehbarer Weise ermittelt werde, was ggfs. mit Hilfe eines Sachverständigen erfolgen müsse.[82]

**Beispiel** Der vermögens- und einkommenslose A eröffnet unter Vorlage gefälschter Lohnbescheinigungen ein Konto bei der DB-AG. Mit Kontoeröffnung wird ihm ein Dispositionsrahmen von 1000 € eingeräumt und eine Maestro-Karte ausgehändigt.

Fraglich ist, ob sich A schon zu diesem Zeitpunkt wegen Betruges gem. § 263 strafbar gemacht hat. Getäuscht hat er über seine finanzielle Vermögenssituation, insbesondere über ein Anstellungsverhältnis, welches ihm regelmäßige Zahlungseingänge beschert. Dadurch hat er bei der Bank einen entsprechenden Irrtum hervorgerufen. Die Vermögensverfügung liegt in dem Abschluss des Girovertrages und der Einräumung des Dispositionsrahmens. Dies stellt ein Handeln dar, welches das Vermögen der Bank mit dem Anspruch des A auf Auszahlung des Dispositionskredites belastet.

Fraglich ist jedoch, ob schon zu diesem Zeitpunkt ein Vermögensschaden eingetreten ist, da das Vermögen der Bank tatsächlich noch nicht um 1000 € gemindert ist.

#### aa) Eingehungsbetrug

**559** Eine schadensgleiche Vermögensgefährdung kommt damit insbesondere beim sog. Eingehungsbetrug in Betracht. Ein solcher wird angenommen bei der **Eingehung eines Vertrages**. In diesen Fällen ist das Vermögen belastet mit dem Anspruch des Vertragspartners auf Erhalt der vertraglich vereinbarten Leistung. Der **Schaden** kann nunmehr darin liegen, dass dieser **Leistungsverpflichtung kein gleichwertiger Anspruch gegenübersteht**, entweder weil der Vertragspartner z.B. zur Leistung nicht imstande oder willens ist oder weil die vom Vertragspartner versprochene Leistung wirtschaftlich nicht äquivalent ist.[83] Die Schadensgleichheit der Vermögensgefährdung ergibt sich aus der grundsätzlichen zivilrechtlichen Durchsetzbarkeit des Anspruchs, die das Vermögen des Getäuschten bereits konkret belastet, da es **nur vom Zufall** abhängt, ob dieser Anspruch realisiert wird oder nicht.[84]

**Beispiel** Im obigen Fall hat A aufgrund des mit der Bank geschlossenen Vertrages mithin die konkrete Möglichkeit, insbesondere unter Benutzung der Maestro-Karte, auf das Vermögen der DB-AG zuzugreifen. Die Realisierung der Vermögensminderung hängt damit

---

[82] *BVerfG* Beschluss vom 23.6.2010, Az 2 BvR 105/09, 2 BvR 491/09, 2 BvR 2559/08 sowie *BVerfG* Beschluss vom 7.12.2011, AZ 2 BvR 2500/09 – abrufbar unter www.bundesverfassungsgericht.de; der *BGH* hat die Entscheidung bereits in einem Urteil aufgegriffen *BGH* Beschluss vom 14.4.2011, AZ 2 StR 616/10.
[83] *BGHSt* 16, 221; 23, 300.
[84] *Jäger* Strafrecht BT Rn. 365.

# Objektiver Tatbestand  3 C II

lediglich vom Zufall ab und stellt eine schadensgleiche Vermögensgefährdung dar. Aus diesem Grund ist der Betrug bereits mit Abschluss des Vertrages vollendet! Machen Sie nicht den Fehler und prüfen Sie versuchten Betrug.[85]

> **Hinweis**
>
> Der **Eingehungsbetrug** ist vom **Erfüllungsbetrug** zu unterscheiden. Dieser liegt vor, wenn die vertraglich vereinbarten Leistungen ausgetauscht werden.

Eine klausurrelevante Besonderheit stellen die **Wett- und Versicherungsverträge** dar (zum Versicherungsvertrag vgl. das *Beispiel* unter Rn. 554). Hier liegt der Schaden nicht – wie man vorschnell annehmen könnte – in der schadensgleichen Vermögensgefährdung aufgrund des Abschlusses eines Vertrages sondern in dem bereits realisierten Vermögensschaden, der darin zu sehen ist, dass der Geschädigte einen zu geringen „Preis" für seine Leistung fordert und bekommt.   560

**Beispiel** A wettet beim DFB Pokal auf den 1. FC Köln, der eigentlich gegen Bayern München keine Chance hat. Er hat aber eine Absprache mit dem verantwortlichen Schiedsrichter getroffen, der zugesagt hat, wenn möglich das Spiel zu manipulieren, so dass A guter Dinge ist. Leider fällt der Schiedsrichter an diesem Tag krankheitsbedingt aus und wird durch einen neutralen Kollegen ersetzt. Der Wettanbieter hat für das Spiel eine Quote festgelegt, nach welcher sich die Höhe des Gewinns bestimmt. Da der 1. FC Köln verliert, bekommt A nichts ausgezahlt.

Hier ist vor allem die **Bestimmung des Schadens** problematisch. Wird ein Gewinn ausgezahlt, so kann ein **Schaden in Höhe der Auszahlungssumme** angenommen werden, da er dem Täter in dieser Höhe nicht zusteht.[86] Wird der **Gewinn** jedoch **nicht ausgezahlt**, stellt sich die Frage, ob schon in dem Abschluss des Vertrages und der Verpflichtung des Wettanbieters auf Zahlung des Gewinns entsprechend der Quote ein Schaden liegen kann. Man könnte annehmen, dass eine konkrete schadensgleiche Vermögensgefährdung vorliege im Hinblick auf die Gefahr der späteren Auszahlung. Es ist aber zu berücksichtigen, dass der Ausgang eines Fußballspiels von so vielen Unwägbarkeiten abhängt, dass der konkrete Eintritt dieses Schadens ungewiss ist. Den Schaden hatte der *BGH* zunächst in einem vergleichbaren Fall („Hoyzer") mit dem sog. **„Quotenschaden"** begründet. Dieser liege darin, dass der Wettanbieter dem Täter eine nicht dem Risiko entsprechende Quote = Preis eingeräumt habe, die Wette also „zu billig" verkauft habe. Es wird also nicht auf den zukünftig auszuzahlenden Gewinn, sondern auf den jetzt eingeräumten „Preis" abgestellt.[87] Er hat jedoch dabei die Höhe des Quotenschadens nicht bestimmt. Aufgrund der vorgenannten Entscheidung des *BVerfG* kann er diese Rechtsprechung so nicht fortführen.

Nunmehr hat der *BGH*[88] in einem ähnlich gelagerten Fall folgendes zur Begründung des Schadens ausgeführt:

---

85 BGHSt 33, 244; 47, 160.
86 *Rengier* Strafrecht BT II § 13 Rn. 222; *Jäger* Strafrecht BT Rn. 321a.
87 *BGH* Entscheidung vom 15.12.2006, AZ 5 StR 181/06 und 182/06, abrufbar unter www.bundesgerichtshof.de. Die in dieser Entscheidung getroffene Aussage, dass der Schaden nicht beziffert werden müsse, kann in Ansehung der oben unter Rn. 558 genannten *BVerfG*-Entscheidungen so nicht mehr aufrecht erhalten werden.
88 *BGH* Urteil vom 20.12.2012, AZ 4 StR 55/12 – abrufbar unter www.bundesgerichtshof.de.

„Wurde der Getäuschte zum Abschluss eines *gegenseitigen Vertrages verleitet* (Eingehungsbetrug), sind bei der für die *Schadensfeststellung erforderlichen* Gesamtsaldierung der Geldwert des erworbenen Anspruchs gegen den Täuschenden und der Geldwert der eingegangenen Verpflichtung miteinander zu vergleichen. Der Getäuschte ist geschädigt, wenn sich dabei ein Negativsaldo zu seinem Nachteil ergibt... Ist der Getäuschte ein Risikogeschäft eingegangen, kommt es für die Bestimmung des Schadens maßgeblich auf die täuschungs- und irrtumsbedingte Verlustgefahr an, die über die vertraglich zu Grunde gelegte hinausgeht. Die bloße Möglichkeit eines Wertverlustes genügt dabei allerdings noch nicht. Auch dürfen die Verlustwahrscheinlichkeiten nicht so diffus sein oder sich in so niedrigen Bereichen bewegen, dass der Eintritt eines realen Schadens ungewiss bleibt. Zur Verhinderung einer tatbestandlichen Überdehnung und zur Wahrung des Charakters des Betrugstatbestandes als Erfolgsdelikt ist der Schaden daher der Höhe nach zu beziffern und nachvollziehbar darzulegen. Bestehen Unsicherheiten, kann ein Mindestschaden unter Beachtung des Zweifelsatzes im Wege einer tragfähigen Schätzung ermittelt werden. Bei Wettverträgen auf Sportereignisse mit verbindlichen Quoten gestehen sich der Wettende und der Wetthalter gegenseitig je einen Anspruch auf einen bestimmten Geldbetrag zu und übernehmen das entsprechende Haftungsrisiko. Beide Ansprüche stehen zueinander im Verhältnis der Alternativität, weil sie mit unterschiedlichen Vorzeichen von dem Eintritt des gewetteten Spielergebnisses oder Spielverlaufs und damit von entgegengesetzten Bedingungen abhängen. Der Anspruch des Wettenden ist auf den seinen Einsatz entsprechend der vereinbarten Quote übersteigenden Wettgewinn und der Anspruch des Wettanbieters auf ein Behaltendürfen des vorgeleisteten Wetteinsatzes gerichtet. Ihr Geldwert bestimmt sich nach der vereinbarten Höhe (Einsatz x Quote – Einsatz bzw. Einsatz) sowie der Wahrscheinlichkeit des Eintrittes des zur Bedingung gemachten Spielausganges. Wird durch eine nicht offen gelegte Manipulation des Wettenden die Wahrscheinlichkeit erhöht, dass es zu dem von ihm gewetteten Spielausgang kommt, erhöht sich damit auch der Geldwert seines Anspruchs gegen den getäuschten Wettanbieter und das korrespondierende Haftungsrisiko. Zugleich vermindert sich der Geldwert des alternativen Anspruchs des Wettanbieters auf ein Behaltendürfen des Einsatzes. Die getäuschten Wettanbieter haben mithin einen Vermögensschaden erlitten, wenn bei objektiver Betrachtung die von ihnen gegenüber den Angeklagten eingegangene – infolge der Manipulationen mit einem erhöhten Realisierungsrisiko behaftete – Verpflichtung zur Auszahlung des vereinbarten Wettgewinns nicht mehr durch den Anspruch auf den Wetteinsatz aufgewogen wird."

Bei der Berechnung des Schadens dürfte es nunmehr um die prozentual abzubildende Risikoverschiebung gehen, deren Berechnung durch einen Sachverständigen zu erfolgen hat.

### bb) Anstellungsbetrug

**561** Einen besonderen Fall des Eingehungsbetruges stellt der sog. Anstellungsbetrug dar. Hier kann schon im Abschluss des Vertrages, also in der **Eingehung des Arbeitsverhältnisses**, ein **Schaden** liegen, wenn zu erwarten ist, dass der Arbeitgeber für das vertraglich zu zahlende Gehalt keine wirtschaftlich äquivalente Leistung erhalten wird.

**562** Die **tatsächlich erbrachte Leistung** eines Arbeitnehmers ist bei der Beurteilung des Schadens nur ein **Indiz für die Werthaltigkeit** der Leistung. Da die Leistung in jedem Monat neu erbracht werden muss, ist auch jedes Mal eine Prognose erforderlich, ob der Arbeitnehmer auch in Zukunft sein Geld wert sein wird.

## Objektiver Tatbestand

**563** Diese zu erwartende wirtschaftliche Gegenleistung setzt sich zum einen aus **fachlichen** und damit **leistungsbezogenen** Komponenten zusammen, zum anderen aber auch aus **leistungsunabhängigen Kriterien**, wie z.B.

- einer **besonderen Vertrauensstellung**, aufgrund derer ein höheres Gehalt gezahlt wird, wie z.B. bei einem Prokuristen oder Kassierer,
- aus **formalen Einstellungsvoraussetzungen**, wie z.B. dem ersten und zweiten juristischen Staatsexamen für die Einstellung als Richter,
- sowie aus einer besonderen persönlichen Eignung.

**Beispiel** A hatte sich um die Einstellung in den Polizeidienst beworben und beim Ausfüllen eines Fragebogens darüber getäuscht, dass er früher für das Ministerium für Staatssicherheit tätig war. Obwohl er in den Monaten seiner Tätigkeit als Polizist eine erstklassige Arbeit verrichtet hat, hat der *BGH* die Möglichkeit eines Schadens bejaht. Er hat darauf hingewiesen, dass A aufgrund seiner Tätigkeit wegen fehlender persönlicher Eignung gar nicht erst hätte eingestellt werden dürfen. Voraussetzung dafür sei jedoch im Einzelfall, dass bei der Einstellungsbehörde eine Ermessensreduzierung auf null vorliegen müsse. Diese bestimme sich nach der Art der früheren Tätigkeit beim MfS, der inzwischen vergangenen Zeit sowie der möglichen Indoktrinierung.[89] ■

### cc) Gutgläubiger Erwerb

**564** Eine konkrete Vermögensgefährdung kann in **Ausnahmefällen** auch bei dem **gutgläubigen Erwerb vom Nichtberechtigten** angenommen werden.

**Beispiel** M bietet über ein Internetportal einen im Eigentum der A-GmbH stehenden PKW für 42 000 € an die in Polen lebende K zum Kauf an. Die Bezahlung soll bar bei Übergabe des Fahrzeugs erfolgen. Entsprechend begibt sich B, ein Kumpel des A, den er für den von ihm geplanten Deal eingespannt hatte, mit dem Fahrzeug zu K. Er stellt sich unter einem falschen Namen als Eigentümer des Fahrzeuges vor und übergibt K das Fahrzeug sowie gefälschte Kraftfahrzeugpapiere. Am nächsten Tag veranlasst A seine Tochter T, das Fahrzeug bei der Polizei als „unterschlagen" zu melden. T legt dabei einen fiktiven Mietvertrag vor, den A zuvor im Namen der A-GmbH mit dem eingeweihten F pro forma geschlossen hatte. Aufgrund des Mietvertrages geht T davon aus, dass dieser Mieter das Fahrzeug unterschlagen habe. Mittels einer GPS-Ortung kann das Fahrzeug alsdann aufgefunden und durch die Polizei sichergestellt werden. Diese Vorgehensweise hatte A von Anfang an geplant. B war in diesen Plan eingeweiht und erhielt für seine Dienste 5000 €. ■

Der Schaden muss in diesen Fällen über die **schadensgleiche konkrete Vermögensgefährdung** begründet werden, wobei er auch hier zu beziffern ist. Maßgeblich ist in diesem Zusammenhang die Bewertung des **Prozessrisikos**, dem der gutgläubig Erwerbende ausgesetzt ist. In der Regel ist dieses gering, muss doch der bisherige Eigentümer als Kläger beweisen, dass der Erwerb nicht gutgläubig war, was schwerlich gelingen dürfte. In Fällen wie dem soeben genannten *Beispiel* hat der *BGH*[90] das Prozessrisiko jedoch als hoch angesehen und den Schaden bejaht, sollte doch das Opfer den Besitz

---

[89] *BGHSt* 45, 1.
[90] *BGH* Urteil vom 15.4.2015, AZ 1 StR 337/14 – abrufbar unter www.bundesgerichtshof.de.

sofort wieder durch die Sicherstellung verlieren. Im Hinblick auf die gefälschten Papiere und die falschen Verkäuferdaten bestand nun das Risiko, dass die Geschädigte mit ihrem Herausgabeanspruch nicht erfolgreich sein würde.

#### c) Schaden bei bewusster Selbstschädigung

**565** Der Normalfall des Betruges zeichnet sich dadurch aus, dass dem Opfer das Vermögensschädigende seines Verhaltens nicht bewusst ist. Selbst wenn es weiß, dass es eine Vermögensverfügung trifft, so geht es doch für gewöhnlich davon aus, dass es auf der anderen Seite ein wirtschaftlich äquivalentes Kompensat erhält. Anders ist dies jedoch in den Fällen des sog. **Spenden- und Bettelbetrugs**. Hier verfügt das Opfer in dem **Bewusstsein, keine wirtschaftlich äquivalente Gegenleistung** zu erhalten. Fraglich ist, ob auch in diesen Fällen der Vermögensschaden bejaht werden kann.

> **Beispiel** Die vermögenslose A ergattert in der Fußgängerpassage eine Zeitschrift eines Obdachlosenhilfevereins. Am nächsten Morgen begibt sie sich ungewaschen und ungekämmt mit der Zeitung und einem Pappbecher in der Hand zu einem Biomarkt und stellt sich dort im Eingang auf. Den Vorbeikommenden erklärt sie, dass sie für die Obdachlosen der Stadt sammele. Nachdem sie 100 € im Laufe des Tages erbettelt hat, begibt sie sich frisch gewaschen in ihre Stammkneipe und feiert ihren Erfolg. ■

**566** Nach der **herrschenden Zweckverfehlungslehre** liegt der **Vermögensschaden** beim Spenden- und Bettelbetrug **in der immateriellen Zweckverfehlung**. Werden mithin also die von dem Täter eingesammelten Gelder nicht zu diesem oder einem vergleichbaren Zweck verwendet, so hat der Verfügende einen Schaden erlitten, weil der Abfluss des Geldes nicht durch den sozialen Zweck kompensiert ist.[91]

**567** Die Zweckverfehlungslehre wird jedoch in der Klausur nur dann relevant, wenn der Spendende **keine wirtschaftliche Gegenleistung** erlangt hat.

> **Beispiel** Erlangt eine Behörde Büromaterial zu einem adäquaten Preis, weil ihr vorgespiegelt wird, das Material stamme aus einem staatlich ausgewiesenen, wirtschaftlichen Förderungsgebiet der ehemaligen DDR, so kann der Schaden nicht mit der sozialen Zweckverfehlungslehre begründet werden. Ein Schaden kann auch unter Einbeziehung sämtlicher anderer Aspekte nicht begründet werden, da das Büromaterial objektiv sein Geld wert war.[92] ■

#### d) Abgrenzung Dreiecksbetrug vom Diebstahl in mittelbarer Täterschaft

**568** Wie bereits ausgeführt, müssen zwar der Getäuschte und der Verfügte, nicht jedoch der **Verfügende** und der **Geschädigte** beim Betrug identisch sein. Daraus ergeben sich in der Klausur Probleme hinsichtlich der **Abgrenzung** zwischen einem **Trickdiebstahl in mittelbarer Täterschaft** und einem **Dreiecksbetrug**.

---

91 *Jäger* Strafrecht BT Rn. 362 m.w.N.
92 *Jäger* Strafrecht BT Rn. 362.

**Beispiel 1** Im bereits bekannten Sammelgaragenfall hatte die Inhaberin eines Fahrzeuges dieses in einer Sammelgarage geparkt und dem Parkwächter einen Zweitschlüssel überlassen. Dieser Parkwächter P gab den Schlüssel nach jeweiliger Rücksprache mit der Inhaberin gelegentlich deren Freund F. Eines Tages spiegelte F dem P vor, seine Freundin habe ihn gebeten, den Wagen abzuholen. P brauche gar nicht erst bei I, die viel beschäftigt sei, anzurufen, die Abholung sei „schon in Ordnung". Tatsächlich hatte seine Freundin keine Kenntnis von der Abholung des Wagens durch F, welcher sich kurz darauf auf „Nimmerwiedersehen" mit dem Auto entfernte.[93]

**Beispiel 2** A, der sich in einer Liebesbeziehung mit L befand, spiegelte ihr vor, Schulden bei unangenehmen Gläubigern zu haben, die ihn unter Druck setzten und bat sie, ihm wertvolle Gegenstände zu überlassen, die er dann verpfänden könne, um seine Gläubiger zu befriedigen. Wahrheitswidrig erklärte es des Weiteren, dass er die Gegenstände später wieder auslösen und L zurückgeben werde. Tatsächlich finanzierte er seinen aufwändigen Lebensstil mit den Barmitteln, die er infolge der Verpfändung erlangte. Auf diese Weise erlangte er sukzessiv im Zeitraum von 3 Monaten Gegenstände im Wert von insgesamt 608.700,00 €. Die Gegenstände befanden sich in dem von L und ihren Eltern bewohnten Anwesen und wurden überwiegend in gemeinsam genutzten Tresoren aufbewahrt. Sie standen überwiegend im Eigentum der Eltern.[94]

Hier könnte in beiden *Beispielsfällen* ein Betrug gem. § 263 in Betracht kommen, da beide Täter getäuscht und einen entsprechenden Irrtum beim Opfer erregt haben. Die Vermögensverfügung liegt in der Herausgabe des Schlüssels und der Duldung der Wegnahme des Fahrzeuges im ersten *Beispiel* sowie in der Übergabe der Gegenstände im zweiten *Beispiel*. In beiden Fällen ist der Vermögensschaden jedoch nicht (allein) bei dem Verfügenden eingetreten, sondern bei einem Dritten (im zweiten Bespiel jedenfalls hinsichtlich der im Eigentum der Eltern stehenden Gegenstände).

In beiden *Beispielsfällen* kommt aber auch ein Diebstahl in mittelbarer Täterschaft gem. §§ 242, 25 Abs. 1 Alt. 2 in Betracht.

Eine Strafbarkeit sowohl wegen Diebstahls als auch wegen Betruges kommt aufgrund des beschriebenen Exklusivitätsverhältnisses nicht in Betracht.

**569** Ein **Betrug** wird bei einem Dreipersonenverhältnis für gewöhnlich angenommen, wenn zwischen dem Verfügenden und dem Geschädigten ein besonderes **Näheverhältnis** besteht. Umstritten ist jedoch, wann von einem solchen Näheverhältnis ausgegangen werden kann.

**570** Nach der **Lehre von der rechtlichen Befugnis** ist entscheidend, ob der Verfügende eine vom Berechtigten tatsächlich oder stillschweigend eingeräumte, **rechtliche Befugnis** zur Verfügung über den jeweiligen Gegenstand hatte.[95]

---

93 Vgl. *BGHSt* 18, 221.
94 *BGH* Beschluss vom 7.3.2017, 1 StR 41/17 – abrufbar unter www.bundesgerichtshof.de.
95 SK-*Hoyer* § 263 Rn. 92 m.w.N.

**571** Nach der **herrschenden Theorie von der faktischen Befugnis** (auch **Lagertheorie** genannt) wird demgegenüber darauf abgestellt, ob der Verfügende im Lager des Geschädigten steht und so eine tatsächliche (nicht rechtliche), vom Geschädigten eingeräumte oder jedenfalls eröffnete Verfügungsmöglichkeit über den und dementsprechend eine Nähe zu diesem Gegenstand hat. Zur Begründung führt die Lagertheorie aus, dass auch Gewahrsam und Verfügung faktisch bestimmt würden, so dass gleichsam auch die Zuordnung von Verfügungsakten tatsächlicher Natur sein sollte.[96]

**Beispiel** Im ersten *Beispiel* hat der *BGH* dementsprechend den Dreiecksbetrug bejaht. Aufgrund der dem Parkwächter übertragenen Möglichkeit, durch Aushändigung des Zweitschlüssels über den Wagen zu verfügen, stand dieser im Lager der Geschädigten. Darüber hinaus war er auch nach der engeren, in der **Literatur** vertretenen Auffassung von dieser ermächtigt worden.

Im zweiten *Beispiel* hingegen hat der *BGH* die Nähe der Verfügenden zum geschädigten Vermögen der Eltern verneint. Es reiche nicht aus, dass die Tochter Zugriff auf die Gegenstände habe. Auch reiche die Annahme von Mitgewahrsam nicht aus, solange sich aus diesem keine besondere Verpflichtung ergebe, auch für diese Gegenstände eine Hüterstellung zu übernehmen.

**572** Einen Sonderfall des Dreieckbetruges stellt der **Prozessbetrug** dar. Beim Prozessbetrug ist der Richter derjenige, der aufgrund eines Irrtums verfügt, indem er entweder dem Klageanspruch stattgibt oder aber ihn abweist. Der Vermögensschaden tritt dann bei demjenigen ein, dem zu Unrecht ein Anspruch ab- oder zuerkannt wurde. Der Richter steht zwar aufgrund seiner Unabhängigkeit nicht zwingend im Lager des Geschädigten. **Aufgrund seiner hoheitlichen Stellung**, die es ihm ermöglicht, Anordnungen über fremdes Vermögen zu treffen, hat er aber jedenfalls eine erforderliche **Nähebeziehung zum geschädigten Vermögen**. Diese hoheitliche Stellung verleiht ihm auch eine entsprechende „rechtliche Befugnis", so dass auch die abweichende Literaturauffassung zu der Bejahung eines Dreiecksbetruges gelangt.

> **Hinweis**
>
> Beachten Sie, dass ein **Prozessbetrug nicht in Strafverfahren** in Betracht kommt, da eine eventuell aufgrund einer Täuschung verhinderte Geldstrafe keinen Vermögenswert darstellt. Wichtigster Anwendungsfall des Prozessbetruges ist mithin die zivilrechtliche Auseinandersetzung zwischen zwei Parteien.

### III. Subjektiver Tatbestand

**573** In subjektiver Hinsicht verlangt § 263, dass der Täter vorsätzlich und mit Bereicherungsabsicht handelt. Die erstrebe Bereicherung muss rechtswidrig und stoffgleich sein. Hinsichtlich der Rechtswidrigkeit muss der Täter wiederum Vorsatz haben. Die Prüfung des subjektiven Tatbestandes erfolgt mithin in 5 Schritten:

---

[96] *Jäger* Strafrecht BT Rn. 343; *BGH* NStZ 1997, 32.

## Subjektiver Tatbestand

| Schritt 1 | Schritt 2 | Schritt 3 | Schritt 4 | Schritt 5 |
|---|---|---|---|---|
| Vorsatz bzgl. des objektiven Tatbestandes | Absicht, sich oder einen Dritten zu bereichern | Objektive Rechtswidrigkeit der Bereicherung | Vorsatz bezüglich der Rechtswidrigkeit | Stoffgleichheit |

Zunächst muss der Täter vorsätzlich handeln hinsichtlich der Verwirklichung des objektiven Tatbestandes. Insoweit reicht **dolus eventualis**.

Darüber hinaus ist jedoch die **Absicht** erforderlich, sich oder einem Dritten einen rechtswidrigen Vermögensvorteil zu verschaffen. Unter Absicht ist dabei **dolus directus 1. Grades** zu verstehen, d.h. dem Täter muss es auf die Erlangung dieses Vorteils ankommen.

> Als **Vermögensvorteil** wird jede günstigere Gestaltung der Vermögenslage angesehen, unabhängig davon, ob diese in dem wertsteigernden Erwerb von Vermögenspositionen, dem Nichterbringen einer geschuldeten Leistung oder der Befreiung von einer Verbindlichkeit besteht.[97]

Die erstrebte Bereicherung muss nicht unbedingt das Endziel sein, es reicht aus, wenn der Täter sie als Zwischenziel für unentbehrlich hält, um das Endziel zu erreichen. Nicht ausreichend ist jedoch, wenn der Täter sie lediglich als mitverwirklichte Nebenfolge zur Erreichung eines anderen Ziels ansieht.

**Beispiel** Um seine neue anspruchsvolle Freundin zum Essen einladen zu können, gibt sich A als Spendensammler für Greenpeace aus und erschwindelt sich auf diese Art und Weise vor einem Ökomarkt 100 €.

Hier das Endziel das Abendessen mit der Freundin, das dafür unerlässliche Zwischenziel aber die Erlangung des Geldes durch den Spendenbetrug. ∎

**Beispiel** Der eifersüchtige A unterstellt seiner Freundin F schon seit langem, eine Affäre mit seinem Kumpel K zu haben. Er entreißt daraufhin der überraschten F deren Handy, um im Speicher des Geräts nach Beweisen zu suchen. Ob die F das Handy später zurück erhält, ist ihm dabei gleichgültig.

Ein Raub gem. § 249 scheidet aus, da es dem A nicht auf die Aneignung des Geräts ankam. Es fehlte an dem Willen, den Bestand des Vermögens zu seinen Gunsten zu ändern. In der Handlung des A liegt vielmehr eine Gebrauchsanmaßung, die aber nicht nach § 249 oder § 242 bestraft werden kann.

Denkbar ist aber grundsätzlich eine Bestrafung gem. §§ 253, 255, wenn man mit dem *BGH* keine Vermögensverfügung verlangt. Dafür muss aber wie bei § 263 auch subjektiv eine Bereicherungsabsicht vorliegen. Nun kann in der Erlangung von Besitz zum Zwecke des reinen Gebrauchs eine Bereicherung liegen, jedoch nur dann, wenn ihr ein eigenständiger Wert zukommt, der sich in messbaren Gebrauchsvorteilen ausdrückt. Daran fehlt es nicht nur in den Fällen, in denen der Täter die Sache vernichten will, sondern auch, wenn er eigentlich einen anderen Zweck mit der Sache ver-

---
[97] *Wessels/Hillenkamp* Strafrecht BT/2 Rn. 583; *Kuper* Strafrecht BT S. 85.

folgt und den Besitz nur als notwendige Folge hinnimmt. Eine Bereicherungsabsicht muss also vorliegend verneint werden.⁹⁸ ■

**576** Der erstrebte Vermögensvorteil muss **objektiv rechtswidrig** sein. Dies ist wie beim Diebstahl der Fall, **wenn kein rechtlich begründeter Anspruch besteht**.

**577** Da die Rechtswidrigkeit ein objektives Merkmal ist, muss in der Klausur erneut geprüft werden, ob der Täter **diesbezüglich Vorsatz** hat. Auch hier reicht **dolus eventualis**.

**578** Schließlich muss zwischen dem erstrebten Vorteil und dem beim Opfer eingetretenen Schaden eine sog. **Stoffgleichheit** bestehen.

> Eine solche **Stoffgleichheit** liegt vor, wenn die erstrebte Bereicherung und der Schaden auf derselben Vermögensverfügung beruhen.⁹⁹

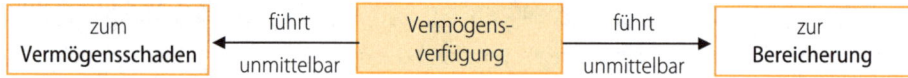

 **579** Problematisch ist diese Stoffgleichheit in den **Provisionsvertreterfällen**. Hier führt die Vermögensverfügung des Getäuschten nicht unmittelbar zu einer Bereicherung des Vertreters, sondern zu einer Bereicherung seines Auftraggebers.

**Beispiel** Im obigen Melkmaschinenfall (vgl. Rn. 557) liegt der objektive Tatbestand des § 263 vor. Der Täter V hat diesbezüglich auch vorsätzlich gehandelt. Fraglich ist, ob er auch mit der entsprechenden stoffgleichen Bereicherungsabsicht gehandelt hat.

Zunächst einmal wird es dem V darauf angekommen sein, sich selbst einen Vermögensvorteil zu verschaffen in Gestalt der an ihn zu zahlenden Provision. Stellt man jedoch auf diese Bereicherung ab, so gelangt man zu dem Ergebnis, dass die Stoffgleichheit zu verneinen ist. Die Vermögensverfügung des Opfers hat zwar zum Vermögensschaden bei diesem geführt, aber nicht unmittelbar zur erstrebten Vermögensmehrung des Provisionsvertreters. Dieser erhält seine Provision nämlich nicht direkt vom Opfer, sondern von dem Unternehmen, für das er als Vertreter tätig ist und welches nun wiederum eine Vermögensverfügung trifft. Damit beruhen Vorteil und Schaden nicht auf derselben Verfügung. Da es jedoch bei § 263 auch möglich ist, mit der Absicht zu handeln, einen Dritten zu bereichern, stellt sich nunmehr die Frage, ob es V nicht auch darauf ankam, das von ihm vertretene Unternehmen zu bereichern. Bereicherungsabsicht bedeutet nicht, dass das erstrebte Ziel das Endziel des Täters ist. Es reicht aus, wenn das Ziel notwendiges Durchgangsstadium zur Erreichung der eigentlichen Ziele ist. Bei lebensnaher Betrachtung wird es V auf die Bereicherung seines Unternehmens ankommen, da er nur in diesem Fall seine Provision erhält. Es liegt mithin ein sog. „fremdnütziger" Betrug zu Gunsten der vertretenen Firma vor.¹⁰⁰ ■

---

98 *BGH* Beschluss vom 14.2.2012, AZ 3 StR 392/11 – abrufbar unter www.bundesgerichtshof.de.
99 *Wessels/Hillenkamp* Strafrecht BT/2 Rn. 589.
100 *Wessels/Hillenkamp* Strafrecht BT/2 Rn. 589.

## IV. Rechtswidrigkeit und Schuld

Insofern bestehen keine deliktsspezifischen Besonderheiten. Es wird auf die allgemeinen Grundsätze verwiesen. **580**

## V. Besonders schwere Fälle des Betruges

Wie § 243 auch, ist § 263 eine Strafzumessungsvorschrift, die **Regelbeispiele** für besonders schwere Fälle des Betruges enthält. Teilweise sind Ihnen die Regelbeispiele schon aus anderen Normen, so insbesondere §§ 243 und 244, bekannt, so dass nachfolgend nur auf die betrugsspezifischen Regelbeispiele vertieft eingegangen wird. **581**

### 1. § 263 Abs. 3 S. 2 Nr. 1

Entsprechend zu §§ 243 Abs. 1 S. 2 Nr. 3 und 244 Abs. 1 Nr. 2 liegt ein besonders schwerer Fall des Betrugs vor, wenn der Täter **gewerbsmäßig** oder **als Mitglied einer Bande** handelt. Bezüglich der jeweiligen Voraussetzungen wird auf die Ausführungen unter den Rn. 136, 190 verwiesen. **582**

### 2. § 263 Abs. 3 S. 2 Nr. 2

Ein Betrug in einem besonders schweren Fall kann vorliegen, wenn der Täter einen **Vermögensverlust großen Ausmaßes** herbeiführt. Unter einem Vermögensverlust ist zunächst ein **tatsächlich eingetretener Schaden** zu verstehen. Insoweit reicht eine schadensgleiche Vermögensgefährdung nicht.[101] Ein Vermögensverlust großen Ausmaßes liegt nach überwiegender Auffassung bei einem Schaden vor, der **größer/gleich 50 000 €** ist.[102] **583**

Ab wann eine **große Zahl von Menschen** in die Gefahr des Verlustes von Vermögenswerten gebracht wird, ist höchstrichterlich noch nicht geklärt. Zu einer vergleichbaren Formulierung in § 306b Abs. 1 hat der *BGH* ausgeführt, dass insoweit eine Zahl von vierzehn Personen ausreiche, dabei aber betont, dass es sich um eine tatbestandsspezifische Auslegung handle.[103] In der **Literatur** werden Zahlen zwischen zehn und fünfzig Personen genannt.[104] **584**

> **JURIQ-Klausurtipp**
>
> Da sich der Strafrahmen verdoppelt, muss sich der Unwertgehalt der Tat maßgeblich vom Normalfall abheben. Unter Hinweis hierauf können Sie in der Klausur vieles vertreten. Die Zahl sollte jedoch zumindest zweistellig sein.

### 3. § 263 Abs. 3 S. 2 Nr. 3

Der Täter hat eine Person in eine **wirtschaftliche Notlage** gebracht, wenn dem Geschädigten die Mittel für lebenswichtige Aufwendungen für sich oder unterhaltsberechtigte Angehörige fehlen.[105] **585**

---

[101] *BGHSt* 48, 360.
[102] *BGHSt* 48, 360; Schönke/Schröder-*Cramer/Perron* § 263 Rn. 188c.
[103] *BGHSt* 44, 175.
[104] *Joecks/Jäger* § 263 Rn. 127 (50 Personen); *Fischer* § 263 Rn. 123 (10 Personen).
[105] *Wessels/Hillenkamp* Strafrecht BT/2 Rn. 592.

### 4. § 263 Abs. 3 S. 2 Nr. 4

**586** Ein besonders schwerer Fall des Betruges soll vorliegen, wenn der Täter dabei seine Stellung oder Befugnisse als Amtsträger missbraucht. Die **Amtsträgereigenschaft** ist in **§ 11 Abs. 1 Nr. 2** näher umschrieben.

### 5. § 263 Abs. 3 S. 2 Nr. 5

**587** Der klausurrelevanteste besonders schwere Fall des Betruges dürfte der **Versicherungsbetrug** gem. § 263 Abs. 3 S. 2 Nr. 5 sein.

> **JURIQ-Klausurtipp**
>
> Unterscheiden Sie den **Versicherungsmissbrauch gem. § 265** vom **Versicherungsbetrug gem. § 263 Abs. 3 S. 2 Nr. 5**. Der Versicherungsmissbrauch erfasst Handlungen des Täters im Vorfeld eines Betruges und tritt subsidiär zurück, sobald ein Betrug, und sei es nur in Gestalt des Versuchs, angenommen werden kann. In der Klausur muss mithin stets mit der Prüfung des Versicherungsbetruges begonnen werden.

**588** Voraussetzung des Versicherungsbetruges ist, dass der Täter einen **Versicherungsfall vortäuscht**, nachdem er oder ein anderer zu diesem Zweck eine Sache von bedeutendem Wert in Brand gesetzt, durch Brandlegung ganz oder teilweise zerstört oder ein Schiff zum Sinken oder Stranden gebracht hat.

> Eine **Sache von bedeutendem Wert** kann angenommen werden, wenn der Verkehrswert mindestens eine Höhe von 1000 € erreicht hat.

> Diese Sache ist **in Brand gesetzt**, wenn sie derart vom Feuer ergriffen ist, dass sie auch nach Entfernung des Zündstoffes selbstständig weiterbrennt.

**589** In Übereinstimmung mit den neu gefassten Brandstiftungsdelikten wird es auch ausreichen, wenn die Sache durch eine Brandlegung ganz oder teilweise zerstört wurde. Diese Variante kommt in Betracht, wenn die Zerstörung infolge von Löscharbeiten oder Explosionen des Brandmittels eingetreten ist.[106]

> Ein Schiff wird zum **Sinken oder Stranden** gebracht, wenn der Täter wenigstens eine Teilüberflutung des Schiffes unter Verlust der Lenkbarkeit oder dessen Auflaufen auf den Strand herbeiführt.[107]

**590** Die Tathandlung des Versicherungsbetruges besteht in dem Vorspiegeln eines Versicherungsfalls.

> Ein **Versicherungsfall** liegt vor, wenn weder der Versicherte noch einer seiner Repräsentanten vorsätzlich oder grob fahrlässig den Schaden herbeigeführt hat.

---
[106] *Wessels/Hillenkamp* Strafrecht BT/2 Rn. 662.
[107] *Wessels/Hillenkamp* Strafrecht BT/2 Rn. 662.

# Besonders schwere Fälle des Betruges 3 C V

In diesem Zusammenhang ist § 81 VVG zu beachten, wonach der Versicherer von seiner Verpflichtung zur Leistung frei wird, wenn das soeben beschriebene Verhalten seines Versicherungsnehmers oder seines Repräsentanten vorliegt.

**591**

> **Repräsentant** ist jeder, der aufgrund eines tatsächlichen Vertretungsverhältnisses die Obhut über die versicherte Sache ausübt oder der sonst innerhalb des versicherten Risikos befugt ist, in einem nicht ganz unbedeutenden Umfang selbstständig für den Versicherten zu handeln und dabei dessen Rechte und Pflichten wahrzunehmen.[108]

**Beispiel** A und B bewirtschaften gemeinsam einen kleinen Bauernhof, der im Eigentum der B steht und für welchen sie eine Gebäudeversicherung abgeschlossen hat. In der Ferienzeit vermieten beide zwei Einliegerwohnungen an Gäste. Dabei erfolgt die Vermietung, sowie im Übrigen auch die Bewirtschaftung des Hofes, sowohl durch A als auch durch B. Um sich aus einer finanziellen Notlage zu befreien, zündet A eines Tages ohne Absprache mit B den Bauernhof an, so dass dieser bis auf die Grundmauern abbrennt. Nachdem B misstrauisch geworden ist, erklärt A ihr, was vorgefallen ist, woraufhin B die Schadensanzeige zur Versicherung abschickt. Darin behauptet sie wahrheitswidrig, die Ursache des Brandes nicht zu kennen. Noch vor Auszahlung der Schadenssumme wird der wahre Sachverhalt jedoch aufgeklärt.

Hier hat B durch Abschicken der Schadensanzeige zunächst einen versuchten Betrug begangen. Es könnte sich aber auch um einen versuchten Betrug in einem besonders schweren Fall handeln. Voraussetzung dafür ist, dass B zunächst einen Versicherungsfall vortäuschte. Zwar war B als Eigentümerin des Hofes die Versicherungsnehmerin. Aufgrund der wirtschaftlichen Selbstständigkeit muss A jedoch als ihr Repräsentant angesehen werden. Gem. § 81 VVG ist die Versicherung mithin von ihrer Leistungsverpflichtung befreit. Aufgrund dieser Befreiung liegt kein Versicherungsfall vor. Eben diesen hat B jedoch vorgetäuscht, indem sie erklärte, nicht zu wissen, wie und wodurch der Brand entstanden sei.[109]

Weitere Voraussetzung ist, dass der Täter oder ein Dritter zuvor eine Sache von bedeutendem Wert in Brand gesetzt hat. Auch diese Voraussetzung ist vorliegend erfüllt, da der Bauernhof bis auf die Grundmauern abgebrannt ist.

> **Hinweis**
>
> Da zum Betrug gem. § 263 Abs. 1 erst mit Abschicken der Schadensanzeige unmittelbar angesetzt wird und beim Versicherungsbetrug das Vortäuschen eines Versicherungsfalls ausreicht, welches in der Regel durch das Abfassen der Schadensanzeige geschieht, **stellt sich die Problematik des „Versuch und Regelbeispiel" bei § 263 Abs. 3 Nr. 5 i.d.R. nicht**. Das Regelbeispiel ist verwirklicht mit dem Abschicken der Schadensanzeige.

## 6. § 263 Abs. 5

Nach § 263 Abs. 5 liegt ein Verbrechen vor, wenn der Täter den **Betrug als Mitglied einer Bande gewerbsmäßig** begeht. Es handelt sich um eine **Qualifikation** zum einfachen Betrug, welcher aufgrund der Strafrahmenanhebung ein Verbrechen darstellt.

**592**

---

108 *BGH* StV 89, 299; *Wessels/Hillenkamp* Strafrecht BT/2 Rn. 665.
109 **Nicht** ausreichend für die Repräsentantenstellung ist das Ehegattenverhältnis sowie eine durch gemeinsames Wohnen begründete Mitobhut. *BGH* NSTZ 2017, 290.

## VI. Konkurrenzen

**593** In der Klausur ist ein **Aufeinandertreffen von Erpressung und Betrug** möglich, wenn der Täter sowohl das Mittel der Täuschung als auch das Mittel der Drohung anwendet. Zu **unterscheiden** sind die **Drohung durch Täuschung** und **die Drohung neben der Täuschung**.

> **Beispiel** A stürmt maskiert in den Kiosk der M und zwingt diese unter Vorhalten einer täuschend echt aussehenden Spielzeugpistole zur Herausgabe ihrer Tageseinnahmen.
>
> Hier liegt sowohl eine Täuschung über die Gefährlichkeit der Waffe vor als auch das Inaussichtstellen eines empfindlichen Übels, nämlich einer gegenwärtigen Gefahr für Leib und Leben der Kioskbesitzerin.

**594** **Sofern die Drohung auf einer Täuschung beruht**, soll nach h.M. der Betrug schon tatbestandsmäßig ausscheiden. Zumeist wird es in diesen Fällen auch an der innerlich freien Willensentscheidung des Opfers fehlen, so dass keine Vermögensverfügung vorliegt.[110]

> **Beispiel** A droht dem verheirateten B, sein außereheliches Verhältnis mit ihr öffentlich zu machen. Sie macht ihm zugleich deutlich, dass er dieser Enthüllung entgehen könne, wenn er ihr ein Darlehen gewähre, wobei sie gleichzeitig wahrheitswidrig vorspiegelt, dass sie dieses Darlehen nach Ablauf der vereinbarten Zeit zurückzahlen werde. Da es am Rückzahlungswillen der A fehlt, liegt der auch für § 253 erforderliche Vermögensschaden vor. Zugleich hat A über ihren Rückzahlungswillen getäuscht, so dass daneben § 263 in Betracht kommen kann. Diese Täuschung hat bei B auch einen Irrtum hervorgerufen, der zu einer Vermögensverfügung geführt hat. Ebenso wie bei den Chantage-Fällen scheitert die Vermögensverfügung nicht an der mangelnden Freiwilligkeit.

**595** In den Fällen, in denen **neben der Täuschung eine Drohung** ausgesprochen wird, stehen nach überwiegender Auffassung Betrug und Erpressung zueinander in Idealkonkurrenz.[111]

**596** Betrug und Diebstahl schließen sich wechselseitig aus. Ist jedoch unklar, ob der Täter die Sache durch eine Vermögensverfügung oder eine Wegnahme erlangt hat, wird teilweise eine **Wahlfeststellung** zwischen Diebstahl und Betrug als möglich angesehen.[112]

### Online-Wissens-Check

**Wodurch unterscheidet sich die Täuschung durch Unterlassen von der konkludenten Täuschung?**

Überprüfen Sie jetzt online Ihr Wissen zu den in diesem Abschnitt erarbeiteten Themen. Unter **www.juracademy.de/skripte/login** steht Ihnen ein Online-Wissens-Check speziell zu diesem Skript zur Verfügung, den Sie kostenlos nutzen können. Den Zugangscode hierzu finden Sie auf der Codeseite.

---

110 *Jäger* Strafrecht BT Rn. 312; *BGHSt* 23, 294.
111 *BGHSt* 9, 247.
112 *OLG Karlsruhe* NJW 1976, 902; andere Auffassung Schönke/Schröder-*Cramer/Perron* § 263 Rn. 186a.

## VII. Übungsfall Nr. 4

„Es lebe der Sport"

Wettprofi A hat in den letzten Wochen bei Wetten insgesamt Spielverluste in Höhe von 300 000 € bis 500 000 € erlitten. Obwohl er total pleite ist, möchte A, der frisch verliebt ist, seiner neuen Freundin F zum Geburtstag einen ganz besonders schönen Abend bereiten. Leider verfügt er nun nicht mehr über die entsprechenden finanziellen Mittel, so dass es ihm auf legalem Wege auch nicht möglich ist, der F ein Geburtstagsgeschenk zu besorgen. Aus diesem Grund begibt er sich zunächst in das Kaufhaus „Billigkauf" (B) und schließt dort mit dem Angestellten Z einen Kundenkartenvertrag ab. Dieser Vertrag ermöglicht es ihm, mit der Karte für bis zu 500 € monatlich in dem Kaufhaus einzukaufen, wobei die Abrechnung erst am Ende des Monats erfolgt. Ein Umstand, den A sich zunutze machen möchte beim späteren Einkauf. Er beabsichtigt nämlich beim Abschluss des Vertrages, mit der Karte später F's Lieblingsparfüm „absolute passion" für 75 € zu kaufen. Dabei geht er davon aus, dass er den Betrag am Ende des Monats nicht auf seinem Konto haben wird. Aus früheren Erfahrungen kennt er sich jedoch gut mit Insolvenzen aus, so dass ihn dies nicht weiter belastet. Nach Aushändigung der Karte muss er dann aber leider feststellen, dass das Kaufhaus die Marke nicht führt.

A, noch immer ohne Geschenk für seine Freundin, ruft nunmehr seinen Dealer Y an, um sich von diesem Haschisch zu beschaffen und so wenigstens für eine gute Geburtstagsstimmung zu sorgen. Beim Treffen mit Y lässt er sich zunächst das Haschisch zeigen. Unter dem Vorwand, die Qualität durch Riechen testen zu wollen, lässt er sich von Y das Haschisch auch aushändigen. Unmittelbar nach Übergabe des Haschisch haut A mit dem Haschisch ab.

Da es mittlerweile schon sehr spät ist, nimmt er ohne einen Fahrschein zu kaufen die nächste Straßenbahn nach Hause. In der Straßenbahn kommt ihm nun die geniale Idee, es noch einmal mit Sportwetten zu versuchen und seine Gewinnchancen durch Einflussnahme auf das Spielgeschehen mittels Bestechung von Spielern und Schiedsrichtern entscheidend zu erhöhen, um so den verlorenen Betrag zurückzugewinnen und sich eine nicht unerhebliche Einnahmequelle zu verschaffen.

Zu diesem Zweck überzeugt er Schiedsrichter H, der einen finanziell aufwändigen Lebensstil pflegt, gegen eine zukünftige Zahlung von 3000 € davon, den Ausgang eines Fußballspiels durch falsche Schiedsrichterentscheidungen oder unsportliche Spielzurückhaltung zu manipulieren.

Die Wette schließt A in dem Wettbüro des O ab, indem er dem Angestellten X einen ausgefüllten Spielschein übergibt, dieser den Spielschein wiederum in eine Datenverarbeitungsanlage eingibt und dem A gegen Zahlung des Wetteinsatzes den Wettschein aushändigt. Bei dieser von A abgeschlossenen Sportwette handelt es sich um solche mit festen Quoten, bei denen die aufgrund eines bestimmten Risikos ermittelte Quote gleichsam den „Verkaufspreis" der Wettchance darstellt. Die Quote bestimmt, mit welchem Faktor der Einsatz im Gewinnfall multipliziert wird.

Leider misslingt die Manipulation des Spiels, auf welches A gewettet hat, so dass das Wettbüro den Wetteinsatz des A behält.

Strafbarkeit von A? (eventuell erforderliche Anträge sind gestellt)

**598 Lösung**

### Erster Handlungsabschnitt: Im Kaufhaus „Billigkauf"

#### I. Strafbarkeit gem. § 263 Abs. 1 StGB

A könnte sich wegen Betruges gem. § 263 Abs. 1 gegenüber Z und zu Lasten des B strafbar gemacht haben, indem er mit dem Kaufhaus einen Vertrag über die Überlassung einer Kundenkarte abschloss.

A müsste dann bei dem Kaufhausangestellten Z aufgrund einer Täuschung einen Irrtum erregt und diesen zu einer Vermögensverfügung veranlasst haben. Diese Vermögensverfügung müsste alsdann beim Kaufhausinhaber zu einem Vermögensschaden geführt haben.

In dem Abschluss des Vertrages könnte eine konkludente Täuschung über Tatsachen zu sehen sein. Tatsachen sind alle Geschehnisse der Gegenwart oder Vergangenheit, die dem Beweis zugänglich sind. A hat, indem er einen Vertrag über die Einräumung eines Kundenkredits in Höhe von 500 € abschloss, gleichzeitig konkludent erklärt, dass er bereit ist, seine Darlehensschuld gegenüber dem Kaufhaus am Ende des Monats zu begleichen. Tatsächlich verfügt er über keinerlei finanzielle Mittel und glaubt auch nicht, dass sich das bis zum Ende des Monats ändern wird, so dass eine Täuschung des A über seine Zahlungswilligkeit vorliegt. Diese Täuschung erfolgte nicht ausdrücklich, da A diesbezüglich keinerlei Angaben gemacht hat, sondern konkludent durch Abschluss des Vertrages.

Infolge der Täuschung hat A bei Z auch einen entsprechenden Irrtum erregt.

Aufgrund dieses Irrtums müsste Z nunmehr eine Vermögensverfügung getroffen haben. Unter einer Vermögensverfügung ist jedes Handeln, Dulden oder Unterlassen zu verstehen, welches sich unmittelbar vermögensmindernd auswirkt. Im Abschluss des Vertrages könnte eine solche Vermögensverfügung liegen. Das Kaufhaus räumt dem A durch Überlassung der Kundenkreditkarte ein Darlehen in Höhe von 500 € ein. Vor dem Hintergrund der finanziellen Situation des A könnte diese Darlehensgewährung jedenfalls als ein Handeln anzusehen sein, welches zu einer Vermögensgefährdung führt. Allerdings ist des Weiteren zu berücksichtigen, dass der eigentliche Vermögensschaden erst durch Vornahme einer weiteren deliktischen Handlung eintreten kann, nämlich den Abschluss eines Kaufvertrages, bei welchem erneut vorgespiegelt würde, dass Zahlungswilligkeit besteht. Der Abschluss des Vertrages bewirkt damit nur, dass dem Täter die Möglichkeit zu weiteren strafbaren Handlungen eingeräumt wird. Da jedoch die Vermögensverfügung *unmittelbar* in das Vermögen des Geschädigten eingreifen muss, stellt der Abschluss eines Vertrages, der die unmittelbare Schädigung des Vermögens erst ermöglicht, noch keine Vermögensverfügung dar, da es sich insoweit nur um eine *mittelbare* Beeinträchtigung des Vermögens handelt.[113] Der Abschluss des Vertrages und die Einräumung eines Kreditrahmens in Höhe von 500 € stellen damit noch keine Vermögensverfügung dar. (a.A. selbstverständlich vertretbar)

A hat sich damit durch Abschluss des Vertrages nicht gem. § 263 strafbar gemacht.

#### II. Strafbarkeit gem. §§ 263 Abs. 1, 22, 23

A könnte sich durch den Abschluss des Vertrages wegen versuchten Betruges gem. §§ 263 Abs. 1, 22, 23 strafbar gemacht haben.

##### 1. Vorprüfung

Wie oben festgestellt, wurde der Betrug nicht vollendet, da seitens des Mitarbeiters Z keine Vermögensverfügung getroffen wurde. Die Strafbarkeit des Versuchs ergibt sich aus § 263 Abs. 2.

##### 2. Tatentschluss

Der Tatentschluss des A müsste auf einen durch eine Täuschung herbeigeführten Irrtum gerichtet gewesen sein, der alsdann zu einer Vermögensverfügung und einem Vermögensschaden geführt hätte.

Der Tatentschluss des A war zwar darauf gerichtet, durch Abschluss des Vertrages über seine Zahlungswilligkeit zu täuschen und einen entsprechenden Irrtum herbeizuführen. In dem beabsichtigten Abschluss des Vertrages hätte jedoch, wie oben festgestellt, keine Ver-

---

[113] Vgl. Beispielsfälle bei *OLG Celle* NJW 1975, 2218; *BGH* StV 2005, 610 ff.

mögensverfügung gelegen. Sofern es also um den Abschluss des Vertrages geht, ist ein auf die Verwirklichung des § 263 gerichteter Tatentschluss zu verneinen.

Zum Zeitpunkt des Vertragsabschlusses war der Tatentschluss des A jedoch auch schon darauf gerichtet, unmittelbar nach Erhalt der Kundenkarte im Kaufhaus das Parfüm für seine Freundin zu kaufen. Beim Abschluss dieses Kaufvertrages hätte er konkludent über seine Zahlungswilligkeit täuschen wollen. Der Tatentschluss des A war auch darauf gerichtet, einen entsprechenden Irrtum bei dem jeweiligen Verkäufer herbeizuführen, da nur so das Geschäft hätte getätigt werden können. Die Vermögensverfügung hätte nach der Vorstellung des A im Abschluss des Kaufvertrages gelegen. Der Vermögensschaden hätte darin bestanden, dass A nicht willens war, am Ende des Monats diesen Betrag an das Kaufhaus zu zahlen.

A hatte auch die Absicht, sich zu Unrecht zu bereichern.

Damit war also schon zum Zeitpunkt des Abschlusses des Vertrages über die Überlassung einer Kundenkarte der Tatentschluss auf die Begehung eines Betruges durch Kauf des Parfüms vorhanden.

### 3. Unmittelbares Ansetzen

Fraglich ist allerdings, ob A entsprechend diesem Tatentschluss schon durch Abschluss des Vertrages über die Überlassung einer Kundenkreditkarte zu **diesem** Betrug unmittelbar ansetzte.

Ein unmittelbares Ansetzen ist zu bejahen, wenn der Täter subjektiv die Schwelle zum „jetzt geht's los" überschritten hat und objektiv aus seiner Sicht keine weiteren Zwischenschritte mehr erforderlich sind, um die Tatbestandsverwirklichung herbeizuführen, das Rechtsgut damit schon konkret gefährdet ist. Der Abschluss des Vertrages über die Überlassung einer Kundenkreditkarte stellt in Anbetracht dieser Kriterien noch kein unmittelbares Ansetzen dar. Dieses unmittelbare Ansetzen würde erst mit der Einwirkung auf das Vorstellungsbild des Verkäufers beginnen, da diese Einwirkung einen wesentlichen Zwischenschritt darstellt, welcher nach den Vorstellungen des Täters zum Zeitpunkt des Vertragsabschlusses über die Überlassung der Kundenkarte noch vorzunehmen ist. Ein unmittelbares Ansetzen zu einem Betrug durch Abschluss eines Kaufvertrages über das Parfüm lag damit zum Zeitpunkt des Vertragsabschlusses über die Überlassung einer Kundenkreditkarte noch nicht vor. A hat sich damit nicht wegen versuchten Betruges gem. §§ 263, 22, 23 strafbar gemacht.

## Zweiter Handlungsabschnitt: Ankauf von Haschisch

### I. Strafbarkeit gem. § 263 Abs. 1

A könnte sich des Betruges gem. § 263 Abs. 1 gegenüber Y strafbar gemacht haben, indem er Y vorspiegelte, die Qualität des Haschisch durch Riechen testen und ihm das Haschisch alsdann zurückgeben zu wollen.

### 1. Objektiver Tatbestand

Dann müsste A zunächst bei Y aufgrund einer Täuschung einen Irrtum hervorgerufen haben, der alsdann zu einer Vermögensverfügung führte, welche wiederum einen Vermögensschaden herbeiführte.

Als A dem Y erklärte, er wolle die Qualität des Haschisch durch Riechen testen und ihn so dazu bewog, ihm das Haschisch zu übergeben, erklärte er dadurch konkludent, dass er beabsichtige, das Haschisch zurückzugeben, wohingegen er tatsächlich mit dem Haschisch ohne zu bezahlen verschwinden wollte. Eine Täuschung über die innere Tatsache der Rückgabewilligkeit liegt mithin vor.

Aufgrund dieser Täuschung erregte A bei Y auch einen entsprechenden Irrtum.

Fraglich ist jedoch, ob in der Aushändigung des Haschisch durch Y eine Vermögensverfügung des Y gesehen werden kann. Eine Vermögensverfügung ist jedes Handeln, Dulden oder Unterlassen, welches sich unmittelbar vermögensmindernd auswirkt. Was dabei zum strafrechtlich geschützten Vermögen gehört, ist zwischen Rechtsprechung und Literatur umstritten. Nach dem sog. juristisch-ökonomischen Vermögensbegriff gehören zum geschützten Vermögen sämtliche Positionen, die einen wirtschaftlichen Wert haben und die unter dem Schutz der Rechtsordnung stehen.[114] Dieser Ansicht zufolge

---

114 Schönke/Schröder-*Cramer/Perron* § 263 Rn. 82 ff.; LK-*Tiedemann* § 263 Rn. 151.

würde der Besitz des Haschisch ebenso wenig zum geschützten Vermögen gehören wie etwaige Rückforderungsansprüche, da der Besitz von Haschisch nach § 29 BtMG widerrechtlich ist und das mit A abzuschließende Geschäft gem. § 134 BGB nichtig wäre. Diese Meinung vermeidet zwar Wertungswidersprüche zwischen dem Zivil- und dem Strafrecht. Ihr ist jedoch entgegenzuhalten, dass sie im Ganovenmilieu rechtsfreie Räume schafft. Es ist daher der rein ökonomischen Vermögenstheorie zu folgen, wonach zum geschützten Vermögen alles gehört, was einen wirtschaftlichen Wert besitzt.[115] Demnach gehörte das Haschisch zunächst zum geschützten Vermögen.

Fraglich ist aber, ob in der Übergabe des Haschisch eine Vermögensverfügung gesehen werden kann. Die Vermögensverfügung muss sich *unmittelbar* auf das Vermögen des Geschädigten auswirken. Vorliegend hat Y dem A das Haschisch nur als Riechprobe übergeben. Eine vollständige Gewahrsamsübertragung auf den A sollte noch nicht erfolgen. Vielmehr wollte Y den Gewahrsam am Haschisch bis zum Abschluss des Vertrages behalten, ihn vorher also allenfalls lockern. Damit kann von einer Vermögensverfügung nicht ausgegangen werden.

Der objektive Tatbestand des § 263 ist nicht erfüllt.

> **Hinweis**
>
> Vorliegend handelt es sich um das Problem der Abgrenzung vom Trickdiebstahl zum Sachbetrug. Sofern Sie mit der Prüfung des § 263 beginnen, ist dieses Problem im Rahmen der Vermögensverfügung zu erörtern. Sollten Sie mit der Prüfung des § 242 beginnen, so erfolgt die Diskussion bei der Wegnahme, Stichwort: Gewahrsamsbruch gegen oder ohne den Willen des Gewahrsamsinhabers.

## II. Strafbarkeit gem. § 242

A könnte sich wegen Diebstahls gem. § 242 strafbar gemacht haben, indem er unmittelbar nach der Übergabe des Haschisch weggelaufen ist.

### 1. Objektiver Tatbestand

Dann müsste A eine fremde bewegliche Sache weggenommen haben.

Das Haschisch stellte für A sowohl eine bewegliche als auch nach h.M., wonach auch Betäubungsmittel eigentumsfähig sein können, noch eine fremde Sache dar, da eine Übereignung durch den Y noch nicht stattgefunden hatte (und wohl auch wegen Sittenwidrigkeit nicht möglich wäre).

Diese müsste er weggenommen haben. Wegnahme bedeutet Bruch fremden und Begründung neuen, nicht notwendig tätereigenen Gewahrsams, gegen oder ohne den Willen des Gewahrsamsinhabers. Das Haschisch stand zunächst im Gewahrsam des Y und zwar auch noch zum Zeitpunkt der Übergabe an A. A brach diesen Gewahrsam jedoch, als er sich mit dem Haschisch entfernte. Dies erfolgte auch gegen oder ohne den Willen des Gewahrsamsinhabers Y, da – wie oben ausgeführt – dieser nur mit einer Gewahrsamslockerung, nicht jedoch einer Gewahrsamsübertragung einverstanden war.

Der objektive Tatbestand ist damit verwirklicht.

### 2. Subjektiver Tatbestand

A handelte mit Wissen und Wollen, damit also vorsätzlich. Er müsste des Weiteren auch die erforderliche Zueignungsabsicht besessen haben. Die Zueignungsabsicht besteht aus einem Enteignungsvorsatz und einer Aneignungsabsicht, wobei die intendierte Enteignung dauerhaft, die Aneignung jedoch nur vorübergehend sein muss. A kam es darauf an, Y dauerhaft aus der Eigentümerposition zu verdrängen und sich selbst an die Stelle des Eigentümers zu setzen, da er das Haschisch zusammen mit seiner Freundin konsumieren wollte. Eine Zueignungsabsicht ist mithin gegeben. Die beabsichtigte Zueignung war auch rechtswidrig, da ein fälliger und einredefreier Anspruch nicht bestand. Da A auch bezüglich dieser Rechtswidrigkeit Vorsatz besaß, ist der subjektive Tatbestand verwirklicht.

### 3. Rechtswidrigkeit und Schuld

Rechtfertigungs- und Entschuldigungsgründe sind nicht ersichtlich. A handelte somit auch rechtswidrig und schuldhaft. Er hat sich mithin gem. § 242 wegen Diebstahls strafbar gemacht.

---

115 *BGHSt* 16, 220; 26, 347.

## Dritter Handlungsabschnitt: Die Schwarzfahrt

### I. Strafbarkeit gem. §§ 263 Abs. 1, 22, 23

Eine Strafbarkeit wegen versuchten Betruges gem. §§ 263 Abs. 1, 22, 23 kommt vorliegend nicht in Betracht. Unabhängig davon, ob der Tatentschluss des A auf die Täuschung einer Person gerichtet war, hat er jedenfalls, da er nicht kontrolliert wurde und auch eine Kontrolle nicht nahte, nicht zur Täuschung unmittelbar angesetzt.

> **JURIQ-Klausurtipp**
>
> Da § 265a subsidiär gegenüber § 263 ist, sollten Sie in der Klausur kurz erwähnen, dass eine Strafbarkeit gem. § 263 nicht möglich ist.

### II. Strafbarkeit gem. § 265a

A könnte sich gem. § 265a wegen des Erschleichens von Leistungen strafbar gemacht haben, indem er ohne einen Fahrschein zu kaufen mit der Straßenbahn nach Hause fuhr.

#### 1. Objektiver Tatbestand

A müsste die Beförderung durch ein Verkehrsmittel erschlichen haben.

Das Fahren mit der Straßenbahn stellt zunächst die Beförderung durch ein Verkehrsmittel dar. Fraglich ist jedoch, ob A sich diese Beförderung erschlichen hat. Teilweise wird in der Literatur verlangt, dass das „Erschleichen" ein Umgehen von Kontrollmaßnahmen beinhalte, welche das Entrichten der Leistung gewährleisten sollen.[116] Dies würde jedoch zu erheblichen Strafbarkeitslücken im Falle des Schwarzfahrens führen, weswegen diese Ansicht abzulehnen ist. Die überwiegende Auffassung lässt es genügen, wenn der Täter sich den äußeren Anschein der Ordnungsmäßigkeit gibt. Umstritten ist nunmehr jedoch, was Voraussetzung für diesen Anschein ist. Teilweise wird verlangt, dass der Täter z.B. durch Entwertung eines ungültigen Fahrausweises oder durch Ausweichen vor einer Fahrkartenkontrolle ein besonderes, verschleierndes Verhalten an den Tag legt.[117] Wiederum im Interesse des Schließens von Strafbarkeitslücken muss es jedoch auch ausreichen, wenn sich der Täter durch das schlichte Nichtlösen eines Fahrscheins oder die unterlassene Entwertung den Anschein der Ordnungsmäßigkeit gibt. Der Rechtsprechung,[118] welche diese weite Auslegung des Begriffs Erschleichen verwendet, ist daher zuzustimmen. Der objektive Tatbestand des § 265a ist damit verwirklicht.

#### 2. Subjektiver Tatbestand

A handelte mit Wissen und Wollen und damit vorsätzlich. Außerdem hatte er die Absicht, das Entgelt nicht zu entrichten.

#### 3. Rechtswidrigkeit und Schuld

Da weder Entschuldigungs- noch Rechtfertigungsgründe ersichtlich sind, hat A auch rechtswidrig und schuldhaft gehandelt.

A hat sich somit gem. § 265a strafbar gemacht.

## Vierter Handlungsabschnitt: In den Wettbüros

### I. Strafbarkeit gem. § 263 Abs. 1

A könnte sich wegen eigennützigen Betruges gegenüber X und zu Lasten des O gem. § 263 Abs. 1 strafbar gemacht haben, indem er dem X im Wettbüro des O den ausgefüllten Spielschein übergab.

> **JURIQ-Klausurtipp**
>
> Zwar war die Wette nicht erfolgreich. Es wäre aber falsch, deswegen den Versuch zu prüfen, da vorliegend ein vollendeter Eingehungsbetrug durch den Abschluss des Vertrages in Betracht kommt.

#### 1. Objektiver Tatbestand

##### a) Täuschung über Tatsachen

Dann müsste A den X zunächst über Tatsachen getäuscht haben. Unter einer Täuschung wird jede Einwirkung auf das Vorstellungsbild

---

116 *Lackner/Kühl* § 265a Rn. 6.
117 *Wessels/Hillenkamp* Strafrecht BT/2 Rn. 672; Schönke/Schröder-*Lenckner/Perron* § 265a Rn. 11.
118 *OLG Hamburg* NJW 87, 2688; *OLG Frankfurt* NStZ-RR 01, 269.

eines anderen mit dem Ziel der Irreführung über Tatsachen verstanden. Tatsachen wiederum sind innere oder äußere Geschehnisse, die dem Beweis zugänglich sind.

Eine Täuschung durch Abgabe einer mündlichen oder schriftlichen Erklärung liegt nicht vor. In dem von A überreichten Wettschein liegt ausdrücklich zunächst nur die Erklärung, bei dem dort ausgewiesenen Spiel eine entsprechende Prognose über das zukünftige Spielergebnis abgeben und entsprechend mit O einen Vertrag schließen zu wollen.

Es ist jedoch anerkannt, dass außer durch ausdrückliche Erklärung eine Täuschung auch konkludent erfolgen kann, nämlich durch irreführendes Verhalten, welches nach der Verkehrsanschauung als stillschweigende Erklärung zu verstehen ist. Davon ist auszugehen, wenn der Täter die Unwahrheit zwar nicht expressis verbis zum Ausdruck bringt, sie aber nach der Verkehrsanschauung durch sein Verhalten miterklärt.

Fraglich ist demnach, ob in der Abgabe des Wettscheins eine weitere, konkludente Erklärung liegt, welche irreführend auf das Vorstellungsbild eines anderen einwirken soll. Überwiegend wird angenommen, dass der Täter konkludent miterklärt, es würden keine sittenwidrigen Manipulationen des Vertragsgegenstandes und damit keine Einwirkung auf die Geschäftsgrundlage vorgenommen.

Der *BGH*[119] hat dazu Folgendes ausgeführt:

*„Bei der Sportwette… ist Gegenstand des Vertrages das in der Zukunft stattfindende und von den Sportwettenteilnehmern nicht beeinflussbare … Sportereignis. Auf diesen Vertragsgegenstand nimmt jede der Parteien bei Abgabe und Annahme des Wettscheins Bezug. Beim Abschluss einer Sportwette erklärt demnach regelmäßig jeder der Beteiligten konkludent, dass das wettgegenständliche Risiko nicht durch eine von ihm veranlasste, dem Vertragspartner unbekannte Manipulation des Sportereignisses zu seinen Gunsten verändert wird (BGHSt 29, 165). Denn dies erwartet nicht nur der Wettanbieter vom Wettenden, sondern auch umgekehrt der Wettende vom Wettanbieter."*

Da A tatsächlich eine Manipulation durch H bereits veranlasst hatte, liegt eine Täuschungshandlung vor.

> **Hinweis**
>
> Wollte man die konkludente Täuschung verneinen,[120] so müsste man eine Täuschung durch Unterlassen prüfen. Voraussetzung wäre dann aber eine Garantenstellung. Zwar könnte man aufgrund der Verabredung der Manipulation des Spielergebnisses an eine Garantenstellung aus Ingerenz denken. Allerdings dient die Verhaltenspflicht des Schiedsrichters, keine Spiele zu manipulieren, dem Schutz des Sports, nicht aber dem Schutz des Vermögens von Wettanbietern. Damit scheidet eine Strafbarkeit wegen Unterlassens aus.

### b) Irrtumserregung

Durch die Täuschung müsste A bei X einen Irrtum hervorgerufen haben. Ein Irrtum ist jede Fehlvorstellung über Tatsachen, wobei eine bewusste Reflexion nicht erforderlich ist. Es reicht auch das sachgedankliche Mitbewusstsein. X hat den Wettschein nur entgegengenommen und dürfte dabei nicht bewusst über die allgemeinen Vertragsgrundlagen nachgedacht haben. Allerdings kann bei X ein sachgedankliches Mitbewusstsein angenommen werden. X ist sicherlich davon ausgegangen, dass das wettgegenständliche Risiko nicht durch Manipulation des Sportereignisses zu Ungunsten des Unternehmens des O verändert wurde. Ansonsten hätte er das Wettangebot zu der angebotenen Quote zurückgewiesen.

Ein kausal durch die Täuschung hervorgerufener Irrtum liegt damit vor.

### c) Vermögensverfügung

Des Weiteren müsste X kausal auf dem Irrtum beruhend eine Vermögensverfügung getätigt haben. Eine Vermögensverfügung ist jedes Tun, Dulden oder Unterlassen, welches sich unmittelbar vermögensmindernd auswirkt.

---

119 *BGH* Entscheidung vom 15.12.2006, AZ 5 StR 181/06 und 182/06, abrufbar unter www.bundesgerichtshof.de.

120 So noch der *BGH* in der „Spätwettentscheidung", *BGHSt* 16, 120.

Diese Vermögensverfügung könnte hier in dem Abschluss des Wettvertrages liegen. Allerdings ist durch den Vertragsschluss nicht das Vermögen des X, sondern das des O mit einem Auszahlungsanspruch des A belastet. Da jedoch X als Angestellter des O wirtschaftlich in dessen Lager steht, wird das Handeln dem O zugerechnet, so dass eine Vermögensverfügung vorliegt (sog. Dreiecksbetrug).

### d) Vermögensschaden

Fraglich ist aber, ob dem O auch ein Schaden entstanden ist. Zu bedenken ist, dass die Wettmanipulation sich nicht ausgewirkt hat. Ein Schaden könnte jedoch unabhängig vom Ausgang der Wetten schon mit dem Abschluss des Vertrages entstanden sein. Dann wäre der Umstand, ob die Wette erfolgreich war oder nicht, ohne Belang.

Durch Abschluss des Wettvertrages war das Vermögen des O mit einem eventuellen Auszahlungsanspruch des A belastet. Im Falle der Auszahlung wäre auch ein Schaden bei O eingetreten. Jedoch sind die Umstände, die zu dieser Auszahlung führen, insgesamt unwägbar, da nicht vorhersehbar ist, inwieweit die Manipulation durch den Schiedsrichter gelingen wird. Allein in dem Risiko einer möglichen Auszahlung kann mithin keine schadensgleiche Vermögensgefährdung gesehen werden.

Vorliegend ist jedoch zu bedenken, dass sich das Risiko des Wettanbieters, den eingesetzten Betrag um die ausgelobte Quote multipliziert auszuzahlen zu müssen, aufgrund der Manipulation erhöht und sich damit zu Gunsten des A verschoben hatte. Das Risiko wiederum des A, den eingesetzten Betrag bei der Wette zu verlieren, hatte sich verringert. In dieser Risikoverschiebung kann der Vermögensschaden liegen. Allerdings muss dieser nach der Rechtsprechung des *BVerfG* beziffert werden, wobei eine anhand von nachvollziehbaren Grundlagen erfolgte Schätzung ausreichend sein kann. Aus dem Sachverhalt ergeben sich jedoch keine Anhaltspunkte für eine solche Schätzung, weswegen nach Grundsatz „in dubio pro reo" ein Schaden verneint werden muss.

Ein Vermögensschaden liegt damit nicht vor. Der objektive Tatbestand ist nicht verwirklicht.

### 2. Ergebnis

A hat sich nicht gem. § 263 Abs. 1 strafbar gemacht.

### II. Strafbarkeit gem. § 299 Abs. 1

Eine Strafbarkeit gem. § 299 Abs. 1 kommt nicht in Betracht, da Schiedsrichter H kein Angestellter oder Beauftragter eines geschäftlichen Betriebs ist und es darüber hinaus auch nicht um den Bezug von Waren oder gewerblichen Dienstleistungen geht.

### III. Strafbarkeit gem. §§ 332, 334

Da H auch kein Amtsträger i.S.d. § 11 Abs. 1 Nr. 2 ist, scheidet auch eine Strafbarkeit gem. §§ 332, 334 aus.

### IV. Strafbarkeit gem. § 265c IV

A könnte sich aber gem. § 265c IV wegen Sportwettenbetrugs strafbar gemacht haben, indem er H 3 000 € für die Manipulation des Spiels versprach.

A hat H, der ein Schiedsrichter ist, eine Zahlung von 3 000 € und damit einen Vorteil angeboten. Diesem Angebot muss eine Unrechtsvereinbarung zugrunde liegen, die einerseits darin besteht, dass H den Verlauf eines Wettbewerbs des organisierten Sports gem. Abs. 5 regelwidrig beeinflussen soll und A infolge dessen einen rechtswidriger Vermögensvorteil erlangen will. Zu beachten ist, dass weder die Beeinflussung des Spielverlaufs noch die Erlangung des Vermögensvorteils sich realisieren müssen. Beide Umstände müssen nur Gegenstand der Unrechtsvereinbarung sein, was vorliegend der Fall ist.

Da A zudem vorsätzlich, rechtswidrig und schuldhaft handelte, hat er sich gem. § 265c IV strafbar gemacht.

Der ebenfalls mitverwirklichte § 265d IV tritt zurück.

### Gesamtergebnis

A hat sich wegen Diebstahls gem. § 242, wegen des Erschleichens von Leistungen gem. § 265a und wegen Sportwettenbetrug gem. § 265c strafbar gemacht. Die Taten stehen zueinander in Tatmehrheit gem. § 53.

## D. Computerbetrug, § 263a

**599** Da der Betrug gem. § 263 zwingend die Irrtumserregung bei einer natürlichen Person voraussetzt, scheidet diese Vorschrift immer dann aus, wenn Datenverarbeitungen manipuliert werden. Um diese Strafbarkeitslücke zu schließen, hat der Gesetzgeber 1986 § 263a in das StGB aufgenommen. Dabei wurde **§ 263a betrugsähnlich gestaltet**. Die Tathandlung des § 263a besteht zusammengefasst in einer unrichtigen oder unbefugten Datenverwendung, welche zu einer Reaktion des Computers, nämlich der Beeinflussung des Ergebnisses eines Datenverarbeitungsvorganges, führt, auf welcher wiederum ein Vermögensschaden beruhen muss. In subjektiver Hinsicht verlangt § 263a sowohl Vorsatz als auch die rechtswidrige und stoffgleiche Bereicherungsabsicht.

**600** **Geschütztes Rechtsgut** bei § 263a ist dementsprechend das **Vermögen**.

**601** Beachten Sie, dass **§ 263a in Abs. 2 auf § 263 Abs. 2 bis Abs. 7** verweist. Daraus ergibt sich, dass es einen versuchten Computerbetrug, einen **Computerbetrug in einem besonders schweren Fall** sowie einen **qualifizierten Computerbetrug** (gewerbsmäßiger Bandenbetrug) gibt. Sofern der angerichtete Schaden geringwertig ist, ist ein Strafantrag gem. §§ 247, 248a i.V.m. §§ 263 Abs. 4, 263a Abs. 2 erforderlich.

**602** Abs. 3 ergänzt den Abs. 1 des § 263a und **erfasst Vorbereitungshandlungen**. Für die Klausur ist § 263a Abs. 3 nur von geringer Relevanz. Da die Tathandlungen des § 263a Abs. 1 zumeist vertiefte Kenntnisse aus dem Bereich der EDV voraussetzen, werden auch diese – mit Ausnahme der 3. Alternative: unbefugte Verwendung von Daten! – nur selten in der Klausur geprüft. Wir werden uns daher nachfolgend vor allem mit der 3. Begehungsalternative auseinander setzen.

**603** Der Aufbau des § 263a sieht wie folgt aus:

» Lesen Sie § 263 Abs. 2 bis Abs. 7 und wiederholen Sie die in diesem Zusammenhang bei § 263 dargestellten Probleme. Denken Sie daran, dass aufgrund der genannten Verweise Ihnen auch bei § 263a der Klassiker: „Versuch des Regelbeispiels" begegnen kann. «

### PRÜFUNGSSCHEMA

**Computerbetrug, § 263a**

I. **Objektiver Tatbestand**
  1. Tathandlung
     a) Unrichtige Gestaltung des Programms
     b) Verwendung unrichtiger oder unvollständiger Daten
     c) Unbefugte Verwendung von Daten
        - verwenden    Rn. 612
        - unbefugt    Rn. 614
     d) Sonstige unbefugte Einwirkung auf den Ablauf
  2. Zwischenerfolg: Beeinflussung des Ergebnisses des Datenverarbeitungsvorganges
  3. Taterfolg: Vermögensschaden

II. **Subjektiver Tatbestand**
  1. Vorsatz
  2. Absicht, sich oder einen Dritten zu bereichern
  3. Objektive Rechtswidrigkeit der erstrebten Bereicherung
  4. Vorsatz bzgl. der Rechtswidrigkeit
  5. Stoffgleichheit zwischen Vermögensschaden und Bereicherung

III. **Rechtswidrigkeit**

IV. **Schuld**

V. **Besonders schwere Fälle gem. § 263a Abs. 2 i.V.m. § 263 Abs. 3**

VI. **Strafantrag gem. § 263a Abs. 2 i.V.m. § 263 Abs. 4, §§ 247 und 248a**

## I. Objektiver Tatbestand

Der Täter muss durch eine der im Gesetz genannten vier Tatmodalitäten das Ergebnis eines Datenverarbeitungsvorganges beeinflusst und dadurch einen Vermögensschaden herbeigeführt haben. Die Prüfung des objektiven Tatbestands erfolgt mithin in 3 Schritten:

**604**

| Schritt 1 | Schritt 2 | Schritt 3 |
|---|---|---|
| Unbefugte/unrichtige Datenverwendung | Beeinflussung des Datenverarbeitungsvorgangs | Vermögensschaden |

———————————— Kausalität ————————————▶

Gegenstand der Tathandlung sind zumeist **Daten**, auch bei der 1. Alternative, da auch Programme durch Daten fixierte Arbeitsanweisungen an den Computer sind.

**605**

> Nach h.M. sind **Daten** alle codierten und codierbaren Informationen unabhängig vom Verarbeitungsgrad.[121]

### 1. Die vier Tathandlungen

#### a) Unrichtige Gestaltung des Programms, § 263a Abs. 1 Alt. 1

Mit dieser Alternative werden **Programmmanipulationen** erfasst.

**606**

> Ein **Programm** ist eine durch Daten fixierte Arbeitsanweisung an den Computer.[122]

Programme sind also z.B. Anwender-, Systemkontroll-, Quell- und Maschinenprogramme. Gestaltet werden diese Programme durch Neuschreiben, Hinzufügen, Verändern oder Löschen einzelner Programmteile oder auch des ganzen Programms.[123]

**607**

Nach **h.M.** ist die Gestaltung „**unrichtig**", wenn sie zu Ergebnissen führt, die nach der zugrunde liegenden Aufgabenstellung und den Beziehungen zwischen den Beteiligten so nicht bewirkt werden dürfen, der **materiellen Rechtslage** also **widersprechen (betrugsspezifische Auslegung)**.[124] Gelegentlich wird in der **Literatur** darauf abgestellt, ob das Programm dem Willen des bzw. der Verfügungsberechtigten entspricht. Der Begriff der Unrichtigkeit wird damit **subjektiv definiert**.[125] Dem wird jedoch entgegengehalten, dass § 263a betrugsähnlich aufgebaut sei, woraus folge, dass auch die Handlungen des § 263a betrugsähnlich sein müssten.

**608**

**Beispiel** Prokurist P bewirkt durch eine Computermanipulation, dass einer fiktiven Person, auf deren Namen er bei einer Bank ein Konto eröffnet hat, monatlich ein Gehalt überwiesen wird.

---

121 *Wessels/Hillenkamp* Strafrecht BT/2 Rn. 605; *Lackner/Kühl* § 263a Rn. 3.
122 *Wessels/Hillenkamp* Strafrecht BT/2 Rn. 609.
123 *Joecks/Jäger* § 263a Rn. 8 f.
124 *Wessels/Hillenkamp* Strafrecht BT/2 Rn. 609.
125 *Schönke/Schröder-Cramer/Perron* § 263a Rn. 6.

Hier liegt eine unrichtige Gestaltung des Programms vor, da diese Person keinen Gehaltsanspruch hat, mithin also die Auszahlung der materiellen Rechtslage widerspricht. ■

### b) Verwendung unrichtiger oder unvollständiger Daten

**609** Diese Variante erfasst die sog. **Inputmanipulationen**.

> **Unrichtig** sind Daten, wenn sie mit der Wirklichkeit nicht übereinstimmen, den Lebenssachverhalt also unzutreffend wiedergeben. **Unvollständig** sind Daten, wenn sie den betreffenden Lebenssachverhalt nicht hinreichend erkennen lassen.[126]

**610** Diese Begehungsvariante weist damit die **stärksten Parallelen zur Täuschungshandlung** beim Betrug auf. Da auch hier die Unrichtigkeit betrugsspezifisch auszulegen ist, scheidet § 263a in dieser Variante aus, wenn ein entsprechendes Täuschungsverhalten gegenüber einer natürlichen Person nicht zum Betrug führen würde.

**Beispiel** A möchte sich aus einem finanziellen Engpass befreien und beschließt, von dem in eigenen Angelegenheiten sehr unordentlichen B Geld einzutreiben. Im automatisierten Mahnverfahren gem. § 689 Abs. 1 S. 2 ZPO beantragt er mithin den Erlass eines Mahnbescheides, in dem er angibt, B schulde ihm aus einem Darlehen 5000 €. Er hofft, dass B es versäumen wird, gegen den Mahnbescheid und den späteren Vollstreckungsbescheid Rechtsmittel einzulegen.

Hier könnte A unrichtige Daten verwendet haben, da ihm gegenüber B kein Anspruch auf Rückzahlung eines Darlehens zustand. Berücksichtigt man jedoch die täuschungsäquivalente Auslegung, so muss danach gefragt werden, ob auch im nicht automatisierten Verfahren der Rechtspfleger einem entsprechenden Irrtum unterliegen würde. Da der Rechtspfleger jedoch nicht gehalten ist, die Wahrheit der dem Anspruch zugrunde liegenden Angaben zu überprüfen, würde er sich diesbezüglich keinerlei Gedanken machen. Sowohl eine konkludente Täuschung als auch ein Irrtum des Rechtspflegers würden mithin ausscheiden. Aus diesem Grund liegt auch eine unrichtige Verwendung von Daten nicht vor (str.).[127] ■

### c) Unbefugte Verwendung von Daten, § 263a Abs. 1 Alt. 3

**611** Die unbefugte Verwendung von Daten setzt zunächst einmal voraus, dass diese **Daten richtig** sind, da andernfalls eine Strafbarkeit nach der 2. Alternative in Betracht kommt.

 **612** **Umstritten** ist jedoch zunächst, unter welchen Voraussetzungen der Täter die Daten **verwendet** hat.

**613** Eine **weite Auslegung** lässt jede Nutzung von Daten genügen, so z.B. auch das Verwenden von Programminformationen zum Leerspielen von Glücksspielautomaten.[128] Die **überwiegende Auffassung** legt den Begriff des Verwendens hingegen eng aus und verlangt eine

---

126 *Joecks/Jäger* § 263a Rn. 12 f.
127 *Wessels/Hillenkamp* Strafrecht BT/2 Rn. 609; anders das *OLG Celle* NStZ-RR 2012, 111, welches darauf hinweist, dass der Rechtspfleger keinesfalls einen Mahnbescheid erlassen wolle, der ersichtlich auf falschen Tatsache beruhe.
128 *Ranft* JuS 1997, 19; *Otto* Strafrecht BT § 52 Rn. 35.

## Objektiver Tatbestand

Eingabe dieser Daten in einen Datenverarbeitungsprozess. Dadurch wird der Anwendungsbereich des Auffangtatbestandes gem. § 263a Abs. 1 Alt. 4 ausgedehnt.[129]

Des Weiteren ist äußerst **umstritten**, wann eine Verwendung von Daten **unbefugt** ist. Im Wesentlichen werden drei Auffassungen vertreten:

614

Nach der sehr weitgehenden, sog. **subjektivierenden Auslegung** ist jede Datenverwendung unbefugt, die dem wirklichen oder mutmaßlichen Willen des Berechtigten zuwiderläuft.[130]

615

Dieser Auffassung wird entgegengehalten, dass sie insbesondere in den Fällen der missbräuchlichen Verwendung von Kredit- und EC-Karten den Computerbetrug in eine reine Vertragsunrecht einbeziehende, allgemeine Computeruntreue verwandle.[131]

616

**Überwiegend** wird – wie bei den anderen Tathandlungen auch – das Merkmal unbefugt **betrugsspezifisch ausgelegt**. Verlangt wird mithin ein **täuschungsäquivalentes Verhalten des Täters**. Die Verwendung der Daten ist dann unbefugt, wenn sie gegenüber einem Menschen Täuschungscharakter hätte.[132]

> **JURIQ-Klausurtipp**
>
> In der Klausur muss mithin danach gefragt werden, **welche konkludente Erklärung der Täter durch Verwendung der Daten gegenüber einer natürlichen Person abgegeben hätte**. Zu berücksichtigen ist – wie immer bei einer konkludenten Täuschung – der durch Auslegung zu ermittelnde Erklärungsgehalt, der sich u.a. nach der rechtlichen Relevanz des Erklärten und dem Interesse des Erklärungsempfängers richtet.

Die engste Definition nimmt die sog. **computerspezifische Auslegung** vor. Diese stellt darauf ab, ob der einer Datenverwendung entgegenstehende Wille des Betreibers im Computerprogramm festgelegt ist.[133] Die computerspezifische Auslegung schränkt damit den Anwendungsbereich des § 263a, insbesondere bei der unbefugten Verwendung von EC-Karten, jedoch erheblich ein und widerspricht damit der Intention des Gesetzgebers.

617

Die vorgenannten Meinungsunterschiede werden in folgenden Fällen relevant:

### aa) Der Täter tätigt im Internet Einkäufe, wobei er die Daten einer Kreditkarte eines nicht eingeweihten Dritten verwendet

**Beispiel** Boutiqueverkäuferin V hat sich in einem unbeobachteten Moment die sechzehnstellige Kreditkartennummer sowie das Ablaufdatum von der Kreditkarte ihrer Stammkundin notiert. Abends bestellt sie über das Internet eine aufwendige Gucci-Tasche, wobei sie die Kreditkartendaten ihrer Kundin K verwendet. K bemerkt die Abbuchung bei Zusendung des Kreditkartenauszugs, moniert den Fehler bei dem Kreditkartenaussteller und lässt die Karte sperren.

618

In Betracht kommt hier eine Strafbarkeit der V gem. § 263a Abs. 1 Alt. 3.

---

[129] *Fischer* § 263a Rn. 8; *Lackner/Kühl* § 263a Rn. 12 m.w.N.
[130] *Hilgendorf* JuS 1007, 130; *Otto* Strafrecht BT § 52 Rn. 40.
[131] *Wessels/Hillenkamp* Strafrecht BT/2 Rn. 612.
[132] BGHSt 47, 160; *OLG Köln* NJW 1992, 125; *OLG Düsseldorf* StV 1998, 266; *Wessels/Hillenkamp* Strafrecht BT/2 Rn. 612.
[133] *Lenckner/Winkelbauer* CR 86, 657; *OLG Celle* NStZ 1989, 367.

Dann müsste V unbefugt Daten verwendet haben. Unter Zugrundelegen des Datenbegriffes sind sowohl die sechzehnstellige Kreditkartennummer als auch das Ablaufdatum Daten. Da V diese Daten auch in den Datenverarbeitungsvorgang eingegeben hat, hat sie diese verwendet. Fraglich ist jedoch, ob sie unbefugt gehandelt hat.

- Nach der **subjektivierenden Auslegung** hat sie dem Willen des Rechtsgutsinhabers, hier dem kartenausstellenden Institut sowie der Kundin K, zuwidergehandelt. Infolgedessen ist die Verwendung unbefugt.
- Nach der **computerspezifischen Auslegung** müsste danach gefragt werden, ob die Befugnis des Verwenders vom Programm abgefragt wird und damit Niederschlag im Programm gefunden hat. Dies geschieht üblicherweise durch Anforderung einer persönlichen Geheimnummer. Da vorliegend beim sog. bargeldlosen Zahlungsverkehr jedoch allein die Eingabe der Kreditkartendaten genügt, ist der entgegenstehende Wille des Betreibers nicht Gegenstand des Programms geworden, so dass nach der computerspezifischen Auslegung keine unbefugte Verwendung vorliegt.
- Die **betrugsspezifische Auslegung** würde danach fragen, ob die Verwendung der Daten ein täuschungsähnliches Verhalten darstellen würde. Hätte V diese Daten gegenüber einem Mitarbeiter des Unternehmens verwendet, bei dem sie die Gucci-Tasche gekauft hat, so hätte sie konkludent behauptet, berechtigter Karteninhaber zu sein. Da sie dies tatsächlich nicht ist, liegt ein täuschungsäquivalentes Verhalten und damit eine unbefugte Verwendung vor. ■

#### bb) Verwendung einer Maestro-Karte (frühere EC-Karte) am Geldautomaten einer Bank

**619** Der klassische Fall des § 263a Abs. 1 Alt. 3 ist das Verwenden einer Maestro-Karte **durch einen nicht berechtigten Kartenbesitzer**. Dieses Verhalten stellt nach allen drei Auffassungen eine unbefugte Verwendung von Daten dar.

> **Beispiel** A entwendet aus der Hosentasche des B dessen Maestro-Karte. Zu seiner großen Freude stellt er fest, dass der vergessliche B die PIN-Nummer auf der Rückseite der Karte notiert hat, so dass er sein eigens zu diesem Zweck angeschafftes Lesegerät nicht bemühen muss. Er begibt sich mit der Karte und der PIN zur nächstgelegenen Bank. Dort hebt er unter Eingabe der PIN 400 € vom Konto des B ab. Danach wirft er die Karte in den nächsten Mülleimer.
>
>
>
> A hat sich zunächst wegen Diebstahls gem. § 242 an der Karte strafbar gemacht.
>
> A hat sich ferner gem. § 263a Abs. 1 Alt. 3 strafbar gemacht. Indem er die EC-Karte in den Schacht geschoben hat, hat er die auf der EC-Karte befindlichen Daten verwendet. Dies geschah auch unbefugt. Nach der **computerspezifischen Auslegung** ist der Wille des Betreibers, nur an den Berechtigten das Geld auszuzahlen, dadurch deutlich geworden, dass das Programm die PIN abfragt. Nach der **subjektivierenden Auslegung** widerspricht das Abheben des Geldes durch den Täter sowohl dem Willen der Bank als auch dem Willen des Kontoinhabers. Nach der **betrugsspezifischen Auslegung** müsste wiederum danach gefragt werden, ob in dem Verwenden der EC-Karte und der PIN ein täuschungsähnliches Verhalten liege. Ein Täter, der

## Objektiver Tatbestand

gegenüber einem Bankangestellten diese Karte verwenden würde, würde erklären, dass er zur Abhebung berechtigt und darüber hinaus der berechtigte Karteninhaber sei.[134] Beides trifft vorliegend auf A nicht zu, so dass er auch dieser Auffassung zufolge die Daten unbefugt verwendet hat.

**Problematisch** ist, ob § 263a Abs. 1 Alt. 3 auch einschlägig ist, wenn **der Täter vom Kontoinhaber grundsätzlich ermächtigt wurde**, Geld von dessen Konto abzuheben, dann jedoch die ihm eingeräumte **Befugnis überschreitet**.

**Beispiel** T hat von seiner Freundin F deren Maestro-Karte nebst PIN überlassen bekommen, um für sie am Geldautomaten 200 € abzuheben. Aufgrund eines spontan gefassten Entschlusses hebt er alsdann jedoch 500 € ab, wobei er die zu viel abgehobenen 300 € für eigene Belange ausgibt, indem er sich ein Paar neue Cowboystiefel kauft.

Die **subjektivierende Auffassung** könnte erneut auf den Willen des Berechtigten, also hier der Freundin, abstellen und das Verwenden der Daten als unbefugt ansehen. Die **computerspezifische Auffassung** müsste danach fragen, ob das Programm Vorkehrungen für die Überschreitung einer Innenabrede getroffen hat, was nicht der Fall ist, so dass eine unbefugte Verwendung abgelehnt werden müsste. Die **betrugsspezifische, herrschende Auffassung** würde danach fragen, ob der Täter ein täuschungsähnliches Verhalten gegenüber dem Bankangestellten an den Tag gelegt hätte. Da in der Verwendung der Daten nur die schlüssige Erklärung gelegen hat, zur Abhebung berechtigt und zudem berechtigter Kartenbesitzer zu sein, läge ein täuschungsähnliches Verhalten nicht vor, da beides auf den Täter zutrifft. Gedanken über eine Begrenzung dieser Befugnis im Innenverhältnis würde sich ein Bankangestellter naturgemäß nicht machen, zumal er dies im Einzelfall auch nicht überprüfen kann. Damit wird aber auch keine konkludente Erklärung zur Höhe der Befugnis abgegeben.[135]

Streitig ist auch, ob ein unbefugtes Verwenden vorliegt, wenn der Täter **Karte und PIN** zuvor **aufgrund einer Täuschung** gegenüber dem **Kontoinhaber** von diesem **freiwillig übergeben** bekommen hat.

**Beispiel** A erklärt der 80jährigen B am Telefon, dass er ein Mitarbeiter ihrer Sparkasse sei und sie darauf aufmerksam machen müsse, dass es Manipulationen an ihrem Konto gegeben habe. Um den Vorgang aufzuklären, benötige die Sparkasse die ec-Karte. Als besonderen Kundenservice biete er ihr aber an, vorbeizukommen und die Karte abzuholen. B ist hocherfreut und übergibt später die Karte, wobei sie auch den PIN verrät. A begibt sich dann zum nächsten Kontoautomaten und hebt Geld ab.

Der *BGH*[136] hat hier das unbefugte Verwenden verneint, weil er meint, auch ein Bankmitarbeiter würde nur überprüfen, ob Karte und PIN übereinstimmten. Wäre das der Fall, dann ginge er von einer Berechtigung aus und würde auszahlen. Da A aufgrund der freiwilligen Übergabe berechtigter Kartenbesitzer war, hat der *BGH* ein täuschungsäquivalentes Verwenden abgelehnt. Er hat zudem ausgeführt, dass das vorangegangene Verhalten einen Betrug gem. § 263 Abs. 1 verwirklicht habe, da in der Übergabe von PIN und Karte bereits eine schadensgleiche Vermögensgefährdung liege.

---

134 *BGHSt* 35, 152; *BGHSt* 47, 160.
135 Vgl. *OLG Köln* NJW 1992, 125; *OLG Düsseldorf* NStZ-RR 1998, 137.
136 *BGH* Urteil vom 16.7.2001; 2 StR 16/15 – abrufbar unter www.bundesgerichtshof.de, ebenso Schönke/Schroder-*Perron* § 263a Rn. 10; MK-*Wohlers/Mühlbauer* § 263a Rn. 49 f.

In der Literatur wurde dieser Auffassung entgegengehalten, dass es bei dieser Auslegung keine klare Abgrenzung mehr zur computerspezifischen Auslegung mehr gebe, da auch der Computer nur das Übereinstimmen von Karte und PIN überprüfe. Dieser Auffassung zufolge werde nicht nur konkludent erklärt, man sei berechtigter Kartenbesitzer, sondern auch, dass man zur Abhebung berechtigt sei, was tatsächlich nicht der Fall ist, so dass das Verwenden unbefugt sei.[137]

621 Schließlich ist umstritten, ob § 263a Abs. 1 Alt. 3 auch vorliegt, wenn der **Kontoinhaber selbst unter Verwendung seiner eigenen Karte** Geld vom Geldautomaten abhebt, obwohl seine **Kreditlinie längst überschritten** ist.

> **Hinweis**
>
> **In der Praxis** dürften diese **Fälle ausgesprochen selten** sein, da die Banken untereinander online verbunden sind und bei Eingabe der Karten den Dispositionsrahmen abfragen. Die Tatbegehung ist also nur möglich bei einem Bankautomaten, der zufällig offline ist. In diesen Fällen wird jedoch zumeist der Betrieb des Bankautomaten eingestellt. Gleichwohl erfreuen sich diese Sachverhalte in der Klausur gelegentlicher Beliebtheit. Vergleichen Sie dazu auch die Ausführungen unter § 266b, Rn. 735.

622 Nach der **subjektivierenden Auffassung** liegt unproblematisch eine unbefugte Verwendung von Daten vor, da ein derartiges „Überziehen" dem Willen der Bank zuwiderläuft. Die **computerspezifische Auslegung** müsste in den Fällen, in denen die Abhebung trotz Überziehung möglich ist, ein unbefugtes Verwenden verneinen, da der entsprechende Wille des Betreibers sich gerade nicht im Computerprogramm niedergeschlagen haben kann.

623 Die herrschende, **betrugsspezifische Auslegung** verneint überwiegend die Anwendbarkeit des § 263a Abs. 1 Alt. 3. Ein Bankangestellter würde durch Vorlage der Karte nicht konkludent über die materielle Berechtigung der Forderung getäuscht. Der Umstand, ob die Auszahlungsvoraussetzungen, also auch die Einhaltung eines vertraglich eingeräumten Dispositionsrahmens, vorliegen, wird von einem Bankangestellten unabhängig von einer Erklärung des Kunden überprüft, so dass eine diesbezügliche Erklärung keinerlei Relevanz für sein Vorstellungsbild hätte.[138]

624 Eine Strafbarkeit gem. § 266b kommt nach überwiegender Auffassung in diesen Fällen ebenfalls nicht in Betracht, das es für § 266b eines Dreipersonenverhältnisses bedarf. Anders verhält es sich, wenn der Täter an einem fremden Geldinstitut Bargeld abhebt. In diesen Fällen kann § 266b einschlägig sein. Vgl. hierzu Rn. 735.

### d) Sonstige unbefugte Einwirkung auf den Ablauf

625 Diese Variante des § 263a Abs. 1 soll nach Auffassung des Gesetzgebers einen **Auffangtatbestand** darstellen. Daraus folgt, dass ihr Anwendungsbereich begrenzt wird durch den Anwendungsbereich der übrigen drei Varianten. Als wichtigstes Beispiel kann in diesem Zusammenhang das **Leerspielen von Geldautomaten** mittels auf dem „Schwarzmarkt"

---

137 *Wessels/Hillenkamp* Strafrecht BT/2 Rn. 614; *Rengier* Strafrecht BT I § 14 Rn. 22.
138 *BGHSt* 47, 160; Schönke/Schröder-*Cramer/Perron* § 263a Rn. 11; andere Auffassung *Wessels/Hillenkamp* Strafrecht BT/2 Rn. 613.

erworbener Programmierungsinformationen angeführt werden. Wie bereits ausgeführt, liegt nach h.A. kein unbefugtes Verwenden von Daten vor, so dass eine Strafbarkeit nach der 3. Alternative nicht in Betracht kommt. Überwiegend wird jedoch eine damit vergleichbare, unbefugte Einwirkung auf den Ablauf angenommen.[139]

## 2. Zwischenerfolg: Beeinflussung des Ergebnisses eines Datenverarbeitungsvorgangs

Dieses Erfordernis ist vergleichbar mit dem Irrtum und der Vermögensverfügung bei § 263. **626**

> Eine **Datenverarbeitung** ist ein technischer Vorgang, bei dem durch Aufnahme von Daten und ihrer Verknüpfung nach Programmen bestimmte Arbeitsergebnisse erzielt werden.
>
> **Beeinflusst** wird das Ergebnis, wenn eine der im Gesetz genannten Handlungen in den Verarbeitungsvorgang Eingang findet, seinen Ablauf irgendwie mitbestimmt und eine Vermögensdisposition auslöst.[140]

## 3. Taterfolg: Vermögensschaden

So wie die Beeinflussung des Ergebnisses eines Datenverarbeitungsvorganges auf den Tathandlungen beruhen muss, so muss unmittelbare Folge dieser Beeinflussung die Beschädigung des fremden Vermögens sein. Der **Vermögensschaden ist bei § 263a genauso zu bestimmen wie beim Betrug.** **627**

Bei den Kreditkarten und Maestro-Karten-Fällen kann der Schaden entweder bei dem Karteninhaber oder aber dem kartenausstellenden Institut liegen. **628**

**Beispiel** In dem Fall der Boutiqueverkäuferin V hat die Kundin K die Karte sperren lassen. Aufgrund dessen wird ihr der Betrag von der Bank gutgeschrieben. Der Schaden liegt damit zunächst bei der Bank. Diese kann ihn jedoch bei dem Internetanbieter regressieren.

In den EC-Karten-Fällen liegt der Schaden bei der Kontoinhaberin, wenn diese, wie oben dargestellt, ihrem Freund die EC-Karte nebst PIN überlässt, da sie in diesem Fall vertragswidrig gehandelt hat. Wird ihr hingegen die EC-Karte gestohlen, hat die Bank grundsätzlich an einen Nichtberechtigten ausgezahlt. Sofern sie hinsichtlich der PIN nicht grob fahrlässig gehandelt hat, indem sie z.B. die PIN auf der Rückseite der Karte vermerkt, wird die Bank auf dem Schaden sitzen bleiben.

## II. Subjektiver Tatbestand

In subjektiver Hinsicht wird § 263a **genauso geprüft wie § 263**. Der Täter muss also zunächst vorsätzlich hinsichtlich des objektiven Tatbestandes handeln, wobei dolus eventualis genügt. Darüber hinaus braucht er die Absicht einer rechtswidrigen und stoffgleichen Bereicherung. Diese ist identisch mit der Bereicherungsabsicht in § 263, so dass auf die dortigen Ausführungen verwiesen wird. **629**

---

139 *BGHSt* 40, 331; *BayObLG* NStZ 1990, 595.
140 *Wessels/Hillenkamp* Strafrecht BT/2 Rn. 605.

### III. Rechtswidrigkeit und Schuld

**630** Es gibt keine deliktspezifischen Besonderheiten, so dass auf die allgemeinen Grundsätze verwiesen wird.

### IV. Konkurrenzen

**631** Innerhalb des Tatbestandes bildet die 4. Alternative einen **Auffangtatbestand**, der gegenüber den ersten drei Alternativen subsidiär ist. Verwirklicht der Täter mehrere Tathandlungen der 1.–3. Alternative, so liegt nur ein Computerbetrug vor. Im **Verhältnis zum Betrug** gem. § 263 ist § 263a subsidiär. Hinsichtlich des **Diebstahls an der Codekarte**, die später zur Abhebung des Geldes verwendet wird, bejaht der *BGH* Tatmehrheit, da sich beide Taten gegen verschiedene Rechtsgutsträger richten.[141] Entwendet der Täter hingegen eine **Geldkarte**, ist der Nachteil bereits mit dem Diebstahl eingetreten, so dass der Computerbetrug mitbestrafte Nachtat ist.[142]

## E. Versicherungsmissbrauch, § 265

### I. Überblick

**632** § 265 erfasst **strafbare Handlungen im Vorfeld des Versicherungsbetruges**. Nach dieser Vorschrift macht sich bereits strafbar, wer auf eine versicherte Sache einwirkt, in der Absicht, sich oder einem Dritten Leistungen aus der Versicherung zu verschaffen. Ausdrücklich angeordnet wurde durch den Gesetzgeber die **Subsidiarität** der Norm, d.h. § 265 kommt nur in Betracht, *„wenn die Tat nicht in § 263 mit Strafe bedroht ist."*

> **JURIQ-Klausurtipp**
>
> Für die Klausur bedeutet dies, dass Sie zunächst **mit § 263 beginnen** müssen. Sollten Sie den objektiven Tatbestand verneinen, denken Sie daran, dass dann versuchter Betrug gem. §§ 263, 22, 23 in Betracht kommen kann. Erst wenn auch eine Strafbarkeit nach diesen Normen nicht vorliegt, ist Raum für eine Prüfung des § 265.

**633** Das **geschützte Rechtsgut** des § 265 ist zum einen das **Vermögen** und zum anderen die **soziale Leistungsfähigkeit der Versicherer**.[143] Aus dem Wortlaut der Norm ergibt sich, dass nur die so genannten **Sachversicherer** geschützt sind, nicht jedoch die Haftpflicht-, Lebens- und Unfallversicherer.

---
141 *BGH* NJW 2001, 1508.
142 Vgl. insgesamt *Joecks/Jäger* § 264 Rn. 52.
143 *Wessels/Hillenkamp* Strafrecht BT/2 Rn. 657.

Der Aufbau des § 265 sieht wie folgt aus: **634**

### Versicherungsmissbrauch, § 265

**I. Objektiver Tatbestand**
  1. Tatobjekt: versicherte Sache
  2. Tathandlung:
     a) Beschädigen
     b) Zerstören
     c) Beeinträchtigen der Brauchbarkeit
     d) Beiseiteschaffen
     e) Überlassen

**II. Subjektiver Tatbestand**
  1. Vorsatz
  2. Absicht, sich oder einem Dritten Leistungen aus der Versicherung zu verschaffen.

**III. Rechtswidrigkeit**

**IV. Schuld**

*PRÜFUNGSSCHEMA*

## II. Objektiver Tatbestand

Der objektive Tatbestand besteht in dem Einwirken auf eine versicherte Sache. **635**

### 1. Versicherte Sache

Eine **Sache** ist, wie bei § 242 auch, zunächst ein körperlicher Gegenstand gem. § 90 BGB. **636**

> **Versichert** ist diese Sache, wenn ein entsprechender Versicherungsvertrag abgeschlossen und förmlich zustande gekommen ist.¹⁴⁴

Da es sich bei § 265 um ein Delikt handelt, welches **das Vermögen** und die Leistungsfähigkeit der Versicherer **abstrakt schützt**, gilt die Sache auch dann als versichert, wenn der Vertrag anfechtbar oder nichtig ist. Unerheblich ist auch, ob eine fällige Versicherungsprämie rechtzeitig gezahlt wurde oder nicht, selbst wenn der Versicherer wegen dieses Verzugs von seiner Leistungspflicht frei geworden ist.¹⁴⁵ **637**

### 2. Tathandlungen

Als Tathandlungen nennt § 265 zunächst das **Beschädigen** und **Zerstören** einer Sache. Beide Begriffe sind deckungsgleich mit jenen **des § 303**, so dass auf die dortigen Ausführungen verwiesen wird. Ergänzend führt § 265 noch das **Beeinträchtigen der Brauchbarkeit** auf, welches bei § 303 schon Bestandteil des „Beschädigens" ist. **638**

---
144 *Joecks/Jäger* § 265 Rn. 6.
145 *Wessels/Hillenkamp* Strafrecht BT/2 Rn. 658; BGHSt 8, 343.

Die versicherte Sache ist **in ihrer Brauchbarkeit beeinträchtigt**, wenn eine nicht unwesentliche Minderung der Funktionsfähigkeit eingetreten ist, die allerdings eine Substanzverletzung nicht voraussetzt.[146]

**639** Weitere Tathandlungen sind das **Beiseiteschaffen** und **Überlassen** der versicherten Sache. Beide Handlungen werden in den Fällen der **Kfz-Verschiebung** relevant.

**Beiseite geschafft** ist eine Sache, wenn sie der Verfügungsmöglichkeit des Berechtigten räumlich entzogen ist.[147]

**640** Diese Entziehung kann zum **einen gegen oder ohne den Willen des Versicherten**, z.B. durch einen Diebstahl geschehen. Daneben kommt jedoch auch eine **Handlung des Versicherten selbst** in Betracht, mit welcher dieser durch Verbergung der Sache vor der Versicherung einen Versicherungsfall vortäuscht. Schließlich liegt ein Beiseiteschaffen vor, wenn der Versicherte die Sache einem Abnehmer übergibt, damit dieser sie (meistens im Ausland) verkaufen kann, wobei gegenüber der Versicherung der Anschein des Abhandenkommens erweckt werden soll.[148]

Ein **Überlassen** liegt vor, wenn der Versicherte einem Dritten den Besitz zu eigener Verfügung oder zu eigenem, auch nur vorübergehendem Gebrauch verschafft.[149]

**Beispiel** A befindet sich in einem finanziellen Engpass und nimmt deswegen Kontakt zu der Autoschieberbande des B auf. Mit diesem wird vereinbart, dass B dessen Porsche Cayenne umlackieren, mit neuen Fahrzeugpapieren versehen und in Polen verkaufen soll. B soll dafür 80 % des Verkaufserlöses erhalten. A selbst will den „Diebstahl" der Versicherung melden und den versicherten Wert des Fahrzeuges kassieren. Als B mit dem Auto die polnische Grenze überqueren möchte, fliegt der Deal auf. Eine Schadensanzeige hat A zu diesem Zeitpunkt noch nicht abgeschickt.

Hier kommt ein versuchter Versicherungsbetrug nicht in Betracht, da A zur Begehung des Betruges noch nicht unmittelbar angesetzt hatte. Für A liegt jedoch ein Versicherungsmissbrauch in Gestalt des Überlassens der versicherten Sache vor. Auch B kann sich wegen Versicherungsmissbrauchs strafbar gemacht haben, indem er die versicherte Sache beiseite geschafft hat. Voraussetzung ist dafür jedoch, dass B in der Absicht handelte, A Leistungen aus der Versicherung zu verschaffen. ∎

### III. Subjektiver Tatbestand

**641** Der Täter muss zunächst vorsätzlich im Hinblick auf den objektiven Tatbestand handeln, wobei **dolus eventualis** ausreicht.

---

146 *Lackner/Kühl* § 265 Rn. 3.
147 *Wessels/Hillenkamp* Strafrecht BT/2 Rn. 659.
148 *Wessels/Hillenkamp* Strafrecht BT/2 Rn. 659.
149 Schönke/Schröder-*Lenckner/Perron/Eisele* § 184 Rn. 8; *Joecks/Jäger* § 265 Rn. 7.

# Überblick

**642** Darüber hinaus muss er zum Zeitpunkt der Vornahme der Tathandlung die **Absicht** in Gestalt des **dolus directus 1. Grades** haben, sich oder einem Dritten Leistungen aus der Versicherung zu verschaffen.

**643** Da auch eine drittbezogene Absicht ausreicht, ist es denkbar, dass der geschädigte Versicherungsnehmer, der den Schaden später seiner Versicherung meldet, gar keinen Versicherungsbetrug begeht. Beachten Sie, dass es **auf die Rechtswidrigkeit** der erstrebten Versicherungsleistung **nicht ankommt**.[150] § 265 erfasst mithin auch altruistische Taten.

**Beispiel** A lebt zusammen mit seiner Lebensgefährtin und deren vier Kindern in einem Einfamilienhaus, welches aufgrund einer Schenkung der Großmutter im Eigentum der Kinder steht. Für dieses Wohnhaus hat die Großmutter eine Wohngebäudeversicherung auf ihren Namen abgeschlossen und die Ehefrau eine Hausratsversicherung. Ohne die beiden über sein Vorhaben zu informieren, setzt A dieses Gebäude in Brand, wobei er beabsichtigt, der Großmutter Leistungen aus der Wohngebäudeversicherung und seiner Lebensgefährtin solche aus der Hausratsversicherung zu verschaffen. Zur Auszahlung der Beträge kommt es jedoch nicht.[151]

Hier hat A eine Straftat gem. § 265 verwirklicht. Objektiv hat er eine versicherte Sache durch eine Brandlegung jedenfalls beschädigt. Subjektiv handelte er vorsätzlich und in der Absicht, der Großmutter und seiner Lebensgefährtin Leistungen aus der Versicherung zu verschaffen. Beide hätten durch Anmelden des Schadens gegenüber der Versicherung jedoch keinen Versicherungsbetrug begangen, da ein klassischer Versicherungsfall vorlag, mithin die Versicherung also zur Leistung verpflichtet war.

## IV. Rechtswidrigkeit und Schuld

**644** Insofern gibt es keine deliktsspezifischen Besonderheiten. Es wird auf die allgemeinen Grundsätze verwiesen.

## V. Konkurrenzen

**645** Wie bereits ausgeführt, ist § 265 gegenüber den §§ 263 und 263, 22, 23 subsidiär. Tateinheit besteht mit §§ 306 ff. § 303 wird von § 265 verdrängt.

# F. Erschleichen von Leistungen, § 265a

## I. Überblick

**646** § 265a stellt einen **Auffangtatbestand zum Betrug** dar und **schützt** wie dieser das **Vermögen**. Wie sich dem letzten Halbsatz entnehmen lässt, ist die Vorschrift immer nur dann anwendbar, wenn die Tat nicht in anderen Vorschriften mit schwererer Strafe bedroht ist. Als andere Vorschriften kommen insbesondere Vermögensdelikte in Betracht.[152]

---

150 *Maurach/Schröder/Maiwald* Strafrecht BT § 41 Rn. 201.
151 Vgl. *BGH* Entscheidung vom 15.3.2007, AZ 3 StR 454/06, abrufbar unter www.bundesgerichtshof.de.
152 Vgl. *Wessels/Hillenkamp* Strafrecht BT/2 Rn. 670.

## 3 F  Erschleichen von Leistungen, § 265a

> **JURIQ-Klausurtipp**
>
> Für die Klausur bedeutet dies, dass Sie bezüglich des womöglich strafbaren Verhaltens des Täters **zunächst §§ 242, 263 und 263a prüfen** sollten. Erst nach Verneinung dieser Tatbestände ist eine Prüfung nach § 265a angezeigt.

**647** Zu beachten ist, dass auch das Erschleichen von Leistungen gem. § 265a Abs. 3 i.V.m. §§ 247 und 248a einen **Strafantrag** voraussetzen kann.

**648** Gemäß des § 265a kann der Täter vier verschiedene Leistungen erschleichen. Aus dem Erfordernis, bei dieser Erschleichung in der Absicht zu handeln, das Entgelt nicht oder nicht vollständig zu entrichten, ergibt sich zwingend, dass **für die erschlichenen Leistungen ein Entgelt zu entrichten ist**. Verschafft sich der Täter mithin Zutritt zu einer zwar privaten, aber unentgeltlichen Vorführung, so kann er sich gem. § 123, nicht aber gem. § 265a strafbar machen.

**649** Der Aufbau des § 265a sieht wie folgt aus:

---

**PRÜFUNGSSCHEMA**

### Erschleichen von Leistungen, § 265a

**I. Objektiver Tatbestand**
1. Tatobjekt
   a) Leistung eines Automaten
   b) Leistung eines Telekommunikationsnetzes
   c) Beförderung durch ein Verkehrsmittel
   d) Zutritt zu einer Veranstaltung/Einrichtung
2. Entgeltlichkeit dieser Leistungen
3. Tathandlung: Erschleichen
   ▶ Beförderungserschleichung    Rn. 658

**II. Subjektiver Tatbestand**
1. Vorsatz
2. Absicht, das Entgelt nicht (vollständig) zu entrichten

**III. Rechtswidrigkeit**

**IV. Schuld**

**V. Strafantrag gem. § 265a Abs. 3 i.V.m. §§ 247, 248a**

---

### II. Objektiver Tatbestand

**650** Der objektive Tatbestand besteht im Erschleichen von vier im Einzelnen aufgelisteten, unterschiedlichen Leistungen, für die ein Entgelt zu entrichten ist.

#### 1. Erschleichen der Leistung eines Automaten

**651** Da die Entgeltlichkeit ungeschriebenes Tatbestandsmerkmal ist, ist es erforderlich, dass der **Automat für seine Leistung ein Entgelt verlangt**. Infolgedessen sind über § 265a nur Leistungsautomaten, wie z.B. Waagen, Ferngläser an einem Aussichtspunkt, Waschmaschinen in einem Waschsalon, erfasst.[153] **Waren- oder Geldspielautomaten** können demnach nicht Tatobjekt des § 265a sein.

> **JURIQ-Klausurtipp**
>
> Beim Entleeren eines Warenautomaten kann in der Klausur aber **§ 242** relevant werden, z.B. wenn der Täter Falschgeld einwirft, um an Coladosen heranzugelangen.

Ein **Erschleichen** der Leistung dieser Automaten liegt vor, wenn der Mechanismus des Automaten in ordnungswidriger Weise, z.B. durch Einwerfen von Falschgeld, betätigt wird. **652**

### 2. Erschleichen der Leistung eines Telekommunikationsnetzes

Zu den öffentlichen Zwecken dienenden Telekommunikationsnetzen gehören neben den **Fernsprech- und Fernschreibenetzen** auch die **drahtlose Übermittlung** (z.B. durch ein Handy) und das Internet.[154] Ein **Erschleichen** liegt auch hier in der ordnungswidrigen Benutzung, nicht aber schon in der nur unbefugten Benutzung eines fremden Anschlusses. **653**

> **Beispiel** A findet im Kino ein eingeschaltetes Handy, welches seinem Sitznachbarn aus der Hosentasche gefallen ist. Erfreut nimmt er es mit und telefoniert stundenlang mit seiner in den USA lebenden Mutter.
> Hier hat A zwar die Leistung eines öffentlichen Telekommunikationsnetzes in Anspruch genommen. Er hat sich diese Leistung aber nicht erschlichen, da das Handy betriebsbereit war und er somit keine Zugangssperren überwinden musste. Anders wäre die Situation zu beurteilen, wenn A den 4stelligen PIN „geknackt" hätte. ∎

### 3. Erschleichen des Zutritts zu einer Veranstaltung

**Veranstaltungen** sind einmalige oder zeitlich begrenzte Aufführungen wie z.B. Konzerte, Filmvorführungen oder Theaterveranstaltungen. Im Gegensatz dazu sind **Einrichtungen** wie z.B. Museen oder Schwimmbäder auf Dauer angelegt.[155] **654**

> Unter einem **Erschleichen des Zutritts** wird nach überwiegender Auffassung ein Verhalten verstanden, bei welchem Sicherheitsvorkehrungen des Berechtigten umgangen werden oder das den Charakter des Verheimlichens oder der Erweckung des Anscheins einer ordnungsgemäßen Benutzung aufweist.[156]

Ein Erschleichen liegt damit vor, wenn Zugangskontrollen, z.B. durch Überklettern eines Absperrzauns, überwunden werden. Ein Erschleichen wird jedoch auch bejaht, wenn der Kontrolleur bestochen wird, indem man ihm statt der Eintrittskarte 50 € zusteckt.[157] **655**

---

153 Schönke/Schröder-*Lenckner/Perron* § 265a Rn. 4 m.w.N.
154 *Wessels/Hillenkamp* Strafrecht BT/2 Rn. 679.
155 *Joecks/Jäger* § 265a Rn. 8.
156 *Wessels/Hillenkamp* Strafrecht BT/2 Rn. 676.
157 Schönke/Schröder-*Lenckner/Perron* § 265a Rn. 11.

### 4. Erschleichen der Beförderung durch ein Verkehrsmittel

**656** In der Klausur wird, sofern § 265a überhaupt zu prüfen ist, zumeist diese Tatvariante von Bedeutung sein.

> **Beförderung durch ein Verkehrsmittel** ist jeder entgeltliche Transport von Personen oder Sachen.[158]

**657** Erfasst ist dabei sowohl der **Massenverkehr** (z.B. der Transport durch die Eisenbahn oder den Bus) als auch der **Individualverkehr** (z.B. durch ein Taxi). Beachten sollten Sie jedoch, dass beim Individualverkehr zumeist ein Betrug nach § 263 anwendbar ist, so dass § 265a nicht geprüft werden muss.

**658** **Umstritten** ist, welche Anforderungen an das Erschleichen zu stellen sind. Nach h.M. setzt ein Erschleichen ein Verhalten voraus, welches sich entweder mit dem äußeren **Anschein der Ordnungsgemäßheit** umgibt oder die vorhandenen Kontrollmaßnahmen umgeht oder ausschaltet.[159] Dabei werden die **Anforderungen**, die an den Anschein der Ordnungsmäßigkeit gestellt werden, **unterschiedlich aufgefasst**. Nach Meinung der **Rechtsprechung** reicht dafür das Nichtlösen eines Fahrscheins oder die unterlassene Entwertung. Der Täter erwecke damit den Anschein, das zu entrichtende Entgelt gezahlt zu haben.[160] Unter Hinweis darauf, dass die äußere Tathandlung dann auch von dem ordnungsgemäßen Benutzer erfüllt würde, verlangt eine in der **Literatur** vertretene Auffassung eine Einschränkung dahin gehend, dass der Täter durch „Entwertung" eines ungültigen Fahrausweises, durch Ausweichen vor einer Fahrkartenkontrolle oder durch ein Durchschreiten von Sperren oder Schleusen ein verdeckendes oder verschleierndes Verhalten an den Tag legen muss.[161]

**659** Da **nach beiden Auffassungen** ein Erschleichen jedoch zumindest ein **täuschendes Verhalten** voraussetzt, liegt es nicht vor, wenn der Täter offen zu erkennen gibt, dass er das zu entrichtende Entgelt nicht gezahlt hat, z.B. durch Verteilen von Flugblättern, auf welchen abgedruckt ist, dass er aus Protest gegen eine Fahrpreiserhöhung zurzeit „schwarzfahre".

### III. Subjektiver Tatbestand

**660** Der Vorsatz des Täters muss sich zunächst wieder auf sämtliche objektive Tatbestandsmerkmale beziehen, so auch auf das ungeschriebene Tatbestandsmerkmal der Entgeltlichkeit. Insoweit reicht **dolus eventualis**. Darüber hinaus muss der Täter in der **Absicht** handeln, das Entgelt nicht oder nicht in voller Höhe zu entrichten. Absicht bedeutet in diesem Zusammenhang **dolus directus 1. Grades**, d.h. dem Täter muss es auf diese „Ersparnis" bei der Tatbegehung ankommen.

---

158 *Joecks/Jäger* § 265a Rn. 7.
159 *Wessels/Hillenkamp* Strafrecht BT/2 Rn. 676 m.w.N.
160 OLG Düsseldorf StV 2001, 112; BVerfG NJW 98, 1135; OLG Frankfurt NStZ-RR 2001, 269.
161 *Wessels/Hillenkamp* Strafrecht BT/2 Rn. 676.

## IV. Rechtswidrigkeit und Schuld

Es gibt keine deliktspezifischen Besonderheiten, so dass auf die allgemeinen Grundsätze verwiesen wird.

## G. Erpressung und räuberische Erpressung, §§ 253 und 255

### I. Überblick

Bei der Erpressung gem. § 253 wird durch eine Nötigung ein Vermögensschaden bei dem Opfer herbeigeführt. **Geschütztes Rechtsgut** ist dementsprechend zum einen, wie bei § 263 auch, das **Vermögen**, zum anderen aber, wie bei § 240, die **persönliche Freiheit der Willensentschließung und Willensbetätigung**.

Die **räuberische Erpressung gem. § 255** ist eine **Qualifikation** zur einfachen Erpressung gem. § 253. Sie zeichnet sich dadurch aus, dass der Täter qualifizierte Nötigungsmittel verwendet. Reicht bei § 253 auch die Gewalt gegen Sachen aus, so setzt die räuberische Erpressung gem. § 255 die Gewalt **gegen eine Person** voraus. Auch hinsichtlich des angedrohten Übels bestehen Unterschiede: Bei § 253 reicht es aus, dass das angedrohte Übel z.B. einen Vermögensnachteil darstellt. § 255 hingegen setzt voraus, dass der Täter mit **gegenwärtiger Gefahr für Leib oder Leben** droht.

Aus der Formulierung „... *so ist der Täter gleich einem Räuber zu bestrafen*" ergibt sich, dass auf § 255 die **§§ 250 und 251 anwendbar** sind. Hinsichtlich deren Voraussetzungen wird auf die Ausführungen unter den Rn. 296 ff verwiesen.

Bei der **einfachen Erpressung** ist, wie bei § 240 auch, im Rahmen der **Rechtswidrigkeit** nicht nur die Prüfung von Rechtfertigungsgründen erforderlich. Es muss darüber hinaus auch **positiv festgestellt werden, ob die Tat rechtswidrig** ist. Dies ist der Fall, wenn die Anwendung der Gewalt oder die Androhung des Übels zur Erreichung des angestrebten Zwecks als verwerflich anzusehen ist. Diese positive Feststellung der Rechtswidrigkeit **erübrigt sich bei der räuberischen Erpressung**, da der Täter die Nötigungsmittel des Raubes einsetzt, wodurch die Rechtswidrigkeit indiziert wird.

**§ 253 Abs. 4** enthält eine **Strafzumessungsnorm** für **besonders schwere Fälle**. In der Klausur ist der besonders schwere Fall – wie immer – nach der Schuld zu prüfen. Ein solcher liegt bei der räuberischen Erpressung vor, wenn der Täter **gewerbsmäßig** oder als **Mitglied einer Bande** handelt. Diese Voraussetzungen sind identisch mit § 243 Abs. 1 S. 2 Nr. 3 und § 244 Abs. 1 Nr. 2, so dass auf die dortigen Ausführungen Bezug genommen wird.

**667** Der Aufbau der einfachen und der räuberischen Erpressung sieht wie folgt aus:

> **PRÜFUNGSSCHEMA**
>
> ### Erpressung, § 253 und Räuberische Erpressung, § 255
>
> **I. Objektiver Tatbestand**
> 1. Nötigungshandlung
>    a) Gem. § 253: Gewalt (auch gegen Sachen) oder Drohung mit einem empfindlichen Übel
>    b) Gem. § 255: Gewalt gegen eine Person oder Drohung mit gegenwärtiger Gefahr für Leib oder Leben
> 2. Nötigungserfolg 1: Duldung, Handlung oder Unterlassung des Genötigten
>    Vermögensverfügung   Rn. 673
> 3. Nötigungserfolg 2: Vermögensschaden
>
> **II. Subjektiver Tatbestand**
> 1. Vorsatz
> 2. Rechtswidrige und stoffgleiche Bereicherungsabsicht
> 3. Vorsatz bezgl. der Rechtswidrigkeit
>
> **III. Rechtswidrigkeit**
> 1. Allgemeine Rechtfertigungsgründe
> 2. Verwerflichkeit der Erpressung nach Abs. 2 (nur zu prüfen bei einer einfachen Erpressung, § 253)
>
> **IV. Schuld**
>
> **V. Besonders schwerer Fall gem. § 253 Abs. 4**

## II. Objektiver Tatbestand

### 1. Bekannte Voraussetzungen

**668** Der objektive Tatbestand besteht darin, dass der Täter durch Einsatz eines Nötigungsmittels das Opfer zu einer Handlung, Duldung oder Unterlassung nötigt und dadurch einen Vermögensschaden herbeiführt.

**669** Sämtliche Elemente der **räuberischen Erpressung** sind Ihnen bereits vom Raub und Betrug bekannt. Die **Nötigungsmittel des Raubes** entsprechen jenen der räuberischen Erpressung.

**670** Hinsichtlich der einfachen Erpressung sind die Nötigungsmittel identisch mit jenen des § 240.

Der Nötigungserfolg ist ebenfalls identisch mit jenem des § 240.

Der **Vermögensnachteil** ist wiederum deckungsgleich mit dem **Vermögensschaden bei** § 263.

Auch bei der Erpressung ist es denkbar, dass der **Genötigte und der Geschädigte auseinander fallen**. In den Fällen dieser „**Dreieckserpressung**" muss aber selbst nach Auffassung des

» Nutzen Sie die Gelegenheit und beschäftigen Sie sich hinsichtlich der genannten Voraussetzungen erneut mit § 240, dargestellt im Skript „Strafrecht BT I", sowie §§ 249 und 263. «

# Objektiver Tatbestand  3 G II

*BGH*, der keine Vermögensverfügung verlangt, eine **Nähebeziehung** zwischen dem Nötigungsopfer und dem Vermögensinhaber bestehen. Daraus folgt, dass nur eine Nötigung in Betracht kommt, wenn der Dritte den Vermögensinteressen des Geschädigten gleichgültig gegenüber steht.[162]

**Beispiel** A lauert mit einem Messer in der Hand B und dessen Lebensgefährtin L abends vor der Garage auf, um von B Geld zu bekommen. Nachdem B dem A erklärt hat, dass ihn das Messer des A nicht beeindrucke, sticht A mit großer Erregung B in den Bauch und fordert nunmehr L auf, dem am Boden liegenden B die Uhr und das Portemonnaie abzunehmen und ihm zu übergeben.

Hier hat der *BGH* die Nähebeziehung zwischen B und L bejaht. Er hat ausgeführt, dass L auch ohne die stillschweigende Drohung mit dem weiteren Einsatz des Messers zum Schutze der persönlichen Habe ihres Lebensgefährten bereit gewesen wäre.[163]

## 2. Vermögensverfügung

Der **Klausurklassiker** bei der räuberischen Erpressung ist die **Abgrenzung der räuberischen Erpressung vom Raub**. Auch hiermit haben wir uns bereits ausführlich auseinander gesetzt unter Rn. 257. 671

Sofern Sie in der Klausur mit der Prüfung des § 249 beginnen, ist der Abgrenzungsstreit bei der Wegnahme darzustellen. 672

Beginnen Sie hingegen mit der **räuberischen Erpressung**, so stellt sich im objektiven Tatbestand die Frage, ob das abgenötigte Opferverhalten über die Handlung, Duldung oder Unterlassung hinaus eine **Vermögensverfügung** darstellen muss. Nochmals zur Erinnerung: 673

Nach **Auffassung der Literatur** ist die räuberische Erpressung wesensgleich mit dem Betrug, stellt mithin also ein Selbstschädigungsdelikt dar. Sie ist insofern abzugrenzen vom Raub, der ein Fremdschädigungsdelikt ist. Diese Abgrenzung erfolgt, wie beim Diebstahl und Betrug auch, anhand der inneren Willensrichtung des Opfers: Glaubt das Opfer, den Gewahrsamsverlust nicht verhindern zu können, so erfolgt die Wegnahme gegen oder ohne den Willen des Opfers. Meint das Opfer hingegen, es habe eine durchhaltbare Verhaltensalternative oder aber seine eigene Mitwirkungshandlung sei erforderlich für den Gewahrsamsverlust und entschließt es sich, diese Mitwirkungshandlung vorzunehmen, so liegt ein Gewahrsamsverlust mit dem Willen des Opfers, mithin also kein Raub, sondern eine räuberische Erpressung vor. Das Opfer hat in diesem Augenblick eine Vermögensverfügung getätigt.[164] 674

Der *BGH* hingegen fordert bei der räuberischen Erpressung keine Vermögensverfügung. Seiner Auffassung nach ähnelt die räuberische Erpressung der Nötigung und befindet sich, da auch der Raub Nötigungselemente enthält, nicht in einem Alternativverhältnis zum Raub. Vielmehr ist der Raub lex specialis zur räuberischen Erpressung. Bei der räuberischen Erpressung reicht dem *BGH* auch die Duldung der Wegnahme aus.[165] Die räuberische Erpressung ist damit sowohl ein Selbst- als auch ein Fremdschädigungsdelikt. 675

---

162 *BGH* NStZ 1995, 498 mit Anmerkung *Mitsch*.
163 *BGH* NStZ 1995, 498.
164 Schönke/Schröder-*Eser* § 253 Rn. 8 f.; MüKo-*Sander* § 253 Rn. 16.
165 BGHSt 14, 386; 25, 224.

**676** Aus dem Erfordernis einer Vermögensverfügung folgt für die räuberische Erpressung, dass diese von der **Literatur** niemals angenommen werden kann, wenn der Täter **vis absoluta** anwendet. Bei **vis compulsiva** kommt es darauf an, ob das Opfer glaubt, der Täter benötige seine Mitwirkungshandlung, um an den Gewahrsam zu gelangen. Geht das Opfer davon aus, der Täter bekomme die Sache „so oder so", dann liegt erneut keine freiwillige Vermögensverfügung vor. Nach **Auffassung der Literatur** hat das Opfer sich nicht selbst geschädigt. Es ist vielmehr der objektive Tatbestand des Raubes verwirklicht.

> **Hinweis**
>
> Die Abgrenzungsproblematik kann Ihnen auch bei § 239a begegnen. Hier muss der Täter in der Absicht handeln, eine räuberische Erpressung zu begehen. Nach Auffassung des *BGH* reicht auch die Absicht, einen Raub zu begehen, da dieser ja zugleich eine räuberische Erpressung beinhaltet.

**677** Folgende Fallgestaltungen können für Sie in der Klausur relevant werden:

### a) Der Täter nimmt eine eigene Sache unter Anwendung von Nötigungsmitteln weg

**678** **Beispiel** A hat sein Auto zur Reparatur beim Werkunternehmer W gegeben. Da ihm die Rechnung des W überhöht erscheint, begibt er sich abends auf das Firmengelände, schlägt W mit einem Baseballschläger bewusstlos und verlässt unter Benutzung seines Zweitschlüssels mit seinem Fahrzeug den Hof. ■

In der Klausur würden Sie in einem solchen Fall **mit § 249 beginnen**, diesen aber im objektiven Tatbestand ablehnen, weil es sich bei der weggenommenen Sache nicht um eine täterfremde Sache handelt.

**679** Sie würden danach mit den §§ 253, 255 weitermachen. Im objektiven Tatbestand müssten Sie zunächst danach fragen, ob der Täter Gewalt gegen eine Person eingesetzt hat. Im obigen *Beispiel* liegt dies in Form von vis absoluta vor. Danach müssten Sie fragen, ob das Opfer zu einer Handlung, Duldung oder Unterlassung genötigt wurde. In Betracht kommt hier allenfalls die Duldung (durch das bewusstlose Opfer) der eigenmächtigen Wegnahme des Täters. Nunmehr müssten Sie in der Klausur die Frage aufwerfen, ob dies für §§ 253, 255 ausreichend ist. Da der Täter im obigen *Beispiel* **vis absoluta** angewendet hat, würde die Lit. die §§ 253, 255 verneinen, da eine Vermögensverfügung des Opfers nicht vorliegt. Der *BGH* verlangt eine solche Verfügung nicht und würde die Duldung der Wegnahme als ausreichend ansehen. Der Streit müsste in der Klausur von Ihnen entschieden werden.

**680** Anders stellt sich die Sache hingegen dar, wenn der Täter lediglich **vis compulsiva** anwendet.

**Beispiel** A schlägt dieses Mal Werkunternehmer W nicht bewusstlos, sondern bedroht ihn mit einem Messer. Das Fahrzeug ist in einer separat gesicherten Halle des W untergestellt, die A mit seinem Fahrzeug nur verlassen kann, wenn er einen fünfstelligen Sicherheitscode eingibt, der das Öffnen der Türe bewirkt. W, der weiß, das A diesen Code benötigt, um mit dem Fahrzeug davonzufahren, teilt A diesen Code mit, weil er andernfalls befürchtet, von A niedergestochen zu werden. ■

## Objektiver Tatbestand 3 G II

**681** Wendet der Täter nur vis compulsiva an, so muss, selbstverständlich nach zuvoriger Darstellung des Streits, im Wege der Subsumtion in der Klausur überprüft werden, ob nicht nach Auffassung der Literatur eine Vermögensverfügung vorliegt. Kann dies bejaht werden, so ist eine Streitentscheidung entbehrlich. Im obigen *Beispiel* kann eine solche Vermögensverfügung bejaht werden, da aus Sicht des W eine Mitwirkungshandlung erforderlich ist, mithin eine Entscheidungsalternative besteht. Das Herausgeben des Sicherheitscodes stellt eine freiwillige Vermögensverfügung dar.[166]

### b) Der Täter nimmt eine fremde Sache ohne Zueignungsabsicht weg

**682** **Beispiel** Dieses Mal schlägt A den Taxifahrer T mit einem Baseballschläger nieder, setzt sich in sein Taxi und macht damit eine zweitägige Spritztour. Danach stellt er, wie von Anfang an beabsichtigt, das Taxi wieder vor die Haustüre des T.

**683** In der Klausur würden Sie in diesem Fall mit § 249 beginnen und den Streit ggfs. im Rahmen der Wegnahme diskutieren. Der *BGH* würde nach dem äußeren Erscheinungsbild abgrenzen: Nimmt der Täter sich die Sache weg, so liegt ein Raub gem. § 249 vor. Die Literatur hingegen würde danach fragen, ob die Wegnahme gegen oder ohne den Willen des Opfers erfolgte. Wendet der Täter erneut vis absoluta an, kann kein tatbestandausschließendes Einverständnis vorliegen, so dass immer eine Wegnahme gegeben ist. Wendet der Täter hingegen vis compulsiva an, kommt es, wie schon oben beschrieben, auf die innere Willensrichtung des Opfers an.

Gelangen beide Auffassungen zum selben Ergebnis, erübrigt sich eine Streitentscheidung, es sei denn, Sie wollen der Literatur folgen, die nämlich §§ 253, 255 nicht mehr anprüfen würde, da objektiv eine Wegnahme vorliegt.

Ansonsten steigen Sie in der Klausur in der Zueignungsabsicht aus und prüfen ggfs. die §§ 253, 255.

### c) Der Täter nimmt mit Zueignungsabsicht eine fremde bewegliche Sache weg

**684** **Beispiel** Im obigen *Beispielsfall* möchte A das Taxi nicht nur für eine Spritztour benutzen, sondern an den Hehler H verkaufen und mit dem Erlös seine Rechnung beim Werkunternehmer W bezahlen.

Sie beginnen in der Klausur mit § 249 und stellen erneut bei der Wegnahme den Streit zwischen Rechtsprechung und Literatur dar. Wendet der Täter **vis absoluta** an, so gelangen beide Auffassungen zum selben Ergebnis, da der Täter in diesen Fällen die Sache immer an sich nehmen wird. Eine Streitentscheidung kommt aus den o.g. Gründen in Betracht. Liegt hingegen **vis compulsiva** vor, so bedarf es jedenfalls der Streitentscheidung, auch wenn die Literatur in diesem Fall eventuell gem. den §§ 253, 255 und der *BGH* gem. § 249 verurteilen würde, beide mithin dasselbe Strafmaß zugrundelegen würden.

» Gliedern Sie die oben dargestellten *Beispiele* durch, um Übung zu bekommen für den Ernstfall. «

---

166 Teilweise wird in Fällen der beschriebenen Art die Preisgabe des Verstecks bzw. einer Zahlenkombination deswegen nicht als Vermögensverfügung angesehen, weil ihr der unmittelbare vermögensschädigende Charakter fehle. Die Vermögensschädigung trete erst durch ein eigenmächtiges Verhalten des Täters ein (vgl. *Wessels/Hillenkamp* Strafrecht BT/2 Rn. 731). Damit wird jedoch verkannt, dass das Opfer durch die Preisgabe des Verstecks bereits eine schadensgleiche Vermögensgefährdung tätigt, da es nur noch vom Zufall abhängt, ob der Täter entsprechend der Informationen die Sache an sich nimmt (vgl. dazu *Hecker* JA 98, 305; *Küper* Festschrift für Theodor Lenckner 1998, S. 506).

### III. Subjektiver Tatbestand

**685** Der subjektive Tatbestand entspricht dem Tatbestand des § 263. Insofern wird auf die dortigen Ausführungen Bezug genommen.

### IV. Rechtswidrigkeit und Schuld

**686** Bei der Rechtswidrigkeit sind zunächst die **Rechtfertigungsgründe** zu prüfen.

Liegen diese nicht vor, so ist danach zu fragen, ob das **Mittel, der Zweck oder die Mittel-Zweck-Relation verwerflich** ist. Diese Prüfung entspricht der Prüfung bei § 240 Abs. 2 und ist nur bei der einfachen Erpressung erforderlich.

Bei der Prüfung der Schuld bestehen keine Besonderheiten.

### V. Konkurrenzen

**687** Vergleichen Sie insoweit die Ausführungen zu § 249 und § 263.

## H. Untreue, § 266

### I. Überblick

**688** Auch bei der Untreue ist das **geschützte Rechtsgut** das **Vermögen**. Der Täter schädigt dieses Vermögen, indem er eine **Vertrauensstellung** ausnutzt, die ihm gerade zu dem Zweck eingeräumt wurde, das Vermögen des Geschäftsherrn in dessen Interesse zu betreuen.[167] Die Vertrauensstellung macht die Untreue zu einem **Sonderdelikt**, woraus folgt, dass Täter, Mittäter oder mittelbarer Täter nur derjenige sein kann, der diese Vertrauensstellung innehat.

**689** Die Untreue besteht aus **zwei** voneinander zu unterscheidenden **Alternativen**:

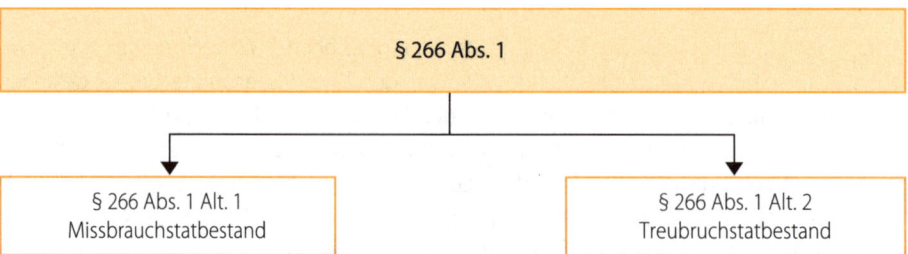

Beim Missbrauchstatbestand muss der Täter eine Verfügungs- oder Verpflichtungsbefugnis missbraucht haben. Diese Alternative weist daher einen starken Bezug zum Zivilrecht auf, der die Untreue examensrelevant macht, weil an dieser Stelle erneut fächerübergreifendes Denken abgefragt werden kann.

---

167 *BGHSt* 8, 255; 43, 293.

Objektiver Tatbestand  3 H II

Beachten Sie § 266 Abs. 2, welcher auf die **Regelbeispiele des § 263 Abs. 3** und im Zusammenhang damit auf die **Geringwertigkeitsklausel des § 243 Abs. 2 verweist**. Es gibt mithin eine Untreue in einem besonders schweren Fall, wobei dieser besonders schwere Fall ausgeschlossen ist, wenn sich der durch die Untreue angerichtete Schaden auf einen Betrag richtet, der 50 € unterschreitet. Der besonders schwere Fall ist, wie sonst auch, nach der Schuld in der Klausur zu prüfen. Da die Regelbeispiele mit denen des § 263 Abs. 3 identisch sind, wird bezüglich des Inhalts auf die dortigen Ausführungen verwiesen. **690**

Darüber hinaus **verweist § 266 Abs. 2 auf §§ 247 und 248a**, so dass die Untreue in gewissen Fällen des **Strafantrags** bedarf. **691**

Der Aufbau der Untreue sieht wie folgt aus: **692**

> **Untreue, § 266**
>
> **I. Objektiver Tatbestand**
>   1. Tathandlung
>      a) Missbrauchsalternative
>         aa) Befugnis, über fremdes Vermögen zu verfügen
>         bb) Missbrauch dieser Befugnis
>            ▶ Vermögensbetreuungspflicht   Rn. 707
>      b) Treuebruchsalternative
>         aa) Vermögensbetreuungspflicht
>            ▶ Gesetzes- oder sittenwidrige Geschäfte   Rn. 717
>         bb) Verletzung dieser Pflicht
>   2. Taterfolg: Vermögensschaden
>
> **II. Subjektiver Tatbestand**
>   Vorsatz
>
> **III. Rechtswidrigkeit**
>
> **IV. Schuld**
>
> **V. Besonders schwerer Fall gem. § 266 Abs. 2 i.V.m. § 263 Abs. 3**
>
> **VI. Strafantrag gem. § 266 Abs. 2 i.V.m. §§ 247, 248a**

*PRÜFUNGSSCHEMA*

## II. Objektiver Tatbestand

Wie bereits ausgeführt, sind die Missbrauchs- und die Treuebruchsalternative voneinander zu unterscheiden. **693**

### 1. Missbrauchsalternative, § 266 Abs. 1 Alt. 1

Dem Täter der Missbrauchsalternative muss durch Gesetz, behördlichen Auftrag oder Rechtsgeschäft eine Befugnis eingeräumt worden sein, über fremdes Vermögen zu verfügen oder einen anderen zu verpflichten. Diese **Befugnis** muss er alsdann **missbraucht** haben. Die Prüfung des objektiven Tatbestandes erfolgt mithin in 2 Schritten. **694**

| Schritt 1 | Schritt 2 | |
|---|---|---|
| Befugnis, über Vermögen zu verfügen | Missbrauch dieser Befugnis durch | |
| | Schritt 2a | Schritt 2b |
| | rechtlich wirksame Ausübung der Befugnis und | Überschreiten der Befugnis im Innenverhältnis |

### a) Befugnis, über fremdes Vermögen zu verfügen oder einen anderen zu verpflichten

**695** Unter einer **Verpflichtungs- oder Verfügungsbefugnis** ist eine nach außen wirkende Rechtsmacht zu verstehen, rechtsgeschäftlich oder hoheitlich, auf fremdes Vermögen einzuwirken oder eine schuldrechtliche Verpflichtung zu schaffen.[168]

**Verfügung** ist jede Aufhebung, Übertragung, Belastung oder Inhaltsänderung einer Rechtsposition. **Verpflichtung** ist eine schuldrechtliche Belastung des fremden Vermögens.[169]

Diese oben definierte Befugnis kann dem Täter durch **Gesetz**, **behördlichen Auftrag** oder **Rechtsgeschäft** eingeräumt worden sein.

**696** • Zu den durch **Gesetz** eingeräumten Befugnissen gehören das Vermögenssorgerecht der Eltern gegenüber ihren Kindern gem. § 1626 BGB, des Vormunds gem. § 1793 BGB, des Betreuers gem. § 1896 BGB, des Testamentsvollstreckers gem. § 2205 BGB, des Geschäftsführers einer GmbH gem. §§ 35 Abs. 1, 37 Abs. 2 GmbHG, des Vorstandes einer Aktiengesellschaft gem. §§ 78, 82 AktG, des Aufsichtsrats einer AG gem. § 87 AktG.[170]

**697** • Durch **behördlichen Auftrag** erhält z.B. ein Universitätsprofessor, der als Direktor der Unikliniken mit der Beschaffung von medizinischen Produkten beauftragt ist, eine Befugnis, über fremdes, nämlich staatliches Vermögen zu verfügen.[171] Auch der vom Gericht bestellte Insolvenzverwalter hat eine solche Befugnis.

**698** • Schließlich können Befugnisse auch **rechtsgeschäftlich** eingeräumt werden durch Einräumung einer Prokura gem. §§ 48 ff. HGB, Erteilung einer Vollmacht gem. §§ 164 ff. BGB sowie einer Verfügungsermächtigung gem. § 185 BGB.

**699** Da die Befugnis dem Täter im Hinblick auf das zu schützende Vermögen eingeräumt wurde, **reichen reine Rechtsscheinsvorschriften**, die den Täter aufgrund des guten Glaubens des Dritten in die Lage versetzen, faktisch über Vermögen zu verfügen, **nicht aus**.[172]

**Beispiel** Haushälterin H veräußert eines Tages den ihr zur Aufbewahrung während einer Weltreise ihrer Arbeitgeber überlassenen Schmuck an den gutgläubigen X.

Hier hat X gem. §§ 929, 932 BGB gutgläubig Eigentum an dem Schmuck erworben. Haushälterin H war jedoch weder kraft Rechtsgeschäftes noch kraft Gesetzes die Befugnis eingeräumt worden, über das Vermögen ihrer Arbeitgeber zu verfügen. § 932 BGB dient nicht dem Schutz des Vermögens, sondern dem Schutz des gutgläubigen Dritten und ist damit keine Rechtsnorm, die dem Täter eine Befugnis einräumt.

---

168 *BGH* NJW 2006, 522.
169 *Joecks/Jäger* § 266 Rn. 13, 14.
170 Vgl. weitere Aufzählungen bei *Wessels/Hillenkamp* Strafrecht BT/2 Rn. 751.
171 *BGH* NJW 2002, 2801.
172 *Wessels/Hillenkamp* Strafrecht BT/2 Rn. 751.

Objektiver Tatbestand                                      3 H II

### b) Missbrauch der dem Täter eingeräumten Befugnis

Die Tathandlung der 1. Alternative besteht darin, dass der Täter die ihm eingeräumte Befugnis durch rechtsgeschäftliches oder hoheitliches Handeln missbraucht. **700**

> **JURIQ-Klausurtipp**
>
> Damit fallen **rein tatsächliche Handlungen**, wie z.B. das Einstecken fremder Gelder für eigene Zwecke, nicht unter die 1. Alternative. In diesem Fall kann in der Klausur sofort mit der Prüfung der 2. Alternative begonnen werden.

Ein Missbrauch setzt voraus, dass der Täter im **Außenverhältnis** eine rechtsgeschäftlich wirksame Verpflichtung oder Verfügung getroffen hat, mit der er das zu betreuende Vermögen belastet hat. Mit dieser Verfügung hat er jedoch im **Innenverhältnis** die Grenzen des rechtlichen Dürfens überschritten. Damit setzt die Missbrauchsalternative in der Regel ein **Dreipersonenverhältnis** voraus, wobei es auch denkbar ist, dass der Täter als z.B. Prokurist einer GmbH mit sich selbst kontrahiert und dabei § 181 BGB verletzt. In diesem Fall agiert der Täter auf 2 Seiten: einmal als Vertreter der geschädigten GmbH und einmal als Vertragspartner. **701**

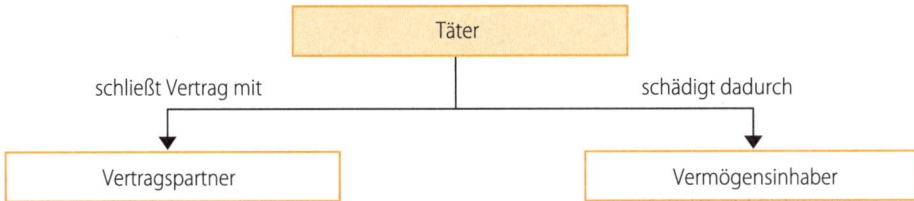

Merken können Sie sich dementsprechend folgende Definition:

> **Missbrauch** ist ein Überschreiten des rechtlichen Dürfens im Rahmen des rechtlichen Könnens.[173]

In der Klausur ist zunächst festzustellen, ob der Täter eine **wirksame Verfügung oder Verpflichtung** getroffen hat. Nur dann liegen die Voraussetzungen des „rechtlichen Könnens" vor. Zu beachten sind in diesem Zusammenhang insbesondere **§§ 134, 138 BGB**. **702**

**Beispiel** Prokurist P der Firma X-GmbH geht mit dem Lieferanten L einen Deal ein. P werde nur dann für die X-GmbH bei L Holz bestellen, wenn dieser auf den regulären Preis in Höhe von 100 000 € einen Betrag in Höhe von 10 000 € aufschlage und diesen erhöhten Preis in der für die X-GmbH bestimmten Rechnung „verstecke" (sog. „Kick-Back-Provision"). Nach Erhalt des Gesamtrechnungsbetrages solle L den Mehrerlös auf ein Konto des P überweisen. L ist einverstanden, so dass es zu einem Vertragsschluss zwischen der X-GmbH, vertreten durch P und L, kommt.

In einem solchen Fall sollten Sie nicht voreilig die Missbrauchsalternative bejahen. Zwar hat P als Prokurist gem. § 49 Abs. 1 HGB eine weitreichende Vertretungsmacht, die nach außen nicht beschränkt werden kann. Nicht übersehen werden darf jedoch, dass der zwi-

---
[173] *BGHSt* 5, 61.

schen der X-GmbH und L geschlossene Vertrag wegen kollusiven Zusammenwirkens zwischen P und L nichtig ist. Damit hat P die X-GmbH nicht wirksam verpflichtet. Es kommt allerdings eine Strafbarkeit gem. § 266 Abs. 1 Alt. 2 in Betracht. ∎

**703** Nachdem Sie festgestellt haben, dass der Täter das zu betreuende Vermögen wirksam belastet hat, muss nun überprüft werden, ob der Täter **im Innenverhältnis** dazu auch berechtigt war. Hat er **das rechtliche Dürfen überschritten**, so liegt ein Missbrauch vor. Die **Grenzen** des rechtlichen Dürfens können sich zum einen aus **Gesetz** oder **Satzung** ergeben.

> **Beispiel** Der Gesellschaftergeschäftsführer G einer Ein-Mann-GmbH schließt mit einem Angestellten einen Darlehensvertrag über 10 000 €. Aufgrund der später ausgezahlten Summe verfügt die GmbH nur noch über ein Stammkapital in Höhe von 15 000 €. Wie schon bei Abschluss des Vertrages zu erwarten, kann A den Betrag später bei Fälligkeit des Darlehens nicht zurückzahlen.
>
> Hier hat der Geschäftsführer aufgrund seiner ihm durch das GmbHG eingeräumten Befugnisse zunächst wirksam einen Darlehensvertrag mit seinem Angestellten geschlossen. Das Überschreiten des rechtlichen Dürfens ergibt sich jedoch aus § 43a GmbHG, wonach Handlungen zu unterlassen sind, mit denen das Vermögen der GmbH unter das Eigenkapitalniveau sinkt. ∎

**704** Daneben können sich Einschränkungen des rechtlichen Dürfens aus **Vereinbarungen** ergeben, die mit dem Vermögensinhaber getroffen wurden. Insofern wird Ihre Klausur eindeutige Hinweise enthalten.

**705** Schließlich kann sich das rechtliche Dürfen aber auch aus **Sorgfaltsanforderungen** ergeben, die ein **ordentlicher und gewissenhafter Vermögensbetreuer** zu beachten hat. Sofern es sich um **unternehmerische Entscheidungen** handelt, die das Firmenvermögen betreffen, fordert der *BGH* bei Entscheidungen von Vorständen, Aufsichtsräten und Geschäftsführern einschränkend eine **gravierende Pflichtverletzung**. Nur eine solche könne das Überschreiten des rechtlichen Dürfens begründen.[174]

> **Beispiel** So hatten Vorstandsmitglieder einer Sparkasse Kredite an vermögensschwache Kunden vergeben, die später notleidend wurden. Eine Überschreitung des rechtlichen Dürfens hat der *BGH* für den Fall bejaht, dass die Entscheidungsträger ihre Informations- und Prüfungspflichten bezüglich der wirtschaftlichen Verhältnisse des Kreditnehmers gravierend verletzt haben.[175] ∎

> **Beispiel** Im Fall des SSV Reutlingen hatte der Vorstandsvorsitzende der AG SWEG auf Aufforderung des damaligen Landesverkehrsministers, der dem SSV Reutlingen als Präsidentvorstand, im Rahmen eines vermeintlichen Sponsorings Zahlungen an den finanziell angeschlagenen Verein getätigt. Da die Zahlungen in erster Linie den Zweck verfolgten, den Verkehrsminister gewogen zu stimmen, hat der *BGH* den betrieblichen Bezug der Zuwendungen verneint und eine gravierende Pflichtverletzung seitens des Vorstandsvorsitzenden bejaht.[176] ∎

---

174 *BGHSt* 47, 148 ff.
175 *BGHSt* 47, 148; vgl. auch *Jäger* Strafrecht BT Rn. 388.
176 *BGHSt* 47, 187.

## Objektiver Tatbestand

> **Hinweis**
>
> Wie Sie anhand der vorgenannten *Beispiele* gesehen haben, sind vertiefte Kenntnisse nicht nur aus dem allgemeinen **Zivilrecht**, sondern vor allem auch aus dem **Handels- und Gesellschaftsrecht** erforderlich, um feststellen zu können, ob der Täter seine Befugnisse missbraucht hat.

Beim Überschreiten des rechtlichen Dürfens ist zu beachten, dass ein **Einverstandensein des Vermögensinhabers** den Missbrauch ausschließt, da in diesen Fällen keine Überschreitung des rechtlichen Dürfens angenommen werden kann. Das Einverstandensein ist mithin **tatbestandsausschließendes Einverständnis**. Ausreichend für dieses Einverständnis ist aber nicht ausschließlich die **natürliche Willensfähigkeit**, sondern darüber hinaus (in Anlehnung an die rechtfertigende Einwilligung) sind auch die **Einwilligungsfähigkeit** sowie der Umstand, dass das **Einverstandensein ohne Täuschung, Drohung oder Zwang** zustande gekommen ist, von Bedeutung.[177] Des Weiteren muss überprüft werden, ob derjenige, der sein Einverständnis erklärt, dazu überhaupt **berechtigt** ist. — 706

**Beispiel** Im obigen Darlehensfall war der Gesellschaftergeschäftsführer G mit der Auszahlung des Kredites einverstanden. Da es sich um eine Ein-Mann-GmbH handelte, dessen einziger Gesellschafter G war, könnte man die Auffassung vertreten, dass ein Missbrauch aufgrund dieses tatbestandsausschließenden Einverständnisses nicht vorliegt. Der *BGH* und Teile der Literatur verneinen jedoch in Fällen dieser Art die Wirksamkeit des Einverständnisses. Demnach sind Gesellschafter zur Gestattung von Handlungen nicht befugt, die dem Wesen der Gesellschaft zuwiderlaufen oder vom Gesetzgeber überwiegend im Interesse der Gesellschaftsgläubiger untersagt sind. Hierzu gehören insbesondere die Vorschriften zur Erhaltung des Stammkapitals, ohne die eine Gesellschaft mit beschränkter Haftung nicht denkbar ist. Jeder Zugriff auf das Stammkapital stellt mithin für die GmbH eine Existenzgefährdung dar, in welche der Gesellschaftergeschäftsführer nicht einwilligen kann.[178]

### c) Vermögensbetreuungspflicht

**Umstritten** ist, ob der Täter der 1. Alternative auch eine **Vermögensbetreuungspflicht** haben muss. — 707

Nach **herrschender Auffassung** ist der **Missbrauchstatbestand ein Spezialfall des Treuebruchstatbestandes** mit der Folge, dass auch bei der 1. Alternative eine **Vermögensbetreuungspflicht verlangt** wird.[179] Begründet wird dies zum einen mit der Struktur des § 266, zum anderen aber auch mit dem Bedürfnis nach einer restriktiven Auslegung, die eine Ausuferung des § 266 verhindern soll. — 708

Die **Gegenauffassung** versteht den Relativsatz in § 266 Abs. 1 „*... und dadurch dem, dessen Vermögensinteressen er zu betreuen hat ...*" dahin gehend, dass er sich nur auf den Treuebruchtatbestand beziehe. Die beiden Alternativen werden demzufolge als **selbstständige Tatbestände** angesehen mit der Folge, dass eine **Vermögensbetreuungspflicht nicht erforderlich** ist.[180] — 709

---

177 *Wessels/Hillenkamp* Strafrecht BT/2 Rn. 758.
178 *BGHSt* 3, 32; 9, 203; LK-*Hübner* § 266 Rn. 87.
179 *BGH* NStZ-RR 2006, 307; *Wessels/Hillenkamp* Strafrecht BT/2 Rn. 750.
180 *Fischer* § 266 Rn. 6 ff.

710 Da die meisten Täter, die kraft Gesetzes, behördlichen Auftrags oder Rechtsgeschäfts eine Befugnis eingeräumt bekommen haben, auch zugleich eine Vermögensbetreuungspflicht haben, wird der Streit selten relevant (lesen Sie dazu aber auch den Übungsfall „Mann-O-Mann", der einen immer wieder in Klausuren auftauchenden Sachverhalt enthält, bei dem der Streit tatsächlich einmal auszudiskutieren ist). Er wirkt sich aus bei dem weisungsgebundenen Boten, der im Namen des Geschäftsherrn für diesen ein Geschäft tätigt. Da dieser keine Eigenständigkeit besitzt, hat er auch keine Vermögensbetreuungspflicht (zu den Voraussetzungen siehe Rn. 712).[181]

> **JURIQ-Klausurtipp**
>
> Da mithin nach h.M. die 1. Alternative den Spezialfall zur 2. Alternative darstellt, sollten Sie in der Klausur **mit der 1. Alternative beginnen**. Verneinen Sie bereits den Missbrauch, erübrigt sich die Frage nach dem Bestehen einer Vermögensbetreuungspflicht. Diese kann dann im Rahmen der Prüfung der 2. Alternative diskutiert werden. Haben Sie hingegen den Missbrauch bejaht, dann wird in aller Regel auch die Vermögensbetreuungspflicht aufgrund des oben Ausgeführten zu bejahen sein. Eine Streitentscheidung zwischen den unterschiedlichen Auffassungen ist nicht erforderlich, da auch in diesem Fall auch nach h.M. die 1. Alternative verwirklicht ist. In diesen Fällen reicht es aus, die unterschiedlichen Auffassungen kurz darzustellen.

### 2. Treuebruchstatbestand

711 Die 2. Alternative ist im Verhältnis zur 1. Alternative weiter gefasst. Danach reicht es aus, wenn der Täter eine ihm kraft Gesetzes, behördlichen Auftrags, Rechtsgeschäfts oder aufgrund eines faktischen Treuverhältnisses obliegende Pflicht zur Wahrnehmung fremder Vermögensinteressen verletzt hat. Die Prüfung dieser Alternative erfolgt in 2 Schritten:

| Schritt 1 | Schritt 2 |
| --- | --- |
| Pflicht, fremde Vermögensinteressen wahrzunehmen | Verletzung dieser Pflicht |

#### a) Vermögensbetreuungspflicht

712 Die Vermögensbetreuungspflicht kann sich zunächst **aus denselben Umständen** ergeben, aus denen heraus sich eine **Verfügungs- oder Verpflichtungsbefugnis** in der 1. Alternative ergeben hat. **Darüber hinaus** reicht es aber auch aus, dass sich **aus faktischen Umständen** eine Vermögensbetreuungspflicht ergibt. Dies liegt insbesondere dann vor, wenn das zugrunde liegende Rechtsgeschäft aus rechtlichen Gründen nichtig ist, bei Gültigkeit aber eine rechtliche Treuepflicht entstehen ließe.[182]

713 Im Interesse des Bestimmtheitsgebotes werden relativ strenge Anforderungen an die Vermögensbetreuungspflicht gestellt.

---

181 Teilweise wird schon die Verfügungs- bzw. Verpflichtungsmacht des Boten verneint. Vgl. dazu *Joecks/Jäger* § 266 Rn. 21.
182 *Wessels/Hillenkamp* Strafrecht BT/2 Rn. 769.

## Objektiver Tatbestand  3 H II

> Eine **Vermögensbetreuungspflicht** setzt mithin ein Treueverhältnis voraus, dessen wesentliche und typische Aufgabe in der Betreuung des fremden Vermögens liegt und welches durch eine Eigenverantwortlichkeit und Selbstständigkeit des Pflichteninhabers geprägt ist.[183]

Die Vermögensbetreuungspflicht muss also **Haupt- und nicht Nebenpflicht** des Verhältnisses sein, welches den Geschädigten und den Täter verbindet. Infolgedessen genügen einfache Vertragspflichten bei wechselseitigen Verträgen wie Kauf-, Miet-, Werk- oder Arbeitsverträgen den Anforderungen nicht. Auch bei reinen Botentätigkeiten wird man eine Vermögensbetreuungspflicht verneinen müssen, weil diese keine Eigenverantwortlichkeit und Selbstständigkeit aufweisen. 714

**Eigenständig und selbstständig** handeln hingegen **Personen, die eine gesetzliche Vertretungsmacht haben**, wie z.B. Geschäftsführer, Vorstände, Aufsichtsräte, Prokuristen, Handelsvertreter, Kommissionäre, Filial- und Abteilungsleiter. Auch allein verantwortliche Kassierer haben eine Vermögensbetreuungspflicht unter der Voraussetzung, dass sie zur Kontrolle der Einnahmen und Ausgaben Bücher führen, Quittungen erteilen und Wechselgeld herausgeben.[184] 715

### b) Verletzung der Vermögensbetreuungspflicht

Der Täter verletzt seine Vermögensbetreuungspflicht, **wenn er den Interessen des Vermögensinhabers zuwiderhandelt**. Ebenso wie bei der 1. Alternative kann sich die Verletzung aus Gesetz, Einzelabreden oder der Sorgfalt eines ordnungsgemäßen Kaufmanns ergeben. Bei unternehmerischen Entscheidungen ist erneut zu berücksichtigen, dass die Pflichtverletzung gravierend sein muss, damit der Tatbestand der 2. Alternative verwirklicht ist.[185] Beachten Sie, dass das **Einverstandensein des Vermögensinhaber schon tatbestandsausschließend** wirkt, da die Verletzung der Pflicht, fremdes Vermögen zu betreuen, zwingend voraussetzt, dass dies gegen oder ohne den Willen des Vermögensinhabers geschieht. Bei juristischen Personen z.B. einer GmbH ist der Wille der Gesamtheit der Gesellschafter entscheidend. Dieser Wille ist nur dann unbeachtlich weil unwirksam, wenn unter Verstoß gegen Gesellschaftsrecht die wirtschaftliche Existenz der GmbH gefährdet wird, etwa durch Beeinträchtigung des Stammkapitals, § 30 GmbHG.[186] 716

Umstritten ist, ob bei **gesetzes- oder sittenwidrigen Geschäften** eine **Treuepflicht** verletzt werden kann, wenn der Täter absprachewidrig handelt. 717

**Beispiel** Hehler H wird eine wertvolle Uhr übergeben, die er für die D gewinnbringend verkaufen soll. Absprachewidrig behält H diese Uhr jedoch für sich.

Hier könnte in dem Einstecken und Behalten der Uhr die Verletzung einer Vermögensbetreuungspflicht liegen. ■

Teilweise wird in der **Literatur** schon das Bestehen eines **Treueverhältnisses abgelehnt**. Verwiesen wird auf die Einheitlichkeit der Rechtsordnung, wonach Geschäfte, die das Zivilrecht missbillige, nicht vom Strafrecht geschützt werden sollten.[187] Die **überwiegende Auffassung** 718

---

[183] *Wessels/Hillenkamp* Strafrecht BT/2 Rn. 769.
[184] *BGH* wistra 1989, 60; vgl. weitere Fallbeispiele bei *Wessels/Hillenkamp* Strafrecht BT/2 Rn. 770 ff.
[185] *OLG Hamm* NStZ-RR 2012, 374.
[186] *BGH* Urteil vom 30.8.2011, AZ 3 StR 228/11.
[187] Schönke/Schröder-*Lenckner/Perron* § 266 Rn. 11, 31.

**bejaht** jedoch sowohl die Möglichkeit des Bestehens einer **Vermögensbetreuungspflicht** (sofern diese den Anforderungen, insbesondere der Eigenverantwortlichkeit und Selbstständigkeit genügt) als auch die Verletzung dieser Pflicht. Begründet wird dies damit, dass auch **unter „Ganoven" kein rechtsfreier Raum** bestehen dürfe (sog. Ganovenuntreue).[188]

> **Hinweis**
>
> Die Diskussion an dieser Stelle ist **vergleichbar mit der Diskussion bei § 263**, wonach zwischen ökonomischer und juristisch-ökonomischer Theorie das strafrechtlich geschützte Vermögen unterschiedlich definiert wird.

719 Die Pflichtverletzung des Täters kann auch durch ein **Unterlassen** begangen werden. Die **Garantenstellung und -pflicht** ergibt sich dabei schon tatbestandlich aus der **Vermögensbetreuungspflicht** des Täters, so dass ein Rückgriff auf § 13 nicht zwingend erforderlich scheint. Die **h.Lit.** betrachtet § 266 dementsprechend auch als **echtes Unterlassungsdelikt** mit der Folge, dass § 13, insbesondere aber auch die Strafminderungsmöglichkeit gem. § 13 Abs. 2 nicht anwendbar sind.[189] Der **BGH** greift zwar ebenfalls nicht auf § 13 zur Begründung einer Garantenstellung zurück, wendet jedoch **§ 13 Abs. 2 analog** an in den Fällen, in denen das Unterlassen vom Unrechtsgehalt her hinter dem positiven Tun zurückbleibt.[190]

### III. Taterfolg: Vermögensschaden

720 Voraussetzung des § 266 Abs. 1 ist für beide Alternativen, dass durch die Handlung respektive das Unterlassen des Täters ein Nachteil eingetreten ist. Dieser Begriff **entspricht** nach allgemeiner Auffassung dem des **Vermögensschadens bei § 263**.[191] Insofern wird auf die dortigen Ausführungen verwiesen. Der Nachteil wird also, wie bei § 263 auch, im Wege der **Gesamtsaldierung** ermittelt.

> **Hinweis**
>
> Das *BVerfG*[192] hat über Anwendung und Auslegung des Tatbestandes der Untreue unter dem Gesichtspunkt des Bestimmtheitsgebotes entschieden. Problematisch bei dem relativ weit gefassten Tatbestand ist vor allem das „Überschreiten des rechtlichen Dürfens" sowie die „Pflichtverletzung", welche, sofern es keine eindeutigen Abreden oder gesetzlichen Vorgaben gibt, aus den allgemein üblichen Sorgfaltsanforderungen hergeleitet werden muss. Problematisch ist ferner der „Nachteil", sofern der Gefährdungsschaden, bei dem eine Prognose angestellt wird, mit einbezogen wird. Das *BVerfG* hat deutlich gemacht, dass der Tatbestand trotz der Weite noch dem Bestimmtheitsgrundsatz genügt und darauf hingewiesen, dass die Rechtsprechung gehalten sei, verbleibende Unklarheiten durch Präzisierung und Konkretisierung im Wege der Auslegung auszuräumen.

---

188 *Wessels/Hillenkamp* Strafrecht BT/2 Rn. 774 m.w.N.
189 *Wessels/Hillenkamp* Strafrecht BT/2 Rn. 765 m.w.N.
190 *BGHSt* 36, 227; *BGH* NStZ-RR 97, 357.
191 *BGHSt* 40, 287; *Wessels/Hillenkamp* Strafrecht BT/2 Rn. 775.
192 *BVerfGE* vom 23.6.2010, AZ 2 BvR 2559/08 abrufbar unter www.bundesverfassungsgericht.de.

## IV. Subjektiver Tatbestand

Die Untreue setzt keine besonderen Absichten voraus, so dass Vorsatz in Form des **dolus eventualis** ausreicht. Bei der 2. Alternative muss der Vorsatz auch die **Verletzung der Vermögensbetreuungspflicht** umfassen. Problematisch ist insoweit die Abgrenzung zwischen einem Tatbestandsirrtum gem. § 16 Abs. 1 und einem Verbotsirrtum gem. § 17. Lesen Sie dazu den Übungsfall „Mann-O-Mann" unter Rn. 752.

721

## V. Rechtswidrigkeit und Schuld

Es liegen keine deliktsspezifischen Besonderheiten vor. Beachten Sie, dass das Einverstandensein des Vermögensinhabers bereits auf Tatbestandsebene geprüft wird. Ansonsten gelten die allgemeinen Grundsätze.

722

## VI. Täterschaft und Teilnahme

Wie bereits ausgeführt, ist § 266 ein **Sonderdelikt** mit den entsprechenden Auswirkungen auf die Täterschaft. Auf **Teilnehmer** ist **§ 28 Abs. 1** anwendbar, so dass die Strafe zu mildern ist, wenn sie weder eine speziell eingeräumte Befugnis noch eine Vermögensbetreuungspflicht haben.

723

## VII. Konkurrenzen

Die veruntreuende Unterschlagung gem. § 246 Abs. 2 tritt nach überwiegender Auffassung[193] hinter der Untreue gem. § 266 zurück (sofern nicht schon der Tatbestand verneint wird[194]).

724

Zwischen Betrug gem. § 263 und Untreue gem. § 266 wird **Idealkonkurrenz** angenommen.[195] Wurde hingegen der Vermögensgegenstand schon durch einen Betrug erlangt, so tritt die nachfolgende Untreuehandlung als **mitbestrafte Nachtat** zurück. Anderseits tritt der Betrug hinter der Untreue als **mitbestrafte Nachtat** zurück, wenn er ausschließlich die Sicherung des durch die Untreue erlangten Vorteils bezweckt.[196]

725

Zwischen Untreue und Diebstahl bzw. Hehlerei kann unproblematisch **Idealkonkurrenz** bestehen.[197]

726

---

193 Schönke/Schröder-*Lenckner/Perron* § 266 Rn. 55.
194 *BGHSt* 14, 38.
195 Vgl. *Joecks/Jäger* § 266 Rn. 38.
196 *Joecks/Jäger* § 266 Rn. 38.
197 *BGHSt* 17, 361.

# I. Missbrauch von Scheck- und Kreditkarten, § 266b

## I. Überblick

**727** Bei § 266b handelt es sich um ein **untreueähnliches Delikt**, was Sie schon daran erkennen können, dass auch hier die Tathandlung im Missbrauchen einer dem Täter eingeräumten Befugnis liegt, welche zu einem Vermögensschaden führt. Ebenso wie bei § 266 ist das **geschützte Rechtsgut** mithin das **Vermögen**, hier des Kartenausstellers. Darüber hinaus wird auch die **Funktionsfähigkeit des bargeldlosen Zahlungsverkehrs** als geschützt angesehen.[198]

**728** Da Täter nur derjenige sein kann, dem von dem Kartenaussteller eine Befugnis eingeräumt wurde, ist auch § 266b ein **Sonderdelikt**. Die besondere Beziehung des Täters zu dem kartenausstellenden Institut ist ein **besonderes persönliches Merkmal i.S.d. § 28 Abs. 1**.

> **JURIQ-Klausurtipp**
>
> § 266b wird Ihnen in der Klausur meist in Fallgestaltungen begegnen, in welchen der Täter mit seiner eigenen **Maestro-Karte** (frühere EC-Karte) bei dem eigenen oder einem fremden Geldinstitut Bargeld abhebt oder im POS- oder POZ-Verfahren Einkäufe tätigt. Denken Sie in diesem Zusammenhang immer auch an eine Strafbarkeit gem. §§ 263 und 263a.

**729** Beachten Sie, dass § 266b ein Vergehen ist, bei welchem der Gesetzgeber die Versuchsstrafbarkeit nicht angeordnet hat.

**730** Der Aufbau des § 266b sieht wie folgt aus:

**PRÜFUNGSSCHEMA**

**Missbrauch von Scheck- und Kreditkarten, § 266b**

**I. Objektiver Tatbestand**
 1. Täter: berechtigter Inhaber eine Scheck- oder Kreditkarte
    - Maestro-Karte (frühere EC-Karte)  Rn. 740
 2. Tathandlung: Missbrauchen der dem Täter vom Aussteller eingeräumten Befugnis
 3. Taterfolg: Schädigung

**II. Subjektiver Tatbestand**
 Vorsatz, dolus eventualis reicht

**III. Rechtswidrigkeit**

**IV. Schuld**

**V. Strafantrag gem. § 266b i.V.m. § 248a**

---

198 *Fischer* § 266b Rn. 2.

## II. Objektiver Tatbestand

Der objektive Tatbestand besteht in dem Missbrauchen der dem Täter durch Überlassung einer Scheck- oder Kreditkarte eingeräumten Möglichkeit, den Aussteller zu einer Zahlung zu veranlassen.

### 1. Täter: Inhaber einer Scheck- oder Kreditkarte

Täter des § 266b kann nur der **berechtigte Karteninhaber** sein, also derjenige, der vom kartenausstellenden Institut die Scheck- oder Kreditkarte überlassen bekommen hat.

**Scheckkarten** waren die aufgrund von Vereinbarungen der Kreditwirtschaft einheitlich gestalteten „**Euroscheck-Karten**", die eine besondere Garantiefunktion aufwiesen. Die Scheckkarten wurden zusammen mit einem Scheck benutzt. Sofern die Unterschrift und die Kontonummer von Scheck und Scheckkarte übereinstimmten, garantierte das ausstellende Kreditinstitut die Einlösung des Schecks bis zu einem Betrag in Höhe von 400 DM.[199] Da die europäischen Banken das Ende dieses garantierten Euroscheckverkehrs zum 31.12.2001 beschlossen haben, gibt es Scheckkarten in der o.g. Verwendungsart und der damit einhergehenden Garantiefunktion nicht mehr. Sie wurden ersetzt durch so genannte **Maestro-Karten**, die teilweise noch das EC-Logo aufweisen. Diese Maestro-Karten **können in dreierlei Hinsicht gebraucht werden**:

- Die Karte kann eingesetzt werden an **Geldautomaten** der kontoführenden Bank sowie jeder dritten Bank zur Abhebung von Bargeld.
- Die Karte kann eingesetzt werden im sog. **POS-Verfahren** (point-of-sale-Verfahren). Dieses POS-Verfahren, auch electronic-cash-Verfahren genannt, ermöglicht eine bargeldlose Zahlung unter Verwendung der Maestro-Karte und der PIN, welche der Kunde in das Kartenlesegerät am Terminal der Kasse des Händlers eingeben muss. Beim POS-Verfahren hat der **Händler** aufgrund eines Vertrages zwischen ihm und dem Kreditinstitut einen **direkten Anspruch gegen das kartenausstellende Kreditinstitut**. Die am Terminal eingelesenen Daten werden in einer Autorisierungszentrale bzw. direkt bei dem Kreditinstitut überprüft. Sofern die Überprüfung positiv ist, hat der Kunde mittels dieses Verfahrens seine Waren oder Dienstleistungen bezahlt.
- Die Karte kann schließlich auch eingesetzt werden im sog. **POZ-Verfahren** (point-of-sale ohne Zahlungsgarantie). Im Gegensatz zum POS-Verfahren gibt der Kunde hier nicht seine PIN ein, sondern unterschreibt lediglich einen vom Händlerterminal ausgedruckten Beleg. Mit dieser Unterschrift erteilt er **eine Ermächtigung zum Lastschrifteinzug**. Ein Anspruch des Händlers gegen das Kreditinstitut besteht in diesen Fällen jedoch nicht. Auch übernimmt das Kreditinstitut im Gegensatz zum POS-Verfahren keine Garantie für den in Rede stehenden Betrag.

In sämtlichen o.g. Verwendungsfällen ist ein **missbräuchliches Vorgehen** des Täters denkbar, wenn der Täter die Maestro-Karte einsetzt, obwohl sein Konto kein Guthaben mehr aufweist, sein Dispositionsrahmen ausgeschöpft ist und er in absehbarer Zeit nicht in der Lage ist, die Forderungen der Bank auszugleichen.

---

199 *Wessels/Hillenkamp* Strafrecht BT/2 Rn. 793.

**738** Einigkeit besteht dahin gehend, dass § 266b dann **ausscheidet**, wenn der Täter die **Maestro-Karte bei dem eigenen, kartenausgebenden Institut zur Bargeldabholung einsetzt**. Orientiert man sich am Kreditkartenmissbrauch und dem früheren Scheckkartenmissbrauch, so ergibt sich, dass auch § 266b ein **Dreipersonenverhältnis** voraussetzt. Im Außenverhältnis muss ein Vertrag geschlossen werden zwischen dem Karteninhaber und dem Warenanbieter oder Dienstleister (Bank). Dieser erhält aufgrund des Garantieverhältnisses die in Rede stehende Summe vom Kartenaussteller, welcher wiederum im Innenverhältnis einen Vertrag mit dem Karteninhaber geschlossen hat.

> **Hinweis**
>
> Insofern entspricht § 266b der 1. Tatbestandsalternative des § 266. Auch beim Missbrauch im Rahmen des § 266 bedarf es eines Dreipersonenverhältnisses. Das zu betreuende Vermögen muss durch einen wirksamen Vertrag des Täters mit einem Dritten belastet worden sein.

Dieses Dreipersonenverhältnis liegt bei dieser Form der Bargeldbeschaffung nicht vor.[200]

**739** § 266b **scheidet** auch **aus**, wenn die **Maestro-Karte im POZ-Verfahren** eingesetzt wird, da hier kein unmittelbarer Anspruch des Vertragsunternehmens gegenüber der kartenausstellenden Bank begründet wird. Der Kunde unterzeichnet lediglich eine Einzugsermächtigung. In der Klausur ist in diesen Fällen jedoch an § 263 zu denken.

**740** **Umstritten** sind jedoch die Fälle, in denen der Täter die **Maestro-Karte an einem fremden Kreditinstitut zur Bargeldabhebung** einsetzt. Aufgrund einer Vereinbarung der Kreditinstitute untereinander ist das kartenausstellende Kreditinstitut diesem fremden Kreditinstitut jedenfalls zum Ausgleich der Forderung verpflichtet, auch wenn das Konto des Karteninhabers keine entsprechende Deckung aufweist. Diese Vereinbarung wurde getroffen im Interesse des reibungslosen Zahlungsverkehrs. **Umstritten** sind darüber hinaus die Fälle, in denen der Täter die **Maestro-Karte im POS-Verfahren** einsetzt. In beiden Fällen ist streitig, ob die Maestrokarte eine Scheckkarte ist.

**741** **Einer Auffassung zufolge** können **Maestro-Karten weder als Scheckkarten noch als Kreditkarten** angesehen werden. Im Unterschied zur Scheckkarte weisen sie nicht deren Garantiefunktion auf. Im Unterschied zur Kreditkarte gewähre die Bank dem Karteninhaber keinen Kredit, da in beiden Fällen eine augenblickliche Belastung des Kontos erfolge.[201]

**742** Da aufgrund der jeweiligen vertraglichen Vereinbarungen zwischen den Banken untereinander bzw. zwischen den Banken und den Vertragsunternehmen die **Maestro-Karte** jedoch eine **garantieähnliche Funktion** habe, **wird** von einer **anderen Auffassung § 266b bejaht**. Diese Auffassung weist darauf hin, dass der Täter mit der Maestro-Karte lediglich neue technische Möglichkeiten nutze, anstatt – wie früher – einen garantierten Scheck auszustellen, so dass die Maestro-Karte nach wie vor als „**Scheckkarte**" angesehen wird.[202]

---

200 *BayObLG* StV 97, 596; *OLG Stuttgart* NJW 1988, 982.
201 *Wessels/Hillenkamp* Strafrecht BT/2 Rn. 794 m.w.N.
202 *BGH* NJW 2002, 905; *Joecks/Jäger* § 266b Rn. 14.

## Objektiver Tatbestand

> **Hinweis**
>
> Die Auffassung, die § 266b für nicht anwendbar erachtet, gelangt zu einer **Straffreiheit des Täters** in den beschriebenen Fällen. Hebt der Täter mit seiner eigenen Kreditkarte an einem fremden Geldinstitut Geld ab, so kommt eine Strafbarkeit gem. § 263a nicht in Betracht, da er nicht unbefugt Daten verwendet.[203]
>
> Wie bei § 263a dargestellt, legt die **h.M.** die unbefugte Verwendung betrugsspezifisch aus, mit der Folge, dass ein unbefugtes Verwenden ausscheidet, wenn der berechtigte Karten- und Kontoinhaber eine Abhebung tätigt.
>
> Beim Verwenden der Maestro-Karte im **POS-Verfahren** gelangen die **Literaturvertreter**, die § 266b ablehnen, ebenfalls zu einer Straflosigkeit. § 263 scheitert daran, dass das Vertragsunternehmen aufgrund des Vertrages mit dem Kartenaussteller den in Frage stehenden Betrag jedenfalls von der Bank erhält. Infolge dessen erklärt der Verwender auch nicht konkludent, dass sein Konto gedeckt sei. Der Händler als Vertragsunternehmer hat nämlich an dieser Erklärung kein Interesse. Aus diesem Grund scheitert auch § 263a, da keine unbefugte Verwendung vorliegt.

**743** Da, wie oben ausgeführt, für § 266b ein Dreipersonenverhältnis erforderlich ist, scheidet eine Strafbarkeit des Täters aus, wenn dieser eine **Kundenkarte** im sog. „Zwei-Partner-System" überlassen bekommen hat. Diese Kundenkarte ist **keine Kreditkarte i.S.d. § 266b**. Sie wird nicht zur Veranlassung einer Zahlung an einen Dritten eingesetzt und hat dementsprechend auch keine Garantiefunktion.[204]

**744** Unproblematisch kann § 266b hingegen verwirklicht sein bei Verwendung einer **Kreditkarte**. Mit einer Kreditkarte (z.B. Eurocard, American Express, Diners und Visa) garantiert das ausstellende Institut dem Vertragsunternehmen die Bezahlung seiner Forderungen gegenüber dem Kreditkarteninhaber, sofern dieser die Karte entsprechend den Bedingungen des Kreditinstituts benutzt.

### 2. Tathandlung: Missbrauchen der durch Überlassung einer Scheck- oder Kreditkarte eingeräumten Möglichkeit, den Aussteller zu einer Zahlung zu veranlassen

**745** Wie bei § 266 auch, setzt der Missbrauch ein **Überschreiten des rechtlichen Dürfens im Rahmen des rechtlichen Könnens** voraus. Ein solcher Missbrauch liegt vor, wenn der Täter mit der Verwendung der Karte gegen die aus dem Kreditkartenvertrag resultierenden Pflichten verstößt, indem er z.B. Waren einkauft oder Dienstleistungen in Anspruch nimmt, obgleich er weiß, dass er nicht in der Lage sein wird, die Forderungen des Kreditkarteninstituts zu begleichen. Wie bei der Untreue, so ist auch hier Voraussetzung, dass zwischen dem Vertragsunternehmen und dem Kartenaussteller ein **wirksamer Anspruch** begründet wurde.

### 3. Taterfolg: Schädigung

**746** Durch den Missbrauch muss eine Schädigung beim kartenausstellenden Institut eingetreten sein. Der Begriff ist **gleichbedeutend mit dem Nachteil bei § 266**, so dass auf die dortigen

---

[203] A.A. *Wessels/Hillenkamp* Strafrecht BT/2 Rn. 654 und 610a.
[204] *BGHSt* 38, 281; *Wessels/Hillenkamp* Strafrecht BT/2 Rn. 795.

Ausführungen verwiesen wird. An einem Schaden fehlt es, wenn der Täter trotz Überschreitung der vertraglich vereinbarten Kreditlinie jederzeit willens und in der Lage ist, das Konto auszugleichen.²⁰⁵

### III. Subjektiver Tatbestand

**747** § 266b verlangt ebenso wie die Untreue keine besonderen Absichten. Ausreichend ist Vorsatz in Form des **dolus eventualis**.

### IV. Rechtswidrigkeit und Schuld

**748** Insofern bestehen keine deliktsspezifischen Besonderheiten. Es wird auf die allgemeinen Grundsätze verwiesen.

### V. Strafantrag

**749** Beachten Sie in der Klausur, dass gem. **§ 266b Abs. 2 i.V.m. § 248a** bei einem geringfügigen Schaden, der sich unterhalb des Betrages von 50 € befindet, entweder ein Strafantrag erforderlich ist oder aber das öffentliche Interesse an der Verfolgung zu bejahen sein muss.

### VI. Täterschaft und Teilnahme

**750** Da § 266b, wie ausgeführt, ein echtes **Sonderdelikt** ist, kann Täter, Mittäter oder mittelbarer Täter nur derjenige sein, dem von der Bank die Scheck- oder Kreditkarte überlassen wurde. Für den **Teilnehmer** gilt, dass **§ 28 Abs. 1** anwendbar ist, wonach ihm eine Strafmilderung zugute kommt.

### VII. Konkurrenzen

**751** **Tateinheit bzw. Tatmehrheit** mit §§ 263 und 266 ist möglich, wenn diese bereits aus anderen Gründen verwirklicht wurden, so z.B., wenn die Scheck- oder Kreditkarte bereits durch Täuschung erlangt und erst später missbraucht wird.²⁰⁶

**Online-Wissens-Check**

**Warum liegt bei kollusivem Zusammenwirken kein Missbrauch gem. § 266 Abs. 1 Alt. 1 vor?**

Überprüfen Sie jetzt online Ihr Wissen zu den in diesem Abschnitt erarbeiteten Themen. Unter **www.juracademy.de/skripte/login** steht Ihnen ein Online-Wissens-Check speziell zu diesem Skript zur Verfügung, den Sie kostenlos nutzen können. Den Zugangscode hierzu finden Sie auf der Codeseite.

---

205 *Wessels/Hillenkamp* Strafrecht BT/2 Rn. 796.
206 *Joecks/Jäger* § 266b Rn. 17.

## VIII. Übungsfall Nr. 5

„Mann – O – Mann"

Nachdem im Jahre 1999 der Vorstand der Mannesmann AG (M-AG), dessen Vorstandsvorsitzender der E war, eine unfreundliche Übernahme durch die Vodafone Airtouch plc (V) abzuwehren versucht hatte, kam es Anfang 2000 zu einer einvernehmlichen Übernahme der M-AG durch die V. Zwei Monate nach dieser Einigung beschloss das Präsidium (Aufsichtsratsausschuss für Vorstandsangelegenheiten), dem u.a. der A angehörte, dem E zusätzlich zu seiner Abfindung eine Anerkennungsprämie in Höhe von 16 Mio. € zukommen zu lassen für seine Verdienste in den vergangenen Jahren, insbesondere für die Leistungen im Übernahmekampf und die Steigerung des Aktien- und Unternehmenswertes in dieser Zeit. Die V, die zu diesem Zeitpunkt noch nicht alleinige Aktionärin war (der Aktientransfer war erst 2 Jahre später abgeschlossen) hatte ebenso wie die Großaktionärin G, die 10% des Grundkapitals der M-AG hielt, ihr Einverständnis erklärt. Die Wirtschaftsprüfungsgesellschaft KPMG hatte im Vorfeld ihre Zweifel an der (aktien-)rechtlichen Zulässigkeit dieser Zahlungen erklärt. Gleichwohl hielt A dieses Verhalten für erlaubt und fasste den entsprechenden Beschluss.

Zur selben Zeit betankte F, die Ehefrau des A, an der Tankstelle der X-GmbH ihr Privatfahrzeug für 100 €, wobei sie eine Tankkarte benutzte, die ihr von ihrem Arbeitgeber, der Rechtsanwaltssozietät „Erfolgreich und Partner" (P), zur Betankung ihres Firmenfahrzeugs überlassen worden war. Beim Bezahlvorgang wurde die Tankkarte von den Angestellten am Computer eingelesen, der Betrag wurde dann von F bestätigt, welche zur Freigabe zusätzlich noch einen PIN-Code eingeben musste. Die Tankkarte war der P wiederum von der Y-GmbH einschließlich PIN-Code ausgestellt und überlassen worden. Die X-GmbH stellte nun das getankte Benzin der Y-GmbH in Rechnung, die die Begleichung übernahm und dann bei P Regress nahm.

Strafbarkeit von A und F? (Eventuell erforderliche Anträge sind gestellt)

Gehen Sie bei Ihrer Begutachtung davon aus, dass die Zahlungen an E aktienrechtlich unzulässig und der Beschluss gem. § 138 Abs. 1 BGB wegen Sittenwidrigkeit unwirksam war.

## Lösung

### A. Strafbarkeit des A

#### I. Strafbarkeit gem. § 266 Abs. 1 Alt. 1 und. Abs. 2 i.V.m. § 263 Abs. 3 Nr. 2

A könnte sich wegen Untreue gem. § 266 Abs. 1 Alt. 1 und Abs. 2 i.V.m. § 263 Abs. 3 Nr. 2 in einem besonders schweren Fall strafbar gemacht haben, indem er den Beschluss fasste, an E eine Anerkennungsprämie in Höhe von 16 Mio. € auszuzahlen.

In Betracht kommt zunächst eine Untreue gem. § 266 Abs. 1 Alt. 1 (Missbrauchstatbestand).

Voraussetzung dafür ist zunächst, dass A eine Befugnis hatte, über das Vermögen der Mannesmann AG (M-AG) zu verfügen. Diese Befugnis ergibt sich aus § 87 Abs. 1 AktG, wonach A als Mitglied eines Ausschusses des Aufsichtsrates die Aktiengesellschaft zur Zahlung von Vergütungen an die Mitglieder des Vorstands verpflichten kann.

Diese Befugnis müsste A missbraucht haben. Missbrauch bedeutet ein Überschreiten des rechtlichen Dürfens im Rahmen des rechtlichen Könnens. Voraussetzung der Missbrauchsalternative ist mithin, dass der Täter das zu betreuende Vermögen wirksam mit einem Anspruch belastet oder gemindert hat. Vorliegend muss aufgrund der Anmerkung im Sachverhalt davon ausgegangen werden, dass der Beschluss gem. § 138 Abs. 1 BGB wegen Sittenwidrigkeit unwirksam war. A hat mithin nicht im Rahmen seines rechtlichen Könnens gehandelt. Die erste Alternative scheidet somit aus.

> **Hinweis**
>
> Der *BGH*[207] hat dies in der u.g. Entscheidung ausdrücklich offen gelassen, da nach seiner sowie der in der Literatur überwiegend vertretenen Auffassung die 1. Alternative einen Spezialfall der 2. Alternative darstellt, mithin also eine Untreue auch in Betracht kommt, sofern jedenfalls der Auffangtatbestand der 2. Alternative greift.

### II. Strafbarkeit gem. § 266 Abs. 1 Alt. 2, Abs. 2 i.V.m. § 263 Abs. 3 Nr. 2 (Treuebruchsalternative)

A könnte sich jedoch wegen Untreue in einem besonders schweren Fall gem. § 266 Abs. 1 Alt. 2, Abs. 2 i.V.m. § 263 Abs. 3 Nr. 2 strafbar gemacht haben, indem er den Beschluss fasste, an E eine Anerkennungsprämie in Höhe von 16 Mio. € auszuzahlen.

#### 1. Objektiver Tatbestand

A könnte eine ihm eingeräumte Vermögensbetreuungspflicht verletzt haben, indem er den Beschluss fasste, mit welchem E eine Anerkennungsprämie in Höhe von 16 Mio. € zukommen sollte.

Dann müsste A zunächst gegenüber der M-AG eine Vermögensbetreuungspflicht gehabt haben. Gegenstand dieser Vermögensbetreuungspflicht muss die Geschäftsbesorgung für einen anderen in einer nicht ganz unbedeutenden Angelegenheit mit einem Aufgabenkreis von einem Gewicht und einer gewissen Verantwortlichkeit sein. Der *BGH* hat diese Vermögensbetreuungspflicht wie folgt bejaht:

„*Die Mitglieder des Präsidiums, das die Aktiengesellschaft gegenüber den Vorstandsmitgliedern vertritt (§§ 84 Abs. 1, 87 Abs. 1 S. 1, 107 Abs. 3 S. 1 und 2, 112 AktG i.V.m. der Satzung), haben bei Entscheidungen über die inhaltliche Ausgestaltung der Dienstverträge mit den Vorstandsmitgliedern und über deren Bezüge eine Vermögensbetreuungspflicht, die aus ihrer Stellung als Verwalter des für sie fremden Vermögens der Aktiengesellschaft folgt. Nach den Vorgaben des Aktienrechts müssen sie bei allen Vergütungsentscheidungen im Unternehmensinteresse (. . .) handeln, insbesondere den Vorteil der Gesellschaft wahren und Nachteile von ihr abwenden. […] Das Gebot, alle Maßnahmen zu unterlassen, die den Eintritt eines sicheren Vermögensschadens bei der Gesellschaft zur Folge haben, gehört – ohne dass es dazu weiterer gesetzlicher oder rechtsgeschäftlicher Regelungen bedürfte – zu den Treuepflichten, die ein ordentliches und gewissenhaftes Präsidiumsmitglied (§§ 93 Abs. 1 S. 1, 116 S. 1 AktG) zwingend zu beachten hat. Diese aktienrechtliche Pflicht stellt sich i.S.d. § 266 Abs. 1 StGB als Pflicht zur Wahrnehmung fremder Vermögensinteressen dar.*"[208]

Des Weiteren müsste A nunmehr durch Fassen des Beschlusses, wonach an E 16 Mio. € zu zahlen waren, diese Vermögensbetreuungspflicht verletzt haben. Dabei ist zu beachten, dass bei unternehmerischen Führungs- und Gestaltungsaufgaben ein weiter Beurteilungs- und Ermessensspielraum eröffnet ist. Eine Pflichtverletzung ist demnach nicht gegeben, solange die Grenzen, in denen sich ein von Verantwortungsbewusstsein getragenes, ausschließlich am Unternehmenswohl orientiertes, auf sorgfältige Ermittlung der Entscheidungsgrundlagen beruhendes unternehmerisches Handeln bewegen muss, nicht überschritten sind.[209]

Ist im Dienstvertrag bereits eine variable Prämie auch bei Ausscheiden eines Vorstandsmitglieds vereinbart, so ist die nachträgliche Zuerkennung derselben keine Pflichtverletzung. Der Beurteilungs- und Ermessensspielraum der Präsidiumsmitglieder ist dann nur insoweit eingeschränkt, als die Bezüge in einem angemessenen Verhältnis zu den Aufgaben und zur Lage der Gesellschaft stehen müssen. Fehlt eine solche Rechtsgrundlage im Dienstvertrag, so kann die nachträgliche Bewilligung einer Anerkennungsprämie gleichwohl zulässig sein, wenn und soweit dem Unternehmen gleichzeitig Vor-

---

[207] Entscheidung des *BGH* vom 21.12.2005, AZ 3 StR 470/04, abrufbar unter www.bundesgerichtshof.de; ebenso *BGH* NStZ 2006, 214 ff.

[208] *BGH* a.a.O.
[209] *BGH* a.a.O.

teile zufließen, die in einem angemessenen Verhältnis zu der mit der freiwilligen Zusatzvergütung verbundenen Minderung des Gesellschaftsvermögens stehen. Dies kommt nach Auffassung des *BGH* insbesondere dann in Betracht, wenn die Sonderzahlung entweder dem Begünstigten selbst oder anderen aktiven oder potenziellen Führungskräften signalisiert, dass sich außergewöhnliche Leistungen lohnen, von ihr also eine für das Unternehmen vorteilhafte Anreizwirkung ausgeht.[210]

An einer vertraglichen Regelung fehlte es vorliegend. Ebenso besaß die nachträgliche Anerkennungsprämie in Höhe von 16 Mio. € keine Anreizwirkung, da E aus dem Vorstand ausschied und aufgrund der Übernahme der M-AG durch V, dem damit bevorstehenden Verlust der wirtschaftlichen Selbstständigkeit und dem sich abzeichnenden Ausscheiden der Führungskräfte sowie einer neuen Unternehmensstrategie eine Anreizwirkung für Dritte nicht ersichtlich war.

Der *BGH* hat dementsprechend die Verletzung der Vermögensbetreuungspflicht bejaht. Er hat hierzu ausgeführt:

*„Eine im Dienstvertrag nicht vereinbarte Sonderzahlung für eine geschuldete Leistung, die ausschließlich belohnenden Charakter hat und der Gesellschaft keinen zukunftsbezogenen Nutzen bringen kann (kompensationslose Anerkennungsprämie), ist demgegenüber als treuepflichtwidrige Verschwendung des anvertrauten Gesellschaftsvermögens zu bewerten."*[211]

Es wurde deutlich gemacht, dass die Leistungen des E, insbesondere während des Übernahmekampfes mit V, bereits durch das reguläre Gehalt abgegolten gewesen seien.

Die Verletzung einer Vermögensbetreuungspflicht könnte damit bejaht werden. Fraglich ist jedoch, wie es sich auswirkt, dass die spätere Eigentümerin V ebenso wie die Großaktionärin G mit der Zahlung dieser Prämie einverstanden war. Ein solches Einverständnis würde schon auf Tatbestandsebene die Pflichtverletzung ausschließen, da diese zwangsnotwendig den entgegenstehenden Willen des Vermögensinhabers voraussetzt. Da jedoch V erst nach der Auszahlung der Prämie Alleininhaberin sämtlicher Aktien wurde, war ihr Einverständnis ebenso wenig relevant wie das Einverständnis der Großaktionärin. Erforderlich wäre die Zustimmung sämtlicher Anteilseigner der M-AG oder der diese repräsentierenden Hauptversammlung gewesen. Ein solches Einverständnis lag jedoch zum Zeitpunkt der Tathandlung nicht vor.

Durch den von A mitgetragenen Beschluss ist der M-AG des Weiteren ein Vermögensschaden entstanden, da die Anerkennungsprämie kompensationslos ausgezahlt wurde.

Damit ist der objektive Tatbestand verwirklicht.

### 2. Subjektiver Tatbestand

A müsste darüber hinaus mit Wissen und Wollen der Tatbestandsverwirklichung gehandelt haben. Problematisch ist, dass A glaubte, diesen Beschluss fassen zu dürfen. Es könnte sich hierbei um einen tatbestandsausschließenden Irrtum gem. § 16 Abs. 1 handeln. Der Irrtum betrifft die Verletzung der Vermögensbetreuungspflicht, bei welcher es sich um ein normatives Tatbestandsmerkmal handelt. Der Täter muss daher zum einen Sachverhaltskenntnis haben, zum anderen aber auch eine zutreffende Wertung als juristischer Laie vornehmen.

Die Abgrenzung zwischen einem Vorsatz ausschließenden Irrtum gem. § 16 und einem Verbotsirrtum gem. § 17 ist insbesondere bei § 266 sehr diffizil, da die Verletzung einer Vermögensbetreuungspflicht wertende Aspekte enthält.

Bei der Untreue wird teilweise angenommen, dass zum Vorsatz auch das Bewusstsein des Täters gehört, die ihm obliegende Vermögensbetreuungspflicht durch sein Handeln zu verletzen. Demnach wäre die unrichtige Annahme des A, pflichtgemäß zu handeln, ein Vorsatz ausschließender Tatbestandsirrtum mit der Folge, dass eine Strafbarkeit nach § 266 nicht in Betracht käme.[212] Nach anderer Auffassung soll

>> Nutzen Sie die Gelegenheit und wiederholen Sie an dieser Stelle die Abgrenzungsproblematik, dargestellt im Skript „Strafrecht AT I". <<

---
210 *BGH* a.a.O.
211 *BGH* a.a.O.

212 *Jakobs* NStZ 2005, 276.

es für die Bejahung des Vorsatzes bei § 266 ausreichen, wenn der Täter alle, die Pflichtwidrigkeit seines Handelns begründenden, tatsächlichen Umstände kennt. Eine Bewertung seines Verhaltens als pflichtwidrig sei für den Vorsatz nicht relevant, da sich diese Bewertung nicht von der Einsicht, Unrecht zu tun i.S.d. § 17 Abs. 1 trennen lasse. Ein Irrtum über die Pflichtwidrigkeit ist daher dieser Auffassung zufolge stets ein Verbotsirrtum nach § 17.[213]

Der *BGH* nimmt eine vermittelnde Haltung ein. Er führt zu dieser Problematik Folgendes aus:

*„Die Annahme etwa, dass jede (worin auch immer begründete) fehlerhafte Wertung, nicht pflichtwidrig zu handeln, stets zum Vorsatzausschluss führt, weil zum Vorsatz bei der Untreue auch das Bewusstsein des Täters gehöre, die ihm obliegende Vermögensfürsorgepflicht zu verletzen, kann nicht überzeugen. Umgekehrt könnte der Senat auch der Auffassung nicht folgen, dass es für die Bejahung vorsätzlichen Handelns ausreicht, wenn der Täter alle die objektive Pflichtwidrigkeit seines Handelns begründenden tatsächlichen Umstände kennt und dass seine in Kenntnis dieser Umstände aufgrund unzutreffender Bewertung gewonnene fehlerhafte Überzeugung, seine Vermögensbetreuungspflichten nicht zu verletzen stets nur als Verbotsirrtum zu werten ist [...] War den Präsidiumsmitgliedern – was allerdings kaum anders vorstellbar sein dürfte – bewusst, dass die Sonderzahlungen für die Mannesmann AG in der gegebenen Situation (Übernahme des Unternehmens durch Vodafone und Ausscheiden von Dr. E...) ohne jeden Nutzen waren, so dürfte ihre irrige Annahme, zur Bewilligung der Prämien gleichwohl berechtigt gewesen zu sein, den Vorsatz unberührt lassen und lediglich einen Verbotsirrtum begründen. Wer als Verwalter fremden Vermögens in Kenntnis seiner Vermögensfürsorgepflicht eine Maßnahme trifft, die dem Inhaber des betreuten Vermögens keinen Vorteil bringen kann und deswegen einen sicheren Vermögensverlust bedeutet, kennt nicht nur die Tatsachen, die rechtlich als Verletzung der Vermögensfürsorgepflicht zu bewerten sind. Er weiß, weil das Verbot, alles das Vermögen sicher und ausnahmslos Schädigende zu unterlassen, zentraler Bestandteil der Vermögensfürsorgepflicht ist, vielmehr zugleich auch, dass er diese seine Pflicht verletzt."*

---

213 *Jäger* Strafrecht BT Rn. 392b.

A hat damit Kenntnis der Umstände gehabt, die eine Verletzung der Vermögensbetreuungspflicht ausmachen. Er hat auch gewusst, dass die kompensationslose Zahlung an E zu einer Vermögensschädigung führt und dass er grundsätzlich verpflichtet ist, diese Vermögensschädigungen zu unterlassen. Damit hat er als juristischer Laie eine zutreffende Wertung vorgenommen. Die Auffassung, gleichwohl nicht unrecht zu handeln, stellt damit einen Verbotsirrtum dar, der über § 17 zu lösen ist.

A handelte damit bei der Beschlussfassung mit Wissen und Wollen der Tatbestandsverwirklichung.

> **Hinweis**
>
> Die Literaturvertreter, die stets einen vorsatzausschließenden Irrtum annehmen, würden zu einer Straflosigkeit des A gelangen, da es eine fahrlässige Untreue nicht gibt. Die andere Auffassung muss bei § 17 überprüfen, ob der Irrtum des Täters vermeidbar war. Wird dies bejaht, hat sich A gem. § 266 strafbar gemacht. Sie sehen also, dass die Abgrenzungsfrage für den Täter von erheblicher Bedeutung ist.

### 3. Rechtswidrigkeit

Rechtfertigungsgründe sind nicht ersichtlich.

### 4. Schuld

A hat sich jedoch in einem Verbotsirrtum gem. § 17 befunden. Fraglich ist, ob dieser Verbotsirrtum vermeidbar war. In Anbetracht der rechtlichen Bedenken, die KPMG geäußert hatte hinsichtlich dieser Anerkennungsprämie, muss davon ausgegangen werden, dass A sich hätte veranlasst sehen müssen, weiteren Rechtsrat einzuholen, und damit diesen Irrtum hätte vermeiden können. A hat damit auch schuldhaft gehandelt.

### 5. Besonders schwerer Fall gem. § 266 Abs. 2 i.V.m. § 263 Abs. 3 Nr. 2

Der Schaden belief sich auf 16 Mio. €, so dass auch ein Vermögensverlust großen Ausmaßes herbeigeführt wurde. Ein besonders schwerer Fall liegt damit vor.

A hat sich damit gem. § 266 Abs. 1 Alt 2, Abs. 2 i.V.m. § 263 Abs. 3 Nr. 2 wegen Untreue in einem besonders schweren Fall strafbar gemacht.

### B. Strafbarkeit der F

#### I. Strafbarkeit gem. § 263 Abs. 1

F könnte sich wegen Betruges gegenüber dem Tankwart und zu Lasten der X-GmbH strafbar gemacht haben, indem sie ihr Fahrzeug betankte und mit der Tankkarte zahlte.

Dann müsste F über Tatsachen getäuscht haben. F war grundsätzlich nur berechtigt, ihr Firmenfahrzeug auf Kosten der Sozietät P zu betanken. Da sie vorliegend ihr Privatfahrzeug betankt hatte, könnte man daran denken, dass sie mit Vorlage der Tankkarte und Eingabe des PIN konkludent erklärte, auch diesen Tankvorgang mit der Tankkarte begleichen zu dürfen. Voraussetzung dafür wäre jedoch, dass die X-GmbH ein Interesse an dieser Erklärung hat, welches zu der Annahme führen kann, dass diese Erklärung automatisch mit abgegeben wird. Dies muss jedoch abgelehnt werden. Die zwischen F und P getroffene Abrede im Innenverhältnis ist für die X-GmbH ohne Belang. Die X-GmbH stellt den getankten Betrag der Y-GmbH in Rechnung, mit welcher sie ein vertragliches Verhältnis hat, aufgrund dessen die Y-GmbH zum Ausgleich verpflichtet ist. Die Y-GmbH wiederum nimmt Regress bei P. P müsste nun wiederum Regress bei F nehmen, sofern diese absprachewidrig handelt. Da jedoch die X-GmbH in jedem Fall Regress bei der Y-GmbH nehmen kann, sind die Innenabreden im Verhältnis zwischen F und P egal. Eine konkludente Täuschung muss von daher abgelehnt werden.

Auch eine Täuschung durch Unterlassen kommt nicht in Betracht, da F gegenüber der X-GmbH nicht verpflichtet ist, über Abreden im Innenverhältnis zwischen ihr und P aufzuklären.

> **Hinweis**
>
> Einen Betrug zu Lasten der P brauchen Sie nicht zu prüfen, da auch dieser Betrug **gegenüber** der X-GmbH begangen worden sein muss. Wie bereits festgestellt hat F dieser gegenüber aber nicht getäuscht.

#### II. Strafbarkeit gem. § 263a Abs. 1

F könnte sich wegen Computerbetruges strafbar gemacht haben, indem sie den PIN-Code eingab, nachdem die Tankkarte zuvor in den Computer eingelesen wurde.

In Betracht käme die 3. Handlungsalternative des unbefugten Verwendens von Daten. Fraglich ist jedoch, ob F im vorliegenden Fall unbefugt handelt. Nach der subjektivierenden Deutung liegt ein unbefugtes Verwenden vor, wenn die Verwendung dem wirklichen oder mutmaßlichen Willen des Betreibers[214] oder dem vertraglich vereinbarten Dürfen[215] widerspricht. Dieser Definition zufolge handelte F nicht unbefugt, da es weder dem Willen des Betreibers noch dem vertraglich vereinbarten Dürfen zwischen der X- und der Y-GmbH widersprach, dass sie den Tankvorgang mit ihrer Tankkarte bezahlte. Zu einem anderen Ergebnis würde man nur gelangen, wenn man auf das vertraglich vereinbarte Dürfen zwischen ihr und der P abstellte. Anhand dieses Ergebnisses ist jedoch schon deutlich, dass die subjektivierende Auffassung den Tatbestand des § 263a zu weit ausdehnt und damit den Computerbetrug in eine reines Vertragsunrecht einbeziehende allgemeine Computeruntreue verwandelt. Die Auffassung ist aus diesen Gründen abzulehnen.

Nach einer anderen, sog. computerspezifischen Auslegung handelt derjenige unbefugt, der dem Willen des Betreibers des Computers zuwiderhandelt, sofern dieser entgegenstehende Wille im Computerprogramm seinen Ausdruck gefunden hat.[216] Dieser Definition zufolge hat F nicht unbefugt gehandelt. Das Computerprogramm bringt lediglich zum Ausdruck, dass nur derjenige mit der Tankkarte zahlen soll, der auch über die PIN verfügt. Insofern hat F jedoch befugt gehandelt.

Herrschend ist die betrugsspezifische Auslegung, wonach ein unbefugtes Handeln dann vorliegt, wenn in der Verwendung von Daten ein täuschungsähnliches Verhalten gesehen

---

[214] *Otto* Strafrecht BT § 52 Rn. 40.
[215] *Mitsch* Strafrecht BT II/2 § 3 Rn. 23.
[216] *Enkner/Winkelbauer* CR 86, 657.

werden kann.²¹⁷ Durch Vorlage der Tankkarte und Eingabe des PIN-Codes hat F konkludent erklärt, berechtigte Kartenbesitzerin zu sein und berechtigt zu sein, Zahlungen mit der Tankkarte vorzunehmen. Beides ist zutreffend. Erneut liegt in der Verwendung der Tankkarte keine konkludente Erklärung über die beschränkenden Absprachen im Innenverhältnis zwischen ihr und P, weil an dieser Erklärung seitens der X-GmbH kein Interesse besteht.

F hat damit nicht unbefugt gehandelt. Eine Strafbarkeit gem. § 263a Abs. 1 scheidet aus.

### III. Strafbarkeit gem. § 266b

F könnte sich wegen Missbrauchs einer Kreditkarte strafbar gemacht haben, indem sie die Tankkarte und die PIN zum Zahlen verwendete.

Voraussetzung dafür ist jedoch, dass F die ihr vom kartenausstellenden Institut eingeräumte Befugnis missbraucht hat, indem sie bei der X-GmbH die Rechnung mit der Tankkarte bezahlte. Durch Vorlage der Tankkarte hat sie die Y-GmbH gegenüber der X-GmbH rechtlich verpflichtet, ihre Tankrechnung auszugleichen. Diese ihr eingeräumte Befugnis hat sie jedoch nicht missbraucht. Eine einschränkende Abrede bestand lediglich im Verhältnis zwischen ihr und der P, nicht jedoch im Verhältnis zwischen ihr und der Y-GmbH. Aus diesem Grund scheidet auch eine Strafbarkeit gem. § 266b aus.

### IV. Strafbarkeit gem. § 266 Abs. 1 Alt. 1

F könnte sich jedoch wegen Untreue gem. § 266 Abs. 1 Alt. 1 gegenüber der P strafbar gemacht haben, indem sie mit der Tankkarte bezahlte.

#### 1. Objektiver Tatbestand

Dann müsste der F eine rechtliche Befugnis eingeräumt worden sein, über fremdes Vermögen zu verfügen. Durch Übergabe der Tankkarte und Aushändigung des PIN-Codes wurde ihr die Befugnis eingeräumt, über das Vermögen der P zu verfügen. Aufgrund der geschlossenen Verträge regressierte die X-GmbH die Tankkosten bei der Y-GmbH, welche wiederum ihrerseits bei P Regress nahm.

Diese Befugnis müsste F missbraucht haben. Von der P wurde ihr die Tankkarte übergeben mit der Maßgabe, dass sie diese zum Betanken des Firmenfahrzeugs verwenden darf, nicht jedoch zum Betanken des Privatfahrzeuges. Durch Einsatz der Tankkarte zu letztgenanntem Zweck hat sie damit die im Innenverhältnis getroffene Absprache überschritten und damit im Rahmen des rechtlichen Könnens ihr rechtliches Dürfen überschritten. Ein Missbrauch liegt mithin vor.

Fraglich ist, ob F zudem die von der h.M. geforderte Vermögensbetreuungspflicht innehatte. Eine Vermögensbetreuungspflicht ist anzunehmen, wenn der Täter in einer nicht ganz unbedeutenden Angelegenheit von einigem Gewicht mit einem gewissen Grad von Eigenverantwortlichkeit handelt. Des Weiteren ist Voraussetzung, dass die Vermögensbetreuungspflicht eine Hauptpflicht im Rahmen des Verhältnisses zwischen Täter und Vermögensinhaber ist. Diese Vermögensbetreuungspflicht kam F nicht ohne weiteres aufgrund ihres Arbeitsvertrages mit P zu. Im Rahmen dieses Vertrages oblag ihr in erster Linie die sorgfaltsgemäße Arbeitserbringung und die damit einhergehende Pflicht, bei der Arbeitserbringung keine vermögensschädigenden Handlungen vorzunehmen. Das Vermögensschädigende ergab sich vorliegend aber nicht aus der Arbeitsleistung.

Denkbar wäre, in der Einräumung der Möglichkeit, mit der Karte das Fahrzeug zu betanken, einen eigenständigen Vertrag sui generis zu sehen.²¹⁸ Unabhängig davon, dass die Lösung konstruiert wirkt, würde es aber dann an der Eigenverantwortlichkeit und Selbstständigkeit fehlen, da F die Vorgabe hatte, nur ihr Firmenfahrzeug unter Einsatz der Karte zu betanken. Ein Spielraum für eigenverantwortliche Entscheidungen wurde F nicht eingeräumt.²¹⁹ Von daher ist davon aus-

---

217 *BGHSt* 38, 120; *Wessels/Hillenkamp* Strafrecht BT/2 Rn. 609 m.w.N.

218 So *LG Dresden* in NStZ 2006, 633.
219 So auch *OLG Celle*, BeckRS 2010, 28415.

zugehen, dass F keine Vermögensbetreuungspflicht innehatte.

Teilweise wird in der Literatur unter Hinweis auf den Wortlaut, wonach die Alternativen des § 266 Abs. 1 durch ein „oder" voneinander getrennt seien, eine Vermögensbetreuungspflicht für die erste Alternative abgelehnt. Der objektive Tatbestand wäre damit vorliegend verwirklicht. Dagegen ist aber einzuwenden, dass die erste Alternative in der Anwendung uferlos weit würde. Außerdem spricht der Aufbau des § 266 Abs. 1, wonach der hinter dem Begriff „oder" von der Norm verlangte Vermögensnachteil auch für beide Alternativen vorliegen muss, gegen eine selbstständige Alternative. Aus diesem Grund ist die erste Alternative als lex specialis anzusehen, bei der eine Vermögensbetreuungspflicht erforderlich ist.

### 2. Ergebnis

Da der objektive Tatbestand nicht verwirklicht ist, scheidet eine Strafbarkeit gem. § 266 Abs. 1 Alt. 1 aus.

Mangels Vermögensbetreuungspflicht kommt auch eine Strafbarkeit nach § 266 Abs. 1 Alt. 2 nicht in Betracht.

## C. Ergebnis

A hat sich gem. § 266 Abs. 1 Alt. 1 und. Abs. 2 i.V.m. § 263 Abs. 3 Nr. 2 strafbar gemacht. Seine Frau F ist straflos.

# 4. Teil
# Anschlussdelikte

## A. Einführung

**754** Bei §§ 257, 259 und 261 handelt es sich um so genannte Anschlussdelikte. Sie **setzen** zunächst eine **rechtswidrige Tat voraus**. Bei § 257 muss der Täter demjenigen, der die rechtswidrige Tat begangen hat, Hilfe leisten in der Absicht, dem Vortäter die Vorteile der Tat zu sichern. Bei § 259 muss der Täter eine Sache, die ein anderer durch eine rechtswidrige Tat erlangt hat, sich verschaffen, absetzen oder absetzen helfen. Bei § 261 muss ein Gegenstand, der aus einer rechtswidrigen Tat herrührt, vom Täter verborgen werden, die Herkunft verschleiert oder die Ermittlung der Herkunft vereitelt oder gefährdet werden.

**755** Klausurrelevant sind vor allem §§ 257 und 259. § 261 ist in der Ausbildungs- und Prüfungspraxis eher von geringer Relevanz, so dass wir uns diesbezüglich auf eine kurze Darstellung beschränken werden.

## B. Begünstigung, § 257

### I. Überblick

**756** **Geschütztes Rechtsgut** des § 257 ist zunächst das **Individualinteresse des Opfers an der Wiederherstellung** der vom Vortäter rechtswidrig entzogenen Position. Daneben ist aber auch das **Interesse an der Allgemeinheit** geschützt, den durch die Vortat beeinträchtigten **gesetzmäßigen Zustand wiederherzustellen**. Der Strafgrund der Begünstigung besteht mithin darin, dass der Täter, der dem Vortäter Hilfe leistet in der Absicht, ihm die Vorteile der Tat zu sichern, diese Wiederherstellung erschwert oder vereitelt.[1]

> **JURIQ-Klausurtipp**
>
> Die Begünstigung wird in der Klausur **zumeist im Zusammenhang mit einem Diebstahl oder Raub des Vortäters relevant** werden. Es stellt sich dann nämlich die Frage, ob der Täter lediglich Beihilfe zum Diebstahl oder Raub gem. §§ 249, 242, 27 oder Begünstigung gem. § 257 leistet.

**757** Beachten Sie, dass § 257 ein **Vergehen** ist, bei welchem der Gesetzgeber die **Versuchsstrafbarkeit nicht angeordnet** hat. Diese Besonderheit wird wichtig werden bei der Bestimmung der Tathandlung.

**758** Darüber hinaus bestimmt **§ 257 Abs. 3**, dass derjenige, der an der Vortat beteiligt war, nicht wegen Begünstigung strafbar ist. Damit kann **strafbarer Täter des § 257** weder der Täter der Vortat noch Anstifter oder Gehilfe der Vortat sein. Behalten Sie diesen Abs. im Kopf, wenn es nachfolgend darum gehen wird, wer Täter einer Hehlerei sein kann.

---

1 *Wessels/Hillenkamp* Strafrecht BT/2 Rn. 802.

# Objektiver Tatbestand 4 B II

Der Aufbau der Begünstigung sieht wie folgt aus: **759**

> **Begünstigung, § 257**
>
> **I. Objektiver Tatbestand**
>   1. rechtswidrige Vortat eines anderen
>   2. Tathandlung: Hilfeleistung
>       - Abgrenzung Begünstigung – sukzessive Beihilfe    Rn. 765
>
> **II. Subjektiver Tatbestand**
>   1. Vorsatz
>   2. Vorteilssicherungsabsicht
>       - Unmittelbarkeit des aus der Vortat stammenden Vorteils    Rn. 777
>
> **III. Rechtswidrigkeit**
>
> **IV. Schuld**
>
> **V. Strafantrag gem. § 257 Abs. 4**
>
> *PRÜFUNGSSCHEMA*

## II. Objektiver Tatbestand

Der objektive Tatbestand besteht darin, dass der Täter einem anderen, der eine rechtswidrige Tat begangen hat, Hilfe leistet. Die Prüfung erfolgt mithin in zwei Schritten: **760**

| Schritt 1 | Schritt 2 |
| --- | --- |
| Rechtswidrige Vortat eines anderen | Hilfe leisten |

### 1. Vortat

Die Vortat kann bei § 257 **jede beliebige Tat** sein, aus welcher der Täter Vorteile erlangt hat. Wichtig ist, dass diese Vortat tatsächlich begangen wurde. Auf die Verfolgbarkeit kommt es dagegen nach überwiegender Auffassung nicht an, so dass **auch bereits verjährte Taten** als Vortat in Betracht kommen.[2] **761**

### 2. Tathandlung: Hilfe leisten

Bei dieser Vortat muss der Täter Hilfe geleistet haben. Nach überwiegender Auffassung ist darunter Folgendes zu verstehen: **762**

> **Hilfeleisten** ist jedes Handeln oder Unterlassen, welches objektiv geeignet ist, die durch die Vortat erlangten oder entstandenen Vorteile dagegen zu sichern, dass sie dem Vortäter zu Gunsten des Verletzten entzogen werden.[3]

---
2 *Wessels/Hillenkamp* Strafrecht BT/2 Rn. 805.
3 *BGHSt* 4, 122.

**763** Wie schon dem Wortlaut zu entnehmen ist, ist es **nicht erforderlich**, dass die **Hilfeleistung erfolgreich** war. Es reicht aus, dass das Handeln oder Unterlassen des Täters jedenfalls **objektiv geeignet** war, die Entziehung zu verhindern. Eine tatsächliche Vorteilssicherung muss vom Täter lediglich beabsichtigt sein.[4] Sofern teilweise vertreten wird, dass auch eine **untaugliche Handlung** als Hilfeleistung ausreichen soll,[5] wird dem entgegengehalten, dass damit eine nach § 257 grundsätzlich straflose Versuchshandlung zur täterschaftlichen Handlung gemacht werde und damit der Tatbestand unzulässig ausgedehnt werde.

**Beispiel** A lagert Diebesgut unmittelbar nach der Tat in einer Tasche verpackt in der Garage seines Nachbarn. Am nächsten Tag bittet er seine Ehefrau E, die Tasche zu holen und im Schrebergarten zu vergraben. Die Ehefrau handelt wie befohlen. Allerdings hat der Nachbar zuvor das Diebesgut entdeckt und durch Ziegelsteine ausgetauscht, was E nicht weiß.

Die Handlung der Ehefrau war objektiv nicht geeignet, die Vorteile der Tat zu sichern, da die Vorteile bereits verschwunden waren. Gäbe es den strafbaren Versuch der Begünstigung, so wäre die Ehefrau entsprechend strafbar. Mit der oben dargestellten h.M. ist sie hingegen straflos. Lediglich eine Minderauffassung in der Lit. würde in dem Verhalten der E eine Hilfeleistung erblicken.

**764** Da die Hilfeleistung dazu geeignet sein muss, dem Täter die Vorteile gegen Entziehung zu Gunsten des Verletzten zu sichern, scheiden Handlungen aus, die lediglich der **Sacherhaltung** (z.B. Füttern eines gestohlenen Tieres) oder der **Abwehr eines rechtswidrigen Angriffs** (Niederschlagen des Diebes) dienen. Bei einer entsprechenden Garantenstellung kann Hilfeleistung auch **in einem pflichtwidrigen Unterlassen** liegen, so z.B. wenn die Eltern es zulassen, dass ihre minderjährigen Kinder Diebesgut im Haus verstecken.

**Beispiel** **Typische Begünstigungshandlungen** nach dem soeben Ausgeführten sind mithin das Aufbewahren oder Verbergen entwendeter Gegenstände, das Umlackieren entwendeter Fahrzeuge, das Abheben des Geldes von einem entwendeten Sparbuch.[6]

**765** **Problematisch** kann in der Klausur die **Abgrenzung von Beihilfe zur Vortat und Begünstigung** werden. Zu unterscheiden sind zunächst folgende Konstellationen:

**766** • Der Täter leistet Hilfe, **bevor der Diebstahl oder Raub vollendet** wurde. In diesem Fall liegt ausschließlich eine Beihilfe zur Vortat vor, da Begünstigung erst möglich ist, wenn die Vortat wenigstens vollendet ist.

**767** • Der Täter leistet Hilfe, **nachdem die Vortat bereits beendet ist**. In diesem Fall kommt ausschließlich Begünstigung gem. § 257 in Betracht, da nach Beendigung eine Beteiligung an der Vortat nicht mehr möglich ist.

**768** **Problematisch** sind die Fälle, in denen der Täter **zwischen Vollendung und Beendigung** hinzutritt und z.B. durch Verbringen der Diebesbeute in sein eigenes Fahrzeug unterstützend handelt.

**Beispiel** A ist in den Kiosk der B eingebrochen und hat diverse Alkoholika und Zigaretten auf die Straße getragen. Leider ist er nur mit dem Fahrrad gekommen und weiß jetzt nicht, wie er die Gegenstände nach Hause schaffen soll. Er ist deswegen hocherfreut, als

---

4 *BGHSt* 24, 166; *Wessels/Hillenkamp* Strafrecht BT/2 Rn. 806.
5 *Seelmann* JuS 1983, 34.
6 *Wessels/Hillenkamp* Strafrecht BT/2 Rn. 807 m.w.N.

sein Bruder X um die Ecke biegt, der ihm nach kurzer Unterrichtung über das Geschehen beim Transport hilft, indem er die Sachen in seinen Wagen lädt.

Ein **Teil des Schrifttums** lehnt die sukzessive Beihilfe nach Vollendung der Haupttat grundsätzlich ab. Für diese Auffassung gibt es mithin ein Abgrenzungsproblem zwischen Beihilfe an der Vortat und Begünstigung nicht.[7]

769

Da die Vortat jedoch erst mit der Beendigung abgeschlossen ist, bejaht die **Rechtsprechung, gefolgt von anderen Literaturvertretern**, die Möglichkeit der sukzessiven Beihilfe.[8]

770

Innerhalb der h.M. ist jedoch umstritten, wie die sukzessive Beihilfe von der Begünstigung abgegrenzt werden kann.

771

**Überwiegend** wird **nach der inneren Willensrichtung** des Hinzutretenden abgegrenzt. Wolle dieser die Vortat erfolgreich zu Ende bringen, so liege Beihilfe zur Haupttat vor. Habe er hingegen vor, das vom Vortäter Erlangte gegen die Entziehung zu sichern, so sei Begünstigung gegeben.[9] Da die innere Willensrichtung ein sehr unpräzises Abgrenzungskriterium ist, will die **Gegenansicht stets wegen Beihilfe zur Vortat** bestrafen. Eine Begünstigung kommt dieser Auffassung zufolge erst nach Beendigung der Vortat in Betracht.[10]

772

» Wiederholen Sie an dieser Stelle die Problematik der sukzessiven Mittäterschaft und sukzessiven Beihilfe, dargestellt im Skript „Strafrecht AT II". «

### JURIQ-Klausurtipp

In der Klausur **fangen Sie mit der Strafbarkeit des Teilnehmers wegen Beihilfe zur Vortat**, also gem. §§ 242, 27 oder §§ 249, 27 **an**. Das Problem wird dann im objektiven Tatbestand bei der Handlung des Teilnehmers, dem Hilfeleisten, dargestellt und diskutiert. Sollten Sie sich der Literaturauffassung anschließen, wonach eine sukzessive Beihilfe nicht möglich ist, müssen Sie im Anschluss § 257 prüfen, wobei Sie bei der Tathandlung auf die obige Diskussion und Entscheidung verweisen können. Sollten Sie sich der Literaturauffassung anschließen, wonach stets Beihilfe zur Vortat vorliegt, so erübrigt sich eine Prüfung des § 257. Im Übrigen müssen Sie bei der Hilfeleistung mit der Rechtsprechung überprüfen, welche innere Willensrichtung der Hinzutretende hatte. Auch wenn es sich insoweit um ein subjektives Merkmal handelt, empfiehlt es sich, dies schon im objektiven Tatbestand zu thematisieren.

Wenig problematisch sind die Fälle, in welchen der Täter dem Vortäter schon vor Begehung der Tat seine spätere Hilfeleistung zusagt. In diesem Fall wird zumeist eine Beihilfe in Form der **psychischen Beihilfe** zu bejahen sein, so dass es auf den soeben dargestellten Streit nicht ankommt.

773

## III. Subjektiver Tatbestand

Im subjektiven Tatbestand sind zwei Voraussetzungen zu prüfen:

774

| Schritt 1 | Schritt 2 |
|---|---|
| Vorsatz | Absicht, die Vorteile der Tat zu sichern |

---

7 *Wessels/Hillenkamp* Strafrecht BT/2 Rn. 804.
8 *BGHSt* 30, 30; Schönke/Schröder-*Cramer/Heine* § 27 Rn. 17.
9 *BGHSt* 6, 248; MüKo-*Cramer* § 257 Rn. 24.
10 Schönke/Schröder-*Stree* § 257 Rn. 8.

## 1. Vorsatz

**775** Erforderlich ist zunächst wieder Vorsatz hinsichtlich des objektiven Tatbestandes, wobei **dolus eventualis** genügt. Es ist nicht erforderlich, dass sich der Vorsatz auf nähere Einzelheiten zur Person des Vortäters, zur Art der Vortat oder zur Beschaffenheit des Vorteils bezieht. Es reicht aus, wenn der Täter diese Umstände in ihren groben Umrissen kennt.

> **Beispiel** A bringt eine Kassette in Sicherheit, wobei er davon ausgeht, dass B diese Kassette, von welcher A glaubt, dass sie Schmuck beinhaltet, von dem Dieb D angekauft hat, um den Inhalt weiterzuverkaufen. Tatsächlich ist in der Kassette Geld verborgen, welches B gestohlen hat.
>
> Hier ist die Vortat ein Diebstahl und nicht, wie von A vorgestellt, eine Hehlerei, was jedoch, da es sich in beiden Fällen um Straftaten handelt, für den Vorsatz ebenso unbeachtlich ist wie der Umstand, dass die Kassette tatsächlich Geld beinhaltet. ∎

## 2. Vorteilssicherungsabsicht

**776** Der Täter muss darüber hinaus in der **Absicht** handeln, dem **Begünstigten die Vorteile der Tat zu sichern**. Unter Absicht ist dabei **dolus directus 1. Grades** zu verstehen, d.h. es muss dem Täter darauf ankommen, im Interesse des Vortäters die Wiederherstellung des gesetzmäßigen Zustandes zu verhindern oder zu erschweren.

**777** Wichtig ist, dass die Absicht des Täters darauf gerichtet ist, mit seiner Handlung Vorteile zu sichern, die **unmittelbar durch die Vortat erlangt** worden sind. Anders als bei § 259 ist dafür nach überwiegender Auffassung aber keine Sachidentität erforderlich. Ist die Vortat ein Vermögensdelikt, muss es dem Täter nur darauf ankommen, dass ein geldwerter Vorteil nachvollziehbar im Vermögen des Vortäters verbleibt.[11]

> **Beispiel** A hat durch einen Betrug von B einen Verrechnungsscheck in Höhe von 10 000 € erhalten, welchen er bei seiner Bank einreicht, die den Betrag dem Konto gutschreibt. Diesen Betrag überweist A zunächst auf ein eigenes Konto bei einer anderen Bank in der Schweiz und dann auf ein Konto seiner nunmehr eingeweihten Ehefrau, ebenfalls in der Schweiz.
>
> Hier hat der Geldtransfer nicht dazu geführt, dass das Geld seine Eigenschaft als „unmittelbar aus der Vortat stammend" verliert. Die Ehefrau kann sich damit wegen Begünstigung strafbar machen, wenn sie nunmehr über das Geld weiter verfügt. ∎

## IV. Rechtswidrigkeit und Schuld

**778** Insofern bestehen keine deliktsspezifischen Besonderheiten, so dass auf die allgemeinen Grundsätze verwiesen wird.

---

11 *BGH* NStZ 1990, 123; *Wessels/Hillenkamp* Strafrecht BT/2 Rn. 813.

## V. Täterschaft und Teilnahme

Wie bereits ausgeführt, kann Täter des § 257 nicht derjenige sein, der Täter, Mittäter oder mittelbarer Täter der Vortat ist.

Darüber hinaus sind **Gehilfen der Vortat gem. § 257 Abs. 3 ebenfalls nicht strafbar**. Strafbar ist jedoch, wenn der **Täter** der Vortat einen bislang Unbeteiligten **zur Begünstigung anstiftet**. In diesem Fall dürfte jedoch eine mitbestrafte Nachtat vorliegen.

## C. Hehlerei, § 259

### I. Überblick

Da vielfach die Verwertung von gestohlenen oder sonst rechtswidrig erlangten Sachen nur über einen Hehler möglich ist, bietet der Täter, der bereit ist, eine der in § 259 genannten Tathandlungen zu begehen, einen erheblichen Anreiz zur Begehung der Vortat. **Strafgrund der Hehlerei ist, dass der Anschlusstäter den vom Vortäter geschaffenen Zustand aufrechterhält und vertieft**, so dass i.d.R. die Chancen des Opfers, die Sache wiederzuerlangen, erheblich reduziert sind (sog. **Perpetuierungstheorie**[12]).

**§ 259 Abs. 1** beschreibt das **Grunddelikt** der „einfachen" Hehlerei. Darauf aufbauend enthalten **§§ 260** (gewerbsmäßige Hehlerei und Bandenhehlerei) und **260a** (gewerbsmäßige Bandenhehlerei) **Qualifikationen**.

Beim Lesen dieser Normen werden Sie feststellen, dass die darin geregelten Voraussetzungen Ihnen von § 243 (gewerbsmäßig) und § 244 Abs. 1 Nr. 2 (Bandendiebstahl) bekannt vorkommen. Die dort erlernten Grundsätze und Definitionen sind auf §§ 260, 260a anwendbar.

**Gem. § 259 Abs. 2** gelten **§§ 247 und 248a** entsprechend. Sofern sich die Hehlerei also auf einen geringwertigen Gegenstand bezieht, bedarf es eines Strafantrages oder des öffentlichen Interesses. Bei Haus- und Familienhehlerei bedarf es ausschließlich eines Strafantrages.

Der Aufbau der Hehlerei gem. § 259 sieht wie folgt aus:

» Sofern Sie beim Lesen der Normen festgestellt haben, dass Ihre Erinnerung lückenhaft ist, sollten Sie an dieser Stelle die Ausführungen zu §§ 243 Abs. 1 S. 2 Nr. 3 und 244 Abs. 1 Nr. 2 bzw. 244a wiederholen. «

---

12 *BGHSt* 42, 196; *Wessels/Hillenkamp* Strafrecht BT/2 Rn. 824.

**PRÜFUNGSSCHEMA**

**Hehlerei, § 259**

**I. Objektiver Tatbestand**
1. Tatobjekt
   a) Sache
   b) die ein anderer
      - Teilnehmer an der Vortat    Rn. 789
   c) durch eine gegen fremdes Vermögen gerichtete Tat erlangt hat.
      - Unmittelbarkeit    Rn. 792
      - Zeitpunkt der Erlangung    Rn. 795
2. Tathandlung
   a) Sichverschaffen
      - mittelbarer Besitz    Rn. 800
   b) Ankaufen
   c) Absetzen
      - Rückveräußerung an den Eigentümer    Rn. 806
   d) Absatzhilfe
      - Absatzerfolg erforderlich?    Rn. 810

**II. Subjektiver Tatbestand**
1. Vorsatz
2. Bereicherungsabsicht

**III. Rechtswidrigkeit**

**IV. Schuld**

**V. Strafantrag gem. § 259 Abs. 2 i.V.m. §§ 247, 248a**

## II. Objektiver Tatbestand

**786** Der objektive Tatbestand besteht darin, dass der Täter eine Sache, die ein anderer gestohlen oder sonst durch eine gegen fremdes Vermögen gerichtete rechtswidrige Tat erlangt hat, ankauft oder sonst sich oder einem Dritten verschafft, sie absetzt oder absetzen hilft. Die Prüfung des objektiven Tatbestands erfolgt mithin in 4 Schritten:

| Schritt 1 | Schritt 2 | Schritt 3 | Schritt 4 |
|---|---|---|---|
| Sache | die ein anderer | aus rechtswidriger Tat erlangt hat | ankaufen, sich verschaffen, absetzen, absetzen helfen |

### 1. Tatobjekt

#### a) Sache

**787** Tatobjekte sind, wie bei § 242 auch, nur Sachen, also **körperliche Gegenstände** gem. § 90 BGB. Im Gegensatz zu § 242 können diese Sachen jedoch sowohl **beweglich** als auch **unbeweglich** sein. Darüber hinaus sind die Eigentumsverhältnisse irrelevant. Tatobjekt des § 259 können somit **fremde, eigene** oder **herrenlose Sachen** sein.

## Objektiver Tatbestand

**Beispiel** A, der seit Monaten mit seiner Miete im Rückstand ist und aus Angst vor dem Vermieter bei seiner Freundin Unterschlupf gefunden hat, bittet diese, ihm aus seiner Wohnung die teure Bang & Olufsen Stereoanlage zu holen und ihm zu übergeben, damit er sie verkaufen kann.

Geht die Freundin F wie erbeten vor, so macht sie sich nach § 289 wegen Pfandkehr zu Gunsten ihres Freundes strafbar. Die Stereoanlage stellt somit eine Sache dar, die aus der rechtswidrigen Vortat eines anderen, nämlich der Freundin, stammt. Diese Sache hat A sich, wie wir später sehen werden, verschafft i.S.d. § 259.

### b) die ein anderer

Nach dem insoweit eindeutigen Gesetzeswortlaut muss die Sache von einem anderen erlangt worden sein. Damit scheidet der **Täter, Mittäter oder mittelbarer Täter der Vortat**, z.B. des Diebstahls **als Täter des § 259 aus.**[13]

**Umstritten** und damit klausurrelevant ist jedoch, ob auch derjenige, der lediglich **Teilnehmer der Vortat** war, Täter des § 259 sein kann.

Da der Teilnehmer an einer fremden Tat mitwirkt, spricht jedenfalls der Gesetzeswortlaut nicht gegen die Strafbarkeit des Teilnehmers nach § 259. Dementsprechend geht die **überwiegende Auffassung** auch davon aus, dass Teilnehmer der Vortat Täter der Hehlerei sein können. Dies soll selbst dann gelten, wenn die Teilnahme an der Vortat von vornherein darauf gerichtet war, sich die Beute oder bestimmte Teile daraus zur Verwendung zu verschaffen. Dafür spricht auch, dass es eine mit § 257 Abs. 3 vergleichbare Regel in § 259 nicht gibt.[14]

Eine **Gegenauffassung** verneint die Strafbarkeit der Teilnehmer, da die Perpetuierung, also die Weiterentfernung der Sache vom Eigentümer, nur von Tätern vorgenommen werden könne, die an der Vortat gänzlich unbeteiligt waren.[15]

### c) durch eine gegen fremdes Vermögen gerichtete rechtswidrige Tat erlangt

Schließlich muss die Sache von einem anderen durch eine gegen fremdes Vermögen gerichtete, rechtswidrige Vortat erlangt worden sein.

Nach **überwiegender Auffassung** muss es sich bei der Vortat **nicht** um ein **Vermögensdelikt** handeln. Ausreichend ist, dass die Vortat fremde Vermögensinteressen verletzt hat, was auch bei einer Nötigung oder Urkundenfälschung der Fall sein kann. Begründet wird dies mit dem Schutzzweck der Norm sowie dem Wortlaut, der kein Vermögensdelikt verlangt, sondern nur eine gegen fremdes Vermögen gerichtete Tat.[16]

Weitere, in der Klausur oft übersehene Voraussetzung ist, dass eine Hehlerei nur an solchen Sachen möglich ist, welche **unmittelbar durch die Vortat erlangt** sind und hinsichtlich derer eine rechtswidrige Vermögenslage im Augenblick der Hehlereihandlung noch fortbesteht.

---

13 *Jäger* Strafrecht BT Rn. 399.
14 Grundsatzentscheidung *BGHSt* 7, 134; *Wessels/Hillenkamp* Strafrecht BT/2 Rn. 884.
15 *Seelmann* JuS 1988, 39.
16 *Jäger* Strafrecht BT Rn. 401; Schönke/Schröder-*Stree* § 259 Rn. 7; andere Auffassung *Otto* Jura 1985, 150, wonach nur solche Delikte als Vortat in Betracht kommen sollen, die dem Schutz von Vermögensinteressen dienen.

**793** Die gehehlte Sache muss also mit der durch die Vortat erlangten Sache **körperlich identisch** sein.[17] Man spricht insofern auch von einem Unmittelbarkeitszusammenhang, aus welchem folgt, dass die sog. „Ersatzhehlerei" straflos ist.

**Beispiel** A entwendet seinem Arbeitskollegen B 50 € aus dem Portemonnaie. Mit diesen 50 € kauft er seiner Freundin einen wunderschönen Blumenstrauß, den er ihr zum Geburtstag überreicht, wobei er nicht verschweigt, wie er zu dem Blumenstrauß gekommen ist.

Hier hat sich A wegen Diebstahls gem. § 242 strafbar gemacht. Beim Kauf des Blumenstraußes hat er sich gegenüber der Verkäuferin jedoch nicht wegen Betruges gem. § 263 strafbar gemacht, da die Verkäuferin gutgläubig Eigentum an dem Geld erworben hat. Beachten Sie insofern § 935 Abs. 2 BGB!

Der Blumenstrauß stammt somit zum einen nicht unmittelbar aus dem Diebstahl, da es sich um eine völlig andere Sache handelt. Er stammt aber auch nicht unmittelbar aus einer weiteren Straftat, nämlich einem Betrug. Die Annahme des Blumenstraußes stellt damit für die Freundin eine straflose Ersatzhehlerei dar.

> **JURIQ-Klausurtipp**
>
> Sofern die Sache, die aus der ersten Vortat erlangt ist, nicht identisch ist mit der Sache, die der mögliche Hehler entgegennimmt, sollten Sie nicht vorschnell eine **Ersatzhehlerei** annehmen. Denkbar ist, dass die Sache, die der Hehler entgegennimmt, aus einer weiteren, zweiten Straftat (in Betracht kommt insbesondere ein Betrug) stammt. In diesen Fällen liegt keine straflose Ersatzhehlerei vor.

**794** Der Unmittelbarkeitszusammenhang kann unterbrochen sein, wenn **Surrogate** an die Stelle einer gestohlenen Sache getreten sind, an welchen sich die Rechtswidrigkeit der Vermögenslage nicht fortsetzt. Dies ist insbesondere durch **Verarbeitung oder Vermischung gem. §§ 950, 948 BGB** sowie durch **gutgläubigen Eigentumserwerb gem. § 932 BGB** möglich.

**Beispiel** Eierdieb E stiehlt auf der Hühnerfarm zehn Eier. Diese übergibt er seiner gutgläubigen Mutter, die daraus ein köstliches Omelette bereitet. Dieses Omelette serviert sie dem F, einem Freund des E, der in das Vorgeschehen eingeweiht ist.

Hier hat E zwar einen Diebstahl gem. § 242 begangen. Diese Eier hat F sich jedoch nicht verschafft. Verschafft hat er sich ein Omelette, welches jedoch ein Surrogat ist, an welchem die Mutter aufgrund von § 950 BGB Eigentum erlangt hat. Das Omelette ist somit keine Sache, die aus einer rechtswidrigen Tat stammt.

Freund F leiht sich nun von E dessen Fahrrad, um spät abends damit nach Hause zu fahren. Auf dem Heimweg begegnet er dem naiven N, dem er aufgrund eines spontanen Entschlusses das Fahrrad für 40 € verkauft. N wiederum verschenkt dieses Fahrrad abends an seine Freundin X, die das Fahrrad als jenes des E wiedererkennt.

F hat sich durch Verkauf des Fahrrades an N zunächst wegen Unterschlagung gem. § 246 strafbar gemacht. Insofern könnte das Fahrrad aus der rechtswidrigen Vortat des F stammen. Dieses Fahrrad wurde jedoch von N gutgläubig gem. § 932 BGB erworben. Da F das Fahrrad nicht geklaut hatte, ist § 935 Abs. 1 BGB nicht anwendbar. Damit stand zum Zeit-

---

17 *Wessels/Hillenkamp* Strafrecht BT/2 Rn. 837.

## Objektiver Tatbestand

punkt des Verschenkens das Fahrrad im Eigentum des N. Die rechtswidrige Vermögenslage war durch den gutgläubigen Erwerb aufgehoben worden. Auch hier sollten Sie aber wieder an § 261 denken.

> **JURIQ-Klausurtipp**
>
> Für die Klausur können Sie sich folgende **Kontrollfrage** merken: Solange der Eigentümer die Sache noch gem. §§ 812, 985 BGB vom Hehler herausverlangen kann, ist Hehlerei möglich. Besteht ein solcher Anspruch nicht mehr, besteht die rechtswidrige Vermögenslage nicht mehr fort, so dass sich derjenige, der sich die Sache verschafft, nicht gem. § 259 strafbar gemacht haben kann.

**Umstritten** ist das **zeitliche Verhältnis von Vortat und Hehlereihandlung**. Relevant wird dieser Streit in der Klausur insbesondere, wenn die Vortat eine Unterschlagung gem. § 246 darstellt.

**795**

**Beispiel** Nehmen Sie an, der naive N war im obigen *Beispielsfall* ausnahmsweise nicht gutgläubig, sondern wusste, dass F das Fahrrad des E verkauft und dazu nicht berechtigt ist.

In diesem Fall wäre F noch immer gem. § 246 strafbar, indem er das Fahrrad an N verkaufte. Fraglich ist, ob N sich gem. § 259 strafbar gemacht hat, indem er dieses Fahrrad ankaufte. Dann müsste F das Fahrrad durch eine rechtswidrige Tat erlangt haben.

Teilweise wird in der **Literatur** vertreten, dass ein zeitliches Zusammenfallen von Vortat und Hehlereihandlung möglich ist. Begründet wird dies vor allem damit, dass man Zufallsergebnisse im Bereich der Unterschlagung vermeiden möchte.[18] Die **überwiegende Auffassung** verlangt jedoch unter anderem unter Hinweis auf den Wortlaut (*„erlangt hat"*), dass die **Vortathandlung der Hehlereihandlung vorangehen muss** und eine Hehlerei erst dann in Betracht kommt, wenn die Vortat jedenfalls vollendet ist. Nur dieses Verständnis entspreche der Hehlerei als sog. Anschlusstat.[19]

**796**

**Beispiel** Im obigen Fall würde dies bedeuten, dass N sich nach h.A. nicht gem. § 259 strafbar gemacht haben kann. In Betracht käme jedoch eine Beihilfe zur Unterschlagung gem. §§ 246, 27. Nach der Gegenauffassung liegt sowohl eine Hehlerei als auch eine Beihilfe zur Unterschlagung vor, sofern der Beihelfende als tauglicher Täter des § 259 angesehen werden kann.

### 2. Tathandlung

Die in § 259 Abs. 1 genannten Tathandlungen bestehen in dem Ankaufen, dem Sichverschaffen, dem Absetzen und der Absatzhilfe. Alle Tathandlungen setzen ein **einverständliches Zusammenwirken zwischen dem Vortäter und dem Hehler** voraus.[20] Daraus folgt, dass eine Hehlerei immer ausscheidet, wenn der Anschlusstäter dem Vortäter die Sache gegen dessen Willen wegnimmt (in diesen Fällen liegt ein strafbarer Diebstahl gem. § 242 vor).

**797**

---

18 Schönke/Schröder-*Stree* § 259 Rn. 15.
19 *Wessels/Hillenkamp* Strafrecht BT/2 Rn. 834; *BGH* NStZ 1999, 351; *BGH* Beschlüsse vom 9.11.2011, AZ 2 StR 386/11 und 24.10.2012 AZ 5 StR 392/12 – abrufbar unter www.bundesgerichtshof.de.
20 *Wessels/Hillenkamp* Strafrecht BT/2 Rn. 845.

Ebenso scheidet § 259 aus, wenn dem Vortäter durch Täuschung, Drohung oder Nötigung die Verfügungsgewalt an der Sache entzogen wird (in diesen Fällen kommt ein Raub, eine räuberische Erpressung, eine Nötigung oder ein Betrug in Betracht).[21] Diese Einschränkung kann mit dem Strafzweck des § 259 begründet werden, da in den vorgenannten Fällen der Anschlusstäter dem Vortäter keinen Anreiz zur Begehung der Vortat bietet.

### a) Ankaufen oder sonst einem Dritten oder sich verschaffen

798 Das Ankaufen bildet einen gesetzlichen Unterfall des Sichverschaffens.

> **Sichverschaffen** ist das Erlangen tatsächlicher, selbstständiger Verfügungsmacht im Einvernehmen mit dem bisherigen Sachherrn, meist dem Vortäter (sog. derivativer Erwerb).[22]
>
> **Einem Dritten** wird die Sache **verschafft**, wenn die wirtschaftliche Verfügungsgewalt durch das Handeln des Täters unmittelbar vom Vorbesitzer an einen Dritten weiter geleitet wird oder der Täter die Sache, ohne selbst Besitz zu erlangen, in seinem Interesse unmittelbar einem Dritten zukommen lässt.[23]

799 Ein Sichverschaffen liegt mithin nicht vor, wenn dem Täter die Sache nur zur Verwahrung übergeben wird, da er in diesem Fall nicht unabhängig vom Vortäter über die Sache verfügen kann.[24] Ebenso wenig reicht die Gewahrsamserlangung zum Zwecke des Umarbeitens oder der Vernichtung aus. Auch der Verkaufskommissionär, der die Sache im Interesse und Rechnung des Vorbesitzers veräußern soll, erlangt keine Verfügungsgewalt zu eigenen Zwecken. In Betracht kommt jedoch ein Absetzen.[25]

800 **Streitig** ist, ob der Täter sich die Sache auch schon dann verschafft hat, wenn er nur den **mittelbaren Besitz oder Besitzsurrogate** erlangt hat.

> **Beispiel** F hat das gestohlene Fahrrad im Pfandhaus verpfändet. Den Pfandschein schenkt er nun dem N, der wenig später unter Vorlage dieses Scheins das Fahrrad abholen soll. Dazu kommt es jedoch nicht mehr, weil N zuvor festgenommen wird. ■

801 **Einige Literaturvertreter** lehnen in diesen Fällen ein vollendetes Verschaffen ab, da der Täter noch nicht die tatsächliche Verfügungsgewalt innehatte.[26] Demgegenüber bejaht die **überwiegende Auffassung** die vollendete Hehlerei, da die Übergabe des Pfandscheins den Täter zur jederzeitigen Abholung der Sache ermächtigt hat.[27]

802 Da das **Ankaufen**, wie bereits erwähnt, ein Unterfall des Sichverschaffens ist, ist auch beim Ankaufen erforderlich, dass der Käufer die Verfügungsgewalt zu eigenen Zwecken erlangt. Der **Abschluss des Kaufvertrages** reicht somit alleine nicht für die Verwirklichung des Tatbestandes des § 259 aus.[28]

---

21 *Fischer* § 259 Rn. 16.
22 *Jäger* Strafrecht BT Rn. 403.
23 *BGH* Urteil vom 8.3.2012, AZ 4 StR 629/11 – abrufbar unter www.bundesgerichtshof.de.
24 *Joecks* § 259 Rn. 20.
25 *Wessels/Hillenkamp* Strafrecht BT/2 Rn. 851.
26 *Schall* JuS 1977, 180.
27 *BGHSt* 27, 160; *Schönke/Schröder-Stree* § 259 Rn. 21.
28 *Wessels/Hillenkamp* Strafrecht BT/2 Rn. 860.

Objektiver Tatbestand  4 C II

Sofern der Täter die Sache nicht sich, sondern **einem Dritten verschafft**, ist es erforderlich, dass er die **Sache unmittelbar einem Dritten** zukommen lässt, ohne zuvor selbst Besitz erlangt zu haben.  803

### b) Absetzen

> **Absetzen** ist die selbstständige, entgeltliche wirtschaftliche Verwertung der Sache im Einverständnis und im Interesse des Vortäters.²⁹

804

Im Unterschied zum Sichverschaffen handelt der Absetzende nicht zu eigenen Zwecken, sondern **im Interesse des Vortäters**. Überwiegend wird dabei vorausgesetzt, dass die Verwertung der Sache **entgeltlich** erfolgt, so z.B. durch Verkauf, Verpfändung oder Tausch.³⁰  805

Früher war zwischen Rechtsprechung und Literatur streitig, inwieweit ein **Absatzerfolg** erforderlich ist. Nach Auffassung der Rechtsprechung sollte es bereits ausreichen, dass der Täter eine von einem Absatzwillen getragene, vorbereitende Tätigkeit unternimmt, sofern diese zur Aufrechterhaltung der rechtswidrigen Vermögenslage geeignet ist.³¹  806

**Beispiel** Hehler H steht in Kaufvertragsverhandlungen mit K bezüglich eines gestohlenen Bildes. Zum Abschluss des Vertrages und zur Übergabe des Bildes kommt es nicht mehr. ■

Diese Auffassung hat der *BGH*³² mittlerweile aufgegeben und sich damit der Auffassung der Literatur angeschlossen, wonach ein Absatzerfolg, also eine **Übertragung der Verfügungsgewalt an einen Dritten** erforderlich ist.³³ Der frühere Streit muss von daher von Ihnen in der Klausur nicht mehr dargestellt werden.

Ein Problempunkt, der Ihnen in der Klausur begegnen kann, ist jedoch die **Rückveräußerung an den Eigentümer**.

**Beispiel** A hat dem B ein besonders wertvolles Meißener Porzellan entwendet. Dies übergibt er dem Hehler H mit der Aufforderung, dieses Porzellan für ihn zu verkaufen. Hehler H, der weiß, dass B untröstlich ob des Verlustes des Porzellans ist, bietet diesem das Porzellan zum Kauf an, wobei er vorgibt, dass es sich um sein eigenes Porzellan handelt. Hier hat H sich zunächst gem. § 263 I strafbar gemacht, indem er B sein eigenes Porzellan zum Kauf anbietet und dabei vortäuscht, selber Eigentümer zu sein. Fraglich ist aber, ob sich H auch gem. § 259 I strafbar gemacht haben kann. ■

Eine ältere in der Rechtsprechung vertretene Auffassung hat in einem ähnlichen Fall die Hehlerei bejaht, da der Hehler zu Gunsten des Vortäters dessen angemaßte Verfügungsgewalt realisiere.³⁴ **Überwiegend** wird jedoch vertreten, dass die Rückveräußerung an den Eigentümer **nicht gem. § 259 strafbar** ist. Begründet wird dies wiederum mit dem Straf-  807

---

29 *BGH* NJW 1976, 1950.
30 *Fischer* § 259 Rn. 18 m.w.N.; andere Auffassung Schönke/Schröder-*Stree* § 259 Rn. 32, wonach auch ein unentgeltliches Verschenken genügen soll.
31 *BGH* NJW 1989, 1490; *BGH* NStZ 1983, 455.
32 *BGH* Beschluss vom 14.5.2013, AZ 3 StR 69/11 – abrufbar unter www.bundesgerichtshof.de oder aber NStZ 2013, 584.
33 Schönke/Schröder-*Stree* § 259 Rn. 32 m.w.N.
34 Nachweise bei *Fischer* § 259 Rn. 18.

zweck der Norm, wonach die besondere Verwerflichkeit in der Aufrechterhaltung und Vertiefung der rechtswidrigen Vermögenslage liege. Bei einer Rückveräußerung an den Eigentümer ende jedoch die rechtswidrige Besitzlage, so dass Hehlerei nicht angenommen werden könne, wenn der Eigentümer beim Rückerwerb das Eigentum nicht wiedererkenne.[35]

### c) Absatzhilfe

**808** Hilfe ist jede unselbstständige Unterstützung des Vortäters beim Absatz.[36]

**809** Mit der Absatzhilfe soll eine Strafbarkeitslücke geschlossen werden, die sich daraus ergibt, dass der Täter der Vortat niemals Täter der Hehlerei sein kann, es jedoch denkbar ist, dass er sich beim Absetzen der von ihm selbst gestohlenen Sache der Hilfe Dritter bedient.

> **Hinweis**
>
> Daraus ergibt sich zwingend, dass die **Absatzhilfe als täterschaftliche Handlung nicht** in Betracht kommt, **wenn** eine **Beihilfe zur Hehlerei möglich** ist. Diese ist immer dann möglich, wenn es einen Täter gibt, der sich nach § 259 strafbar gemacht hat.

**Beispiel** Dieb D möchte im obigen *Beispiel* das von ihm entwendete Bild selbst an den Käufer bringen. Dabei hilft ihm seine Freundin F, die über gute Kontakte in die Unterwelt verfügt, indem sie ein Treffen mit einem potenziellen Käufer arrangiert.

In diesem Fall ist eine Beihilfe zur Hehlerei nicht möglich, da D kein tauglicher Täter i.S.d. § 259 ist. F ist jedoch Täterin i.S.d. § 259.

Anders wäre die Strafbarkeit der F zu beurteilen, wenn Dieb D erneut Hehler H das Bild übergeben hätte und nunmehr F dem H ihre Kontakte für den Abschluss eines Kaufvertrages zur Verfügung stellt. In diesem Fall hätte Hehler H eine Strafbarkeit nach § 259 verwirklicht. Zu dieser Hehlerei hätte F gem. § 27 Hilfe geleistet. ∎

**810** Wie beim Absetzen auch ist nun auch hier ein Absatzerfolg des Vortäters erforderlich. Liegt dieser nicht vor, dann kommt nur Versuch in Betracht.

## III. Subjektiver Tatbestand

**811** Im subjektiven Tatbestand sind zwei Prüfungsschritte erforderlich:

| Schritt 1 | Schritt 2 |
| --- | --- |
| Vorsatz | Bereicherungsabsicht |

### 1. Vorsatz

**812** Der Täter muss zunächst hinsichtlich des objektiven Tatbestandes vorsätzlich handeln, wobei dolus eventualis ausreicht.

---
35 *Joecks* § 259 Rn. 24.
36 *BGH* NJW 1979, 2621.

## 2. Bereicherungsabsicht

Darüber hinaus ist jedoch eine **Bereicherungsabsicht** erforderlich. Diese Bereicherungsabsicht **entspricht der Bereicherungsabsicht beim Betrug gem. § 263**, so dass auf die dortigen Ausführungen verwiesen werden kann. Beachten Sie jedoch, dass im Unterschied zu § 263 die Bereicherungsabsicht **nicht rechtswidrig** sein muss und auch eine **Stoffgleichheit nicht erforderlich** ist.

**813**

**Umstritten** ist, ob bei der **Drittbereicherung** der Bereicherte auch der Vortäter sein kann. Dies wird teilweise bejaht.[37] **Überwiegend** wird jedoch darauf hingewiesen, dass ein Täter, der ausschließlich im Interesse des Vortäters handle, sich schon nach § 257 strafbar mache. Im Interesse einer klaren Abgrenzung beider Vorschriften kann mithin der **bereicherte Dritte nicht der Täter der Vortat** sein.[38]

**814**

> **Hinweis**
>
> Damit ergibt sich sowohl für das Absetzen als auch für die Absatzhilfe, dass der Täter jedenfalls **auch die eigene Bereicherung erstreben muss**.

## IV. Rechtswidrigkeit und Schuld

Insoweit gibt es keine deliktspezifischen Besonderheiten, so dass auf die allgemeinen Grundsätze verwiesen wird.

**815**

## V. Täterschaft und Teilnahme sowie Konkurrenzen

Wie bereits festgestellt, kann der Täter der Vortat nicht zugleich Täter einer Hehlerei sein.

**816**

Der **Täter der Vortat** kann jedoch einen **unbeteiligten Dritten zur Begehung einer Hehlerei anstiften** bzw. ihm **Hilfe leisten**. In diesen Fällen wird die Teilnahme an der Hehlerei jedoch als **mitbestrafte Nachtat** angesehen, die hinter der Vortat zurücktritt.[39]

Ist der Hehler als Teilnehmer an der Vortat beteiligt, so liegt i.d.R. **Tatmehrheit** gem. § 53 vor.

Wird beim Täter Diebesgut gefunden, von welchem sich nicht mehr aufklären lässt, ob der Täter die Sachen weggenommen oder sich verschafft bzw. angekauft hat, so ist eine echte **Wahlfeststellung** zwischen §§ 242, 246 und § 259 möglich. Der Täter wird dann entweder wegen Diebstahls oder Unterschlagung verurteilt. Voraussetzung dafür ist jedoch eine rechtsethische und psychologische Vergleichbarkeit der Taten, welche bei den soeben zitierten Normen angenommen wird.

**817** » Wiederholen Sie an dieser Stelle sowohl die echte als auch die unechte Wahlfeststellung und darüber hinaus die Post- bzw. Präpendenz, dargestellt im Skript „Strafrecht AT II". «

---

[37] Schönke/Schröder-*Stree* § 259 Rn. 50.
[38] *BGH* NStZ 1995, 595; *Joecks* § 259 Rn. 32.
[39] *Wessels/Hillenkamp* Strafrecht BT/2 Rn. 883.

## D. Geldwäsche und Verschleierung unrechtmäßig erlangter Vermögenswerte, § 261

### I. Überblick

**818** Die Geldwäsche wird im Verhältnis zu den §§ 257 und 259 als **Auffangdelikt** angesehen. Im Gegensatz zu diesen Vorschriften ist es zunächst einmal nicht erforderlich, dass die Gegenstände, die bei § 261 Tatobjekt sind, aus der Vortat *eines anderen* stammen. **Täter des § 261** kann mithin **auch Täter der Vortat** sein. Darüber hinaus ist es nicht erforderlich, dass die Tatobjekte identisch sind mit den Objekten, die aus der Vortat stammen. Erfasst werden **auch** so genannte **Surrogate.** Des Weiteren setzt § 261 im Gegensatz zu §§ 257 und 259 keine besondere Absicht voraus. Es reicht, dass der Täter dolus eventualis hinsichtlich des objektiven Tatbestandes hat.

**819** § 261 soll die Verschleierung unrechtmäßig erlangter Vermögenswerte und die Vereitlung ihrer Wiederauffindung verhindern und darüber hinaus das Einschleusen unrechtmäßig erlangter Vermögenswerte insbesondere aus dem Bereich der organisierten Kriminalität in den Finanz- und Wirtschaftskreislauf unterbinden. **Geschütztes Rechtsgut** ist mithin zum einen die **Aufgabe der inländischen staatlichen Rechtspflege**, die Wirkungen von Straftaten zu beseitigen, und zum andern der **Schutz der durch die Vortat verletzten Interessen**.[40]

**820** Sollte in der Klausur ausnahmsweise der Tatbestand des § 261 zu prüfen sein, so können Sie sich an folgendes Aufbauschema halten:

---

**PRÜFUNGSSCHEMA**

**Geldwäsche und Verschleierung unrechtmäßig erlangter Vermögenswerte, § 261**

**I. Objektiver Tatbestand**
1. Tatobjekt
   a) Gegenstand
   b) aus der Vortat i.S.d. § 261 Abs. 1 S. 2, Abs. 8 herrührend
2. Tathandlung
   a) Verbergen oder Verschleiern gem. § 261 Abs. 1 S. 1
   b) Verschaffen gem. § 261 Abs. 2 Nr. 1
   c) Verwahren oder Verwenden gem. § 261 Abs. 2 Nr. 2
      Sozial- und berufsadäquate Verhaltensweisen   Rn. 829

**II. Subjektiver Tatbestand**
1. Vorsatz
2. Eventuell Leichtfertigkeit bezüglich des Herrührens aus der Vortat gem. § 261 Abs. 5

**III. Rechtswidrigkeit**

**IV. Schuld**

**V. Strafausschluss bzw. Strafmilderung**
1. wegen Beteiligung an der Vortat gem. § 261 Abs. 9 S. 2
2. wegen freiwilliger Unterstützung der Strafverfolgungsbehörden gem. § 261 Abs. 9 S. 1, Abs. 10

**VI. Besonders schwerer Fall gem. § 261 Abs. 4**

---

[40] *Wessels/Hillenkamp* Strafrecht BT/2 Rn. 894; *HansOLG Hamburg* NJW 2000, 673.

## II. Objektiver Tatbestand

Der objektive Tatbestand besteht in dem vielfältigen „Verwenden" eines aus einer rechtswidrigen Tat stammenden Gegenstands. 821

### 1. Tatobjekt

Als Tatobjekt kommen alle **beweglichen und unbeweglichen, vermögenswerten Sachen** sowie **Rechte** in Betracht, die gem. § 261 Abs. 1 S. 2 Nr. 1 aus einem Verbrechen oder gem. § 261 Abs. 1 S. 2 Nr. 2 bis 5 aus einem der dort genannten Vergehen herrühren. 822

> **Beispiel** Tatobjekte können mithin Bargeld, Buchgeld, Forderungen, Wertpapiere, Immobilien, Edelsteine, Kunstobjekte und vieles mehr sein.[41] ∎

Hinsichtlich der aus **Vergehen nach Abs. 1 Nr. 4** stammenden Sachen achten Sie aber bitte darauf, dass diese Vergehen (z.B. ein Diebstahl) „**gewerbsmäßig oder von einem Mitglied einer Bande**" begangenen worden sein müssen. 823

**Zu beachten** ist ferner **§ 261 Abs. 6**, wonach die Tat dann nicht strafbar ist, wenn zuvor ein Dritter den Gegenstand erlangt hat, ohne hierdurch eine Straftat begangen zu haben. Für Abs. 1 fehlt es in einem solchen Fall dann an einem tauglichen Tatobjekt.

> **Beispiel** A hat einen Bankraub begangen und zahlt auf verschiedenen Konten jeweils einen Betrag in Höhe von 2000 € ein. Da die Bank bei der Höhe dieses Betrages nicht verpflichtet ist, nach der Herkunft des Geldes zu fragen, wird sie sich keinerlei Gedanken über die Herkunft machen, so dass die Verwirklichung des § 261 schon am Vorsatz der Bank scheitert. Gleiches gilt für andere Straftatbestände. Das Geld ist damit „weiß" geworden. Geht A nunmehr hin und tritt seine Auszahlungsforderung an einen eingeweihten Dritten ab, so liegt bei der Überweisung keine Straftat nach § 261 vor. ∎

Problematisch an § 261 Abs. 6 ist, dass auf diese Weise **gutgläubige Institutionen** entgegen der Zwecksetzung des § 261 als „**Geldwäschereien**" benutzt werden können. In der Literatur wird deswegen teilweise erwogen, die Forderungen gegen die Bank oder Hinterlegungsstelle, über die der Vortäter zu Gunsten eines Dritten verfügt, als aus dem Tatgegenstand „herrührend" zu bezeichnen, um den Abtretungsempfänger, der in das Geschehen eingeweiht ist, wegen Geldwäsche bestrafen zu können.[42] Der *BGH* hat in diesem Zusammenhang jüngst entschieden, dass betrügerische erlangte Geld, welches über ein Rechtsanwalts-Anderkonto an einen Dritten weitergeleitet wird, taugliches Tatobjekt bleibe, da der Rechtsanwalt das Geld nur treuhänderisch verwalte und entsprechend der vertraglichen Vereinbarung mit dem Mandanten keine eigene Verfügungsgewalt erlange (s. dazu auch das Bsp. unter Rn. 827).[43] 824

Der Gegenstand muss aus der Vortat „**herrühren**". Nach Vorstellung des Gesetzgebers sollen damit **auch Verwertungshandlungen** erfasst werden, bei denen der ursprüngliche Gegenstand bei Beibehaltung seines Wertes durch einen anderen Gegenstand ersetzt wird. 825

---

41 *Wessels/Hillenkamp* Strafrecht BT/2 Rn. 895.
42 *Fischer* § 261 Rn. 29.
43 *BGH* Entscheidung vom 4.2.2010, AZ 1 StR 95/09 - abrufbar unter www.bundesgerichtshof.de.

> **Hinweis**
>
> Bei der **Hehlerei** wird der objektive Tatbestand regelmäßig zu verneinen sein, wenn die Handlung des Dritten sich auf einen Gegenstand bezieht, der nicht mehr identisch ist mit jenem aus der Vortat, sondern im Wege der „Ersatzhehlerei" erworben wurde. Etwas anderes gilt nur dann, wenn auch diese „Ersatzhehlerei" eine Straftat, z.B. einen Betrug, darstellt.

**Beispiel** Im Gesetzesentwurf[44] sind folgende Fälle beschrieben:
„Zahlt ein Täter den Gewinn aus Betäubungsmittelgeschäften bar auf sein Bankkonto ein, so rührt das Bankguthaben aus der Vortat her. Bezahlt er mit dem Bankguthaben Schmuck oder Wertpapiere, dann rühren auch diese Gegenstände aus der Vortat her. Nimmt der Täter anschließend bei der Bank ein Darlehen auf und gibt er die Wertpapiere als Sicherheit, dann hat das ausgezahlte Darlehen seine Ursache ebenfalls in der Vortat. Erwirbt er mit diesem Darlehen z.B. ein Grundstück, rührt auch dieses aus der Vortat her. Erwirbt der Täter dagegen mit illegal erlangtem Geld Unternehmensanteile, so rühren zwar diese Anteile, nicht aber die von dem Unternehmen produzierten Gegenstände aus der Vortat her. Zur Vermischung von legalem mit illegalem Geld ist anzumerken: Kauft ein Täter einen PKW für DM 10 000, die in Höhe von DM 1000 illegaler Herkunft sind, so rührt das Auto insoweit aus der Vortat her. Auf vom *BGH* für die Hehlerei aufgestellten Grundsätze über die Vermischung von Geld (z.B. *BGH* NJW 1958, 1244) kann zurückgegriffen werden." ■

**826** Wesentlicher Unterschied zu §§ 257 und 259 ist, dass der Täter des § 261 auch **Täter der Vortat** bzw. **Teilnehmer an der Vortat** sein kann. Die Gegenstände müssen nicht aus der Tat eines anderen stammen.

> **Hinweis**
>
> In diesem Fall müssen Sie jedoch den **persönlichen Strafausschließungsgrund des § 261 Abs. 9 S. 2 beachten**, nachdem wegen Geldwäsche nicht bestraft wird, wer wegen Beteiligung an der Vortat strafbar ist. Dieser persönliche Strafausschließungsgrund ist, wie oben dargestellt, nach der Schuld zu prüfen.

### 2. Tathandlungen

**827** Die Tathandlungen sind in Abs. 1 und 2 des § 261 näher umschrieben. Vielfach gibt es Überschneidungen. Nach § 261 Abs. 1 ist derjenige strafbar, der die Rechtspflege dadurch beeinträchtigt, dass er den Gegenstand verbirgt, seine Herkunft verschleiert oder seine Überführung in die Hand der Strafverfolgungsorgane vereitelt oder gefährdet. Hat der Täter den Gegenstand sich oder einem Dritten verschafft, so ist er nach § 261 Abs. 2 Nr. 1 strafbar. § 261 Abs. 2 Nr. 2 kommt in Betracht, wenn der Täter den Gegenstand verwendet oder verwahrt.

**Beispiel** Rechtsanwalt R erwirbt eine Forderung über 1,46 Mio. € gegen den rechtskräftig verurteilen Anlagebetrüger B. Der Forderungserwerb erfolgt, um sich Zugriff auf inkriminierte Vermögenswerte zu verschaffen, die sich in der GmbH des B befinden. Anschlie-

---
[44] BR–Gs 507/92 S. 28.

ßend wirkt A mittels Täuschung und Nötigungsmitteln auf B ein, damit dieser mit ihm eine Vereinbarung abschließt, nach der die GmbH eine gesamtschuldnerische Haftung für ausschließlich ihn betreffende Forderungen übernimmt. Alsdann leistet B mit den kriminell erlangten Geldmitteln der GmbH Zahlungen auf die Forderung.

Problematisch ist, ob A sich gem. § 261 Abs. 2 Nr. 1 das Geld „verschafft" hat. Dagegen könnte sprechen, dass er die Zahlung nur erhalten hat, nachdem er täuschend und nötigend auf B eingewirkt hat. Der *BGH*[45] hat jedoch ausgeführt, dass – anders als bei § 259 – die deliktische Beeinflussung des Willens unschädlich ist, obgleich das Tatbestandsmerkmal des „sich Verschaffens" ein tatsächlich bestehendes Einvernehmen zwischen dem Vortäter und dem Täter der Geldwäsche voraussetzt. ■

**828** Werden derartige Handlungen im Zusammenhang mit der Strafverfolgung **durch verdeckte Ermittler oder V-Leute** begangen, so soll nach h.M. im Wege einer teleologischen Reduktion schon die Tatbestandsmäßigkeit der Handlungen zu verneinen sein.[46]

>> Wiederholen Sie in diesem Zusammenhang die Grundsätze der Strafbarkeit des „agent provocateur", dargestellt im Skript „Strafrecht AT II". <<

### JURIQ-Klausurtipp

In der Klausur sollten Sie diese **Problematik bei der Tathandlung ansprechen**, nachdem Sie festgestellt haben, dass z.B. der verdeckte Ermittler bei einer Geldtransaktion mitgewirkt hat, indem er in Kenntnis sämtlicher Umstände das Geld entgegengenommen hat.

**829** Problematisch sind auch **sozial- und berufsadäquate Verhaltensweisen**. Bei Geschäften, die der Befriedigung notwendiger Lebensbedürfnisse dienen (so z.B. der Besuch beim Arzt bzw. das Einkaufen von Lebensmitteln), wird überwiegend erneut im Wege einer **teleologischen Restriktion** die Strafbarkeit der bösgläubigen Geldabnehmer abgelehnt. Voraussetzung ist jedoch, dass es sich um **Geschäfte des täglichen Lebens** handelt.[47]

**830** Problematisch ist des Weiteren, ob sich **Strafverteidiger** gem. § 261 strafbar machen, wenn sie von ihren Mandanten Vergütungen annehmen, bei denen ohne weiteres ersichtlich ist, dass diese Gelder aus Straftaten gem. § 261 Abs. 1 stammen. Der *BGH*[48] **und das *BVerfG*[49]** haben die Strafbarkeit des Strafverteidigers gem. § 261 grundsätzlich anerkannt. Es entspreche nicht dem Berufsbild des Anwalts, so der *BGH*, Honorare entgegenzunehmen, von denen er wisse, dass sie aus schwerwiegenden Straftaten stammten. Dies folge schon aus der Stellung des Verteidigers als unabhängigem Organ der Rechtspflege gem. § 1 BRAO. Voraussetzung für die Strafbarkeit ist jedoch nach Auffassung des *BVerfG* die „sichere Kenntnis des Anwalts von der bemakelten Herkunft des Geldes".[50] Die Anforderungen an den Vorsatz sind also bei dieser speziellen Fallgestaltung höher als sonst.

## III. Subjektiver Tatbestand

**831** Hinsichtlich des subjektiven Tatbestandes reicht Vorsatz in Form des dolus eventualis.

---

45 *BGH* Entscheidung vom 4.2.2010, AZ 1 StR/09 – abrufbar unter www.bundesgerichtshof.de.
46 *Wessels/Hillenkamp* Strafrecht BT/2 Rn. 899 m.w.N.
47 *Wessels/Hillenkamp* Strafrecht BT/2 Rn. 900.
48 *BGH* NJW 2001, 2891.
49 *BVerfG* NStZ 2004, 259.
50 Vgl. die Einwände hiergegen bei *Wessels/Hillenkamp* Strafrecht BT/2 Rn. 902.

## IV. Rechtswidrigkeit und Schuld

**832** Es gibt keine deliktsspezifischen Besonderheiten, so dass die allgemeinen Grundsätze gelten.

## V. Besonders schwerer Fall, § 261 Abs. 4

**833** Bei § 261 Abs. 4 handelt es sich um **Regelbeispiele**. Deren Wirkungen dürften Ihnen bereits aus §§ 243 und 263 Abs. 3 bekannt sein. Geprüft werden sie, wie beim Diebstahl und Betrug auch, nach der Schuld. Da sowohl die Gewerbsmäßigkeit als auch die Bandenmitgliedschaft aus den §§ 243 und 244 bekannt ist, wird auf die dortigen Ausführungen verwiesen.

## VI. Konkurrenzen

**834** Nach Auffassung des *BGH* tritt die Geldwäsche hinter der gewerbsmäßigen Hehlerei **zurück**. Treffen hingegen einfache Hehlerei und Geldwäsche aufeinander, so ist **Tateinheit** anzunehmen.[51]

### Online-Wissens-Check

**Wodurch unterscheidet sich die Beihilfe zur Hehlerei von der Absatzhilfe?**

Überprüfen Sie jetzt online Ihr Wissen zu den in diesem Abschnitt erarbeiteten Themen. Unter **www.juracademy.de/skripte/login** steht Ihnen ein Online-Wissens-Check speziell zu diesem Skript zur Verfügung, den Sie kostenlos nutzen können. Den Zugangscode hierzu finden Sie auf der Codeseite.

---

51 *BGH* NJW 2006, 1297.

# VII. Übungsfall Nr. 6

„Man trägt Gucci"

Der frisch verliebte Bäckerlehrling A möchte seine neue und sehr verwöhnte Freundin F mit einer großzügigen Geste beeindrucken. Deswegen stiehlt er eines Abends aus dem abgeschlossenen Spind seines Arbeitskollegen, den er zu diesem Zweck aufbrechen muss, 500 €. Mit diesem Geld kauft er bei dem freundlichen Verkäufer V bei Prada eine schicke, lilafarbene Handtasche, die er stolz seiner Freundin schenkt. Diese nimmt die Tasche zwar an, verschenkt sie aber sofort weiter, da sie grundsätzlich nur Gucci trägt. A ist tief betrübt darüber, dass er seine anspruchsvolle Freundin nicht zufrieden stellen konnte. Als beide eines Sonntagnachmittags einen Bummel über die Kö machen, entdeckt F im Innenraum eines dort abgestellten roten Ferraris eine ihren Vorstellungen entsprechende Gucci-Tasche und bittet A, ihr eine solche Tasche doch zu besorgen. A erklärt der F zerknirscht, dass er nicht über die entsprechenden finanziellen Mittel verfüge, woraufhin F ihn auf das offen stehende Seitenfenster aufmerksam macht und ihm erklärt, dass sie diese Mühe doch wohl wert sei. In einem unbemerkten Augenblick greift A durch das offene

Fenster in das Fahrzeug und nimmt die Tasche an sich. In der Hoffnung, F nunmehr eine Freude zu machen, zeigt er der F stolz diese Tasche. Leider stellt F nach kurzer kritischer Begutachtung fest, dass es sich um ein billiges Imitat handelt, welches lediglich ca. 40 € wert ist. Im Einverständnis mit A verkauft sie diese Tasche ihrer naiven und in Modesachen nicht bewanderten Steuerberaterin S für 400 €, nicht wissend, dass S die Eigentümerin der Tasche und schon fürchterlich unglücklich über den Diebstahl ist. S ihrerseits erkennt die Tasche nicht als ihre eigene, ist aber froh, eine ähnlich aussehende zweite Tasche erwerben zu können, die ihr über den Verlust der ersten hinweghilft. Dieses Geld übergibt F dem A, der ihr am nächsten Tag auf der Kö die richtige Gucci-Tasche kauft.

Strafbarkeit der Beteiligten? (Eventuell erforderliche Anträge sind gestellt)

## Lösung

### Erster Handlungsabschnitt: Mitnahme der 500 € und Kauf der Prada-Tasche

#### A. Strafbarkeit des A

##### I. Strafbarkeit gem. §§ 242, 243 Abs. 1 Nr. 2

A könnte sich wegen Diebstahls in einem besonders schweren Fall strafbar gemacht haben, indem er den Spind seines Arbeitskollegen aufbrach und 500 € herausnahm.

##### 1. Objektiver Tatbestand

Dann müsste er eine fremde, bewegliche Sache weggenommen haben.

Die 500 € standen im Eigentum seines Arbeitskollegen und stellten für A eine fremde, bewegliche Sache dar.

Diese müsste er weggenommen haben. Eine Wegnahme bedeutet den Bruch fremden und die Begründung neuen, nicht notwendigerweise tätereigenen Gewahrsams gegen oder ohne den Willen des bisherigen Gewahrsamsinhabers.

Die 500 € standen, da sie sich im Spind des Arbeitskollegen befanden, in dessen Gewahrsam. Diesen Gewahrsam hat A gebrochen, indem er die 500 € aus dem Spind herausnahm und einsteckte. Da dieser Gewahrsamsbruch auch gegen oder ohne den Willen des Arbeitskollegen als bisherigem Gewahrsamsinhaber erfolgte, ist eine Wegnahme zu bejahen.

Der objektive Tatbestand ist damit verwirklicht.

### 2. Subjektiver Tatbestand

A handelte vorsätzlich und mit der entsprechenden Zueignungsabsicht. Da kein einredefreier und fälliger Anspruch auf die Übertragung des Besitzes an den 500 € bestand, war die erstrebte Zueignung auch rechtswidrig, was A wusste.

### 3. Rechtswidrigkeit und Schuld

Rechtfertigungs- und Entschuldigungsgründe sind nicht ersichtlich, weswegen A auch rechtswidrig und schuldhaft gehandelt hat.

## II. Besonders schwerer Fall gem. § 243 Abs. 1 S. 2 Nr. 2

Es könnte ein besonders schwerer Fall des Diebstahls vorliegen. Erforderlich dafür wäre, dass die 500 € sich in einem verschlossenen Behältnis befanden, welches die 500 € vor Wegnahme sicherte. Ein verschlossenes Behältnis ist eine Umschließung, die nicht zum Betreten von Menschen geeignet ist und den Zweck hat, die in ihr befindlichen Gegenstände vor Wegnahme zu sichern. Der abschließbare Spind diente einer solchen Sicherung und stellt damit ein verschlossenes Behältnis dar. Da A auch die Tatumstände kannte, die zur Annahme des verschlossenen Behältnisses führen, und diese verwirklichen wollte, liegt ein besonders schwerer Fall des Diebstahls vor.

A hat sich damit gem. §§ 242, 243 Abs. 1 Nr. 2 strafbar gemacht.

## III. Strafbarkeit gem. § 303

A könnte sich des Weiteren wegen Sachbeschädigung strafbar gemacht haben, indem er den Spind aufbrach.

### 1. Objektiver Tatbestand

Der Spind stellt für A eine fremde Sache dar. Diese müsste er beschädigt haben. Ein Beschädigen liegt vor, wenn die Substanz der Sache nicht unerheblich verletzt wurde. Hier hat A den Spind aufgebrochen. Es ist mithin davon auszugehen, dass jedenfalls im Bereich des Schlosses die Substanz des Spindes verletzt wurde, so dass ein Beschädigen angenommen werden kann.

Der objektive Tatbestand ist damit verwirklicht.

### 2. Subjektiver Tatbestand

A handelte mit Wissen und Wollen, mithin also vorsätzlich.

### 3. Rechtswidrigkeit und Schuld

Rechtfertigungs- und Entschuldigungsgründe sind nicht ersichtlich, so das A sowohl rechtswidrig als auch schuldhaft gehandelt hat.

A hat sich damit wegen Sachbeschädigung gem. § 303 strafbar gemacht.

## IV. Strafbarkeit gem. § 263 gegenüber dem Verkäufer der Prada-Tasche

A könnte sich wegen Betruges gegenüber dem Verkäufer der Prada-Tasche strafbar gemacht haben, indem er diese mit den gestohlenen 500 € bezahlt.

Dann müsste A durch Täuschung einen Irrtum erregt haben, der bei dem Verkäufer zu einer Vermögensverfügung und alsdann zu einem Vermögensschaden führte.

Indem A mit den 500 € bezahlt, erklärt er konkludent, dass er Eigentümer der 500 € sei, was tatsächlich nicht der Fall ist, da die 500 € noch im Eigentum seines Arbeitskollegen standen. Eine konkludente Täuschung über beweisbare Tatsachen liegt mithin vor.

Der Verkäufer erlag einem dementsprechenden Irrtum.

Dieser Irrtum müsste zu einer Vermögensverfügung geführt haben. Eine Vermögensverfügung ist jedes Tun, Dulden oder Unterlassen, welches sich unmittelbar vermögensmindernd auswirkt. Die Vermögensverfügung liegt hier in dem Abschluss des Vertrages und der Übereignung der Tasche.

Aufgrund der Verfügung müsste es zu einem Vermögensschaden gekommen sein. Zunächst ist festzuhalten, dass ein eventueller Schaden jedenfalls nicht bei dem Verkäufer entstanden wäre, sondern allenfalls bei ihrem Arbeitgeber. Es handelt sich vorliegend mithin um einen Dreiecksbetrug. Der Verkäufer steht aufgrund seines Arbeitsvertrages jedoch im Lager des Arbeitgebers und damit in einem Näheverhältnis zum geschützten Vermögen, so dass seine Verfügung dem Arbeitgeber, hier der Firma Prada, zuzurechnen ist.

Fraglich ist jedoch, ob ein Vermögensschaden entstanden ist. Prada hat im Gegenzug zur Übereignung der Tasche gem. §§ 929, 932 BGB das Eigentum an den 500 € erlangt. § 935 Abs. 1 BGB ist insofern irrelevant, da dieser gem. Abs. 2 bei Geld nicht anwendbar ist. Damit ist ein vollständiges Äquivalent in das Vermögen der Firma Prada eingeflossen, so dass ein Vermögensschaden zu verneinen ist. Es ist nach dem Sachverhalt auch nicht damit zu rechnen, dass Prada mit Rückforderungsansprüchen des Arbeitskollegen rechnen muss, so dass auch eine schadensgleiche Vermögensgefährdung ausscheidet.

Der objektive Tatbestand des Betruges ist mithin nicht erfüllt. Eine Strafbarkeit gem. § 263 scheidet aus.

### V. Strafbarkeit gem. § 246 Abs. 1

A könnte sich darüber hinaus wegen Unterschlagung gem. § 246 Abs. 1 strafbar gemacht haben, indem er die Tasche mit den gestohlenen 500 € bezahlt.

Die 500 € stellen eine fremde, bewegliche Sache dar. Fraglich ist allerdings, ob A sich diese Sache zugeeignet hat, da er sie zuvor bereits gestohlen hatte.

Nach Auffassung der Rechtsprechung kommt eine Zueignung nicht in Betracht, da Zueignung die erstmalige Herstellung der Eigentümerposition bedeute und nicht deren Fortschreibung.[52] Die Literatur hingegen verlagert die Lösung auf die Konkurrenzebene und lässt die tatbestandlich verwirklichte Zueignung als mitbestrafte Nachtat hinter einen vorangegangenen Diebstahl zurücktreten.[53] Damit verlängert die Literatur aber die Verjährung. Da der Gebrauch zudem keinen eigenständigen Unwertgehalt enthält, darf er auch nicht mehr eigenständig verfolgbar sein. Es ist daher mit der Rechtsprechung davon auszugehen, dass die Zueignung die erstmalige Herstellung der Eigentümerposition voraussetzt, weswegen vorliegend eine Unterschlagung ausscheidet.

## B. Strafbarkeit der F

### I. Strafbarkeit gem. § 259

Die F könnte sich wegen Hehlerei gem. § 259 strafbar gemacht haben, indem sie die Tasche annimmt und weiterverschenkt.

Voraussetzung dafür ist jedoch, dass es sich bei der Tasche um einen Gegenstand handelt, der aus der Straftat eines anderen stammt. Aus der Straftat des A stammen die zunächst von ihm gestohlenen 500 €. Diese 500 € wurden jedoch der F nicht übergeben. Die Tasche selbst stammt, wie oben festgestellt, nicht aus einer Straftat, da bei ihrem Erwerb kein Betrug verwirklicht wurde. Die rechtswidrige Vermögenslage, die durch den Diebstahl geschaffen wurde, setzt sich an der im Kaufweg erlangten Ersatzsache nicht fort. Eine sog. „Ersatzhehlerei" ist nach h.M. straflos.[54] Der objektive Tatbestand ist damit nicht verwirklicht. Eine Strafbarkeit gem. § 259 scheidet aus.

### II. Strafbarkeit gem. § 257

F könnte sich jedoch wegen Begünstigung strafbar gemacht haben, indem sie die Tasche entgegennimmt.

Erforderlich dafür ist zunächst die rechtswidrige Haupttat eines anderen. Hier kommt der Diebstahl des A gem. §§ 242, 243 Abs. 1 S. 2

---

[52] *BGHSt* 14, 38.
[53] Schönke/Schröder-*Eser* § 246 Rn. 19.
[54] *BGHSt* 9, 137; Schönke/Schröder-*Stree* § 259 Rn. 14.

Nr. 2 in Betracht. Hinsichtlich dieser Haupttat müsste F Hilfe geleistet haben. Welcher Art die Hilfeleistung sein muss, ergibt sich aus dem weiteren Erfordernis, dass die Hilfe in der Absicht geleistet werden muss, dem Vortäter die Vorteile der Tat zu sichern. Aus diesem Grund muss es sich bei der Hilfeleistung um eine vorteilssichernde Hilfeleistung handeln. Erforderlich ist dabei des Weiteren, dass Vorteile gesichert werden sollen, die unmittelbar aus der rechtswidrigen Tat des anderen stammen.[55] Der Erwerb der Tasche stammt jedoch nicht unmittelbar aus dem Diebstahl, so dass eine Entgegennahme der Tasche auch nicht als Hilfeleistung i.S.d. § 257 angesehen werden kann.

Der objektive Tatbestand ist mithin auch hier nicht verwirklicht. Eine Strafbarkeit gem. § 257 scheidet aus.

### III. Strafbarkeit gem. § 261 Abs. 1 Nr. 4a i.V.m. Abs. 2 Nr. 1

F könnte sich wegen Geldwäsche strafbar gemacht haben, indem sie die Tasche an sich nimmt.

Dann müsste die Tasche ein Gegenstand sein, der aus einem Vergehen gem. § 261 Abs. 1 Nr. 4a herrührt. Wie bereits festgestellt, hat A an den 500 € einen Diebstahl begangen. Dieser Diebstahl ist in § 261 Abs. 1 Nr. 4a aufgeführt als mögliche Vortat. Fraglich ist allerdings, ob die Tasche noch aus diesem Diebstahl „herrührt". Anders als bei § 259 soll bei der Geldwäsche auch die Ersatzhehlerei erfasst werden. Damit rühren auch solche Gegenstände aus der Vortat her, die durch Verwertungstransaktionen unter Beibehaltung ihres Wertes an die Stelle der Ursprungsgegenstände getreten sind. Ausdrücklich genannt wurden im Gesetzentwurf „Schmuck oder Wertpapiere", die von Geld gekauft wurden, welches durch eine rechtswidrige Tat erlangt wurde.[56]

Die Tasche rührt daher aus dem Diebstahl und ist zunächst taugliches Tatobjekt.

Diese müsste F sich verschafft haben. Verschaffen bedeutet wie bei § 259 auch die Begründung einer vom Vortäter unabhängigen Verfügungsgewalt. F hat von A das Eigentum an der Tasche übertragen bekommen und konnte demnach mit der Tasche nach Belieben verfügen.

Weitere Voraussetzung ist aber, dass der Diebstahl gewerbsmäßig oder von einem Bandenmitglied begangen sein muss. Beides ist vorliegend nicht gegeben, so dass der objektive Tatbestand zu verneinen ist.

Eine Strafbarkeit der F wegen Geldwäsche scheidet aus.

### Zweiter Handlungsabschnitt: Mitnahme des Gucci-Imitats und Verkauf an S

### A. Strafbarkeit des A

#### I. Strafbarkeit gem. §§ 242, 243 Abs. 1 Nr. 1

A könnte sich wegen Diebstahls in einem besonders schweren Fall strafbar gemacht haben, indem er in das Auto hineinlangte und das Gucci-Imitat herausnahm.

#### 1. Objektiver Tatbestand

Dann müsste das Gucci-Imitat eine fremde, bewegliche Sache sein. Da die Tasche im Eigentum der S steht, ist sie für A eine fremde, bewegliche Sache.

Diese müsste A weggenommen haben. Wegnahme bedeutet Bruch fremden und Begründung neuen, nicht notwendigerweise tätereigenen Gewahrsams gegen oder ohne den Willen des Gewahrsamsinhabers. Die Tasche stand zunächst im gelockerten Gewahrsam der S. Nachdem A die Tasche aus dem Auto herausnahm, stand sie im Gewahrsam des A. Dieser Gewahrsamsbruch erfolgte gegen oder ohne den Willen der S, so dass eine Wegnahme vorliegt.

Der objektive Tatbestand ist damit verwirklicht.

#### 2. Subjektiver Tatbestand

A handelte vorsätzlich und in der Absicht, seiner Freundin F die Tasche rechtswidrig zuzueignen.

---

[55] Schönke/Schröder-*Stree* § 257 Rn. 15 und 23 ff.
[56] BR-Drucks. 597/92, S. 28.

### 3. Rechtswidrigkeit und Schuld

Rechtfertigungs- und Entschuldigungsgründe sind nicht ersichtlich, so dass die Rechtswidrigkeit und die Schuld zu bejahen sind.

### 4. Besonders schwerer Fall gem. § 243 Abs. 1 S. 2 Nr. 1

Es könnte ein Diebstahl in einem besonders schweren Fall vorliegen. Voraussetzung dafür ist, dass A in einen umschlossenen Raum eingestiegen ist. Das Fahrzeug ist dazu bestimmt, von Menschen betreten zu werden, und stellt damit einen umschlossenen Raum dar. Fraglich ist jedoch, ob A in diesen Raum eingestiegen ist. Ein Einsteigen wird bejaht, sobald der Täter innerhalb des Raumes einen festen Standpunkt erlangt hat. Da A lediglich mit der Hand in das Wageninnere hineingriff, kann davon nicht ausgegangen werden, so dass ein Einsteigen verneint werden muss.

A hat sich somit wegen einfachen Diebstahls gem. § 242 strafbar gemacht.

## II. Strafantrag gem. § 248a

Da es sich um eine geringwertige Sache handelt, ist ein Strafantrag erforderlich, der vorliegend aber gestellt wurde.

## B. Strafbarkeit der F

### I. Strafbarkeit gem. §§ 242, 26

F hat sich wegen Anstiftung zum Diebstahl strafbar gemacht, indem sie A auf das offen stehende Fenster hinwies und ihm erklärte, dass sie ihm die Mühe doch wohl wert sei. Dadurch hat sie den Tatentschluss zur Begehung des Diebstahls in A hervorgerufen. Da sie dieses auch vorsätzlich, rechtswidrig und schuldhaft tat, liegt eine Strafbarkeit gem. §§ 242, 26 vor.

### II. Strafbarkeit gem. § 259

F könnte sich wegen Hehlerei strafbar gemacht haben, indem sie die Tasche an sich nimmt und im Einvernehmen mit A an die gutgläubige S verkauft.

Dann müsste es sich bei der Tasche zunächst um eine Sache handeln, die ein anderer aus einer gegen fremdes Vermögen gerichteten Vortat rechtswidrig erlangt hat. Die Tasche stammt aus dem Diebstahl des A und damit aus einer gegen fremdes Vermögen gerichteten, rechtswidrigen Vortat. Fraglich ist jedoch, ob es sich dabei um die Straftat eines anderen handelt, da F den A zu dieser Tat angestiftet hat, mithin an dieser Tat beteiligt ist. In Literatur und Rechtsprechung wird diese Frage unterschiedlich beantwortet. Teilweise wird eine Strafbarkeit wegen Hehlerei für den Teilnehmer ausgeschlossen.[57] Nach überwiegender Auffassung ist eine Strafbarkeit von Anstiftern und Gehilfen jedoch möglich. Dieser Meinung ist beizupflichten, da sowohl der Wortlaut des § 259 als auch der Wortlaut der §§ 26 und 27 für diese Annahme spricht. Aus den §§ 26 und 27 ergibt sich, dass Anstifter und Gehilfen immer an der Vortat „eines anderen" beteiligt sind. Wenn § 259 ebenfalls von der Vortat eines anderen spricht, so kann dies nur wie in §§ 27 und 26 gemeint sein. Darüber hinaus enthält der § 259 keine dem § 257 Abs. 3 entsprechende Regelung, was ebenfalls für die Einbeziehung von Teilnehmern spricht.

Die Tasche stammt damit aus der Vortat eines anderen, hier des A.

Durch den Verkauf an S könnte die Tathandlung des Absetzens verwirklicht sein. Unter Absetzen ist die selbstständige, entgeltliche wirtschaftliche Verwertung der Sache im Interesse des Vortäters zu verstehen. Hier hat F nach Rücksprache und im Interesse des A die Tasche an die gutgläubige S verkauft. Der daraus erzielte Erlös wurde an A übergeben, damit dieser eine neue Gucci-Tasche kaufen kann. Problematisch erscheint jedoch, dass es sich bei S um die ursprüngliche Eigentümerin der Tasche handelt. Berücksichtigt man den Strafgrund des § 259, der darin besteht, dass der Hehler zu einer Verschiebung des beim Vortäter vorhandenen, rechtswidrigen Besitzes beiträgt und dadurch in der Regel die Chance des Opfers der Vortat reduziert, die Sache wiederzuerlangen (Perpetuierungstheorie), so muss mit der h.M. eine Hehlerei bei der Rückveräußerung an den Eigentümer abgelehnt

---

[57] *Seelmann* JuS 1988, 39 ff.

werden.⁵⁸ Damit liegt ein Absetzen durch F nicht vor. Der objektive Tatbestand ist nicht verwirklicht.

### III. Strafbarkeit gem. §§ 259, 22, 23

F hat sich jedoch wegen versuchter Hehlerei strafbar gemacht, da ihr nicht bekannt war, dass S die ursprüngliche Eigentümerin der Tasche ist.

### IV. Strafbarkeit gem. § 257

Entsprechendes gilt für eine Strafbarkeit gem. § 257. Auch bei § 257 ist Strafgrund das Bemühen des Begünstigenden, zu verhindern, dass der dem Gesetz entsprechende Zustand wiederhergestellt wird. Die Begünstigung ist eine sog. Restitutionsvereitelung.

### V. Strafbarkeit gem. § 261 Abs. 1 Nr. 4a i.V.m. Abs. 2 Nr. 1

Eine Strafbarkeit wegen Geldwäsche scheitert erneut daran, dass der A weder gewerbsmäßig noch als Mitglied einer Bande gehandelt hat.

### VI. Strafbarkeit gem. § 263 Abs. 1

F könnte sich wegen Betruges gegenüber und zum Nachteil der S strafbar gemacht haben, indem sie ihr die eigene Tasche verkauft.

#### 1. Objektiver Tatbestand

Mit dem Verkauf hat F konkludent erklärt, Eigentümerin der Tasche zu sein, was nicht mit den tatsächlichen Gegebenheiten übereinstimmt. Außerdem darf unterstellt werden, dass sie in Anbetracht des geforderten Preises konkludent über die Echtheit der Tasche getäuscht hat.

Dementsprechend wurde ein Irrtum bei S erregt, der zu einer Vermögensverfügung, nämlich der Zahlung der 400 € führte. Der Schaden besteht darin, dass als Äquivalent keine Eigentumsübertragung stattfindet, denn S war bereits Eigentümerin der Tasche, die ihr abhanden gekommen war. Zudem hat S einen völlig überzogenen Preis für ein Imitat gezahlt.

Der objektive Tatbestand ist damit verwirklicht.

#### 2. Subjektiver Tatbestand

F handelte auch vorsätzlich und mit der entsprechenden rechtswidrigen und stoffgleichen Bereicherungsabsicht.

#### 3. Rechtswidrigkeit und Schuld

Rechtfertigungs- und Entschuldigungsgründe sind nicht ersichtlich, so dass F auch rechtswidrig und schuldhaft gehandelt hat.

F hat sich damit gem. § 263 Abs. 1 wegen Betruges zum Nachteil der S strafbar gemacht.

### C. Strafbarkeit nochmals des A

Die Veräußerung an S erfolgte in Abstimmung mit A. Ob A jedoch bei F den Tatentschluss hervorgerufen hat oder sie in ihrem Tatentschluss bestärkt hat und damit psychisch Beihilfe geleistet hat, lässt der Sachverhalt offen, so dass nicht entschieden werden kann, ob eine Strafbarkeit gem. § 26 und/oder § 27 in Betracht kommt. Zu Gunsten des A muss davon ausgegangen werden, dass weder eine Hilfeleistung noch ein Bestimmen vorliegt.

## Dritter Handlungsabschnitt: Kauf der richtigen Gucci-Tasche

### A. Strafbarkeit des A

#### I. Strafbarkeit gem. § 259

A könnte sich wegen Hehlerei strafbar gemacht haben, indem er mit den 400 € eine Gucci-Tasche kaufte.

##### 1. Objektiver Tatbestand

Die 400 € stammen aus dem Betrug der F und damit aus einer gegen fremdes Vermögen gerichteten Vortat eines anderen. Indem er die 400 € zum Kauf der Gucci-Tasche einsetzt, hat A diese 400 € abgesetzt, weil in der Bezahlung mit den 400 € deren wirtschaftliche Verwertung zu sehen ist.

Der objektive Tatbestand ist damit verwirklicht.

---

58 *Fischer* § 259 Rn. 18a; LK-*Ruß* § 259 Rn. 27.

### 2. Subjektiver Tatbestand

A handelte auch vorsätzlich. Fraglich ist allerdings, ob er in der Absicht handelte, F zu bereichern. Bei der Bereicherungsabsicht ist es erforderlich, dass es der Hehler auf eine günstigere Gestaltung der Vermögenslage abgesehen hat. Dies ist nicht der Fall, wenn gleichwertige Güter ausgetauscht werden.[59] Hier könnte man die Gleichwertigkeit bejahen, da F vorher im Besitz von 400 € war und danach im Besitz einer Gucci-Tasche. Allerdings hatte F an den 400 €, die sie infolge eines Betruges erworben hatte, kein Eigentum erlangt (wegen § 138 Abs. 2 BGB). Das mit S geschlossene Geschäft erfüllte den Tatbestand des Wuchers, da F die Tasche um das Zehnfache an die insoweit gutgläubige und wirtschaftlich unerfahrene S unter Ausnutzung ihrer Gutgläubigkeit verkauft hat. In diesem Fall ist jedoch nicht nur das Kausalgeschäft, sondern auch das Verfügungsgeschäft nach § 138 Abs. 2 BGB nichtig, mit der Folge, dass F nicht Eigentümerin der ihr übereigneten 400 € geworden ist. Insofern hat in dem Kauf der richtigen Gucci-Tasche mit den 400 € objektiv eine Besserstellung der F gelegen, da sie nunmehr Eigentümerin der Tasche wurde. Auf die Eigentumserlangung an der Tasche kam es A auch an. Fraglich ist jedoch, ob es dem A auch auf eine Besserstellung der F ankam, d.h. ob er wusste, dass F zuvor nicht Eigentümerin der 400 € geworden war. Da A Bäckerlehrling und nicht Jurist ist, kann davon ausgegangen werden, dass ihm der § 138 Abs. 2 BGB und dessen Wirkungen bei Wuchergeschäften nicht bekannt waren. Mithin muss angenommen werden, dass A glaubte, F sei aufgrund des Betruges Eigentümerin der 400 € geworden. Da er die 400 € nach seiner Vorstellung lediglich in eine gleichwertige Tasche „umtauschte", kann eine Bereicherungsabsicht nicht unterstellt werden. (a.A. selbstverständlich vertretbar)

Der subjektive Tatbestand ist damit nicht verwirklicht. A hat sich nicht wegen Hehlerei strafbar gemacht.

### II. Strafbarkeit gem. § 257

Durch die Verwertung des Geldes hat A der F aber die Vorteile aus dem Betrug gesichert. Es liegt mithin eine Strafbarkeit gem. § 257 vor.

### B. Strafbarkeit der F

Ob F den A zu der Hehlerei und der Begünstigung angestiftet hat, lässt sich dem Sachverhalt nicht entnehmen, so dass auch hier davon ausgegangen werden muss, dass A diesen Entschluss ohne Einflussnahme der F gefasst hat.

### Gesamtergebnis

A hat sich wegen Diebstahls in einem besonders schweren Fall gem. §§ 242, 243 Abs. 1 S. 2 Nr. 2 in Tateinheit mit Sachbeschädigung strafbar gemacht (Sie können die Sachbeschädigung auch in Gesetzeskonkurrenz – Konsumtion – hinter dem Diebstahl zurücktreten lassen). Tatmehrheitlich dazu hat er einen weiteren Diebstahl gem. § 242 sowie wieder tatmehrheitlich dazu eine Begünstigung gem. § 257 begangen.

F hat sich wegen Anstiftung zum Diebstahl gem. §§ 242, 26 sowie tatmehrheitlich dazu wegen Betruges gem. § 263 tateinheitlich verwirklicht mit versuchter Hehlerei gem. §§ 259, 22, 23 strafbar gemacht.

---

59 Schönke/Schröder-*Stree* § 259 Rn. 46 ff.

# Sachverzeichnis

Die Zahlen verweisen auf die Randnummern.

Abgrenzung
- Begünstigung – sukzessive Beihilfe  765 ff.
- Dreiecksbetrug – Diebstahl in mittelbarer Täterschaft  568 ff.
- Raub – räuberische Erpressung  257, 762 ff.

Abgrenzung
- Raub – räuberische Erpressung  258 f.
- Trickdiebstahl – Sachbetrug  545 ff.

Absatzerfolg  806
Absatzhilfe  808 f.
Absetzen  804 ff.
Abstiftung  292 f.
Alleingewahrsam  31 ff.
Aneignungsabsicht  77 ff.
Ankaufen  798 ff.
Anschlussdelikte  754 ff.
Anstellungsbetrug  561 ff.
Arbeitsleistung zu verbotenen Zwecken  536 ff.
Auf frischer Tat  358 ff.
Aufklärungspflicht  508 ff.
Aufstiftung  290 ff.
Ausnutzen der Verhältnisse des Straßenverkehrs  405 ff.

Bande  192
- unter Mitwirkung  196 ff.

Bandendiebstahl  190 ff.
- schwerer  208

Bandenraub  316
Beeinflussen bei § 263a  626
Beförderungserschleichen  656 ff.
Befugnis, über Vermögen zu verfügen  695 ff.
- Missbrauch  700 ff.

Begünstigung  756 ff.
- Abgrenzung zur sukzessiven Beihilfe  765 ff.

Beisichführen (einer Waffe)  173, 177 f.
Bereicherungsabsicht
- bei § 259  813
- bei § 263  575 ff.

Berufswaffenträger  174 ff.
Beschädigen  428 ff.
Besitzerhaltungsabsicht  373
- der Beteiligten  375 ff.

Besonders schwerer Fall des Betrugs  581, 583 f.
Besonders schwerer Fall des Diebstahls  99 ff.
- Einbrechen  120 ff.
- Eindringen  125 ff.
- Einsteigen  123 ff.
- elektronische Sicherung  132
- Gebäude  116 f.
- geringwertig  142 ff.
- Geschäftsraum  118
- gewerbsmäßig  136 f.
- Teilnahme  157 ff.
- umschlossener Raum  113 ff.
- verschlossenes Behältnis  45
- Versuch  148 ff.
- Vorsatzwechsel  145 ff.

Betroffen (auf frischer Tat)  364 ff.
Betrug  478 ff.
- besonders schwerer Fall  581, 583 f.
- Dreiecksbetrug  568 ff.
- Prozessbetrug  572
- Sachbetrug  545 ff.
- Spenden- und Bettelbetrug  565 ff.
- Submissionsbetrug  554
- Versicherungsbetrug  587 ff.

Computerbetrug  599 ff.

Diebesfalle  52
Diebstahl  8 ff.
- aus einer Wohnung  203 f.
- in einem besonders schweren Fall  99 ff.
- in mittelbarer Täterschaft  54
- mit einem Bandenmitglied  190 ff.
- mit gefährlichen Werkzeugen  168 ff.
- mit sonstigen Werkzeugen  180 ff.
- mit Waffen  164 ff.
- räuberischer  353 ff.
- voll/beendet  66

Dreiecksbetrug  568 ff.
Drittzueignungsabsicht  79 ff.

# Sachverzeichnis

Drohung
- bei § 249   275 ff.
- bei § 252   368 f.

EC-Karte
- bei § 242   84
- bei § 263a   619 ff.
- bei § 266b   733, 735 f.

Einbrechen   120 ff.
Eindringen   125 ff.
Eingehungsbetrug   559
Einsteigen   123 ff.
Elektronische Diebstahlssicherung   53, 132
Enteignungsvorsatz   82 ff.
Erfolgsqualifizierter Versuch   345 ff.
Erpressung   662 ff.
- Dreieckserpressung   670
- räuberische   662 ff.

Ersatzhehlerei   793 ff.
Erschleichen von Leistungen   646 ff.

Finalzusammenhang   278 ff.
Freiwilligkeit
- der Vermögensverfügung   548 ff.
- des tatbestandsausschließenden Einverständnisses   65, 67

Fremde bewegliche Sache   11 ff.
Führen eines Kraftfahrzeuges   397 ff.

Gattungsschulden   91 ff.
Gebäude   116 f.
Gefahr
- des Todes   321
- einer Gesundheitsschädigung   300 ff.

Gefährliches Werkzeug   168 ff., 310
Geldwäsche   818 ff.
- Strafverteidiger   830

Geringwertigkeit   142 ff.
Geschäftsraum   118
Gewahrsam
- Alleingewahrsam   31 ff.
- Bruch   46 ff., 55 ff.
- Enklave   32, 49
- gelockerter   33, 63
- Gewahrsamsdiener   41
- Mitgewahrsam   39 ff.
- Sphäre   32
- Wechsel   46 ff., 55 ff.
- Wille   34 ff.

Gewalt
- bei § 249   270 ff.
- bei § 252   368 f.
- durch Unterlassen   282 ff.

Gutgläubiger Erwerb   564

Hehlerei   781 ff.
Hilfe leisten   762 ff.

Insertionsofferte   493 f.
Irrtum
- bei Zweifel über die Richtigkeit   524
- Erregung   519 ff.

Konkurrenzlösung   231
Körper
- menschlicher   15
- Teile   15 f.

Körperliche Misshandlung   317 ff.
Kraftfahrzeugführer   397 ff.
Kreditkarte   618, 744

Lagertheorie   571
Leichen   15 f.
Leichtfertigkeit   340 f.

Maestrokarte   619 ff., 733, 735 f.
Manifestationslehre   219 ff.
Mehrfachzueignung   229 ff.
Missbrauch von Scheck- und Kreditkarten   727 ff., 745
Missbrauchsalternative
- bei § 266   694 ff.

Mitgewahrsam   39 ff.
- gleichrangiger   40
- unter/übergeordneter   41

Mittelbare Täterschaft
- bei § 242   54

Nötigungsmittel
- Drohung   275 ff.
- Finalzusammenhang   278 ff.
- Gewalt   270 ff.

Pfandkehr   455 ff.
POS-Verfahren   735, 740 ff.

# Sachverzeichnis

POZ-Verfahren  736, 739
Präzisierungsgebot  720

Qualifikation
- zwischen Vollendung und Beendigung  382 ff.

Raub  247 ff.
- Abgrenzung zur räuberischen Erpressung  257 ff., 671 ff.
- mit Todesfolge  327 ff.
- schwerer Raub  255 ff.

Räuberische Erpressung  662 ff.
- Abgrenzung zum Raub  257 ff., 671 ff.

Räuberischer Angriff auf Kraftfahrer  391 ff.
Räuberischer Diebstahl  353 ff.
- Teilnahme  375 ff.

Rechtswidrig erlangter Besitz  542 ff.
Rechtswidrigkeit
- der Zueignungsabsicht  87 ff.

Regelbeispiel
- bei § 243  99 ff.
- bei § 263  581, 583 f.
- Vorsatzwechsel  111 f., 145 ff.

Rückveräußerung an den Eigentümer
- bei § 242  86
- bei § 259  806 f.

Sachbeschädigung  7, 419 ff.
Sache  11, 787 ff.
- beweglich  17
- fremd  18 ff.

Sachgedankliches Mitbewusstsein  522
Sachherrschaft  28
Sachherrschaftsverhältnis  31 ff.
Sachherrschaftswille  34 ff.
Sachwert  85
Schadenseinschlag, persönlicher  557
Schadensgleiche Vermögensgefährdung  558
- Anstellungsbetrug  561 ff.
- Eingehungsbetrug  559
- gutgläubiger Erwerb  564

Scheinwaffe  184
Schreckschusswaffe  315
Schutzvorrichtung  131
Schwarzfahrten  515 ff.
Selbstbedienungsladen  51
Sich verborgen halten  128
Sich verschaffen  798 ff.

Sparbuch  83
Spenden- und Bettelbetrug  565 ff.
Sportwettenbetrug  504
Stoffgleichheit  578 f.
Strafantrag
- gem. § 247  242 f.
- gem. § 248a  244 ff.

Strafzumessungsnorm  99 ff.
Straßenverkehr
- Ausnutzen der besonderen Gefahren  405 f.

Submissionsbetrug  554
Substitutiv-Implantate  16
Sukzessive
- Beihilfe  765 ff.
- Mittäterschaft  96

Tatbestandsausschließendes Einverständnis  55 ff.
Tatbestandslösung  257
Täuschung  487 ff.
- ausdrücklich  496
- durch Unterlassen  507 ff.
- konkludent  497 ff.
- über Tatsachen  489 ff.

Tiere  13
Treuebruchsalternative
- bei § 266  711 ff.

Trickdiebstahl  61 ff.

Umschlossener Raum  113 ff.
Umstiftung  294
Unbefugte Verwendung von Daten  611 ff.
Unbefugter Gebrauch eines KFZ  440 ff.
Unmittelbar erlangt
- bei § 259  792 ff.

Unmittelbarkeit der Vermögensverfügung  550 ff.
Unmittelbarkeitszusammenhang
- bei § 250 I Nr. 1c  306 ff.
- bei § 251  333 ff.

Unrichtige
- Datenverwendung  609
- Gestaltung des Programms  606 ff.

Unterschlagung  211 ff.
- veruntreuende  236 ff.

Untreue  688 ff.
- Missbrauchsalternative  694 ff.
- Treuebruchsalternative  711 ff.

# Sachverzeichnis

Verändern des Erscheinungsbildes  436 ff.
Verbotener Zweck
- Arbeitsleistung  536 ff.
- Vorauszahlung  539 ff.
Vereinigungsformel  73
Verfügungsbewusstsein  546 ff.
Vermögensbegriff  530 ff.
Vermögensbetreuungspflicht  707, 712 ff.
- Verletzung  716 ff.
Vermögensschaden
- bei § 263  552 ff.
- bei § 263a  627 f.
- bei § 266  720
- bei § 266b  746
- schadensgleiche Vermögensgefährdung  558 f., 561
- Spenden- und Bettelbetrug  565 ff.
- trotz Kompensation  557 ff.
- Wettvertrag, Versicherungsvertrag  559
Vermögensverfügung  526 ff.
- Chantage  549
- Freiwilligkeit  548 ff.
- Unmittelbarkeit  550 ff.
Verschlossenes Behältnis  45, 129 ff.
Versicherungsbetrug  587 ff.
Versicherungsmissbrauch  632 ff.
Versuch
- und Erfolgsqualifikation  343 ff.
- und Regelbeispiel  148 ff.
Verüben eines Angriffs  401 ff.
Verwenden
- EC-Karte  619 ff.
- Kreditkarte  618
- unbefugt  611 ff.
- unrichtiger/unvollständiger Daten  609 ff.
Verwenden einer Waffe  309 f.
Verwenden einer Waffe oder eines gefährlichen Werkzeugs  311

Vollendung
- Qualifikation zwischen Vollendung und Beendigung  382
Vorsatzwechsel  111 f., 145 ff.
Vorteilssicherungsabsicht  776 f.

Waffe  165 ff., 309 ff.
- Beisichführen  173, 177 f.
- Berufswaffenträger  174 ff.
- Diebstahl mit  178
- Scheinwaffe  183
Wegnahme
- bei § 242  24 ff.
- bei § 249  257 ff.
- bei § 298  470 ff.
Werkzeug
- gefährliches  168 ff.
- sonstiges  180 ff.
Wertsummentheorie  93
Wohnungseinbruchsdiebstahl  202
- dauerhaft genutzte Privatwohnung  202

Zerstören  428 ff.
Zueignen  217 ff.
- Drittzueignung  225 ff.
- Manifestationslehre  219 ff.
- Mehrfachzueignung  229 ff.
Zueignungsabsicht  71 ff.
- Aneignungsabsicht  77 ff.
- Drittzueignungsabsicht  78 ff.
- EC-Karte  84
- Enteignungsvorsatz  81 ff.
- Rechtswidrigkeit  87 ff.
- Rückveräußerung an den Eigentümer  86
- Sachwert  82 ff.
- Sparbuch  83
- Vereinigungsformel  73
Zueignungsdelikte  5 ff.